从贸易大国到贸易强国：影响因素及其效应研究

李小平　等著

中国财经出版传媒集团
经济科学出版社
Economic Science Press

图书在版编目（CIP）数据

从贸易大国到贸易强国：影响因素及其效应研究/李小平等著．—北京：经济科学出版社，2020．11
ISBN 978－7－5218－2080－5

Ⅰ．①从…　Ⅱ．①李…　Ⅲ．①对外贸易－研究－中国
Ⅳ．①F752

中国版本图书馆 CIP 数据核字（2020）第 226430 号

责任编辑：李一心
责任校对：刘　昕
责任印制：范　艳　张佳裕

从贸易大国到贸易强国：影响因素及其效应研究
李小平　等著
经济科学出版社出版、发行　新华书店经销
社址：北京市海淀区阜成路甲 28 号　邮编：100142
总编部电话：010－88191217　发行部电话：010－88191522
网址：www. esp. com. cn
电子邮箱：esp@ esp. com. cn
天猫网店：经济科学出版社旗舰店
网址：http：//jjkxcbs. tmall. com
北京季蜂印刷有限公司印装
787×1092　16 开　22.5 印张　480000 字
2021 年 3 月第 1 版　2021 年 3 月第 1 次印刷
ISBN 978－7－5218－2080－5　定价：85.00 元
（图书出现印装问题，本社负责调换。电话：010－88191510）

目　录

第三篇 贸易强国助力中国经济稳定发展

附录

导　言

1978 年以来，中国始终坚持对外开放的基本国策，积极参与国际分工与合作，不断寻求更大范围和更高水平的国际经贸合作。在这被称为奇迹的 40 多年间，中国进出口额快速攀升，服务贸易额增长迅猛，在全球贸易体系中的地位也显著提升。2009 年，中国货物出口额成为世界第一。2013 年，中国货物进出口额 4.16 万亿美元，一举成为世界第一货物贸易大国，也是首个货物贸易总额超过 4 万亿美元的国家，创造了世界贸易发展历史上的奇迹。① 目前，中国有 220 多种产品产量居全球第一，出口产品遍布世界 200 多个国家和地区。伴随着国际贸易的快速发展，中国国内经济也随之不断快速增长，从 1978 年到 2018 年，中国国内生产总值增长 36.6 倍，总量已达 89.69 万亿人民币，2010 年后已是世界第二大经济体。② 在取得了自身经济发展的巨大成就的同时，中国也成为世界制造业中心。这不仅促进了中国的经济结构转型、经济增长和社会进步，也带动了世界经济的稳定增长，对全球经济增长的贡献率达到 30% 多。③

改革开放初期，中国利用劳动力价格低廉的优势吸引外商纷纷来华投资设厂，这使中国逐渐成为“世界工厂”，并慢慢成长为名副其实的贸易大国。但是中国还不是贸易强国；正如中国是世界制造工厂，而不是“世界智造工厂”或者“世界设计中心”。一方面，加工贸易一直是中国对外贸易扩张的中坚力量。但是加工贸易“两头在外”的特征决定了以加工贸易为主的贸易发展模式对经济发展质量的全面提升是有限的；尤其是在获得更高生产效率的提升方面具有一定的局限性。④ 另一方面，从参与全球价值链角度来看，作为全球价值链的参与者和跟随者，中国主要嵌入欧美日等发达国家和地区主导的价值链并且处在中下游环节。因此，中国在进入更高级的价值链升级中面临着主导者的约束和阻碍，并可能被“俘获”或“锁定”在全球价值链中的低端位置。自 2000 年以来，虽然中国加速融入全球价值链，但所处位置反而向下游偏移，显示出锁定在“价值链低端”的迹象（张会清、翟孝强，2018）。同时，当今全球经济一体化面临很多不确定因素，逆全球化

① 中华人民共和国商务部综合司：《2013 年中国对外贸易发展情况》，http：//zhs. mofcom. gov. cn/article/Nocategory/201405/20140500570675. shtml。

② 中华人民共和国统计局：《中国统计年鉴 2019》，http：//www. stats. gov. cn/tjsj/ndsj/2019/indexch. htm。

③ 陈宗胜等：《新时代中国特色社会主义市场经济体制逐步建成》，载于《经济社会体制比较》2018 年 4 期

④ Miaojie Yu. Processing Trade，Tariff Reductions and Firm Productivity：Evidence from Chinese Firms [J]. The Economic Journal，2015，125（585）.

现象在政治、经济和文化领域频发，现有全球价值链运行机制的政治和经济基础等发生重大变化，国际分工体系面临重构。随着以中国为代表的新兴经济体的崛起，世界经济格局发生了转折性变化。发达经济体纷纷转向保护主义，以中国为代表的发展中国家倡导自由贸易和建立开放型的世界经济。“逆全球化”思潮的泛滥，发达国家对中国企业技术升级的压制，一方面给中国继续获取开放红利带来了严峻挑战；另一方面也是中国出口质量升级、国际贸易转型的战略机遇。

面对日益激烈的国际竞争与国内经济高质量发展的要求，中国由贸易大国向贸易强国的转型显得非常重要。因此，国家“十三五”规划提出了“以供给侧结构性改革为主线，经济保持中高速增长”“推动外贸向优质优价转变，加快建设贸易强国”的战略目标。中国从贸易大国向贸易强国的转变离不开供给侧结构性改革。供给侧结构性改革的推进有利于中国出口质量的提升，减少无效供给，培育竞争新优势。“经济新常态”之前，出口导向型的“大进大出”的对外开放模式，作为拉动我国经济增长的重要战略，在这个模式下，我国制造业难以摆脱大量生产出口低质量产品，进而有可能被锁定在全球价值链低端位置的困境。通过供给侧结构性改革，统筹产业转型升级和要素投入结构合理化，促进我国产业、产品迈向中高端，提高出口质量，培育竞争新优势，助力于实现贸易强国。同时，中国对外贸易高质量发展的要求本质上就是国内经济高质量发展要求的部分体现。在世界经济发展低迷的背景之下，对外贸易高质量发展就是为了促进国内经济的高质量发展。从宏观角度来说，对外贸易的高质量发展如何影响中国经济波动；从微观角度来说，对外贸易的高质量发展如何影响中国企业的生存。对上述宏观与微观两方面的思考与研究都是为了保障中国未来经济能够平稳顺利步入高质量发展的道路。这些都凸显了研究在新形势下贸易大国如何向贸易强国转变及其经济效应的重要价值。

本书将分三篇来论述中国从贸易大国走向贸易强国。

第一篇为“贸易大国”，包含1章。第一章为“国际贸易促进经济发展——以中国偏向型技术进步为视角”。本章分别从中观省级层面和微观企业层面证实了贸易促进中国偏向性技术进步，论证了贸易在中国经济发展中的作用。这为我国坚定不移发展对外贸易提供了理论依据。

第二章到第四章组成了本书的第二篇“通向贸易强国的道路”。这一篇主要论述贸易强国的影响因素，并通过地区和企业层面的样本进行实证分析。

第二章为“企业家引领地区出口比较优势”。在这一章中，本书使用地区出口比较优势来测度贸易强国，然后分析企业家在中国由贸易大国向贸易强国转变过程中的作用。最后通过实证证实了企业家的创新和创业精神显著促进中国地区贸易比较优势，为中国贸易强国的发展做出贡献。

第三章为“企业家精神助力企业产品出口质量提升”。本章在第二章的基础上有了两个方面的改进：一是将一国贸易行为的最终承担者作为研究对象，以企业的产品出口质量提升来衡量中国贸易强国程度；二是本章将企业家精神中创新精神衡量方法进行改进。最后的实证结果显示企业家精神能促进企业产品出口质量的提升，促进我国向贸易强国的转变。

第四章为“中间品进口多样化提升企业产品复杂度”。产品复杂度是出口竞争力的一个重要指标，本章以企业产品复杂度测度贸易强国，并从微观企业层面考察中间品进口多样化对出口复杂度的影响。最后的实证结果显示中国企业可以通过进口多样化的中间品来实现高质量的发展从而推动贸易强国的实现。

第三篇是“贸易强国助力中国经济稳定发展”。这一篇将实证分析中国发展贸易强国如何有助于经济稳定发展。

第五章是“出口复杂度提升能够抑制产出波动吗”。本章以中国各省份的工业行业为研究对象，分析了出口复杂度对产出波动的影响。结果证明各省份各工业行业的出口复杂度对产出波动的影响显著为负，说明出口复杂度的提升、贸易强国的转变能够平稳产出波动，使经济稳定发展。

第六章是“出口质量提升与企业产出波动”。本章以微观视角，站在企业的角度上分析贸易强国的实现如何影响企业经济。通过实证研究发现企业出口质量的提升能够稳定企业的产出波动，为企业的平稳发展提供保证。

第七章是“出口产品多元化对我国企业出口持续时间的影响研究”。本章在微观角度分析贸易强国的经济效应，证实了出口产品多元化会影响企业在出口市场的生存表现，同时发现企业出口产品多元化是降低出口生存风险的一个策略，但是二者之间呈“U”型关系，企业存在一个最佳的出口产品多元化水平。

我们研究的主要结论如下：

第一，中国在研究期间内的技术进步均呈现出偏向性特征，偏向型技术进步在中国广泛存在。由于各个省份的自身资源禀赋和产业结构等各不相同，国际贸易对各地区、各省份的技术进步的偏向方向也存在差异。在全国范围内，国际贸易会使得偏向型技术进步在劳动和能源之间偏向于节约能源，这也与“十二五”规划中“绿色发展，建立资源节约型、环境友好型社会”的要求相契合。另外，从行业与企业这一角度来看，由于不同行业的自身资源禀赋和技术类型不尽相同，偏向性技术进步类型也不同。总体上国际贸易对偏向性技术进步产生正向影响，但影响程度取决于进口贸易和出口贸易对其影响的大小；在不同类型企业和行业中，国际贸易对偏向性技术进步的影响效果不同。

第二，企业家创业精神、企业家创新精神均能显著提升中国地区贸易比较优势。企业家创业精神对显示性比较优势的积极作用先下降而后上升，而企业家创新精神的贸易效应单调递增。法治水平在企业家精神的贸易效应中发挥正向的调节作用，而政府管制的这种调节作用的方向与前者相反，当不确定性规避程度作为文化差异的代理变量时，它能够正向影响企业家精神的贸易偏效应。此外，资本深化、人力资本强度、知识资本强度、产业结构对出口比较优势有促进作用，而环境规制强度产生的影响为负，外商直接投资和对外直接投资的影响不显著。

第三，中国制造业产品出口质量总体水平在样本期内不断上升；同时外资企业出口质量要高于内资企业出口质量，但是两种企业间的差距在逐年缩减。分地区来看，中部地区出口产品质量提升幅度最高，东部地区出口产品质量提升幅度最低。分出口目的地来看，中国制造业产品出口质量的高低与出口目的地经济发展水平成正比，验证了林德假说。从总体上来看，企业家创新精神的提升对中国制造业产品出口质量的提升有显著的促进作用，企业家创业精神的提升对中国制造业产品出口质量的提升也有显著的促进作用。同时这一结论在地区与行业间存在异质性。

第四，加入世界贸易组织（WTO）后中国企业层面的出口复杂度增长速度明显上升，其中有进口行为的、位于东部地区的和大部分高技术行业的企业出口复杂度增长速度明显更高。中间品进口多样化对中国制造业企业出口复杂度的提升具有稳健显著的促进作用，同时考虑到企业的异质性，中间品进口多样化对仅从发达国家进口企业、外资企业、一般贸易类型企业、资本及技术密集型企业和内陆地区企业出口复杂度的提升作用更大。企业生产率是中间品进口多样化提升制造业企业出口复杂度的重要渠道。

第五，在研究期间，全国及三大区域的工业产出波动总体上都呈现出下降的趋势，东部地区产出波动下降的趋势最为明显，通过计算各省份细分工业行业产出波动，四类行业产出波动在全国及三大区域的平均水平排名情况各不相同，四类行业在样本期间总体上都呈现出下降的趋势。各省份各工业行业的出口复杂度对行业产出波动的影响显著为负。分样本分析后发现中部地区行业，资源型，低、高技术类工业行业出口复杂度与产出波动的关系不显著。替代弹性、市场集中地和人力资本密集度是出口复杂度影响产出波动的三种驱动因素。当分别考虑这三种因素时，产出波动主要受替代弹性和人力资本密集度的影响，行业产品替代弹性越大产出波动越大，人力资本密集度越大产出波动越小。当同时考虑市场供求条件和技术因素时，只有人力资本密集度是产出波动与出口复杂度负向关系的驱动因素，人力资本密集度越高出口复杂度越高，进而平抑了产出波动，人力资本因素通过促进出口复杂度的提高对产出的稳定增长产生积极的作用。

第六，全国工业企业的出口质量对企业产出波动的影响显著为负，说明出口质量提升对企业产出波动有着明显的抑制作用。考虑到企业的异质性，将样本按所有制划分后，只有民营企业的出口质量对企业产出波动有明显的影响且为负，国有企业和外资企业的出口质量对企业产出波动的影响为负但不显著。企业规模、盈利能力、资产负债率以及劳动生产率对企业的产出波动有着显著的正向影响，而要素密度对企业产出波动的影响为负且显著。

第七，出口产品多元化会影响企业在出口市场的生存表现。首先，从整体来看，企业出口产品多元化是降低出口生存风险的一个策略，但是二者之间呈“U”型关系，企业存在一个最佳的出口产品多元化水平，金融危机期间的生存数据也显示中间水平的出口产品多元化企业退出出口市场率更低。其次，企业在出口市场的生存风险存在负的时间依赖性。随着企业在出口市场持续时间的增加，企业会更加了解市场信息、积累更多出口经验、改善生产活动，通过出口学习效应，促使企业提高抵御外部风险的能力，从而降低企业退出市场的可能性。考虑异质性的存在，西部地区企业、国有企业整体集中度水平较高，线性关系更为显著，提高出口产品多元化水平对降低出口风险的促进作用更明显。最后，出口产品多元化对企业出口持续时间的影响还存在生产率异质性，高生产率企业抵御过高多元化或过度集中风险的能力强于低生产率企业。另外，企业特征也会影响其在出口市场的生存情况，生产率越高、规模越大、年龄越小、初始出口额越高的企业，在出口市场的退出率更低，持续时间相对更长。因此，企业不能一味地拓展扩展边际，增加出口产品种类，不同的企业自身情况不同，在选择多元化策略时，要考虑自身的生产能力、组织管理能力等，否则，过高水平的多元化反而容易使企业在遭受外部冲击时面临更大的风险。

本书是集体劳动和智慧的结晶。写作具体分工如下：第一章选自由李小平指导、牛晓迪与余卓敏分别完成的两篇论文《国际贸易对偏向型技术进步的影响——基于中国省级面板的实证研究》和《国际贸易对偏向性技术进步的影响——基于中国制造业企业面板数据的实证研究》；第二章选自李小平和李小克合著的论文《企业家精神与地区出口比较优势》；第三章选自由李小平指导、付子傲完成的论文《企业家精神对制造业出口质量的影响——基于中国企业数据的分析》；第四章选自由李小平指导、彭书舟完成的论文《中间品进口多样化对出口复杂度的影响研究——来自中国制造业的微观证据》；第五章选自由李小平指导、彭璐完成的论文《出口复杂度对产出波动的影响——基于中国各省工业行业的实证研究》；第六章选自由李小平指导、韦海波完成的论文《出口质量对企业产出波动影响研究——基于中国工业企业样本的分析》；第七章选自由李小平指导、赵思佳完成的论文《出口产品多元化对我国企业出口持续时间的影响研究》。最后由李小平完成总纂、定稿。

本书得到了国家社科基金重大项目“一带一路”区域价值链构建与中国产业转型升级研究（批准号：18ZDA038）的资助。

第一篇　贸 易 大 国

第一章

国际贸易促进经济发展

——以中国偏向型技术进步为视角

第一节 引 言

改革开放40多年以来，我国在党和政府的领导下确立了一系列战略方针，开启了以经济建设为中心、全面深化改革、实行对外开放的新征程，这使得我国对外贸易自由化程度得到飞速提升，并成为国际分工中不可或缺的一员，我国已进入了新的实践探索阶段。国家统计局2019年8月27日发布的《对外经贸开启新征程，全面开放构建新格局——新中国成立70周年经济社会发展成就系列报告之二十二》指出，2009年，中国成为全球货物贸易第一大出口国和第二大进口国。2013年，中国超越美国成为全球货物贸易第一大国，2014～2015年保持这一地位。2017～2018年，我国继续保持全球货物贸易第一大国地位。根据国家统计局发布的年度数据显示，2016年中国进出口总值达到24.33万亿元人民币，进出口总额相对于1978年增长了约110倍。其中，出口额13.84万亿元人民币，进口额10.49万亿元人民币。

对于像我国这样的发展中国家，通过对外贸易的方式引进和溢出发达国家的先进技术、设备及产品，会在很大程度上节约本国的研发费用，不失为一种发展捷径，并且可以在此基础上通过借鉴和创新研发出适用于本国的新技术。李小平、朱钟棣（2006）通过实证发现，国际贸易带来的技术溢出提高了中国技术效率和工业行业的技术进步。包群等（2014）认为国际贸易具有较高的准入门槛，只有具有较高生产率的企业才能克服这些门槛条件和贸易壁垒。帕特纳亚克和坦伽韦鲁（Pattnayak & Thangavelu，2014）基于印度制造业微观数据对“出口中学”效应进行实证，发现出口会提高生产率。张杰等（2015）基于中国工业企业库和海关数据库的实证发现，中间品的和资本品的进口均对企业生产率产生促进作用。罗来军等（2016）将出口对生产率的正向影响称为“出口的技术反推机制”。吕大国

(2016）对中国加工贸易企业的“出口学习”效应进行实证，发现一般贸易企业的“出口学习”效应是持续的。因此，对外贸易对中国的技术进步起着不容忽视的作用。

以往经济学理论均将技术进步默认为是中性的，基于这种假设，以往文献通常只测度和研究技术进步的速度和贡献，而不具体辨别技术进步其他方面的特性。随着时间推移，内生经济增长理论得到深入研究和长足发展，经济学家开始发现企业的技术创新活动并不是盲目进行的，而是有目的性的，导致技术进步存在偏向性的特征。

希克斯（Hicks，1932）最先提出了偏向性技术进步的思想。伍德（Wood，1995）最先提出对外贸易对偏向性技术进步存在影响。阿西莫格鲁（Acemoglu，2002）首次通过将技术进步内生化，并假定技能劳动力和非技能劳动力具有替代性的条件下，国际贸易会诱导技术进步发生偏向性，这一研究为国际贸易促进偏向性技术进步奠定了理论基础。阿西莫格鲁（2012）通过构建一个两部门模型，指出合理的环境政策可以激励清洁技术的快速发展。而在国内，戴天仕、徐现祥（2010)，陆雪琴、章上峰（2013)，朱琳等（2016)，潘文卿（2017）等分别从中观和宏观层面实证了我国存在资本偏向性技术进步。

本章首先采用 DEA 的方法测度中国 30 个省份 1999 ~ 2014 年的偏向型技术变化指数和要素偏向指数，并分析其变化趋势以及中国省级技术进步的要素偏向情况。之后将我国分为全国，高、中、低外贸依存度地区和东部、中部、西部地区，分别讨论外贸依存度、进口依存度和出口依存度对偏向型技术进步的影响。最后以三种要素偏向指数作为被解释变量，探究国际贸易对技术进步的偏向方向的影响，并在之前研究的基础上，探讨国际贸易对中性技术进步是否也同样存在影响。

同时，本章也将从微观视角出发，基于标准化 CES 生产函数测算 2002 ~ 2006 年中国制造业企业和行业的偏向性技术进步指数，并分析其变化趋势以及中国制造业技术进步的要素偏向情况。之后将制造业企业分为高、中、低外贸依存度和国有控股、非国有控股企业，将制造业行业分为高、低外贸依存度行业和高技术、中低技术类行业，分别探讨外贸依存度、进口依存度、出口依存度对偏向性技术进步的影响。

本章研究具有理论意义与现实意义。从理论方面来说，在开放经济中，一国主要是通过技术创新、技术转移和技术外溢这三种方式实现技术进步，但是对发展中国家而言，无论是技术创新还是技术转移，都需要消耗大量的研发资金和科研人员，以及相匹配的政策制度，实施过程较为艰巨。所以相对而言，通过技术外溢的方式来完成技术进步是较为高效便捷的途径，而国际贸易是实现技术外溢的主要渠道之一。

在新经济增长理论中，技术进步被视为内生变量，经济保持持续增长的动力不是源于增加要素投入，而是促进技术进步。但是，在新古典经济理论的研究框架下，实证分析和理论探讨都认为技术进步是中性的，因此这个时期的经济学家，主要测度和观察的是技术进步的速度和对经济发展的贡献，对技术进步其他方面的特性没有过多研究。在内生增长理论得到深入研究后，学界开始逐渐接受中性技术进步并不契合现实经济状况的观点，相反，近些年的研究发现，技术进步方向是具有某种偏向性的。偏向性技术进步指的是如果技术的进步导致某种生产要素的相对边际产出上升，那么技术进步就是偏向于这一生产要素发展的。

本章将采用 DEA 方法测算资本、劳动和能源三要素的偏向型技术进步，为研究欠发达国家经济体内的偏向型技术进步理论提供一个实证案例，进一步丰富偏向型技术进步的相关理论，同时将为研究我国微观层面偏向性技术进步特征及国际贸易对其影响建立一个实证模型，以期能为丰富偏向性技术进步的相关实证研究做出微薄贡献。

从现实方面来说，发达国家会通过国际贸易的形式将先进技术扩散到研发资本不足的发展中国家，使发展中国家实现技术进步。同时贸易还会改善市场规模，而市场需求的增大和竞争的日趋激烈又会进一步地促进技术进步。而近年通过研究发展，技术进步的方向具有偏向性的特征，国际贸易不仅促进技术进步，还会通过改变生产要素的相对边际产出影响一国的技术进步方向，使得技术进步具有偏向性。进一步从国民收入角度来看，随着投入生产要素相对边际产出改变，该生产要素的相对价格也随之变化。所以，偏向性技术进步会通过影响投入要素价格进而影响要素收入分配。

本章运用 SBM 方向性距离函数和马姆奎斯特（Malmquist）指数，对中国 30 个省级行政单位 1999 ~ 2014 年的偏向型技术进步指数和要素偏向指数进行测算，有助于进一步对偏向型技术进步特点进行分析；同时，通过实证研究，分析了国际贸易对中国省级偏向型技术进步的影响，为有关地区制定相关政策提供参考依据，同时通过计量分析，将测度出基于资本和劳动的标准化 CES 模型的中国规模以上制造业企业的技术进步的偏向性指数，指明我国制造业企业技术进步方向，有利于进一步分析偏向性技术进步的影响因素，并为制造业企业经济发展提供参考依据。

第二节　文献综述

一、偏向性技术进步的相关理论

（一）偏向性技术进步的理论形成和发展

偏向性技术进步这一概念初见于希克斯（1932）的《工资理论》一书中，该书指出产品生产要素相对价格的变动是促进技术创新的动力，技术进步方向会偏向相对价格较贵的生产要素，以减少稀缺生产要素的使用。

随后，肯尼迪（Kennedy，1964）将偏向性引入创新和分配理论的研究中，他通过一系列假设提出一个相对要素价格不变的两要素模型，当两要素之间的分配比例脱离均衡值时，就会存在偏向性创新，使得劳动和资本分配重新均衡，这一偏向性创新的理论可以用来解释分配份额趋于固定的趋势。但是卡尔多（Kaldor，1961）通过假设总量生产函数为 C－D 函数同样论证了“劳动所得与资本所得在国民收入所占的份额大体稳定”，该推论又被后世称为卡尔多事实。由于 C－D 函数为最基本的生产函数，承认中性技术进步和单位替代弹性，所以这一论证间接否定了偏向性技术进步。因此在这个阶段，中性技术进步的观点仍然被大部分学者所推崇，偏向性技术进步缺乏微观理论推导和研究方法，仍未进入主流研究中。

从 20 世纪 90 年代开始，阿西莫格鲁发表了一系列关于偏向性技术进步的文章，填补了偏向性技术进步的微观理论空白，并扩大了偏向性技术进步的定义，使得偏向性技术进步受到学界的广泛关注，并开始运用于多个领域的研究。阿西莫格鲁（2002）首次建立了偏向性技术进步的基础模型，理论推导了资本和劳动间的替代弹性和技术进步方向的关系，发现在完善的产权制度保护下，市场规模效应和价格效应是决定技术进步方向的关键因素。替代弹性的大小是技术进步发展方向的决定因素，由它判断是偏向于稀缺要素或丰裕要素。如果资本和劳动间是替代关系（替代弹性 $a>1$），这时市场规模效应发挥主要作用，企业会根据资本和劳动相对价格的高低，选择使用有利于相对价格较低的生产要素的生产技术，此时技术进步偏向于丰裕要素；如果资本和劳动间是互补关系（替代弹性 $a<1$），企业同样会根据资本和劳动相对价格的高低，选择使用能够节约稀缺要素并激发其生产水平的生产技术，此时技术进步偏向于稀缺要素。综上所述，替代弹性的是决定企业生产技术的选择的关键因素，同时会影响企业的技术创新方向和生产要素的使用偏向。

阿西莫格鲁（2007）进一步完善了偏向性技术进步的内涵：如果技术进步促进了某种生产要素的相对边际产出的增加，那么这种技术进步是具有偏向性的，即技术进步偏向于这种生产要素。进一步可以将其划分为弱绝对偏向性和强绝对偏向性：假设投入更多的丰裕要素，那么会导致技术进步偏向该生产要素，同时导致该生产要素的相对边际产出的增加，这种技术进步即是弱绝对偏向性；当偏向性足够强时，除上述表现外，同时该生产要素的相对需求曲线向上倾斜，那么这种技术进步即是强绝对偏向性。

自此，经济学界开始重视偏向性技术进步的研究，并将其拓展到国际贸易、宏观经济学、微观经济学等多个领域。

（二）偏向性技术进步定义的演化

关于偏向性技术进步概念的界定可以大致分为以下三类：

1. 希克斯偏向性技术进步的定义

希克斯（1932）将技术进步分为资这部分约型、劳动节约型、中性技术进步。假设给定资本——劳动要素投入比例固定，当技术进步对提升劳动的边际产出更有效率时，我们称技术进步偏向于劳动，为资这部分约型；当技术进步对提升资本的边际产出更有效率时，我们称技术进步偏向资本，为劳动节约型；如果资本——劳动产出比不变，则为中性技术进步（王林辉，2015）。

2. 索洛（Solow）偏向性技术进步的定义

假定总量生产函数为 $Y(t)=F[L(t), Z(t), A(t)]$，$L(t)$ 表示劳动，$Z(t)$ 表示资本、技能劳动、中间投入等其他某生产要素，$A(t)$ 为技术进步程度。如果技术进步表现为资本增进型，则此时 $\frac{\partial F(L, Z, A)}{\partial A}=\frac{Z}{A}\times\frac{\partial F(L, Z, A)}{\partial Z}$，总量生产函数表示为 $F(L, AZ)$ 的形式，此时的技术进步无异于资本要素的增加。

3. 哈罗德（Harrod）偏向性技术进步的定义

假定总量生产函数为 $Y(t)=F[L(t), Z(t), A(t)]$。如果技术进步表现为劳动增进型，则有 $\frac{\partial F(L, Z, A)}{\partial A}=\frac{L}{A}\times\frac{\partial F(L, Z, A)}{\partial L}$，总量生产函数表示为 $F(AL, Z)$，这里的技术进步无异于扩大了劳动投入。

综上所述，索洛和哈罗德的偏向性技术进步都是从要素投入的角度来分析的，其实质都是要素产出比不变，观察要素投入比例的变化。而希克斯的偏向性技术进步则是从要素产出的角度进行分析的，其实质是要素投入比不变，观察要素产出比例的变化。

二、偏向性技术进步的测算以及相关应用

自阿西莫格鲁开始，偏向性技术进步开始进入到主流视野，出现了一系列有关资本、技能等偏向性技术进步的研究，而国内外学者对偏向性技术进步问题的研究主要集中在以下两个方面。

（一）偏向性技术进步的测算

大量的文献表明经济发达国家的技术进步偏向于资本。从偏向性技术进步的定义不难知道，偏向性技术进步带来的直接影响是改变了投入要素的相对产出，因此传统的计算全要素生产率或用研发费用等作为代理指标，已经不能完整度量偏向性技术进步。目前有关偏向性技术进步的测算主要围绕以下三类生产函数展开讨论：

1. 可变替代弹性生产函数

事实上，要素替代弹性会随着社会发展而变化，特别是在社会加剧变革的条件下，可变替代弹性更符合现实情况，因此目前有部分研究在测算偏向性技术进步时是基于可变替代弹性生产函数的估计。当前文献中已经出现的可变替代弹性函数形式主要可以分为以下几类：CEED 生产函数、VES 生产函数和超越对数生产函数。

桑斯塔德等（Sanstad et al.，2006）基于超越对数生产函数，以资本、劳动、能源和中间投入四生产要素为测度对象，测算了印度、韩国和美国的能源密集型行

业的能源增进型技术进步。卡兰菲尔等（Karanfil et al.，2010）基于超越对数生产函数，测算了法国1978～2006年的能源偏向性技术进步，发现法国能源偏向性技术进步对能源价格十分敏感。董直庆等（2013）在测算1978～2010年我国不同生产函数下要素替代弹性和偏向性技术进步指数后发现，具有可变要素替代弹性的要素增进型CEED生产函数和VES生产函数能较好地描述中国总量经济的发展趋势，且技术进步正朝着有利于资本方向发展，发展规模逐渐增大。王班班、齐绍洲（2014）建立了一个超越对数成本函数模型，该模型同时满足中性技术进步和有偏技术进步的特征，在该模型的基础上实证检验了我国36个工业行业20年的面板数据，发现各个来源的技术进步具有自己独特的要素偏向，并具体分析了各个来源的技术进步，以及其中分解的中性技术进步、有偏技术进步对中国工业能源强度的作用。郑猛等（2015）利用我国2001～2010年30个行业面板数据，建立了一个克莱姆（KLEM）超越对数成本函数模型，该模型同时满足中性技术进步和有偏技术进步的特征，考察我国制造业技术进步方向。研究发现，我国制造业的确存在偏向性技术进步，其中R&D更倾向于资本偏向性技术进步，而FDI更倾向于劳动、能源偏向性技术进步。杨振兵（2016）在超越对数生产函数模型的基础上，考察测度了中国工业部门的要素产出弹性、环境全要素生产效率增长率、要素替代弹性和技术进步的要素偏向程度，发现中国目前技术进步的要素偏向程度从高到低依次是资本、环境、能源、劳动。邵帅等（Shao et al.，2016）利用上海32个工业行业1994～2011年的面板数据，构建了一个包含资本、劳动力、能源和碳排放四个投入要素的超越对数生产函数，用随机前沿分析方法，得出上海工业生产的技术变革偏向能源使用和资本节约，对工业发展产生了很高的能源需求的结论。

2. 不变替代弹性生产函数

克勒母等（Klump et al.，2008）指出，虽然可变替代弹性更符合现实状况，但由于其表达形式丰富多样，具体经济含义并不明确，所以在应用中并不广泛。阿西莫格鲁（2003）在此基础上进一步发现，一国长期总量生产函数的形式可以用劳动增进型的CES生产函数来表示。

因此，当前有关偏向性技术进步的研究大部分是基于有不变替代弹性的CES生产函数展开。

戴维和隆德（David & Klundert，1965）是探索偏向性技术进步领域的先驱之一。他们利用美国1899～1960年的数据，采用不变替代弹性CES生产函数，估计了美国资本和劳动的替代弹性σ以及偏向性技术进步指数，结果显示美国在该时期的技术进步更有利于资本。克勒母等（2008）基于标准化CES生产函数依次测度了1953～1998年美国和1970～2005年欧元区的总体弹性和要素增强型技术进步指数，结果显示美国在该时期要素替代弹性σ小于1，技术进步都偏向于资本。

国内研究方面，戴天仕、徐现祥（2010）从阿西莫格鲁（2002）对技术进步方向的定义出发，通过2投入要素的CES生产函数，基于中国1978～2005年的时间序列数据，对偏向性技术进步进行测度。结果显示，在该时期，中国的技术进步整体有利于资本，且该特征在20世纪80年代末期以来尤为明显，技术进步偏向资本的速度越来越快。陆雪琴、章上峰（2013）在2投入要素CES生产函数的假定下，基于中国1978～2011年的时间序列数据，测度了要素替代弹性σ、要素增强型技术进步（A_t、B_t）和偏向性技术进步。结果显示，在该样本期间内，中国的要素替代弹性σ小于1，劳动生产效率上升而资本生产效率下降，技术进步偏向于资本。钟世川等（2014）基于2投入要素的CES生产函数的假定，测度了1978～2011年中国工业行业的技术进步方向，发现工业的替代弹性小于1，在1987年后工业技术发展偏向于资本。陈晓玲等（2015）利用3投入要素的标准化嵌套CES生产函数，运用中国工业行业数据考察了1994～2008年我国35个工业行业的技术进步方向，他们以资本/劳动比和能源/劳动比为划分标准将工业行业划分为四种类型。研究发现，四种类型行业技术进步都是大体偏向资本，同时除了劳动密集型行业，其他的三种类型的技术进步还偏向于能源。潘文卿、吴天颖等（2017）基于2投入要素的CES生产函数，测算了中国2010～2014年266个城市的技术进步方向和空间扩散效应，发现超过50%的城市技术进步偏向于资本，且北京、上海、广州的技术进步方向对其他城市的技术进步方向存在显著的同向影响。

不变替代弹性生产函数（CES）虽然在假设条件设定上较为苛刻，但由于其表现形式和测度的清晰，仍是当前研究主流，本部分的理论推导和测算将基于该生产函数展开。由于CES生产函数多种多样，不同表现形式的替代弹性不同，鉴于本部分探讨的主题是偏向性技术进步，因此在吸收前人经验的基础上，本部分将借鉴戴维和隆德（1965）、阿西莫格鲁（2002）等将CES函数标准化。

3. 不设定具体生产函数

为了避免理论约束，当前有少量研究采用不设定具体生产函数，即数据包络分析法（DEA）来测度偏向性技术进步。凯夫斯等（Caves et al.，1982）在法雷尔（Farrell，1957）测度决策单位生产率方法的基础上提出将DEA（data envelopment analysis）模型和Malmquist指数相结合来测度生产率。此后，由法尔等（Färe et al.，1994）将全要素生产率指数进一步发展，将该指数分解为技术效率变化（EFFCH）和技术变化（TECH）两个部分。法尔等（1997）对TECH指数进一步分解为技术规模变化（MATECH）、投入偏向性技术进步化（IBTECH）和产出偏向性技术变化（OBTECH）指数，其中MATECH指数测度的是生产前沿面的平移，对应技术进步呈中性变化；IBTECH指数测度的是技术进步影响各投入要素的边际替代率的变化情况，表示投入偏向性技术进步上升（IBTECH>1）或下降（IBTECH<1）。投入偏向技术变化指数度量的是由技术进步引发的各个投入要素边际替代率的变化大小，表示投入要素偏向性技术进步的技术使得全要素生产率在要素等比例节约情景的基础上获得了进一步的增加或降低。

真木和卡雷梅拉（Managi & Karemera，2004）利用数据包络分析法（DEA）测量1960～1996年美国各个州农业生产部门的全要素生产率，进一步将其分离为产出和投入偏向性技术变化、效率变化和规模变化。巴罗斯等（Barros et al.，

2010）使用 Malmquist 指数分析了日本机场在 1978～2005 年期间的技术偏向性，发现在此期间机场经历了偏向性技术倒退，传统的中性技术进步变化假设已经不适合分析日本机场生产力的变化。陈和余（Chen & Yu，2014）基于 Malmquist 指数，通过数据包络分析法进一步分解出投入要素偏向技术变化指数，根据 1991～2003 年间 99 个国家的数据，得出经合组织国家和非经合组织国家都倾向于在整个时期内显示技术偏向于资本。王班班、齐绍洲（2015）使用 1999～2012 年中国 36 个工业行业数据，采用数据包络分析法从 Malmquist 指数中分解出投入要素偏向性技术变化指数，对技术进步的方向进行了识别，结果显示中国工业技术进步总体呈现节约能源的特征。

（二）运用偏向性技术进步概念解释经济问题

当前有大量的文献运用偏向性技术进步的概念解释了要素收入分配问题。摩尔（Moore，2005）从偏向性技术进步的角度分析了失业率和工资不平等的可能原因。研究表明，如果技能与非技能劳动者的替代弹性 σ 大于 1，即互补时，出现技能偏向性技术进步会减轻劳动者的失业率但同时加大工资差距。董直庆等（2014）基于 CES 生产函数对分解全要素生产率，将我国中、东、西三个地理区域作为考察对象，实证分析了偏向性技术进步对要素结构和全要素生产率增长的影响作用。研究发现，我国整体经济和东、中、西部地区技术进步偏向于资本，但程度逐年减弱，技术进步偏向性变化趋势提高了全要素生产率增长率且技术进步偏向性与要素结构适配性逐年增强。王燕等（2015）运用中国 1990～2011 年的数据，通过将劳动收入份额的变化率分解为乘数效应、资本深化速度、资本偏向型技术进步和税收的变化率，考察偏向性技术进步和税收对劳动收入份额影响。研究发现，资本深化会增大劳动收入份额，而技术进步的资本偏向性和生产税率的提高，会降低中国劳动收入份额。其中，资本偏向性技术进步是劳动收入份额下降的最主要原因。

有部分文献进行了其他方面的研究。李尚骜（2010）研究了跨国合作下的技术偏向性问题，发现在跨国合作模式下技术进步具有偏向性，且股权结构和双方谈判实力对偏向性技术进步有正向影响。王班班等（2014）通过构建 4 投入要素的超越对数生产函数，运用 1999～2010 年中国 36 个工业行业数据观测了不同来源的技术进步方向，并用偏向性技术进步的替代效应来说明了技术进步影响能源强度的原因。邓明（2014）运用 1990～2010 年中国省级地区面板数据，通过建立将偏向型技术进步内生化的离散时期 OLG 模型，研究我国人口年龄结构与技术进步方向的关系。研究发现，在控制了要素价格扭曲之后，老年人口的上升使技术偏向于劳动，而劳动力价格扭曲使技术偏向于资本。宋和王（Song & Wang，2016）对中国 2003～2013 年的环境技术进步偏向进行了测算，并对其影响因素进行了分析，发现人口老龄化和国有企业比重的扩大显著促进了环境技术的进步。

三、国际贸易对偏向性技术进步的影响

对偏向性技术进步领域的研究起步于20世纪30年代，到20世纪90年代才逐步得到理论完善，在几十年的短暂发展岁月中，有关国际贸易对偏向性技术进步影响的理论研究寥寥可见。至今那些深入探究偏向性技术进步来源的经典文献，大多是在劳动力异质的条件下，认为国际贸易引发了技能偏向性技术进步，重点关注的是技能偏向性技术进步的形成原因。这部分试将国际贸易引致偏向性技术进步的原因进行梳理，并总结归纳国际贸易、偏向性技术进步和其他经济问题的相关文献。

（一）国际贸易引致偏向性技术进步的原因

有文献提出国际贸易通过价格效应影响偏向性技术进步。希克斯（1932）认为偏向性技术进步取决于要素的相对价格。产品生产要素相对价格的变动是促进技术创新的动力，技术进步方向会偏向于相对价格较贵的生产要素，以减少稀缺生产要素的使用。贸易开放后，发达国家的高技能产品价格上升，因此会促进技术进步偏向于高技能。但阿西莫格鲁（2010）指出，价格上涨不一定会引发技术进步和创新活动，相反，要素价格的上涨有可能使企业总体利润下降，进而阻碍了技术进步的产生。

有文献提出国际贸易通过规模效应影响偏向性技术进步，即偏向性技术进步的形成与知识产权保护制度有关。阿西莫格鲁（1998，2002）认为，南北贸易中南方从北方获得的技术和设备所受到的知识产权保护的程度，会通过调节市场规模的大小，改变要素中包含的新技术的利润，进而形成技术进步的方向，使得技术进步偏向于相对丰裕要素。具体来说，如果发展中国家不具备完善的知识产权保护制度，则贸易不会使发达国家的创新市场规模发生变化，对外贸易会导致发达国家具有技术密集型产品的价格上涨，致使技术进步偏向于技能劳动力，此时价格效应大于规模效应。如果发展中国家具有较为完善的知识产权保护制度，则会导致发达国家的创新市场被扩大，此时同时受到规模效应和价格效应的影响，技术进步的偏向取决于技能劳动和非技能劳动替代弹性的大小。汉隆（Hanlon，2015）在这一理论的基础上实证了英国的棉花贸易对纺织业偏向性技术进步的影响。结果表明，在美国内战爆发之后，英国放弃美国市场，转为从印度进口棉花后，出现了大量提高使用印度棉花生产率的新技术，这说明印度棉花的市场规模效应促进了英国纺织业的技术进步。杨飞（2014）运用1970～2007年13个国家的面板数据，从理论和实证上分析了发达国家对发展中国家的进出口对偏向性技术进步的影响，研究发现无论是进口还是出口，国际贸易都会促进发展中国家偏向性技术进步，且由于发展中国家缺乏完善的知识产权保护制度，出口主要通过价格效应促进技术进步偏向于技能劳动力。

有部分文献提出了国际贸易通过竞争效应影响偏向性技术进步，即偏向性技术

进步与贸易引致的防御性创新有关。伍德（1995）在研究南北方贸易时发现，北方地区的技能劳动力相对获利更大，而南方地区的非技能劳动力相对获利更大。布卢姆等（Bloom et al.，2016）提出，来自发展中国家落后的低技能密集型产业，会因其比较优势对发达国家的低技能密集型产业造成威胁，在“物竞天择，优胜劣汰”的生存竞争法则下，企业和政府的资源配置会愈发地向高技能密集型产业倾斜，使高技能产业的生产水平得到进一步发展。

有文献也提出了国际贸易通过学习效应影响偏向性技术进步。阿西莫格鲁（1999）提出了技术适宜理论，即一国的技术结构必须与生产要素的投入结构相适宜，而厂商可以通过人为地加大或减少使得生产要素的投入结构偏离要素资源的禀赋结构。通过与技术结构相匹配的发达国家开展国际贸易往来，发展中国家能够以较为低廉的价格引进适合本国国情的精尖技术，同时通过实施政府主导为主的“赶超战略”以实现本国的经济的复苏和腾飞，努力向世界强国靠近。大量实证结果证明，20世纪以来世界发达国家的技术进步总体呈现出资本偏向性，因此发展中国家从发达国家引进的先进技术也具有资本偏向性特征。陈欢、王燕（2015）指出中国技术进步偏向使用资本的主要原因：中国制造业会在贸易往来中复制发达国家的技术进步方向，同时外商直接投资以及研发投入的增多都会导致中国偏向性技术进步的增加。尹今格、雷钦礼（2016）采用1990～2010年我国工业数据进行估计，发现相对价格对偏向性技术进步程度的影响不显著，而要素禀赋影响显著。进口与出口影响显著且创新产品贸易的作用占主导地位，但远不及要素禀赋的影响大。

（二）国际贸易对资本偏向性技术进步的影响

前文解释了国际贸易导致技能偏向性技术进步的可能原因。而从戴维和隆德（1965）开始，有大量文献测算出发达国家技术进步偏向于资本的特征（Klump et al.，2008；董直庆等，2013；陈晓玲等，2015）。那么如何解释技能偏向性技术进步和资本偏向性技术进步的关系呢？国际贸易如何影响资本偏向性技术进步？

张莉等（2012）认为技能偏向性技术进步应该归结于资本偏向性技术进步。首先，从宏观背景来说，近40年来发展中国家通过与发达国家进行国际贸易，学习效应使得发展中国的技术进步也偏向于技能劳动力，而这种技术进步以及带来的报酬必然体现在设备和资本中。赵志耘等（2007）发现中国主要以引进先进设备的渠道学习先进技术，中国引进设备的边际收益远高于世界有形资本的边际收益率，这意味着的确存在资本积累和技术进步的融合。其次，从微观企业的角度来说，无论是熟练劳动还是非熟练劳动力，都为企业所有，发展中国家的企业大多是通过设备引进获得新的先进技术，技能劳动力边际产出的增加依赖于熟练使用先进设备，这种设备和技术的融合使得增加的报酬更容易被购买设备的企业所拥有。

综上所述，通过国际贸易引发的技能偏向性技术进步会表现为资本偏向性技术进步。因此国际贸易引致技能偏向性技术进步的解释原因对资本偏向性技术进步同样有效。

（三）国际贸易、偏向性技术进步与其他经济问题

阿西莫格鲁（2003）运用偏向性技术进步的概念，探索了国际贸易对偏向性技术进步和技能溢价的影响。结果表明，在进行国际贸易时，双方国家会突出具有比较优势的要素资源进而导致双方的要素结构发生变化，这样会引发技术进步的偏向性和技能溢价。阿西莫格鲁（2015）研究了离岸外包对偏向性技术进步的影响。离岸外包主要从以下两个方面产生影响：一方面，它使得技能密集型产品相对价格上涨，会推动技术进步偏向于技能劳动发展；另一方面，它使得低技能劳动力被大量雇佣，同时低技能密集型产品的市场规模也被扩大，会推动技术进步偏向非技能劳动发展。国内方面在这一时期也涌现了大量有关偏向性技术进步与其他经济问题的研究。邵敏等（2010）运用我国工业行业数据，从出口贸易出发，研究偏向性技术进步和工资不平等问题。研究显示，导致工资不平等的状况愈发严重的原因是，行业出口贸易密集度的上升导致的技能偏向性技术进步的发生。张莉等（2013）通过构建要素收入分配的决定方程，在1980～2007年跨国经济发展数据的基础上，探索国际贸易、偏向性技术进步对要素收入分配影响的问题。结果表明，国际贸易使技术进步偏向于资本，导致要素收入向资本倾斜。

第三节 理论与数据

一、省级层面偏向型技术进步的测度和判别方法

（一）偏向型技术进步指数的测算方法

通过借鉴托恩（Tone，2003）、福山和韦伯（Fukuyama & Weber，2009）的思路，通过构建非径向、非导向的基于松弛的（slack-based measure，SBM）方向性距离函数，结合法尔等（1992）和钟等（1997）的方法测算 Malmquist 指数，然后根据法尔等（1997）对 Malmquist 指数分解的方法，将 Malmquist 指数分解为效率变化（EFFCH）指数、中性技术进步（MTECH）指数和偏向型技术进步（BTECH）指数。

1. 生产可能性集

本部分将每一个省份视为一个生产决策单位（DMU），并在此基础上构建中国各省份每一年的最佳生产实践边界。依照法尔等（2007）的思路，假定每一个省份利用 N 种投入要素 $x=(x_1, \cdots, x_N)\in R_N^+$，生产出 M 种产出 $y=(y_1, \cdots, y_M)\in R_M^+$。设每个时期为 $t=(1, 2, \cdots, T)$，每个省份为 $k=(1, 2, \cdots, K)$，则 k 省份在 t

时期的投入和产出量可以表示为（$x^{k,t}$，$y^{k,t}$）的形式。

运用 DEA 方法将当期生产可能性集表示如下：

$$P^t = (x^t, y^t): \left\{ \begin{array}{l} \sum_{k=1}^{K} z_k^t x_{kn}^t \leqslant x_{kn}^t, \ \forall n \\ \sum_{k=1}^{K} z_k^t y_{km}^t \geqslant y_{km}^t, \ \forall m \\ \sum_{k=1}^{K} z_k^t = 1, \ z_k^t \geqslant 0, \ \forall k \end{array} \right\} \tag{1-1}$$

式（1－1）中，z_k^t 为每个横截面观察值的权重，如果 $\sum_{k=1}^{K} z_k^t = 1$ 并且 $z_k^t \geqslant 0$，表示生产技术为规模报酬可变（VRS）；如果 $z_k^t \geqslant 0$（删除 $\sum_{k=1}^{K} z_k^t = 1$ 的约束条件），则表示规模报酬不变（CRS）。

2. SBM 方向距离函数

借鉴福山和韦伯（Fukuyama & Weber，2009）的方法，将全域 SBM 方向性距离函数定义为：

$$D(x^{t,k}, y^{t,k}, g^x, g^y) = \max_{s^x, s^y} \frac{\frac{1}{N}\sum_{n=1}^{N}\frac{s_n^x}{g_n^x} + \frac{1}{M}\sum_{m=1}^{M}\frac{s_m^y}{g_m^y}}{2} \tag{1-2}$$

$$s.t. \left\{ \begin{array}{l} \sum_{t=1}^{T}\sum_{k=1}^{K} z_k^t x_{kn}^t + s_n^x = x_{k'n}^t, \ \forall n \\ \sum_{t=1}^{T}\sum_{k=1}^{K} z_k^t y_{km}^t - s_m^y = y_{k'm}^t, \ \forall m \\ \sum_{k=1}^{K} z_k^t = 1, \ z_k^t \geqslant 0, \ \forall k \\ s_n^x \geqslant 0, \ \forall n; \ s_m^y \geqslant 0, \ \forall m \end{array} \right\}$$

式（1－2）中，$x^{t,k}$和$y^{t,k}$分别表示 t 期 k 省的投入和产出的向量，g^x 和 g^y 分别表示投入减少和产出增加的方向向量，s_n^x 和 s_m^y 为投入和产出的松弛向量，两者分别表示投入过度和产出不足的量（王兵等，2011）。

3. Malmquist 指数

基于上述介绍，借鉴法尔等（1992）和钟等（1997）的思路，在 SBM 方向距离函数的基础上，本部分构建了 Malmquist 指数，表达式为：

$$MI = \sqrt{\frac{D^t(x^{t+1}, y^{t+1}; g)}{D^t(x^t, y^t; g)} \times \frac{D^{t+1}(x^{t+1}, y^{t+1}; g)}{D^{t+1}(x^t, y^t; g)}} = \sqrt{K^{t+1} \times K^t} \tag{1-3}$$

式（1－3）中，K^{t+1}为在 t 时期的技术条件下，从 t 到 t＋1 时期的技术效率的变化指数；K^t 为在 t＋1 时期的技术条件下，从 t 到 t＋1 时期的技术效率变化指数；MI 为 Malmquist 指数，它是 K^{t+1}和 K^t 的几何平均值。进一步地，MI 指数可以分解为技术效率变化指数（EFFCH）和技术变化指数（TECH）：

$$MI=\frac{D^{t+1}(x^{t+1},\ y^{t+1};\ g)}{D^{t}(x^{t},\ y^{t};\ g)}\times\sqrt{\frac{D^{t}(x^{t},\ y^{t};\ g)}{D^{t+1}(x^{t},\ y^{t};\ g)}\times\frac{D^{t}(x^{t+1},\ y^{t+1};\ g)}{D^{t+1}(x^{t+1},\ y^{t+1};\ g)}}$$
$$=EFFCH\times TECH$$
$$EFFCH=\frac{D^{t+1}(x^{t+1},\ y^{t+1};\ g)}{D^{t}(x^{t},\ y^{t};\ g)} \tag{1-4}$$
$$TECH=\sqrt{\frac{D^{t}(x^{t},\ y^{t};\ g)}{D^{t+1}(x^{t},\ y^{t};\ g)}\times\frac{D^{t}(x^{t+1},\ y^{t+1};\ g)}{D^{t+1}(x^{t+1},\ y^{t+1};\ g)}}$$

式（1－4）中MI、EFFCH、TECH指数大于1，分别表示t到t＋1时期全要素生产率、效率变化和技术变化增长；三个指数小于1，分别表示t到t＋1时期全要素生产率、效率变化和技术变化降低；三个指数等于1，表示t到t＋1时期不变。

4. 偏向型技术进步指数（BTECH）

为了度量技术进步的偏向型，法尔等（1997）对TECH指数做了进一步的分解，将技术进步指数分解为中性技术变化指数（MTECH）和偏向型技术变化指数（BTECH）①。为此，借鉴法尔等（1997）的思路，本部分将Malmquist指数中的技术进步指数做了进一步分解：

$$TECH=\frac{D^{t}(x^{t+1},\ y^{t+1};\ g)}{D^{t+1}(x^{t+1},\ y^{t+1};\ g)}\times\sqrt{\frac{D^{t}(x^{t},\ y^{t};\ g)}{D^{t+1}(x^{t},\ y^{t};\ g)}\times\frac{D^{t+1}(x^{t+1},\ y^{t+1};\ g)}{D^{t}(x^{t+1},\ y^{t+1};\ g)}}$$
$$=MTECH\times BTECH$$
$$MTECH=\frac{D^{t}(x^{t+1},\ y^{t+1};\ g)}{D^{t+1}(x^{t+1},\ y^{t+1};\ g)} \tag{1-5}$$
$$BTECH=\sqrt{\frac{D^{t}(x^{t},\ y^{t};\ g)}{D^{t+1}(x^{t},\ y^{t};\ g)}\times\frac{D^{t+1}(x^{t+1},\ y^{t+1};\ g)}{D^{t}(x^{t+1},\ y^{t+1};\ g)}}$$

式（1－5）中MTECH、BTECH指数大于1，分别表示t到t＋1时期中性技术进步和偏向型技术进步；两个指数小于1，分别表示t到t＋1时期中性技术退步和偏向型技术退步；两个指数等于1，表示t到t＋1时期没有变化。

特别地，为了刻画技术进步（或退步）的偏向程度，本部分构建了技术变化偏离度$\tau_{t,t+1}$：

$$\tau_{t,t+1}=|BTECH_{t,t+1}-1| \tag{1-6}$$

式（1－6）中构建的$\tau_{t,t+1}$表示技术变化偏离度，其值越大表示t到t＋1时期技术变化的偏向型特征越明显。

（二）偏向型技术进步指数的识别

BTECH指数实际上度量的是偏向型技术进步对整体技术进步的影响，从

① 实际上，根据方向距离函数的径向，法尔等（Färe et al.，1997）将偏向型技术变化指数（BTECH）进一步分解为产出偏向型技术进步指数（OBTECH）和投入偏向型技术进步指数（IBTECH），而由于本部分设定的方向距离函数是非径向的，所以没有将BTECH指数作进一步分解。

BTECH 指数本身可以看出技术进步中偏向型技术进步的贡献率，而 τ 是度量技术变化在要素之间偏离程度的指标，两个指数并不能解决关于技术进步中的要素偏向问题。为此，韦伯和布鲁斯（Weber & Bruce，1999）提供了一种可行的识别技术进步要素偏向的方法。其核心观点是用 t 到 t+1 时期的要素投入比例的变化（要素边际替代率的变化）和 IBTECH 指数的变化来判别技术进步的要素偏向。

假设从 t 到 t+1 时期发生了技术变动（技术变动可以是技术进步和技术退步），存在两种投入要素 i 和要素 j。基于韦伯和布鲁斯（1999）的思路，本部分构建了一个要素偏向指数（$Bias_{ij}$）来对技术变动在要素 i 和 j 中的偏向进行判定。

$$Bias_{ij}=\left(\frac{i^{t+1}/j^{t+1}}{i^{t}/j^{t}}-1\right)\times(BTECH-1) \qquad (1-7)$$

式（1-7）中，$\frac{i^{t+1}/j^{t+1}}{i^{t}/j^{t}}$表示以 t 为基期，要素 i 和要素 j 在 t+1 期的变化率，BTECH 为偏向型技术进步指数，$Bias_{ij}$ 为技术进步偏向度。$Bias_{ij}>0$，表示技术变动是由密集使用要素 i 导致的；$Bias_{ij}<0$，表示技术变动是由密集使用要素 j 导致的；$Bias_{ij}=0$ 且 $BTECH=1$，表示技术变动在要素之间没有偏向型；$Bias_{ij}=0$ 且 $BTECH\neq1$，说明技术变动没有在要素 i 和要素 j 中偏移。

（三）数据来源

根据前面测算方法的阐述，本部分选取中国 30 个省级行政单位①的 1998～2014 年的地区生产总值以及资本、劳动、能源投入的基础数据进行测算，并对各变量作定义如下：

1. 产出

本部分中的产出选用各省份以 1998 年为基期的实际地区生产总值，数据来源于历年《中国统计年鉴》。

2. 资本投入

本部分中按可比价格计算的资本存量采用永续盘存法（PIM）进行估算，这一方法可以表示为 $K_{it}=K_{it-1}(1-\delta_{it})+I_{it}$。其中 K_{it} 表示 i 省第 t 年的资本存量，δ_{it} 表示物质资本的折旧率，I_{it} 代表当年投资。本部分采用张军等（2004）② 的做法，选取以 1952 年不变价计算的 1998 年的物质资本存量作为基年

① 中国 34 个省级行政单位中，由于西藏部分数据严重缺乏，不利于后续的计量分析，故舍去；另外除去港澳台地区。本部分将对 30 个省级行政单位进行研究。

② 张军、吴桂英、张吉鹏：《中国省际物质资本存量估算：1952—2000》，载于《经济研究》2004 年第 10 期，第 35～44 页。

资本存量[①]，折旧率选取张军估计的各省份固定资本形成总额的经济折旧率9.6%，固定资本形成总额作为当年投资，固定资产投资价格指数作为投资品价格指数，以上数据均来源于《中国统计年鉴》。由公式计算得到各省份以1998年为基期的年末资本存量。

3. 劳动投入

本部分选取各省份单年全社会从业人员数作为劳动投入量。这里的从业人员指16周岁及以上，从事一定的社会劳动并且获得劳动报酬或经营收入的人员，反映一定时期内全部劳动力资源的实际利用状况。本部分某一年从业人员人数等于年初与年末的算术平均数。原始数据来源于历年各省份统计年鉴和《中国人口和就业统计年鉴》。

4. 能源投入

本部分选取各省份能源消耗总量（以万吨标准煤计）作为能源投入量，数据来源于历年《中国能源统计年鉴》。

表1-1为测算偏向型技术进步指数所需的各项指标的描述性统计结果。

表1-1　偏向型技术进步测算的投入产出指标的描述性统计情况

变量	变量含义	单位	样本（个）	均值	标准差	最小值	最大值
GDP	实际地区生产总值	亿元	510	7580.74	7798.87	124.03	46120.78
Capital	年末资本存量	亿元	510	6534.32	6053.66	103.00	32632.52
Labor	从业人员年平均人数	万人	510	2416.99	1622.79	255.80	6593.45
Resource	能源消耗总量	万吨标准煤	510	9563.08	7220.43	407.00	38899.25

资料来源：根据历年《中国统计年鉴》、各省份统计年鉴、《中国人口和就业统计年鉴》和《中国能源统计年鉴》中数据整理计算后得到。

二、中国省级偏向型技术进步指数及趋势分析

根据上述思路，本部分计算了我国30个省份的中性技术进步指数和偏向型技术进步指数，并探究各省份的技术变化偏离度[②]。表1-2给出了基于Malmquist指数的1999~2014年中国各省份的平均中性技术进步指数、偏向型技术进步指数，以及技术变化偏离度。

① 张军提供的数据将重庆的数据并入四川，为了本部分的研究，本部分以1998年四川和重庆的名义GDP为权重将资本存量拆分得到四川和重庆的基年资本存量数据。由于在永续盘存法中，基年选择越早，基年的资本存量估计误差对后续年份的影响就会越小，所以考虑到数据的可得性及与同类研究的可比性，本部分采用的是1952年的不变价进行计算。

② 中性技术进步指数和偏向型技术进步指数分别代表式（1-5）中的MTECH和BTECH，技术变化偏离度代表式（1-6）中的τ。

表 1－2　　1999～2014 年各省份的平均技术变化偏离度

地区	中性技术进步指数	偏向型技术进步指数	技术变化偏离度	地区	中性技术进步指数	偏向型技术进步指数	技术变化偏离度
北京	1.0458	1.0052	0.0052	天津	1.0287	1.0052	0.0052
河北	1.0248	1.0049	0.0049	辽宁	1.0256	1.0022	0.0022
上海	1.0166	1.0396	0.0396	江苏	1.0004	1.0408	0.0408
浙江	1.0185	1.0117	0.0117	福建	0.9993	1.0228	0.0228
山东	1.0894	0.9821	0.0179	广东	1.0377	1.0375	0.0375
海南	0.9147	1.0454	0.0454				
东部	1.0175	1.0178	0.0139				
山西	1.0238	1.0055	0.0055	吉林	0.9987	1.0098	0.0098
黑龙江	0.9789	1.0250	0.0250	安徽	1.0232	0.9938	0.0062
江西	1.0168	0.9832	0.0168	河南	1.0039	1.0156	0.0156
湖北	0.9650	1.0225	0.0225	湖南	0.9899	1.0096	0.0096
中部	0.9998	1.0080	0.0121				
内蒙古	1.0357	0.9999	0.0001	广西	0.9807	1.0333	0.0333
重庆	0.9894	1.0183	0.0183	四川	1.0090	1.0077	0.0077
贵州	0.9557	1.0259	0.0259	云南	0.9646	1.0067	0.0067
陕西	0.9873	1.0315	0.0315	甘肃	1.0528	0.9670	0.0330
青海	0.8434	1.0484	0.0484	宁夏	0.9385	0.8912	0.1088
新疆	1.0231	1.0172	0.0172				
西部	0.9784	1.0034	0.0150				
全国	0.9954	1.0099	0.0138				

注：平均中性技术进步指数为历年各省份的中性技术进步指数的几何平均数，各区域中性技术进步指数由其包含各省份的平均中性技术进步指数求几何平均数得到。偏向型技术进步指数和技术变化偏离度求法同上。中性技术进步指数和偏向型技术进步指数通过 MaxDEA 软件计算而得；技术变化偏离度根据式（1－6）计算而得。

资料来源：根据历年《中国统计年鉴》、各省份统计年鉴、《中国人口和就业统计年鉴》和《中国能源统计年鉴》中数据整理计算后得到。

中性技术进步指数即式（1－5）中的 MTECH，偏向型技术进步指数为 BTECH，技术变化偏离度为式（1－6）中的 $\tau_{t,t+1}$。由表 1－2 可以得到如下几个结论：（1）1999～2014 年平均偏向型技术进步指数由东向西递减。全国偏向型技术进步水平低于东部，但高于中部和西部地区。全国及东、中、西部地区的平均偏向型技术进步指数均大于 1，这说明整体上来讲我国在期间内的技术进步均呈现出偏向性特征。（2）1999～2014 年技术变化偏离度呈现西部、东部、中部递减的态势，西部地区具有较为显著的技术变化偏离程度，而中部地区的技术变化偏离程度较小。(3) 东部11个省份有10个省份平均偏向型技术进步指数大于1，说明这10个省份均呈现出偏向型技术进步特征。在技术变化偏离度指标下，排名最高的6个省份中有4个省份处于东部，依次是海南、江苏、上海、广东；而排名靠后的5个省份中有4个省份处于东部，其中包含北京、天津这些经济较为发达的地区，说明技术变化偏离程度与经济发展水平并无较大联系。山东省在2003年偏向型技术进步指数由大于1变为小于1，技术进步由偏向型转向中性，发生偏向型技术退步。(4) 中部8个省份中有6个省份平均偏向型技术进步指数大于1，且整个中部8个省份的技术变化偏离度分布比较平均，均位于30个省份平均技术变化偏离度的中间水平。(5) 西部11个省份有3个省份平均偏向型技术进步指数小于1，说明这3个省份呈现出偏向型技术退步特征。从整体30个省份的技术变化偏离度排名来看，该区域两极分化严重。技术变化偏离度排名最高的10个省份有6个省份处于西部，且技术变化偏离程度最高的宁夏和青海均处于西部；同时，技术变化偏离度最低的内蒙古（$\tau=0.0001$）基本可以视为技术进步呈现中性。

图1-1是全国及各区域历年平均偏向型技术进步指数，由该图可以发现全国、东、中、西部偏向型技术进步变动趋势大致相同，基本呈现出下降趋势。其中，(1) 东部地区的偏向型技术进步指数从1999年的显著的偏向型技术进步逐渐演变为轻微的偏向型技术退步。(2) 中部地区在2001年由于山西、吉林、安徽、江西、湖南5省均出现偏向型技术退步，导致2001年中部地区偏向型技术进步指数出现了明显下降。但总体而言，中部地区在区间内存在正向的偏向型技术进步。(3) 西部地区偏向型技术进步指数在2006年（BTECH = 0.9293）和2014年（BTECH = 0.9593）均显著小于1，并导致当年全国偏向型技术进步指数显著下降，呈现出偏向型技术退步。

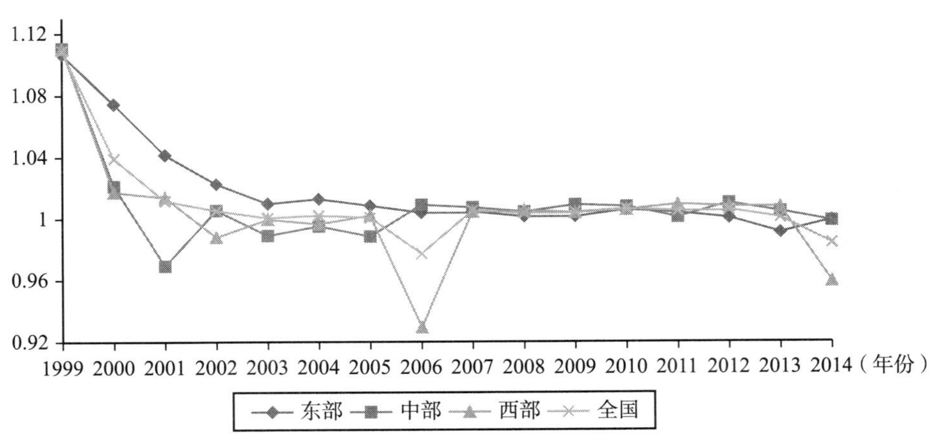

图1-1　全国及各区域历年平均偏向型技术进步指数

资料来源：根据历年《中国统计年鉴》、各省份统计年鉴、《中国人口和就业统计年鉴》和《中国能源统计年鉴》中数据整理计算后得到。

三、中国省级偏向型技术进步方向的测度与分析

通过对中国省级偏向型技术进步指数的测算可知，偏向型技术进步在中国是广泛存在的。那么技术进步在中国到底是偏向于哪种要素？在计算出的偏向型技术进步指数 BTECH 的基础上，通过式（1－7）计算出要素偏向指数 BiasKL、BiasKE 和 BiasLE。若 $Bias_{ij}>0$，表示技术变动是由密集使用要素 i 导致的，技术进步偏向于要素 i；若 $Bias_{ij}<0$，表示技术变动是由密集使用要素 j 导致的，技术进步偏向于要素 j；当 $Bias_{ij}=0$ 且 BTECH＝1 时，说明技术变动在要素之间没有偏向性，而当 $Bias_{ij}=0$ 且 BTECH≠1 时，说明技术变动没有在要素 i 和要素 j 中偏移。通过对要素偏向指数的计算，对资本、劳动和能源投入进行两两比较，得出历年全国偏向型技术进步要素偏向性排序。

表 1－3 展示了 1999～2014 年全国历年偏向型技术进步方向，从中可以得出：（1）全国范围内的技术进步在 1999～2014 年总体上偏向于密集使用资本要素，偏向性强弱表现为资本大于能源大于劳动，技术进步偏向于使用资本和能源要素。（2）在 1999～2004 年，全国偏向型技术进步方向始终偏向于密集使用资本要素，技术进步在劳动和能源要素中的偏向性并无显著特征。这一时期内，全国偏向型技术进步在资本和能源要素之间偏向于节约能源要素，这可能与《中华人民共和国节约能源法》自 1998 年 1 月 1 日开始施行有关，该法对推动全社会节约能源，提高能源利用效率有着积极的作用和意义。（3）全国偏向型技术进步方向在 2005～2009 年内发生了明显地改变，在这一区间内并没有表现出偏向于特定要素；但可以发现从 2005 年开始，全国偏向型技术进步开始逐渐从偏向于密集使用资本要素转变为偏向于密集使用能源要素。在这一时期，中国处于全面工业化和城市化阶段，经济增长方式较为粗放，很大程度上依赖于能源的高投入，导致技术进步方向偏向于使用能源。（4）在 2010～2014 年，全国偏向型技术进步明显偏向于密集使用能源要素。但在 2014 年全国偏向型技术进步偏向于劳动要素，虽然对总体趋势不会构成较大影响，但是仍需引起关注。同时，2014 年全国技术进步在劳动和能源要素之间开始转变为偏向于节约能源要素，也说明了“十二五”规划中“加强资源节约和管理”的相关要求开始发挥作用。

表 1－3　　1999～2014 年全国偏向型技术进步方向

年份	BiasKL	BiasKE	BiasLE	要素偏向性排序
1999	0.12416	0.12616	0.00036	K＞L＞E
2000	0.01178	0.00833	－0.00269	K＞E＞L
2001	0.00374	0.00373	－0.00003	K＞E＞L
2002	0.00172	0.00067	－0.00088	K＞E＞L

续表

年份	BiasKL	BiasKE	BiasLE	要素偏向性排序
2003	0.00008	0.00040	0.00029	K > L > E
2004	0.00014	0.00023	0.00007	K > L > E
1999 ~ 2004	0.02360	0.02325	-0.00048	K > E > L
2005	0.00064	-0.00139	-0.00181	E > K > L
2006	-0.00147	0.00065	0.00194	L > K > E
2007	-0.00003	-0.00018	-0.00008	E > L > K
2008	0.00021	0.00005	-0.00015	K > E > L
2009	0.00022	0.00004	-0.00017	K > E > L
2005 ~ 2009	-0.00009	-0.00017	-0.00005	E > L > K
2010	0.00032	-0.00031	-0.00060	E > K > L
2011	0.00023	-0.00042	-0.00062	E > K > L
2012	0.00031	-0.00007	-0.00036	E > K > L
2013	0.00023	-0.00045	-0.00066	E > K > L
2014	-0.00043	-0.00005	0.00039	L > E > K
2010 ~ 2014	0.00013	-0.00026	-0.00037	E > K > L
1999 ~ 2014	0.00887	0.00859	-0.00031	K > E > L

资料来源：根据历年《中国统计年鉴》、各省份统计年鉴、《中国人口和就业统计年鉴》和《中国能源统计年鉴》中数据整理计算后得到。

接着对期间内各省份以及各区域的偏向型技术进步方向进行分析，表 1 - 4 展示了 1999 ~ 2014 各省份的偏向型技术进步方向，从中可以到如下几个结论：（1）在 1999 ~ 2014 年内，各省份以及各区域的偏向型技术进步方向大致相同，均呈现出偏向于密集使用资本要素。在 30 个省份中有 21 个省份的偏向性强弱都表现为资本大于能源大于劳动。（2）东部 11 个省份中，除北京的技术进步偏向性在劳动要素和能源要素中表现为偏向于节约能源要素，其余省份的技术进步方向均与全国总体的技术进步方向相同，均表现为偏向于使用能源要素。说明北京作为首都，在绿色发展、能源节约方面有着比较突出的优势。（3）中部地区技术进步的偏向性强弱总体表现为资本大于劳动大于能源；除安徽（技术进步偏向于使用能源要素）外，中部 8 个省份的技术进步均偏向于密集使用资本要素，但在劳动要素和能源要素中的偏向性并无显著特征。（4）西部地区总体的技术进步偏向于密集使用资本要素；但其中的甘肃和宁夏由于资本要素稀缺，这两个省份的技术进步均显著地偏向于使用劳动要素。

表 1-4　　1999~2014 年各省份的偏向型技术进步方向

地区	BiasKL	BiasKE	BiasLE	要素偏向性排序
北京	0.00016	0.00048	0.00033	K>L>E
天津	0.00293	0.00224	-0.00048	K>E>L
河北	0.00276	0.00233	-0.00032	K>E>L
辽宁	0.00462	0.00380	-0.00075	K>E>L
上海	0.00526	0.00336	-0.00123	K>E>L
江苏	0.01319	0.01037	-0.00242	K>E>L
浙江	0.00547	0.00430	-0.00083	K>E>L
福建	0.01990	0.01624	-0.00222	K>E>L
山东	0.00683	0.00576	-0.00040	K>E>L
广东	0.01245	0.00930	-0.00262	K>E>L
海南	0.00985	0.00615	-0.00294	K>E>L
东部	0.00630	0.00624	-0.00011	K>E>L
山西	0.00160	0.00155	-0.00006	K>E>L
吉林	0.01010	0.00898	-0.00077	K>E>L
黑龙江	0.01292	0.01183	-0.00080	K>E>L
安徽	-0.01260	-0.01270	-0.00037	E>L>K
江西	0.00243	0.00226	0.00011	K>L>E
河南	0.00426	0.00392	-0.00034	K>E>L
湖北	0.01254	0.01181	-0.00071	K>E>L
湖南	0.00808	0.01602	0.00523	K>L>E
中部	0.00675	0.00590	-0.00073	K>L>E
内蒙古	0.00076	0.00182	0.00107	K>L>E
广西	0.01247	0.01012	-0.00197	K>E>L
重庆	0.00747	0.00847	0.00097	K>L>E
四川	0.00335	0.00338	-0.00007	K>E>L
贵州	0.01803	0.02086	0.00148	K>L>E
云南	0.09329	0.09572	-0.00027	K>E>L
陕西	0.00571	0.00295	-0.00259	K>E>L
甘肃	-0.00293	0.00002	0.00269	L>K>E
青海	0.00825	0.00201	-0.00575	K>E>L
宁夏	-0.00650	0.00175	0.00747	L>K>E
新疆	0.00332	0.00248	-0.00075	K>E>L

续表

地区	BiasKL	BiasKE	BiasLE	要素偏向性排序
西部	0.01473	0.01499	-0.00008	K > L > E
全国	0.00945	0.00909	-0.00038	K > E > L

资料来源：根据历年《中国统计年鉴》、各省份统计年鉴、《中国人口和就业统计年鉴》和《中国能源统计年鉴》中数据整理计算后得到。

四、中国制造业企业偏向性技术进步的测算和判别方法

（一）偏向性技术进步指数的测算方法

本部分借鉴阿西莫格鲁（2002）构建一个2要素标准化CES生产函数的模型，分解出资本要素增强型技术进步指数和劳动要素增强型技术进步指数，再借鉴莱昂等（León et al.，2010）、陆雪琴等（2013）、钟世川等（2014）的方法，利用克门塔（Kmenta）近似估计方法测算替代弹性，进而测算出偏向性技术进步指数。

本部分遵循阿西莫格鲁（2003）、戴天仕等（2010）的模型设定，将CES生产函数设为：

$$Y_t = [\pi(A_tK_t)^{-\lambda} + (1-\pi)(B_tL_t)^{-\lambda}]^{-\frac{1}{\lambda}} \tag{1-8}$$

其中，Y_t 代表产出，$\pi \in (0, 1)$ 代表资本的密集程度，A_t 代表资本增强型的技术进步指数（即单位资本效率），B_t 代表劳动增强型的技术进步指数（即单位劳动效率），$\lambda = \frac{1-\sigma}{\sigma} \geqslant -1$ 为资本 K_t 和劳动 L_t 的替代弹性参数，$\sigma \in (0, \infty)$ 为资本 K_t 和劳动 L_t 的替代弹性。

劳动边际产出为：

$$P_L = \frac{\partial Y}{\partial L} = (1-\pi)B_t^{\frac{\sigma-1}{\sigma}}\left(\frac{Y_t}{L_t}\right)^{\frac{1}{\sigma}} \tag{1-9}$$

资本边际产出为：

$$P_K = \frac{\partial Y}{\partial K} = \pi A_t^{\frac{\sigma-1}{\sigma}}\left(\frac{Y_t}{K_t}\right)^{\frac{1}{\sigma}} \tag{1-10}$$

资本劳动边际产出比 Φ_t 为：

$$\Phi_t = \frac{P_k}{P_L} = \frac{\pi}{1-\pi}\left(\frac{A_t}{B_t}\right)^{\frac{\sigma-1}{\sigma}}\left(\frac{L_t}{K_t}\right)^{\frac{1}{\sigma}} \tag{1-11}$$

根据希克斯（1932）和阿西莫格鲁（2002）的定义，如果技术进步导致 Φ_t 上升（下降），则技术进步偏向资本（劳动）；如果不影响 Φ_t，即边际产出比不变，则技术进步是呈中性的。

定义偏向性技术进步指数 D_t 为：

$$D_t=\widehat{\Phi}=\frac{1}{\Phi}\frac{\partial\Phi}{\partial\left(\frac{A}{B}\right)}\frac{d\left(\frac{A}{B}\right)}{dt}=\frac{\sigma-1}{\sigma}(\hat{A}_t-\hat{B}_t)-\frac{1}{\sigma}\frac{\hat{K}_t}{L_t} \quad (1-12)$$

$\hat{A}_t$、$\hat{B}_t$ 分别代表资本效率和劳动效率的平均增长速度。由于希克斯所定义的偏向性技术进步中，假设了两种要素 $\frac{K}{L}$ 的投入比例始终保持不变，即 $\frac{\hat{K}_t}{L_t}=\hat{K}_t-\hat{L}_t=0$。因此，该表达式可以简化为：

$$D_t=\left(\frac{\sigma-1}{\sigma}\right)(\hat{A}_t-\hat{B}_t) \quad (1-13)$$

1. 要素增强型技术进步指数

要计算偏向性技术进步指数 D_t，需推导计算出替代弹性 σ、要素增强型进步指数 A_t 和 B_t。A_t 和 B_t 推导过程如下：

假设规模报酬不变，则资本和劳动的报酬按边际产出计算。有：

$$\frac{r_t}{w_t}=\frac{P_K}{P_L}=\frac{\pi}{1-\pi}\left(\frac{A_t}{B_t}\right)^{\frac{\sigma-1}{\sigma}}\left(\frac{L_t}{K_t}\right)^{\frac{1}{\sigma}} \quad (1-14)$$

其中，r_t 为资本报酬，w_t 为劳动报酬。

将此式带回最初的 CES 生产函数式（1－8），得：

$$Y_t=\left[(1-\pi)(B_tL_t)^{-\lambda}+\pi\left(\frac{1-\pi}{\pi}\frac{r_tK_t}{w_tL_t}\right)(B_tL_t)^{-\lambda}\right]^{-\frac{1}{\lambda}} \quad (1-15)$$

所以，资本要素偏向型指数：

$$A_t=\frac{Y_t}{K_t}\left[\frac{r_tK_t}{\pi(r_tK_t+w_tL_t)}\right]^{-\frac{1}{\lambda}}=\frac{Y_t}{K_t}\left(\frac{1-C_t}{\pi}\right)^{-\frac{1}{\lambda}} \quad (1-16)$$

劳动要素偏向型指数：

$$B_t=\frac{Y_t}{L_t}\left[\frac{w_tL_t}{(1-\pi)(w_tL_t+r_tK_t)}\right]^{-\frac{1}{\lambda}}=\frac{Y_t}{L_t}\left(\frac{C_t}{1-\pi}\right)^{-\frac{1}{\lambda}} \quad (1-17)$$

其中，C_t 为劳动收入份额，$(1-C_t)$ 为资本收入份额。

2. 资本——劳动替代弹性

要计算要素增强型技术进步指数需要获得产出 Y_t、资本投入 K_t、劳动投入 L_t、资本密集度 π、劳动收入份额 C_t 和替代弹性 σ。资本密集度 π、替代弹性 σ 通过以下测算获得。

本部分参考莱昂等（2010）、陆雪琴等（2013）、钟世川（2014）采用的克门塔（Kmenta）近似估计方法对替代弹性 σ 进行估算。这种方法的基本原理是在初始阶段找到一个基准点，将初始 CES 生产函数标准化，然后在选取某一特定的替代弹性点进行泰勒二阶展开，得到一个可以进行回归的方程，然后就可以从估计系数中推算出替代弹性和其他的一些参数。

本部分中将基准点设为资本收入分配和劳动收入分配比在$\frac{\pi}{1-\pi}$的地方，假设此基准点为t_0，对应的产出为Y_0、资本投入为K_0、劳动投入为L_0、劳动报酬为w_0、资本报酬为r_0，此时有$A_0=\frac{Y_0}{K_0}$、$B_0=\frac{Y_0}{L_0}$。由于在新古典经济理论中，认为劳动效率是稳定上升的，这主要是由人力资本提升和教育发展引起。而只有所有要素效率的提高，才能保持平衡增长路径。这里假设A_t和B_t都呈指数型提升，即$A_t=A_0e^{y_Kt}$，$B_t=B_0e^{y_Lt}$，其中y_K为资本要素增强型的增长率，y_L为劳动要素增强型的增长率，t为时间。则此时有$A_t=\frac{Y_0}{K_0}e^{y_kt}$、$B_t=\frac{Y_0}{K_0}e^{y_Lt}$。将$A_t$、$B_t$的表达式带入最初的CES方程，得到如下标准CES函数：

$$Y_t=Y_0\left[\pi\left(\frac{e^{y_kt}K_t}{K_0}\right)^{-\lambda}+(1-\pi)\left(\frac{e^{y_Lt}L_t}{L_0}\right)^{-\lambda}\right]^{-\frac{1}{\lambda}} \tag{1-18}$$

取对数得：

$$\log\left(\frac{Y_t}{Y_0}\right)=-\frac{1}{\lambda}\log\left[\pi\left(\frac{e^{y_Kt}K_t}{K_0}\right)^{-\lambda}+(1-\pi)\left(\frac{e^{y_Lt}L_t}{L_0}\right)^{-\lambda}\right] \tag{1-19}$$

对该式在σ=1的特殊替代弹性处进行二阶泰勒展开，得到如下方程式：

$$\begin{aligned}\log\left(\frac{Y_t}{Y_0}\right)=&\pi\log\left(\frac{K_t}{K_0}\right)+(1-\pi)\log\left(\frac{L_t}{L_0}\right)+\frac{(\sigma-1)\pi(1-\pi)}{2\sigma}\left[\log\left(\frac{\frac{K_t}{K_0}}{\frac{L_t}{L_0}}\right)\right]^2\\&+\pi\left[1+\frac{(\sigma-1)(1-\pi)}{\sigma}\log\left(\frac{\frac{K_t}{K_0}}{\frac{L_t}{L_0}}\right)\right]y_Kt+(1-\pi)\left[1-\frac{(\sigma-1)\pi}{\sigma}\log\left(\frac{\frac{K_t}{K_0}}{\frac{L_t}{L_0}}\right)\right]y_Lt\\&+\frac{(\sigma-1)\pi(1-\pi)}{2\sigma}(y_K-y_L)^2t^2\end{aligned} \tag{1-20}$$

化简得：

$$\begin{aligned}\log\left(\frac{\frac{Y_t}{Y_0}}{\frac{L_t}{L_0}}\right)=&\pi\log\left(\frac{\frac{K_t}{K_0}}{\frac{L_t}{L_0}}\right)+\underbrace{\frac{\pi(1-\pi)(\sigma-1)}{2\sigma}}_{v_1}\left[\log\left(\frac{\frac{K_t}{K_0}}{\frac{L_t}{L_0}}\right)\right]^2+\underbrace{[\pi y_K+(1-\pi)y_L]}_{v_2}t\\&+\underbrace{\frac{\pi(1-\pi)(\sigma-1)}{2\sigma}}_{v_3}(y_K-y_L)^2t^2\end{aligned} \tag{1-21}$$

通过回归估计该方程，获得关于该方程系数的联立方程，可估算出替代弹性σ、y_K、y_L、π。估计该方程需要获得产出Y_t、资本投入K_t、劳动投入L_t。

(二) 偏向性技术进步的识别方法

由以上推导可知，偏向性技术进步指数的简化表达式为：

$$D_t = \hat{\Phi} = \frac{\sigma - 1}{\sigma}(\hat{A}_t - \hat{B}_t) \tag{1-22}$$

D_t 的经济含义为：资本和劳动生产要素的边际产出比的变化率是由技术进步的变化所引起的。在要素投入产出比不变的情况下，偏向性技术进步指数的大小主要受到以下 3 个因素的影响：资本增强型技术进步 A_t 的平均增长率、劳动增强型技术进步 B_t 的平均增长率、资本和劳动替代弹性的大小。

基于以上分析，表 1-5 展示了偏向性技术进步的识别过程的 5 种情况：如果 $\sigma<1$（资本和劳动互补），则当 $\hat{A}_t-\hat{B}_t>0$ 时，$D_t<0$，总体技术进步表现为资本增强型，Hicks 技术进步表现为劳动偏向性；如果 $\sigma<1$（资本和劳动互补），则当 $\hat{A}_t-\hat{B}_t<0$ 时，$D_t>0$，总体技术进步表现为劳动增强型，Hicks 技术进步表现为资本偏向性；如果 $\sigma>1$（资本和劳动互替），则当 $\hat{A}_t-\hat{B}_t>0$ 时，$D_t>0$，总体技术进步表现为资本增强型，希克斯技术进步是偏向资本的；如果 $\sigma>1$（资本和劳动互替），则当 $\hat{A}_t-\hat{B}_t<0$ 时，$D_t<0$，总体技术进步表现为劳动增强型，Hicks 技术进步是偏向资本的；如果 $\sigma=1$ 或 $\hat{A}_t-\hat{B}_t=0$，此时 $D_t=0$，表现为中性技术进步。

表 1-5　　偏向性技术进步的方向识别

条件 1：资本和劳动关系	条件 2：要素增强型情况	结论：偏向性技术进步方向
互补（$\sigma<1$）	资本增强型（$\hat{A}-\hat{B}>0$）	劳动偏向性（$D_t<0$）
	劳动增强型（$\hat{A}-\hat{B}<0$）	资本偏向性（$D_t>0$）
互替（$\sigma>1$）	资本增强型（$\hat{A}-\hat{B}>0$）	资本偏向性（$D_t>0$）
	劳动增强型（$\hat{A}-\hat{B}<0$）	劳动偏向性（$D_t<0$）
完全替代（$\sigma=1$）		中性技术进步（$D_t=0$）

（三）数据来源及处理

根据上述测算方法的阐述，本部分选取了 2001～2006 年存在贸易进出口并连续出现的 6461 家制造业企业的工业增加值、资本、劳动、资本收入份额的数据为基础进行测算，分别计算研究期间内我国制造业企业和制造业行业的偏向性技术进步指数。

本章采用的原始数据收集于中国工业企业数据库。中国工业企业数据库涵盖了几百万家企业的财务及经营指标和数据，具有丰富的研究内涵，但是由于数据规模庞大，在统计过程中存在大量的数据缺损、异常、遗漏的误差，为了完善这一缺憾，在进行数据处理时，本部分采取了以下措施：第一，本部分估算了缺失的 2004 年“工业增加值”数据，此项会计准则为：工业增加值 = 工业总产值 - 工业中间投入+应缴增值税；第二，剔除工业增加值、固定资产净平均余额、中间投入合计、应付工资、应付福利中任何一项为负、零值或缺失的样本数据；第三，剔除全部职工小于8的样本数据；第四，剔除开工时间小于1949的数据和企业年龄小于0的样本数据；第五，剔除劳动收入份额大于1的样本数据。在以上操作基础上建立平衡面板数据，剔除非连续出现企业。

另外，鉴于制造业行业包含很多细分行业，可被划分为20多种中类和数百种小类，且对于各细分制造业行业，偏向性技术进步程度存在一定差异。因此本部分借鉴陈诗一先生在《中国工业分行业统计数据估算：1980~2008》[①] 一文中的分类办法，将2002年第二次修订的工业统计行业分类标准最新版本作为分类依据，通过两位数行业代码将制造业分为30个中类，在此基础上对2001年数据进行统一归并和调整。鉴于数据的可得性，本部分将企业数据较少的烟草制造业、废弃资源和废旧材料回收加工业合并为其他制造业。综上所述在调整后共得到29个制造业细分行业。

现对测算偏向性技术进步所需指标做如下定义：

1. 产出 Y_t

本部分参考李小平等（2008），用企业工业增加值代表产出指标。利用以2001年为基期的工业生产者出厂价格指数平减为不变价以剔除价格的影响。

2. 资本投入 K_t

大多数文献通过采用永续盘存法处理固定资本存量来衡量资本投入，但由于在企业层面固定资本存量这一指标不易获得，本部分参考涂正革等（2005）、陈仲常等（2011），选用固定资产净值年平均余额表示资本投入，利用以2001年为基期的固定资产投资价格指数平减为不变价以剔除价格的影响。

3. 劳动投入 L_t

本部分用全部职工人数表示劳动投入，反映该年企业劳动力资源的实际利用情况。

4. 劳动收入份额 C_t

本部分借鉴白崇恩（2008）、姚毓春等（2014）的思想，不考虑税收在劳动收入中的影响，将当年劳动收入总额替代为应付工资总额和应付福利总额之和，则：

$$\text{劳动收入份额} = \frac{\text{应付工资总额} + \text{应付福利总额}}{\text{工业增加值}}$$

$$\text{资本收入份额} = 1 - \text{劳动收入份额}$$

表1-6为测算偏向性技术进步指数所需的各项指标的描述性统计结果。

① 在《中国工业分行业统计数据估算：1980~2008》一文中，工业行业根据两位数代码被分为39个细分中类，其中制造业为30个。

表 1-6　　偏向性技术进步测算的投入产出指标的描述性统计情况

变量	变量含义	单位	样本数	最小值	最大值	均值	标准差
Y_t	总产出	千元	38766	69	21200000	35733.58	269098.4
K_t	资本存量	千元	38766	1	19400000	38879.03	348327.8
L_t	就业人数	人	38766	9	55378	370.6703	1191.652
C_t	劳动收入份额	%	38766	0.0145	0.9950	0.2879	0.1990
$1-C_t$	资本收入份额	%	38766	0.0050	0.9855	0.7121	0.1990

资料来源：根据工业企业数据库整理计算所得。

五、中国制造业企业偏向性技术进步指数及趋势分析

根据上述思路，本部分计算了我国规模以上制造业企业的偏向性技术进步指数。首先，本部分设定2001年为初始年份t0，且 $t\in[0,5]$，通过上述数据，利用Stata 13.0对式（1-14）进行回归估计。该估计总体在1%置信水平显著，得到以下方程结果：

$$\begin{cases}\pi=0.2508\\ \dfrac{(\sigma-1)\pi(1-\pi)}{2\sigma}=-0.0248\\ \pi y_K+(1-\pi)y_L=0.0949\\ \dfrac{\pi(1-\pi)(\sigma-1)}{2\sigma}(y_K-y_L)^2=-0.0037\end{cases}$$

解该方程组可得：

$$\pi=0.2508\quad \sigma=0.7913\quad y_L=0.1919\quad y_k=-0.1948$$

估计结果如表1-7所示。对2001~2006年连续出现的6461家工业企业面板数据进行回归估计，估计的所有系数均在1%的置信区间内显著。通过估计结果计算得到资本和劳动的替代弹性为0.7913，资本密集程度为0.2508，$y_L=-0.0020$、$y_k=0.3846$ 分别代表的是资本效率和劳动效率的平均增长速度。这一替代弹性的估计结果与潘文卿、吴天颖、胡晓（2017），陆雪琴、章上峰（2012）的估计结果相似，略高于戴天仕、徐现祥（2010）的估计结果。本部分替代弹性估计结果偏高的原因可能是由于在估计偏向性指数时选择了与部分学者不同的估计模型，并且在样本数据的选取及处理上存在不足之处。值得注意的是，本部分估计的替代弹性数值小于1，说明在样本期内，我国制造业行业的资本和劳动之间存在互补关系，这一结论和白崇恩、钱振杰（2008）相同。

表 1-7　面板回归估计结果

参数	估计值	P 值
π	0.2507854	0.000
N1	-0.0247818	0.000
N2	0.0949024	0.000
N3	-0.0037049	0.006
F 值	1001.06 [0.0000]	

注：结果为使用 Stata 13.0 对研究样本进行回归估计后得到。

表 1-8 报告了 2002 ~ 2006 年我国制造业企业在时间序列上的 A_t 指数增长率、B_t 指数增长率和 D_t 指数。本部分发现：

表 1-8　中国制造业偏向性技术进步指数（2002 ~ 2006 年）

年份	观测值	$\hat{A}_t$	$\hat{B}_t$	$\hat{A}_t-\hat{B}_t$	D_t
2001	6461				
2002	6461	0.0908	0.1526	-0.0618	0.0163
2003	6461	0.1635	0.2443	-0.0808	0.0213
2004	6461	0.1459	0.0584	0.0876	-0.0231
2005	6461	-0.0154	-0.0548	0.0393	-0.0104
2006	6461	0.1433	0.2004	-0.0571	0.0151
2001 ~ 2006	38766	-0.1948	0.1919	-0.3867	0.0038

资料来源：根据工业企业数据库与前文估计结果计算后得到。

从整体上看，我国制造业企业技术进步表现为劳动增强型。资本技术效率平均增长率为负，且普遍小于劳动技术效率平均增长速度，其中资本技术效率年均增长 -19.48%，劳动技术进步效率年均增长 19.19%，总体 $\hat{A}_t-\hat{B}_t<0$，技术进步表现出劳动增强型。

从整体上看，我国制造业企业技术进步呈现出希克斯资本偏向性。替代弹性小于 1 时，满足技术进步表现为劳动增强型，那么计算的希克斯偏向性技术进步指数大于 0，即技术进步呈现出资本偏向性。所以从整体上看，我国制造业企业技术进步呈现出资本偏向性，我国经济技术朝着资本密集型生产方式发展，但资本偏向性不显著。

从具体年份上看，我国制造业企业的技术进步偏向性具有普遍性和随机性。在 2002 年、2003 年和 2006 年我国技术进步呈现出资本偏向性，但在 2004 年、2005 年呈现出劳动偏向性，并且总体波动较大。这可能是与本部分选取的年份有关，在

2000 年后，我国受到国际较大的资本技术冲击，在这段时期，我国的技术发展主要依靠模仿和借鉴，因此在这段时期偏向性技术进步指数的波动较大但又整体偏向资本。

六、中国制造业行业偏向性技术进步指数及趋势分析

下面从行业角度来分析。根据计算出的制造业企业的替代弹性和资本密集度，结合上述统计整理的总产出、资本存量、就业人数、资本收入份额、劳动收入份额等变量，汇总到各个行业，计算出各行业的偏向性技术进步指数。

表 1－9 报告了 2002～2006 年我国制造业细分行业的偏向性技术进步指数。通过分析本部分发现：

表 1－9　　中国制造业细分行业偏向性技术进步指数（2002～2006 年）

代码	观测值	行业名称	技术类别①	D_t
13	1430	农副加工制造业	中低技术类	0.0226
14	915	食品制造业	中低技术类	0.0105
15	440	饮料制造业	中低技术类	－0.0040
17	3255	纺织制造业	中低技术类	0.0160
18	2510	服装制造业	中低技术类	0.0013
19	1395	皮羽制品制造业	中低技术类	0.0061
20	495	林木加工制造业	中低技术类	－0.0086
21	465	家具制造业	中低技术类	－0.0010
22	485	造纸及纸制品业	中低技术类	－0.0066
23	320	印刷业	中低技术类	－0.0131
24	995	文体用品制造业	中低技术类	－0.0030
25	100	石油加工制造业	中低技术类	0.0007
26	2175	化学原料及制品制造业	高技术类	0.0038
27	665	医药制造业	高技术类	0.0127
28	165	化学纤维制造业	高技术类	0.0002
29	520	橡胶制造业	中低技术类	－0.0070
30	1350	塑料制造业	中低技术类	－0.0154
31	1345	非金属矿物制造业	中低技术类	－0.0044

① 本章将制造业行业按照《国际标准产业分类》（ISIC. 3.0）的分类规则，划分为高技术类行业和中低技术类行业，该分类规则由联合国制定并审议通过。

续表

代码	观测值	行业名称	技术类别①	D_t
32	370	黑色金属加工制造业	中低技术类	0.0018
33	315	有色金属加工制造业	中低技术类	0.0041
34	1830	金属制造业	中低技术类	-0.0071
35	2205	通用设备制造业	高技术类	0.0033
36	835	专用设备制造业	高技术类	0.0034
37	1280	交通设备制造业	高技术类	-0.0057
39	2435	电气机械制造业	高技术类	0.0027
40	2110	计算机通信设备制造业	高技术类	-0.0062
41	775	仪器仪表制造业	高技术类	0.0052
42	1085	工艺品及其他制造业	中低技术类	0.0139
16、43	40	其他制造业	中低技术类	0.0964

资料来源：利用前文结果按行业分类计算汇总后得到。

从整体上看，在研究期间内，我国制造业企业的技术进步总体呈现出资本偏向性的特征。在本部分观察的29个制造业细分行业中，有17个行业的技术进步偏向性指数 $D_t>0$，即偏向资本，占比为58.62%；有12个行业的技术进步偏向性指数 $D_t<0$，偏向劳动，占比为41.38%。由此可见，该时期制造业技术进步总体呈现出Hicks资本偏向性，但各行业的技术进步偏向性具有随机性，并非所有行业都偏向某一生产要素。

表1-10反映了各行业偏向性技术进步类型。在研究期间内，高技术类行业总体呈现出偏向资本的特征，中低技术类行业总体未呈现出特定偏向。在中低技术类行业中，农副加工制造业、食品制造业、纺织制造业、服装制造业、皮羽制品制造业、石油加工制造业、黑色金属加工制造业、有机金属加工制造业、工艺品和其他制造业这10个行业的偏向性指数为正；而饮料制造业、林木加工制造业、家具制造业、造纸制造业、印刷制造业、文体用品制造业、橡胶制造业、塑料制造业、非金属矿物制造业、金属制造业这10个行业的偏向性指数为负，因此，该时期的中低技术类制造业行业偏向性呈现对半分的情况，说明偏向资本和偏向劳动的行业各占一半，总体没有体现明显的偏向特征。在高技术类行业中，化学原料及制品、医药制造业、化学纤维制造业、通用设备制造业、专业设备制造业、电器机械制造业、仪器仪表制造业这7个行业的偏向性进步指数为正；交通设备制造业、计算机通信制造业这2个行业的偏向性指数为负，因此，在高技术类制造业行业中，总体

① 本章将制造业行业按照《国际标准产业分类》（ISIC.3.0）的分类规则，划分为高技术类行业和中低技术类行业，该分类规则由联合国制定并审议通过。

呈现出偏向资本的特征。

表1－10　　各行业偏向性技术进步类型

资本偏向性	中性技术进步	劳动偏向性
农副加工制造业、食品制造业、纺织制造业、医药制造业、工艺品及其他制造业、其他制造业	饮料制造业、服装制造业、皮羽制品制造业、林木加工制造业、家具制造业、造纸及纸制品业、文体用品制造业、石油加工制造业、化学原料及制品、化学纤维制造业、橡胶制造业、非金属矿物制造业、黑色金属加工业、有色金属加工业、金属制造业、通用设备制造业、专用设备制造业、交通设备制造业、电器机械制造业、计算机通信制造业、仪器仪表制造业	印刷业、塑料制造业

资料来源：根据前文计算的中国制造业细分行业偏性技术进步指数进行分类后得到。

进一步从偏向性技术进步指数数值上看，在该研究期间内，制造业行业的，技术进步未呈现出强资本偏向性。前文中从技术进步指数的符号来判断各行业的技术进步具有资本偏向性，为了进一步减小误差，我们为技术进步 D_t 指数定义一个取值区间。判定偏向性指数（$D_t>0.01$）的行业为资本偏向性，判定偏向性指数（$-0.01<D_t<0.01$）的行业为中性技术进步，判定偏向性指数（$D_t<-0.01$）的行业为劳动偏向性。因此，在该报告期内大部分行业都未体现出强资本偏向性。

第四节　省级层面实证研究

一、国际贸易与偏向型技术进步：现状分析

（一）中国省级国际贸易情况分析

目前学界通常使用贸易依存度作为衡量一国对外贸易程度的大小，它是反映国民经济的对外开放程度与参与国际分工的广度和深度的重要指标。外贸依存度是指一个国家或地区进出口总额占GDP的比例，其可以分解为出口依存度和进口依存度。本部分研究国际贸易对我国偏向型技术进步的影响，选取贸易依存度作为衡量国际贸易水平的指标。这部分将从外贸依存度、出口依存度和进口依存度三个角度分析我国国际贸易与偏向型技术进步的关系。

外贸依存度一般采用地区进出口总额与地区生产总值之比来进行测算，同时也等于进口依存度与出口依存度之和。本部分选取各省份按经营单位所在地分货物进出口的统计口径来计算进出口总额、进口额和出口额，数据来源于历年《中国统

计年鉴》；由于统计年鉴中提供的数据单位为万美元，本部分需要将其以人民币对美元年平均汇价换算成人民币，该汇价数据来源于历年《中国统计摘要》；名义地区生产总值数据来源于历年《中国统计年鉴》。

本部分在计算出各省份 1999 ~ 2014 年的平均外贸依存度的基础上，将其划分为三个部分。第一部分为高外贸依存度省份，即高于全国平均外贸依存度水平的省份；第二部分为中外贸依存度省份，即低于全国平均外贸依存度水平但外贸依存度大于 10% 的省份；第三部分为低外贸依存度省份，即外贸易依存度小于 10% 的省份。

表 1 - 11 给出了按这一分类标准得出的中国各省级行政单位 1999 ~ 2014 年的平均进口依存度、出口依存度和外贸依存度数据。从中可以得到如下几个结论：（1）外贸依存度与地理位置和经济发展水平有明显关系。外贸依存度高的省份全部为经济较为发达的东部地区省份。外贸依存度较低的省份，要么是地处内陆地区，如湖南、河南、山西等；要么是经济发展水平相对落后，如青海、贵州、内蒙古等。（2）全国大部分省份（尤其是中西部省份）都呈现出出口依存度均值都高于进口依存度的情况，说明中国对外贸易还是主要依靠出口来拉动。但北京、上海和天津等省市存在进口依存度大于出口的情况，说明这些经济较为发达的省份对国外商品有着比较高的需求量；此外，本部分进出口数据的统计口径是按经营单位所在地进行划分，北京、上海等地聚集着许多外贸公司，也可能导致当地进口额明显高于出口额。（3）中国各省份之间的贸易依存度差异明显。30 个省份中仅有 8 个省份的外贸依存度高于全国平均水平；中外贸依存度省份的各项均值仅为全国平均水平的一半，差不多为高外贸依存度地区的 1/5；低外贸依存度省份的各项指标更是远低于全国水平。这说明中国的对外贸易还是主要靠东部沿海经济发达省份的拉动，内陆地区对外贸易水平还有待于进一步加强。

表 1 - 11　　各省份平均进口依存度、出口依存度和外贸依存度　　单位：%

省份（地区）	进口依存度	出口依存度	外贸依存度	省份（地区）	进口依存度	出口依存度	外贸依存度
北京	106.70	28.89	135.59	江苏	30.11	39.67	69.78
上海	69.36	63.64	133.00	浙江	15.59	39.00	54.59
广东	56.22	72.81	129.03	福建	19.20	33.43	52.64
天津	40.66	38.84	79.50	辽宁	14.34	18.37	32.71
高依存度	44.02	41.83	85.86				
山东	12.59	17.43	30.02	河北	4.41	7.44	11.85
海南	16.38	9.12	25.50	广西	4.62	6.44	11.07
新疆	5.93	14.62	20.55	江西	3.74	7.20	10.94
重庆	5.43	9.39	14.82	宁夏	3.08	7.63	10.71

续表

省份（地区）	进口依存度	出口依存度	外贸依存度	省份（地区）	进口依存度	出口依存度	外贸依存度
黑龙江	6.18	7.55	13.73	云南	4.46	6.18	10.64
吉林	8.93	4.60	13.53	四川	4.19	6.23	10.42
安徽	5.25	7.33	12.58				
中依存度	6.55	8.55	15.10				
湖北	4.21	5.28	9.48	河南	2.48	3.99	6.47
山西	3.83	5.59	9.42	湖南	2.49	3.97	6.46
甘肃	5.34	3.83	9.18	贵州	1.91	3.69	5.60
陕西	3.53	5.06	8.59	青海	1.52	3.75	5.27
内蒙古	5.05	2.97	8.02				
低依存度	3.37	4.24	7.61				
全国	15.59	16.13	31.72				

资料来源：按照上述方法利用历年《中国统计年鉴》和《中国统计摘要》中数据计算得到。

（二）全国和各地区国际贸易与偏向型技术进步的关系

阿西莫格鲁（2002）通过对数理模型进行演绎分析，证明了要素的相对供给能够导致技术进步的方向发生改变。阿西莫格鲁（2003）对比国际贸易前后技术进步的偏向程度，认为国际贸易可能会加剧偏向型技术进步。通常认为国际贸易可以通过改变不同技术创新的相对利润，进而影响技术进步方向，产生偏向型技术进步。这部分依旧将30个省份分为高、中、低三种外贸依存度地区，探究各地区历年平均偏向型技术进步指数与外贸依存度、进口依存度和出口依存的关系。

图1-2将每一区域的历年平均偏向型技术进步指数和外贸依存度、进口依存度和出口依存度放在了同一个折线图中。由图1-2我们可以观察到：（1）全国、高依存度地区、中依存度地区和低依存度地区的历年外贸依存度水平大体相同，并可以分为三个阶段：第一阶段是1999～2008年，各区域内对外贸易依存度水平稳步增长阶段；第二阶段是2008～2009年，对外贸易依存度突然急剧下降，可能与这一时间段全世界都在遭遇普遍的经济危机有关，经济危机降低了国外市场的购买力，使我国对外贸易依存度突然下降；第三阶段是2009～2014年，对外贸易依存度又平稳上涨，这一阶段应该是全世界大部分地区都已度过经济危机，购买力恢复，我国对外贸易也恢复正常。但需要注意的是，高依存度地区的外贸依存度在2013～2014年出现了微弱的下降，应该与这些地区生产总值增速相较于进出口总额增速更快有关。（2）进口依存度、出口依存度的走势与外贸依存度大致相同。全国范围、中依存度地区和低依存度地区的历年出口依存度均大于进口依存度，这

与我国出口总量常年大于进口总量的事实相符。同时，高依存度地区在一些时期的进口依存度略高于出口依存度，这可能与这些省份存在大量外贸企业，使消费品进口增长有关。(3) 总体上来看，各地区偏向型技术进步指数呈现逐年平稳下降趋势，说明技术进步从密集偏向于资本等要素向资本、劳动、能源各要素协同发展转变。其中，低外贸依存度地区的偏向型技术进步指数波动严重。

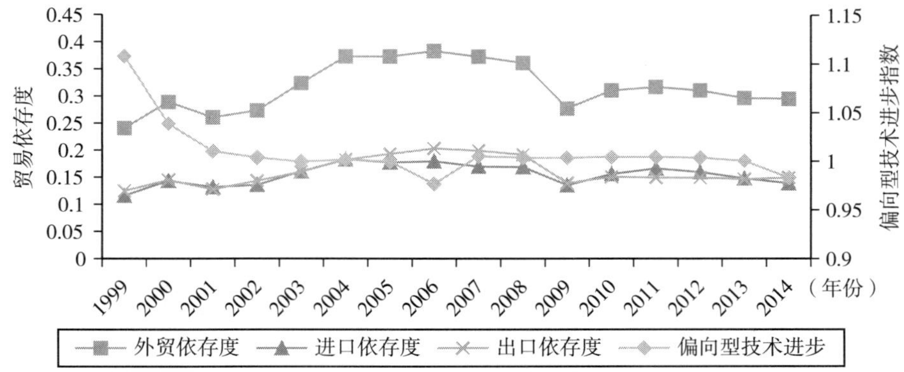

（a）全国范围

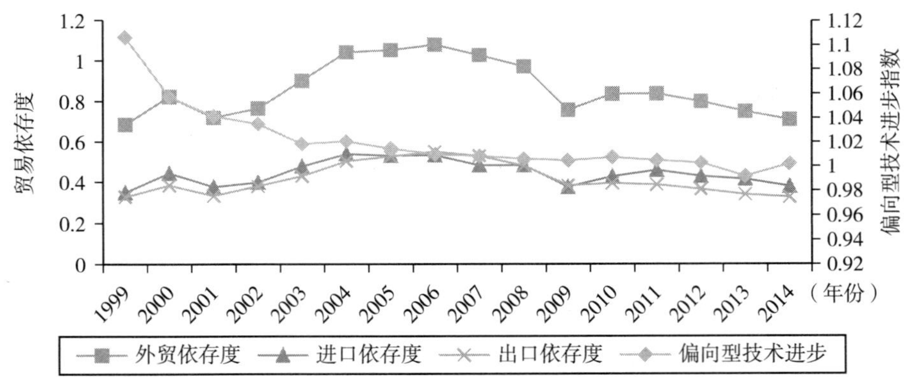

（b）高外贸依存度区域

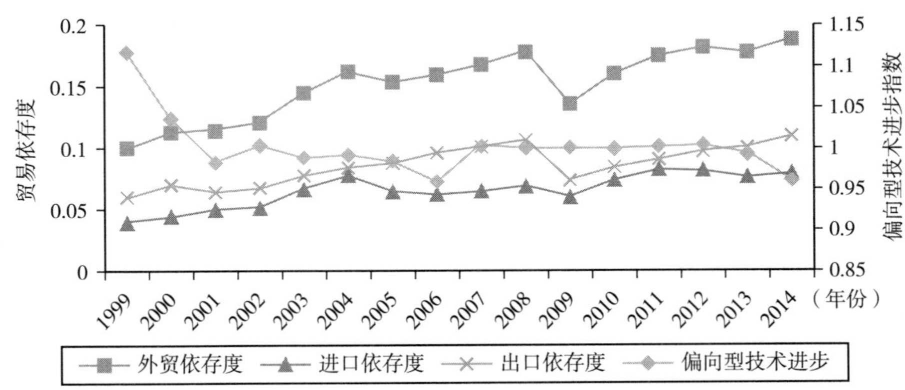

（c）中外贸依存度地区

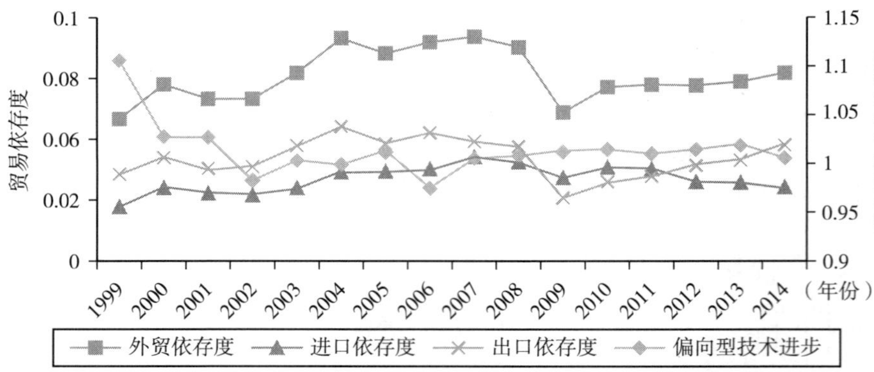

（d）低外贸依存度地区

图 1－2　各区域对外贸依存度和偏向型技术进步指数

资料来源：根据前文计算结果进行处理后绘制。

二、国际贸易影响偏向型技术进步的传导机制

（一）技术创新效应

技术创新作为保障一国动态比较优势的重要因素，可以帮助一个国家在国际竞争中维持其比较优势。而技术创新的一个重要来源便是国际贸易。许多文献显示，不管是对于拥有更高技术水平的发达国家，还是对于科技水平相对落后的发展中国家，对外贸易都会产生非常显著的技术创新效应。

技术创新会使技术进步具有偏向性特征，可能会使技术进步显著地偏向于技能劳动（Wood，1995；宋冬林、王林辉等，2010）。随着科技的不断进步以及软件设备业的持续发展，一般而言，高技术的机器设备都需要与高技能劳动力进行匹配，导致在生产过程中，对于高质量的技能劳动者的需求增加，使得现阶段的偏向型技术进步呈现资本偏向性和技能偏向性（赵志耘、吕冰洋等，2007）。

与此同时，发展中国家受贸易自由化的影响，会进行防御性技术创新，以此来应对别国竞争，这也会增加市场对技能劳动的需求，使得技术进步在这些国家偏向于技能劳动（Acemoglu，2003；殷德生、唐海燕，2006；潘士远，2007）。

（二）技术溢出效应

技术及知识均会表现出外部效应。所以，一个国家在开放条件下的技术进步来源并不仅仅局限于本国的研发投入，还包括与其有贸易关系的别国研究与开发（R&D）投资。先进知识与技术的国际溢出可以通过国际贸易、对外直接投资、企业培训和员工交流等方式实现。而国际贸易就是先进知识与技术从拥有更高技术水平国家向科技水平相对落后国家溢出的一种重要途径。

科技水平相对落后国家通过从拥有更高技术水平国家进口机器设备等技术密集

型产品，可以从中间接分享其先进的技术成果，并将其应用在本国的生产生活中来，提高本国的生产效率。与此同时，科技水平相对落后国家在对进口的中间产品、零部件等进行组装以及加工的过程中，可以逐步了解产品中所包含的信息以及技术诀窍，在学习和模仿的基础上进行再创新，促进本国的技术进步。

物化型技术的国际溢出一般是偏向于技能劳动的，技术和知识的学习和模仿也是偏向于技能劳动（潘士远，2007）。国际贸易产生的技术溢出效应是科技水平相对落后国家出现劳动偏向型技术进步的重要原因之一。

（三）贸易引致的偏向型技术进步

厂商存在更大动力去发展可以节约使用相对昂贵要素的技术；同时，一国的技术进步会朝着可以使用更加丰裕生产要素的方向发展。所以，技术进步与资本、劳动、能源等要素之间的关系不是单向的，而是相互影响、相互制约的。当技术进步与地区要素禀赋相适应，让技术与资本、劳动、能源实现更好的匹配与耦合，才能进一步加强技术进步对经济增长的推动作用。

各个国家和地区的要素禀赋差异导致贸易的产生，而贸易又会对各国、各地区的要素市场带来影响，要素价格和丰裕程度的改变会对偏向型技术进步产生影响（Acemoglu，1998）。两国之间通过国际贸易发挥各自的要素禀赋优势，会改变两国的要素结构，使得技术进步的偏向性发生改变。

三、国际贸易对偏向型技术进步影响模型设定与数据说明

本部分为探究国际贸易对偏向型技术进步的影响，以偏向型技术进步指数作为被解释变量，贸易依存度作为核心解释变量，同时以外商直接投资、研发投入、产业结构以及能源强度作为控制变量，采用中国30个省份1999～2014年的省级面板数据，构建国际贸易对偏向型技术进步指数影响的计量模型。具体模型如下：

$$\ln BTECH_{i,t}=\beta_0+\beta_1\ln OPEN_{i,t}+\beta_2\ln FDI_{i,t}+\beta_3\ln RD_{i,t}+\beta_4\ln IND_{i,t}+\beta_5\ln RES_{i,t}+\mu_{i,t} \tag{1-23}$$

式（1-23）中，i为各省级行政单位，t为年份，BTECH为前文测度出的偏向型技术进步指数，OPEN表示外贸依存度、进口依存度或者出口依存度，FDI表示外商直接投资，RD表示研发投入，IND表示产业结构，RES表示能源强度，$\mu_{i,t}$为误差项。选取各控制变量理由如下：

1. 外商直接投资（FDI）

通常认为技术进步的方式主要有两类：一是吸收引进，二是自主研发。吸收引进一般通过国际贸易以及外商直接投资中的技术转移来实现，而自主研发则对应本国的R&D活动。外商直接投资所带来的技术引进可以改变一国的技术进步方向，影响偏向型技术进步方向。

本部分遵循大多数文献的做法，选取FDI作为代替技术引进的一个控制变量，

预期其对偏向型技术进步的影响为正。在经验研究中，FDI 的流量数据可能会产生内生性问题，因此本部分用各地区外商直接投资与名义 GDP 的比值来作为衡量技术引进的一个控制变量。外商直接投资额数据来源于历年《中国统计年鉴》；由于统计年鉴中提供的数据单位为万美元，本部分需要将其以人民币对美元年平均汇价换算成人民币，该汇价数据来源于《中国统计摘要》；名义地区生产总值数据来源于《中国统计年鉴》。

2. 研发投入（RD）

加大研发投入在一定程度上会促进技术的提高，进而对偏向型技术进步产生影响。现有理论研究认为：自主研发是偏向型技术进步的重要影响因素之一，不同技术创新之间存在的利润差异，可以激励偏向型技术进步向相对利润较高的方向发展。潘士远（2008）通过分析 R&D 产品的最优专利保护制度，认为劳动力禀赋结构可以通过最优专利制度来对偏向型技术进步方向造成影响。列伊（Lei，2011）同样认为 R&D 研发效率是偏向型技术进步的重要影响因素。

综上所述，本部分将研发投入作为控制变量，预期其对偏向型技术进步的影响为正。本部分用各地区研究与试验发展经费内部支出与名义 GDP 的比值衡量研发投入，研究与试验发展经费内部支出数据来源于历年《中国科技统计年鉴》，名义地区生产总值数据来源于历年《中国统计年鉴》。

3. 产业结构（IND）

产业结构是指宏观经济中以农业为主的第一产业、以工业为主的第二产业和以服务业为主的第三产业所占的比重。一个经济体在不同的发展阶段各产业的占比会有所不同，而各产业对资本、劳动和能源的需求程度和依赖程度存在较大差异，因此产业结构会对技术进步的方向造成影响。张巍钰（2014）运用 DEA - Malmquist 指数测度了各区域广义偏向型技术进步，发现产业结构合理化对提升全国层面的偏向型技术进步有着正向影响。

因此，本部分预测产业结构对偏向型技术进步有正的影响，并将其作为控制变量。本部分用各省份以 1999 年价格为基期计算的第二产业实际生产总值与当年实际 GDP 的比值来衡量产业结构。第二产业生产总值数据来源于历年《中国统计年鉴》。

4. 能源强度（RES）

能源强度即单位产出所消耗的能源数量。从市场规模效应（Acemoglu，2002）的角度来讲，通常情况下，当能源强度较大时，单位产出所消耗的能源更多。能源要素投入增加，会使劳动和资本成为相对能源而言更加丰富的生产要素，创新所带来的技术进步会朝着可以使用更加丰富生产要素的方向发展。

综上所述，本部分将能源强度作为控制变量，预测单位产出所消耗的能源数量对偏向型技术进步有负的影响。本部分用各省份历年能源消费总量（以万吨标准煤计）与各省份以 1999 年价格为基期价格的实际 GDP 的比值来衡量能源强度。能源消耗总量数据来源于《中国能源统计年鉴》。

国际贸易对偏向型技术进步影响的主要变量描述性统计如表 1 - 12 ~ 表 1 - 18 所示。

表 1 - 12　　全国各变量描述性统计

变量	变量含义	样本	均值	标准差	最小值	最大值
lnBETCH	偏向型技术进步指数的自然对数	480	0.0098	0.0735	-0.6481	0.3665
lnOPEN	外贸依存度的自然对数	480	-1.7329	1.0186	-3.4533	0.5191
lnIM	进口依存度的自然对数	480	-2.6032	1.1360	-4.9213	0.2754
lnEX	出口依存度的自然对数	480	-2.3506	0.9809	-4.2165	-0.1201
lnFDI	外商直接投资的自然对数	480	-4.0248	1.0201	-7.2934	-0.6754
lnRD	研发投入的自然对数	480	-4.7024	0.7162	-6.8880	-2.7676
lnIND	产业结构的自然对数	480	-0.9489	0.8977	-6.8880	-0.4092
lnRES	能源强度的自然对数	480	0.4117	0.4914	-0.4869	1.7281

资料来源：根据历年《中国统计摘要》《中国统计年鉴》《中国科技统计年鉴》《中国能源统计年鉴》数据整理计算得到。

表 1 - 13　　高依存度地区各变量描述性统计

变量	变量含义	样本	均值	标准差	最小值	最大值
lnBETCH	偏向型技术进步指数的自然对数	128	0.0203	0.0393	-0.0732	0.2058
lnOPEN	外贸依存度的自然对数	128	-0.2864	0.5365	-1.4119	0.5191
lnIM	进口依存度的自然对数	128	-1.0755	0.7251	-2.4786	0.2754
lnEX	出口依存度的自然对数	128	-0.9811	0.4778	-2.0749	-0.1201
lnFDI	外商直接投资的自然对数	128	-2.9971	0.5101	-4.0120	-0.6754
lnRD	研发投入的自然对数	128	-4.0704	0.6502	-6.1706	-2.7676
lnIND	产业结构的自然对数	128	-0.9252	0.8216	-6.1706	-0.5431
lnRES	能源强度的自然对数	128	0.0236	0.2896	-0.4869	0.8452

资料来源：根据历年《中国统计摘要》《中国统计年鉴》《中国科技统计年鉴》《中国能源统计年鉴》数据整理计算得到。

表 1 - 14　　中依存度地区各变量描述性统计

变量	变量含义	样本	均值	标准差	最小值	最大值
lnBETCH	偏向型技术进步指数的自然对数	208	0.0007	0.0830	-0.6481	0.2463
lnOPEN	外贸依存度的自然对数	208	-1.9979	0.4560	-2.9462	-0.8930
lnIM	进口依存度的自然对数	208	-2.8986	0.5713	-4.1700	-1.3660
lnEX	出口依存度的自然对数	208	-2.5866	0.4914	-3.6732	-1.1542

续表

变量	变量含义	样本	均值	标准差	最小值	最大值
lnFDI	外商直接投资的自然对数	208	-4.2897	0.8765	-6.7864	-2.4637
lnRD	研发投入的自然对数	208	-5.0000	0.5852	-6.8880	-3.8194
lnIND	产业结构的自然对数	208	-0.9482	0.8468	-6.8880	-0.4092
lnRES	能源强度的自然对数	208	0.4208	0.4465	-0.2620	1.7281

资料来源：根据历年《中国统计摘要》《中国统计年鉴》《中国科技统计年鉴》《中国能源统计年鉴》数据整理计算得到。

表1-15　　低依存度地区各变量描述性统计

变量	变量含义	样本	均值	标准差	最小值	最大值
lnBETCH	偏向型技术进步指数的自然对数	144	0.0137	0.0809	-0.3175	0.3665
lnOPEN	外贸依存度的自然对数	144	-2.6357	0.3511	-3.4533	-1.8648
lnIM	进口依存度的自然对数	144	-3.5345	0.5421	-4.9213	-2.2588
lnEX	出口依存度的自然对数	144	-3.2271	0.3706	-4.2165	-2.3698
lnFDI	外商直接投资的自然对数	144	-4.5558	0.9006	-7.2934	-3.2201
lnRD	研发投入的自然对数	144	-4.8341	0.5856	-6.5571	-3.5132
lnIND	产业结构的自然对数	144	-0.9711	1.0301	-6.5571	-0.5171
lnRES	能源强度的自然对数	144	0.7437	0.4470	-0.2459	1.4959

资料来源：根据历年《中国统计摘要》《中国统计年鉴》《中国科技统计年鉴》《中国能源统计年鉴》数据整理计算得到。

表1-16　　东部地区各变量描述性统计

变量	变量含义	样本	均值	标准差	最小值	最大值
lnBETCH	偏向型技术进步指数的自然对数	176	0.0176	0.0461	-0.0819	0.2463
lnOPEN	外贸依存度的自然对数	176	-0.6399	0.7733	-2.4891	0.5191
lnIM	进口依存度的自然对数	176	-1.4301	0.9116	-3.6943	0.2754
lnEX	出口依存度的自然对数	176	-1.3317	0.7372	-2.9185	-0.1201
lnFDI	外商直接投资的自然对数	176	-3.1710	0.6205	-4.5054	-0.6754
lnRD	研发投入的自然对数	176	-4.3646	0.8287	-6.5501	-2.7676
lnIND	产业结构的自然对数	176	-0.9436	0.8043	-6.1706	-0.5409
lnRES	能源强度的自然对数	176	0.0870	0.3209	-0.4869	0.8452

资料来源：根据历年《中国统计摘要》《中国统计年鉴》《中国科技统计年鉴》《中国能源统计年鉴》数据整理计算得到。

表 1－17　　中部地区各变量描述性统计

变量	变量含义	样本	均值	标准差	最小值	最大值
lnBETCH	偏向型技术进步指数的自然对数	128	0.0080	0.0540	－0.1856	0.2111
lnOPEN	外贸依存度的自然对数	128	－2.3443	0.3954	－3.4533	－1.6455
lnIM	进口依存度的自然对数	128	－3.2043	0.5227	－4.4878	－2.0058
lnEX	出口依存度的自然对数	128	－2.9503	0.4079	－3.8924	－1.9794
lnFDI	外商直接投资的自然对数	128	－4.0866	0.5636	－6.1701	－3.0131
lnRD	研发投入的自然对数	128	－4.7639	0.3915	－5.8328	－3.9697
lnIND	产业结构的自然对数	128	－0.7921	0.5855	－5.6324	－0.4092
lnRES	能源强度的自然对数	128	0.3637	0.4191	－0.2620	1.4959

资料来源：根据历年《中国统计摘要》《中国统计年鉴》《中国科技统计年鉴》《中国能源统计年鉴》数据整理计算得到。

表 1－18　　西部地区各变量描述性统计

变量	变量含义	样本	均值	标准差	最小值	最大值
lnBETCH	偏向型技术进步指数的自然对数	176	0.0034	0.1023	－0.6481	0.3665
lnOPEN	外贸依存度的自然对数	176	－2.3812	0.4807	－3.3568	－0.8930
lnIM	进口依存度的自然对数	176	－3.3392	0.5566	－4.9213	－1.9847
lnEX	出口依存度的自然对数	176	－2.9333	0.5664	－4.2165	－1.1542
lnFDI	外商直接投资的自然对数	176	－4.8337	0.9158	－7.2934	－3.2201
lnRD	研发投入的自然对数	176	－4.9954	0.6340	－6.8880	－3.5132
lnIND	产业结构的自然对数	176	－1.0683	1.1305	－6.8880	－0.5382
lnRES	能源强度的自然对数	176	0.7715	0.4389	－0.1006	1.7281

资料来源：根据历年《中国统计摘要》《中国统计年鉴》《中国科技统计年鉴》《中国能源统计年鉴》数据整理计算得到。

四、国际贸易对偏向型技术进步影响的实证结果分析

在估计方法的选择上，本部分选用基于豪斯曼（Hausman）检验的 Panel Data 估计方法，通过豪斯曼检验来选择采用固定效应（FE）模型还是随机效应（RE）模型。本部分豪斯曼检验以 10% 作为显著性水平，即 p 值大于 0.1，则接受原假设，选择随机效应模型；p 值小于 0.1，则拒绝原假设，选择固定效应模型。回归结果中仅列出甄选后的检验结果。若单独考虑对外贸易依存度，相当于是衡量国际贸易对偏向型技术进步的影响。阿西莫格鲁（2002）认为要素相对供给会引发技术进步方向发生改变，而国际贸易可以显著地改变各要素的相对供给情况。阿西莫格鲁（2003）通过对比国际贸易前后的偏向型技术进步情况，说明国际贸易可能

会加大该国偏向型技术进步的程度。与此同时，对外贸易依存度又可以分为进口依存度和出口依存度，本部分猜测进口和出口对偏向型技术进步的影响会不同。我国出口产品长期依赖于低廉的劳动力和丰富的资源，缺乏核心竞争力；而我国从国外进口的大部分是技术先进的制成品，这些因素都会对中国的偏向型技术进步造成一定的影响。因此，本部分计划分别讨论对外贸易依存度、进口依存度和出口依存度对全国、高、中、低依存度地区和东、中、西部地区的偏向型技术进步的影响。

（一）基准回归

1. 外贸依存度对偏向型技术进步的影响

表1－19报告了以外贸依存度作为核心解释变量研究国际贸易对偏向型技术进步的估计结果。由估计结果可以看出，外贸依存度对全国和一些地区的偏向型技术进步有显著的负影响，对高依存度地区和东部地区①的偏向型技术进步并没有显著影响。但是通过观察拟合优度、F值或者沃尔德（Wald）值以及t值可以发现高依存度地区和东部地区的统计效果最好，这在一定程度上表明该区域内，虽然外贸依存度对偏向型技术进步并无显著影响，但其他控制变量对偏向型技术进步影响较为显著。

表1－19　外贸依存度对偏向型技术进步的影响估计结果

变量名称	全国	高依存度	中依存度	低依存度	东部	中部	西部
lnOPEN	－0.037*** （－3.06）	－0.018 （－1.48）	－0.056*** （－2.61）	－0.046** （－2.29）	－0.021 （－1.39）	－0.040** （－2.35）	－0.047** （－2.50）
lnFDI	0.018*** （2.78）	0.016** （2.46）	0.041*** （3.43）	0.009 （1.06）	0.008 （1.06）	0.038*** （3.52）	0.004 （0.42）
lnRD	－0.048*** （－4.34）	－0.067*** （－7.74）	－0.035* （－1.93）	0.005 （0.39）	－0.071*** （－7.13）	－0.001 （－0.01）	－0.036** （－2.19）
lnIND	0.007* （1.73）	－0.001 （－0.43）	0.012* （1.81）	0.004 （0.65）	－0.001 （－0.30）	0.003 （0.35）	0.014** （2.09）
lnRES	－0.034 （－1.58）	－0.022 （－1.34）	－0.067* （－1.91）	0.010 （0.54）	－0.037* （－1.87）	0.032* （1.74）	－0.075*** （－2.89）
C	－0.184*** （－3.51）	－0.211*** （－4.78）	－0.071 （－0.79）	－0.046 （－0.58）	－0.275*** （－5.15）	0.060 （0.86）	－0.193** （－2.00）
R^2	0.107	0.561	0.155	0.015	0.425	0.170	0.061
F或沃尔德检验	10.709 [0.000]	29.415 [0.000]	6.945 [0.000]	7.71 [0.173]	23.687 [0.000]	19.69 [0.001]	17.74 [0.003]

① 高依存度地区包括北京、上海、广东、天津、江苏、浙江、福建、辽宁，全部属于东部省份。

续表

变量名称	全国	高依存度	中依存度	低依存度	东部	中部	西部
豪斯曼检验	22.20 [0.0005]	46.60 [0.0000]	14.70 [0.0117]	7.28 [0.2005]	54.27 [0.0000]	1.12 [0.9528]	2.93 [0.7113]
模型	FE	FE	FE	RE	FE	RE	RE
Obs	480	128	208	144	176	128	176

注：R^2 为只反映组内差别的 withinR^2，表中系数值下面小括号内为 t 值或 z 值，中括号内为 p 值。***、**、* 分别表示在 1%、5%、10% 的水平下具有显著性。计量工具为 Stata 12.0。

通过表 1－19 可以发现：外贸依存度对偏向型技术进步的影响为负，说明国际贸易会减弱偏向型技术进步的程度，这与我们的预期不符。国内也有部分文献表明，外贸依存度对偏向型技术进步的影响为负，且在一些区域存在不显著的情况。外贸依存度对高依存度地区和东部地区的偏向型技术进步结果不显著的原因，可能是因为这些区域的出口贸易和进口贸易对偏向型技术进步的影响不一致，以至于从外贸依存度整体来讲对偏向型技术进步的影响并不明显。

观察其他控制变量对偏向型技术进步的影响可以发现，外商直接投资对全国和各地区的偏向型技术进步有正向影响，外商直接投资对中依存度地区和中部地区的偏向型技术进步有显著较大的正向影响，这与我们的预期相符合。外商直接投资所带来的技术引进作为一种技术扩散，可以改变一国的技术进步方向，增加技术进步的偏向程度。

研发投入对除低贸易依存度地区外的全国和各地区的偏向型技术进步均有反向影响。研发投入对高依存度地区和东部地区的偏向型技术进步有显著较大的反向影响，且对偏向型技术进步的影响程度是 5 个解释变量中最大的，这与我们的预期不符。分析可能是由于各地区研发投入的使用效率较低以及投入结构存在一定问题。李小平等（2008）认为这是由于：一方面，一些国有企业的研发投入可能会更偏向于能在短期内带来收益而缺乏长期回报的“政绩工程”中来；另一方面，过高的研发投入强度会导致投资回报率递减，使投资主体不能有效地利用好研发投入，导致研发投入的利用效率低下。这些问题可能引起研发投入减弱偏向型技术进步的情况发生。

产业结构对全国、中依存度地区和西部地区的偏向型技术进步有正向影响，与预期相符。第二产业的占比增加会增加对能源的消耗，导致技术变化偏向于密集使用能源要素方向；同时，“十一五”期间大力推进新型工业化和工业结构优化升级，都会有效地促进偏向型技术进步。能源强度对西部地区的影响更大，有显著较大的反向影响，说明对于西部地区而言，能源强度的增加会明显地减弱该地区的偏向型技术进步程度，与预测结果相符。

总的来说，外贸依存度对全国和一些地区的偏向型技术进步有显著的负影响，对高依存度地区和东部地区的偏向型技术进步并没有显著影响。对高依存度地区和东部地区不显著，也许是因为这两个地区的进口依存度和出口依存度对偏向型技术进步的影响不同。因此，本部分接下来会分别讨论进口依存度和出口依存度对偏向型技术进步的关系。

2. 进口依存度对偏向型技术进步的影响

表 1－20 报告了以进口依存度作为核心解释变量研究国际贸易对偏向型技术进步的估计结果。

表 1－20　　进口依存度对偏向型技术进步的影响估计结果

变量名称	全国	高依存度	中依存度	低依存度	东部	中部	西部
lnIM	-0.018* (-1.77)	-0.016 (-1.34)	-0.030 (-1.64)	-0.027** (-2.01)	-0.010 (-0.80)	-0.021 (-1.46)	-0.036** (-2.11)
lnFDI	0.015** (2.29)	0.017* (2.51)	0.033** (2.85)	0.006 (0.70)	0.007 (0.94)	0.038*** (3.46)	0.001 (0.05)
lnRD	-0.053*** (-4.83)	-0.069*** (-8.36)	-0.045* (-2.53)	0.001 (0.04)	-0.074*** (-7.62)	-0.008 (-0.42)	-0.035** (-2.18)
lnIND	0.008** (2.00)	-0.001 (-0.35)	0.014* (2.15)	0.007 (0.95)	-0.001 (-0.35)	0.003 (0.34)	0.017** (2.50)
lnRES	-0.038* (-1.75)	-0.027 (-1.71)	-0.062 (-1.73)	0.004 (0.18)	-0.043** (-2.34)	0.031 (1.59)	-0.081*** (-2.95)
C	-0.203*** (-3.76)	-0.228*** (-5.56)	-0.130 (-1.45)	-0.047 (-0.58)	-0.294*** (-5.75)	0.051 (0.71)	-0.209** (-1.99)
R^2	0.095	0.560	0.136	0.006	0.421	0.155	0.049
F 或沃尔德检验	9.343 [0.000]	29.229 0.000	6.005 0.000	6.46 0.264	23.246 [0.000]	16.37 [0.006]	15.91 [0.007]
豪斯曼检验	16.84 [0.0048]	27.23 [0.0001]	13.99 [0.0157]	6.31 [0.2775]	39.24 [0.0000]	8.74 [0.1199]	3.98 [0.5521]
模型	FE	FE	FE	RE	FE	RE	RE
Obs	480	128	208	144	176	128	176

注：R^2 为只反映组内差别的 withinR^2，表中系数值下面小括号内为 t 值或 z 值，中括号内为 p 值。***、**、*分别表示在 1%、5%、10% 的水平下具有显著性。计量工具为 Stata 12.0。

从表 1－20 中我们可以看到：进口依存度在 10% 的显著性水平下，对全国的偏向型技术进步产生负的影响，显著性水平降低。进口依存度除对高依存度地区和东部地区的偏向型技术进步依然没有显著影响外，对中依存度地区和中部地区的影响也变得不显著。全国和各地区的进口依存度系数均小于其外贸依存度系数。说明虽然进口也会对偏向型技术进步起减弱作用，但其影响程度小于外贸依存度。

从模型整体来看，用进口依存度作为解释变量，整个模型的效果不如之前的理想。外商直接投资对全国偏向型技术进步的影响变得没有之前显著，系数变小。其他控制变量对偏向型技术进步的效果与表 1－19 报告的结果基本一致。

3. 出口依存度对偏向型技术进步的影响

表 1－21 报告了以出口依存度作为核心解释变量研究国际贸易对偏向型技术进步的估计结果。从中我们可以看到有别于表 1－17 和表 1－18，出口依存度在 10% 显著性水平下，对高依存度地区和东部地区有负的显著影响，只有对低依存度地区的影响不显著。相对于发达国家，中国拥有丰富的劳动力资源以及相对落后的技术水平，依据比较优势理论，中国应出口劳动密集型产品。中东部地区的出口依存度显著，可能是由于像珠三角、长三角这样的地区在过去的十几年因为加工贸易出口吸纳了大量的农村务工人员，珠三角、长三角对劳动力的极大需求正是取决于国际贸易（尤其是出口）的发展。这些主要依赖于丰富劳动力而发展起来的出口贸易不仅不能提升该行业的效率水平，反而会使其缺乏创新的压力以及动力，从而阻碍了偏向型技术进步。同时，出口贸易还会导致劳动投入的增加，从而使技术变化在资本、劳动、能源之间偏离程度减少，也会减弱技术进步的偏向性。

表 1－21 出口依存度对偏向型技术进步的影响估计结果

变量名称	全国	高依存度	中依存度	低依存度	东部	中部	西部
lnEX	－0.030*** （－2.91）	－0.024* （－1.96）	－0.035** （－2.13）	－0.025 （－1.25）	－0.029** （－2.24）	－0.030** （－2.36）	－0.032* （－1.94）
lnFDI	0.019*** （2.89）	0.015** （2.42）	0.042*** （3.36）	0.010 （1.12）	0.009 （1.17）	0.036*** （3.46）	0.007 （0.67）
lnRD	－0.050*** （－4.62）	－0.063*** （－6.85）	－0.045*** （－2.62）	0.000 （0.01）	－0.069*** （－7.46）	－0.003 （－0.19）	－0.038** （－2.10）
lnIND	0.005 （1.39）	－0.002 （－0.49）	0.011* （1.73）	0.003 （0.44）	－0.001 （－0.38）	0.002 （0.22）	0.012* （1.80）
lnRES	－0.027 （－1.24）	－0.010 （－0.55）	－0.056 （－1.60）	0.012 （0.55）	－0.025 （－1.23）	0.033** （2.23）	－0.065** （－2.22）
C	－0.201*** （－3.80）	－0.214*** （－5.13）	－0.101 （－1.14）	－0.028 （－0.33）	－0.291*** （－5.86）	0.044 （0.65）	－0.183* （－1.78）
R^2	0.106	0.567	0.145	0.011	0.436	0.137	0.060
F 或沃尔德检验	10.508 [0.000]	30.155 0.000	6.427 0.000	3.39 0.640	24.748 [0.000]	16.66 [0.005]	14.02 [0.015]
豪斯曼检验	20.15 [0.0012]	147.97 [0.0000]	12.84 [0.0249]	8.51 [0.1305]	54.61 [0.0000]	5.09 [0.4049]	1.56 [0.9066]
模型	FE	FE	FE	RE	FE	RE	RE
Obs	480	128	208	144	176	128	176

注：R^2 为只反映组内差别的 withinR^2，表中系数值下面小括号内为 t 值或 z 值，中括号内为 p 值。***、**、* 分别表示在 1%、5%、10% 的水平下具有显著性。计量工具为 Stata 12.0。

从模型整体来看，用出口依存度作为解释变量，整个模型的效果与用外贸依存度作为解释变量的模型基本一致。研发投入的显著性较表 1－19 而言增强，产业结构的显著性较表 1－19 而言略微减弱。其他控制变量对偏向型技术进步的效果与表 1－19 报告的结果基本一致。

（二）内生性检验

考虑到模型可能存在内生性问题，本部分进一步使用系统 GMM 估计法对模型进行估计。模型的内生性问题会导致估计结果存在偏误，本部分中出现模型内生性的原因有以下两种：一是计量模型中遗漏了关键变量；二是变量之间可能存在双向因果关系，国际贸易可能会影响技术进步的偏向性，同时偏向型技术进步也可能使一些省份获得相应的比较优势，在国际贸易中处于有利地位。

本部分除特殊标明外，采用两步法（Two－Step）的系统 GMM 检验来检测基础回归的内生性问题。外贸依存度、进口依存度和出口依存度对偏向型技术进步的内生性检验回归结果如表 1－22、表 1－23 和表 1－24 所示。

表 1－22 报告了中国省级外贸依存度对偏向型技术进步的内生性检验回归结果。表 1－22 中内生变量为 lnOPEN，模型采用的工具变量为被解释变量 lnBTECH 和内生变量的二阶或二阶以上滞后项。AR(2) 检验和萨甘（Sargan）检验的结果均显著大于 0.1，表明回归模型均不能拒绝所有工具变量都有效和无二阶序列相关的原假设，因此系统 GMM 估计是有效的。从中可以发现：(1) 在考虑模型内生性之后，全国及各地区的外贸依存度的系数依然为负，且显著性与表 1－19 基本相同。外贸依存度对全国和一些地区的偏向型技术进步有显著的负影响，说明国际贸易会减弱偏向型技术进步的程度；对高依存度地区以及东部、中部地区的偏向型技术进步并没有显著影响。(2) 外商直接投资对全国和大部分地区的偏向型技术进步有正向影响，外商直接投资对全国和中依存度地区的偏向型技术进步有显著的正向影响。说明外商直接投资所带来的技术引进作为一种技术扩散，能够显著改变一国的技术进步方向，进而增加技术进步的偏向性程度。(3) 研发投入在全国和大部分区域为负，说明这些地区研发投入的使用效率较低，以及投入结构存在一定问题。研发投入对中部地区的偏向型技术进步影响显著为正，说明研发投入在中部地区使用效率较高，该地区的研发投入得到很好的利用，有利于偏向型技术进步。(4) 产业结构对全国以及中、低依存度地区的偏向型技术进步有正向影响，“十一五”期间大力推进新型工业化和工业结构优化升级，第二产业的占比增加，有效地促进偏向型技术进步。(5) 能源强度对全国和中外贸依存度地区的偏向型技术进步有较为显著的负面影响，说明能源强度的增加，会明显地减弱该地区的偏向型技术进步程度。

表 1－22　　外贸依存度对偏向型技术进步的内生性检验回归结果

变量名称	全国	高依存度	中依存度	低依存度	东部	中部	西部
lnOPEN	－0.021*** (－7.42)	－0.056 (－1.03)	－0.033*** (－2.66)	－0.057* (－1.66)	－0.000 (－0.03)	－0.164 (－0.98)	－0.056*** (－3.08)
lnFDI	0.024*** (12.05)	－0.009 (－0.67)	0.036*** (4.17)	0.017 (0.50)	0.002 (0.37)	0.022 (1.14)	0.023 (0.99)
lnRD	－0.010** (－2.16)	－0.059 (－0.84)	－0.012 (－0.63)	－0.091 (－0.70)	－0.001 (－0.05)	0.117** (2.18)	－0.067 (－1.23)
lnIND	0.012*** (13.73)	－0.000 (－0.04)	0.018*** (3.85)	0.006* (1.77)	－0.008** (－2.26)	－0.006 (－0.65)	0.016 (1.57)
lnRES	－0.030*** (－6.66)	0.175 (1.17)	－0.064* (－1.91)	－0.054 (－1.25)	0.094* (1.83)	0.714 (1.22)	－0.443 (－0.56)
L. lnBTECH	0.015 (1.13)	－1.105 (－0.79)	0.150* (1.72)	－0.182 (－0.62)	0.690*** (7.02)	0.521 (1.04)	－0.053 (－0.57)
C	0.040 (1.42)	－0.243 (－0.79)	0.077 (0.68)	－0.457 (－0.65)	－0.011 (－0.15)	0.005 (0.01)	0.006 (0.01)
沃尔德检验	2160.76 [0.000]	22.90 [0.001]	387.49 [0.000]	143.03 [0.000]	318.71 [0.000]	9.00 [0.174]	125.69 [0.000]
AR(2)检验	0.3304 [0.7411]	0.8734 [0.3824]	－0.2756 [0.7829]	－0.3394 [0.7343]	1.3168 [0.1879]	0.6396 [0.5224]	－0.5030 [0.6150]
萨甘检验	27.9767 [1.0000]	0.4787 [1.0000]	8.1151 [1.0000]	4.8067 [1.0000]	1.2496 [1.0000]	1.6002 [1.0000]	5.8721 [1.0000]
模型	SYS－GMM	SYS－GMM	SYS－GMM	SYS－GMM	SYS－GMM	SYS－GMM	SYS－GMM
Obs	450	120	195	135	165	120	165

注：R^2 为只反映组内差别的 withinR^2，表中系数值下面小括号内为 t 值或 z 值，中括号内为 p 值。***、**、*分别表示在1%、5%、10%的水平下具有显著性。计量工具为 Stata 12.0。

表 1－23 报告了中国省级进口依存度对偏向型技术进步的内生性检验回归结果。其中，进口依存度对西部地区偏向型技术进步的内生性检验采用一步法（One－Step）的系统 GMM 检验来进行回归。表 1－23 中内生变量为 lnIM，模型采用的工具变量为被解释变量 lnBTECH 和内生变量的二阶或二阶以上滞后项。AR（2）检验和萨甘检验的结果均显著大于 0.1，表明回归模型均不能拒绝所有工具变量都有效和无二阶序列相关的原假设，因此系统 GMM 估计是有效的。回归结果的显著性与表 1－20 基本相同，模型整体效果不如外贸依存度对偏向型技术进步的效果理想。

表 1-23　　进口依存度对偏向型技术进步的内生性检验回归结果

变量名称	全国	高依存度	中依存度	低依存度	东部	中部	西部
lnIM	-0.005* (-1.93)	-0.043 (-0.99)	-0.015 (-1.58)	-0.015 (-0.57)	0.021 (1.44)	-0.007 (-0.50)	-0.051** (-2.18)
lnFDI	0.018*** (7.14)	-0.010 (-0.95)	0.034*** (3.81)	-0.008 (-0.28)	0.006 (0.80)	0.016 (0.86)	-0.011 (-0.83)
lnRD	-0.018*** (-5.97)	-0.060 (-1.11)	-0.013 (-0.66)	-0.120 (-0.80)	-0.001 (-0.05)	0.038 (0.51)	-0.036 (-0.98)
lnIND	0.013*** (13.29)	-0.000 (-0.05)	0.019*** (3.35)	0.007* (1.65)	-0.009** (-2.57)	0.006 (0.85)	0.018*** (2.71)
lnRES	-0.027*** (-3.34)	0.157 (1.44)	-0.066** (-1.99)	-0.073 (-1.53)	0.050 (0.80)	0.134 (0.30)	-0.078* (-1.93)
L. lnBTECH	0.015** (2.21)	-0.991 (-1.00)	0.160** (1.98)	-0.201 (-0.73)	0.651*** (5.07)	-0.210 (-0.50)	-0.157** (-2.47)
C	0.005 (0.28)	-0.281 (-1.05)	0.081 (0.72)	-0.588 (-0.86)	0.035 (0.50)	0.186 (0.84)	-0.322 (-1.58)
沃尔德检验	2516.76 [0.000]	16.60 [0.011]	143.80 [0.000]	21.03 [0.002]	318.71 [0.000]	4.18 [0.653]	14.77 [0.022]
AR(2)检验	0.3836 [0.7013]	0.9248 [0.3551]	-0.1550 [0.8768]	-0.6445 [0.5192]	1.2037 [0.2287]	-0.7974 [0.4252]	-1.133 [0.2572]
萨甘检验	27.0305 [1.0000]	0.1997 [1.0000]	8.4094 [1.0000]	4.4004 [1.0000]	2.8856 [1.0000]	0.3423 [1.0000]	3.0732 [1.0000]
模型	SYS-GMM	SYS-GMM	SYS-GMM	SYS-GMM	SYS-GMM	SYS-GMM	SYS-GMM
Obs	450	120	195	135	165	120	165

注：R^2 为只反映组内差别的 withinR^2，表中系数值下面小括号内为 t 值或 z 值，中括号内为 p 值。***、**、* 分别表示在 1%、5%、10% 的水平下具有显著性。计量工具为 Stata 12.0。

表 1-24 报告了中国省级出口依存度对偏向型技术进步的内生性检验回归结果。表 1-24 中内生变量为 lnEX，模型采用的工具变量为被解释变量 lnBTECH 和内生变量的二阶或二阶以上滞后项。AR(2) 检验和萨甘检验的结果均显著大于 0.1，表明回归模型均不能拒绝所有工具变量都有效和无二阶序列相关的原假设，因此系统 GMM 估计是有效的。出口依存度在 1% 的显著性水平下，对全国和中依存度地区有负的显著影响，对其他地区的影响并不显著。其余控制变量回归结果的显著性与表 1-21 基本相同，模型整体效果不如外贸依存度对偏向型技术进步的效果理想，但优于进口依存度对偏向型技术进步的内生性检验模型效果。

表 1－24　　　出口依存度对偏向型技术进步的内生性检验回归结果

变量名称	全国	高依存度	中依存度	低依存度	东部	中部	西部
lnEX	−0.027*** (−9.08)	−0.049 (−1.46)	−0.025*** (−4.18)	−0.032 (−0.95)	−0.021 (−1.57)	−0.014 (−1.17)	−0.020 (−1.28)
lnFDI	0.024*** (9.25)	−0.007 (−0.60)	0.036*** (3.58)	−0.001 (−0.03)	0.001 (0.08)	0.017 (0.81)	0.018 (0.76)
lnRD	−0.016** (−2.28)	−0.040 (−0.72)	−0.014 (−0.83)	−0.076 (−0.48)	−0.009 (−0.63)	0.105* (1.65)	−0.006 (−0.28)
lnIND	0.011*** (17.74)	−0.003 (−0.52)	0.018*** (3.60)	0.003 (0.80)	−0.008** (−2.06)	−0.002 (−0.31)	0.010*** (2.83)
lnRES	−0.024*** (−4.29)	0.159 (1.40)	−0.062* (−1.93)	−0.031 (−0.58)	0.111** (2.11)	0.508 (1.17)	−0.061* (−1.87)
L. lnBTECH	0.014* (1.65)	−0.779 (−0.90)	0.161* (1.88)	−0.199 (−0.81)	0.529*** (4.27)	0.477*** (3.99)	−0.027 (−0.20)
C	−0.013 (−0.33)	−0.197 (−0.78)	0.060 (0.55)	−0.432 (−0.53)	−0.079 (−0.94)	0.338 (1.64)	0.060 (0.34)
沃尔德检验	716.67 [0.000]	34.09 [0.000]	369.66 [0.000]	29.91 [0.000]	98.03 [0.000]	53.11 [0.000]	86.37 [0.000]
AR(2)检验	0.3140 [0.7536]	0.5992 [0.5490]	−0.2570 [0.7971]	1.1693 [0.2423]	1.2037 [0.2287]	0.2469 [0.8050]	0.0502 [0.9600]
萨甘检验	26.3570 [1.0000]	0.4147 [1.0000]	8.7554 [1.0000]	4.2526 [1.0000]	0.8064 [1.0000]	3.1059 [1.0000]	6.5919 [1.0000]
模型	SYS－GMM	SYS－GMM	SYS－GMM	SYS－GMM	SYS－GMM	SYS－GMM	SYS－GMM
Obs	450	120	195	135	165	120	165

注：R^2 为只反映组内差别的 withinR^2，表中系数值下面小括号内为 t 值或 z 值，中括号内为 p 值。***、**、*分别表示在 1%、5%、10% 的水平下具有显著性。计量工具为 Stata 12.0。

五、国际贸易对技术进步的偏向方向的影响研究

从前文的分析可以知道，虽然影响系数较小，但国际贸易对偏向型技术进步有着较为显著的负影响。通过前文，对中国省级偏向型技术进步方向的测度与分析结果可知，中国省级技术进步更偏向于资本和能源的投入。在之前的估计结果分析中，可以发现国际贸易对偏向型技术进步有着较为显著的负影响。那么，国际贸易是如何影响技术进步的偏向方向的？国际贸易是否会促使技术进步更加偏向于劳动呢？为探究国际贸易对技术进步偏向方向的影响，本部分将式（1－23）中的偏向型技术进步指数换为在前文中测度出的要素偏向指数 $Bias_{ij}$，利用全国 30 个省份 1999～2014 年的面板数据进行实证检验，主要变量描述性统计情况如表 1－25 所

示。实证结果如表 1 -26 所示，回归结果中仅列出甄选后的较为显著的相关结果。

表 1 -25　国际贸易对要素偏向指数的影响研究各变量描述性统计

变量	变量含义	样本	均值	标准差	最小值	最大值
BiasKL	技术进步在资本、劳动之间的偏向	480	0.0089	0.0771	-0.0912	1.5801
BiasKE	技术进步在资本、能源之间的偏向	480	0.0086	0.0795	-0.0834	1.6307
BiasLE	技术进步在劳动、能源之间的偏向	480	-0.0003	0.0074	-0.0804	0.0480
lnOPEN	外贸依存度的自然对数	480	-1.7329	1.0186	-3.4533	0.5191
lnIM	进口依存度的自然对数	480	-2.6032	1.1360	-4.9213	0.2754
lnEX	出口依存度的自然对数	480	-2.3506	0.9809	-4.2165	-0.1201
lnFDI	外商直接投资的自然对数	480	-4.0248	1.0201	-7.2934	-0.6754
lnRD	研发投入的自然对数	480	-4.7024	0.7162	-6.8880	-2.7676
lnIND	产业结构的自然对数	480	-0.9489	0.8977	-6.8880	-0.4092
lnRES	能源强度的自然对数	480	0.4117	0.4914	-0.4869	1.7281

资料来源：根据历年《中国统计摘要》《中国统计年鉴》《中国科技统计年鉴》《中国能源统计年鉴》数据整理计算得到。

表 1 -26　国际贸易对要素偏向指数的影响估计结果

变量名称	BiasKL		BiasKE		BiasLE		
	低依存度地区 (1)	低依存度地区 (2)	高依存度地区 (3)	低依存度地区 (4)	全国 (5)	高依存度地区 (6)	高依存度地区 (7)
lnOPEN	-0.015* (-1.68)				0.003** (1.97)	-0.001** (-2.05)	
lnIM			-0.017* (-1.78)				-0.002*** (-2.83)
lnEX		-0.016* (-1.94)		-0.017* (-1.67)			
lnFDI	0.001 (0.13)	0.002 (0.36)	0.007 (1.35)	0.001 (0.15)	-0.001* (-1.91)	-0.001 (-1.57)	-0.001 (-1.09)
lnRD	-0.039*** (-3.63)	-0.040*** (-3.77)	-0.044*** (-6.66)	-0.054*** (-4.25)	-0.000 (-0.41)	0.003*** (4.66)	0.003*** (5.08)
lnIND	-0.000 (-0.02)	-0.001 (-0.49)	0.001 (0.26)	-0.000 (-0.12)	0.000 (0.59)	0.000 (0.49)	0.000 (0.67)
lnRES	-0.009 (-0.43)	-0.003 (-0.13)	-0.035*** (-2.81)	-0.019 (-0.75)	-0.002 (-0.65)	-0.000 (-0.37)	-0.000 (-0.23)

续表

变量名称	BiasKL		BiasKE		BiasLE		
	低依存度地区（1）	低依存度地区（2）	高依存度地区（3）	低依存度地区（4）	全国（5）	高依存度地区（6）	高依存度地区（7）
_cons	-0.212*** (-4.27)	-0.233*** (-4.37)	-0.170*** (-5.13)	-0.292*** (-4.59)	-0.003 (-0.49)	0.007* (1.93)	0.009** (2.44)
R^2	0.146	0.152	0.414	0.163	0.016	0.203	0.216
F/沃尔德检验	4.435 [0.000]	4.654 [0.000]	16.228 [0.000]	5.060 [0.000]	1.451 0.052	34.070 [0.000]	38.770 [0.000]
豪斯曼检验	11.53 [0.0418]	16.56 [0.0054]	35.05 [0.0000]	13.47 [0.0194]	10.38 [0.0651]	4.58 [0.4696]	1.91 [0.8611]
模型	FE	FE	FE	FE	FE	RE	RE
Obs	144	144	128	144	480	128	128

注：①R^2 为只反映组内差别的 withinR^2，表中系数值下面小括号内为 t 值或 z 值，中括号内为 p 值。***、**、*分别表示在1%、5%、10%的水平下具有显著性。计量工具为 Stata 12.0。

②若 BiasKL >0，表示技术进步在资本、劳动中偏向于资本要素；若 BiasKL <0，表示技术进步在资本、劳动中偏向于劳动要素；当 BiasKL =0 且 BTECH =0 时，说明技术变动在资本和劳动要素之间没有偏向性；而当 BiasKL =0 且 BTECH≠0 时，说明技术变动没有在资本和劳动要素中偏移，技术进步偏向于其他要素。BiasKE、BiasLE 的判别方法同上。

表1-26报告了分别以三种要素偏向指数作为被解释变量，以外贸依存度、进口依存度和出口依存度分别作为核心解释变量的估计结果。模型（1）和模型（2）是以 BiasKL 作为被解释变量来研究国际贸易对资本—劳动要素偏向性影响的估计结果。估计结果在10%显著性水平下，仅低依存度地区的外贸依存度和出口依存度显著且为负值，说明低依存度地区的国际贸易和出口贸易会使得技术进步在资本和劳动中偏向于使用劳动。这是由于市场规模效应（Acemoglu，2002）的影响，像河南、湖北、湖南这样的低依存度地区会在国际贸易中使用丰富生产要素（也就是劳动要素），从而使得技术偏向于劳动。

表1-26中，模型（3）和模型（4）是以 BiasKE 作为被解释变量来研究国际贸易对资本—能源要素偏向性影响的估计结果，估计结果在10%显著性水平下，仅高依存度地区的进口依存度和低依存度地区的出口依存度显著且为负值，说明高依存度地区的进口贸易和低依存度地区的出口贸易会使得技术进步在资本和能源之间偏向于使用能源。同时，观察模型（1）~模型（4）可以发现：在1%的显著性水平下，这些地区的研发投入显著为负，说明在这些区域的研发投入会导致技术进步偏向于节约资本，而使用劳动或者能源要素。

模型（5）是以 BiasLE 作为被解释变量来研究国际贸易对能源—劳动要素偏向性影响的估计结果，估计结果在5%的显著性水平下，全国的贸易依存度显著为正，说明从总体来看，国际贸易会使全国范围内的偏向型技术进步在劳动和能源之间偏向于节约能源、使用劳动。同时，外商直接投资会使全国范围内的偏向型技术进步偏向于使用能源，但影响程度与国际贸易相比较小。

模型（6）和模型（7）同样是以 BiasLE 作为被解释变量来研究国际贸易对能源—劳动要素偏向性影响的估计结果，估计结果在 5% 和 1% 的显著性水平下，高依存度地区的外贸依存度和进口依存度显著为负，说明在高依存度地区的国际贸易和进口贸易会使其技术进步偏向于使用能源。同时注意到模型（6）和模型（7）中的研发投入有别于之前，是在 1% 的显著性水平下，显著为正的，说明研发投入会使得技术进步在劳动和能源之间偏向于节约能源。

综上所述，可以发现全国范围内，国际贸易会使得偏向型技术进步在劳动和能源之间偏向于节约能源；高贸易依存度地区的国际贸易会导致技术进步偏向于使用能源，而节约资本和劳动；低贸易依存度地区的国际贸易会使得该地区的技术进步偏向于节约资本，而使用能源和劳动，这可能与该地区能源和劳动要素丰富、资本要素相对稀缺有关。

第五节　制造业层面实证研究

一、国际贸易与偏向性技术进步：现状分析

本部分研究国际贸易对我国制造业企业偏向性技术进步的影响，选取对外贸易依存度衡量国际贸易水平。这部分将从对外贸易依存度、出口依存度和进口依存度三个角度分析我国国际贸易与偏向性技术进步的关系。

（一）中国制造业国际贸易情况分析

对外贸易依存度即进出口总额与工业增加值的比值。与此类似，若分别取进口额与出口额和工业增加值的比值，则可计算得到进口依存度和出口依存度。本部分进出口总额、进口额和出口额选取各企业当年进出口货物贸易数据，相关行业贸易数据则按照企业所在行业进行分类加总，原始数据来源于《中国海关数据库》，由于统计年鉴提供的数据单位是美元，本部分用人民币对美元年平均汇价换算成人民币，该汇价数据来源于《中国统计摘要》。估测工业增加值的原始数据收集自《中国工业企业数据库》，单位是千元。

本部分在求出制造业企业和行业 2002 ~ 2006 年的平均对外贸易依存度[①]的基础上，将其划分为三个区域，第一区域是高对外贸易依存度企业和行业，即高于全

① 企业平均对外贸易依存度为各企业每年贸易依存度的几何平均值，行业对外贸易依存度为该行业所有企业对外贸易依存度的几何平均值。

国平均对外贸易依存度水平的企业和行业；第二区域是中对外贸易依存度企业和行业，即低于全国平均对外贸易依存度水平但对外贸易依存度大于 10% 的企业和行业；第三区域是低对外贸易依存度企业和行业，即外贸易依存度小于 10% 的企业和行业。图 1 -3 给出了按这一分类标准得出的各企业 2002 ~2006 年的平均对外贸易依存度、进口依存度和出口依存度数据。

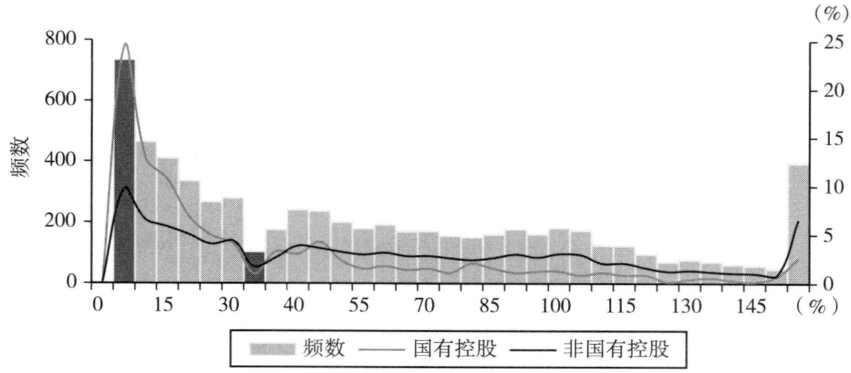

（a）对外贸易依存度

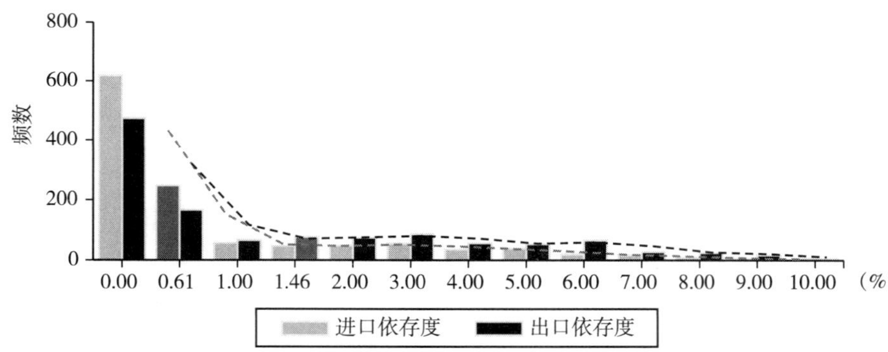

（b）低贸易依存度企业进出口对比图

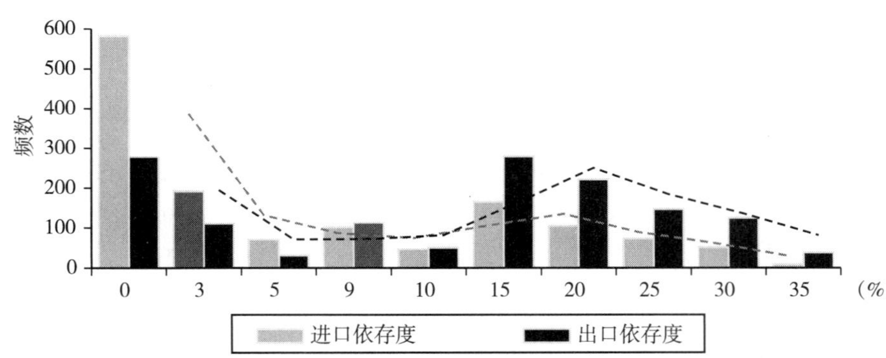

（c）中贸易依存度企业进出口对比图

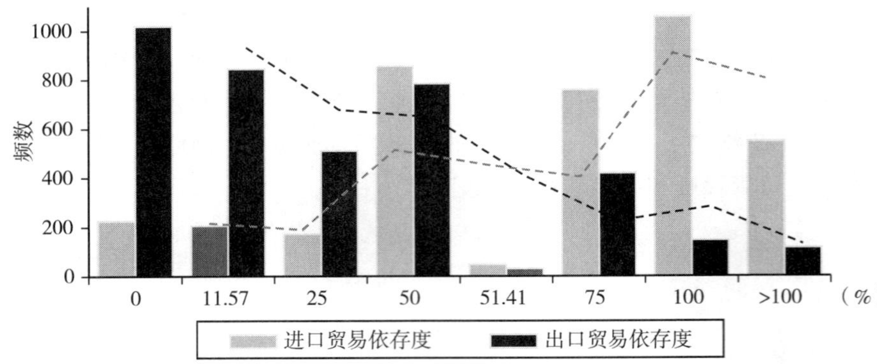

（d）高贸易依存度企业进出口对比图

图1－3　2002～2006年中国制造业对外贸易依存度分布图

资料来源：根据中国海关数据库、《中国统计摘要》和中国工业企业数据库中数据计算整理后绘制。

由图1－3可以得出以下几个结论：

中国制造业企业对国际贸易依赖程度高，大部分企业处在高对外贸易依存度区域。如图1－3所示，中国制造业企业整体对外贸易依存度为31.75%，其中有1198家企业平均对外贸易依存度在10%以下，占比17.49%；有1397家企业贸易依存度高于10%但低于31.75%，占比21.24%；有3866家企业平均对外贸易依存度高于31.75%，占比59.84%，即大部分企业处在高贸易依存度位置。

贸易依存度和企业性质有明显关系。非国有控股企业共计5730家，经测算其平均贸易为依存度为35.27%，高于行业整体水平，其中处在低贸易依存度企业占比16.18%，处在中贸易依存度企业占比20.85%，处在高贸易依存度企业占比62.97%；国有控股企业共计731家，经测算其平均贸易依存度为13.90%，低于行业整体水平，其中处在第贸易依存度企业占比31.77%，处在中贸易依存度企业占比27.42%，处在高贸易依存度企业占比35.47%。因此，非国有控股企业的贸易依存度显著高于国有控股企业。

在中、低对外贸易依存度企业，出口依存度显著高于进口依存度。如图1－3所示，当企业整体处在低贸易依存度时，平均贸易依存度为2.26%，其中平均进口贸易依存度为0.61%，有72.14%的企业在这一水平内；平均出口贸易依存度为1.46%，有65.47%的企业在这一水平内，且在相同依存度上，出口依存度始终高于进口依存度。当企业整体处在中贸易依存度时，平均贸易依存度为19.03%，其中平均进口贸易依存度为3.34%，有55.44%的企业在这一水平内；平均出口贸易依存度为8.67%，有38.25%的企业在这一水平内，且在大于10%的依存度位置上，出口依存度显著高于进口依存度。综上所述，在中低对外贸易依存度企业，相对而言，出口依存度水平更高，这说明在这类企业中，对外贸易主要是依靠出口来拉动的。

在高对外贸易依存度企业中，贸易依存度相对较低时出口依存度高于进口依存度，贸易依存度相对高时进口依存度高于出口依存度。当企业整体处在高贸易依存度时，平均贸易依存度为 80.14%，其中平均进口贸易依存度为 11.57%，有 11.17%的企业在这一水平内；平均出口贸易依存度为 51.41%，有 82.44%的企业在这一水平内。由趋势线可看出，在低依存度区间，相同依存度上出口贸易企业显著多于进口贸易企业，在高依存度上，相同依存度上进口贸易企业增多，逐渐超过出口贸易企业数量，即此时进口增多，进口依存度升高。这说明在高对外贸易依存度企业中，随着贸易往来的频繁，企业更加注重进口，对国外商品的需求增多。

表 1－27 给出了按这一分类标准得出的各行业 2001～2006 年的平均对外贸易依存度、进口依存度和出口依存度数据。

表 1－27　2002～2006 年中国制造业行业外贸依存度、出口依存度和进口依存度　单位：%

行业	进口依存度	出口依存度	外贸依存度	行业	进口依存度	出口依存度	外贸依存度
家具制造业	3.45	57.84	61.74	计算机通信设备业	15.56	22.71	45.55
服装制造业	6.78	50.79	60.54	农副加工制造业	3.06	36.01	39.79
皮羽制品制造业	8.31	46.35	59.71	橡胶制造业	11.28	19.50	38.11
文体用品制造业	5.25	48.66	56.71	仪器仪制造业	5.64	22.36	37.05
工艺品制造业	4.29	47.15	54.28	纺织制造业	5.68	27.62	35.50
其他制造业	48.83	0.97	52.48	金属制造业	5.41	24.76	34.34
石油加工制造业	28.54	5.47	50.27	塑料制造业	13.82	14.31	34.21
林木加工制造业	3.02	39.54	46.23				
高依存度	6.97	31.74	44.33				
电气机械制造业	5.90	19.63	29.74	造纸及纸制品业	14.73	1.83	18.55
非金属矿物制造业	2.87	26.17	28.89	化学原料制造业	6.29	8.56	18.45
交通设备制造业	5.91	8.62	23.68	金属加工制造业	5.65	8.70	18.12
食品制造业	3.70	14.10	21.10	专用设备制造业	4.89	9.51	16.92

续表

行业	进口依存度	出口依存度	外贸依存度	行业	进口依存度	出口依存度	外贸依存度
通用设备制造业	2.36	14.59	22.68	黑金加工制造业	7.71	3.66	16.59
化学纤维制造业	9.47	6.98	19.94	印刷业	9.79	3.43	14.93
中依存度	4.96	12.11	22.40				
医药制造业	2.14	6.27	9.38	饮料制造业	1.45	3.25	4.12
低依存度	1.77	5.18	7.19				
全行业	5.83	20.83	31.75				

资料来源：根据中国海关数据库、《中国统计摘要》和中国工业企业数据库中数据计算整理后绘制。

由表1－27可以得到以下结论：

（1）行业类别与外贸依存度有明显相关关系。从行业要素密集程度看，多数劳动密集型行业如家具制造业、服装制造业、文体用品制造业等的外贸依存度高，这说明我国劳动密集型产业的往来贸易发达；而从技术类别看，多数高技术型行业如专用设备制造业、交通设备制造业、电气机械制造业等集中在中依存度水平，高技术类产品的对外贸易情况有待进一步提升。

（2）大部分行业都呈现出出口依存度高于进口依存度的情况，仅有6个行业的进口依存度大于出口依存度，且大多数集中在中贸易依存度区域，这说明行业对外贸易主要通过出口拉动。

（3）各行业之间的贸易依存度差异明显。有15个行业的贸易依存度高于平均水平，占比51.72%；有12个行业处在中等水平，占比41.38%，且平均外贸依存度达到20%以上；仅有2个行业处于较低水平，各项均值远低于全国平均水平。这说明我国制造业行业整体对外贸易水平较高，但不同行业差异较大。

（二）国际贸易与偏向性技术进步的关系

阿西莫格鲁（2002）通过数理模型进行演绎分析，证明了要素的相对供给能够导致技术进步的方向发生改变。阿西莫格鲁（2003）对比国际贸易前后技术进步的偏向程度，认为国际贸易可能会加剧偏向性技术进步。通常认为国际贸易可以通过影响不同技术创新的相对利润，进而导致技术进步的方向发生改变，产生偏向性技术进步。这部分依然按照将制造业企业划分为高、中、低三个外贸依存度维度，探究历年平均偏向性技术进步指数和外贸依存度、进口依存度和出口依存度之间的关系。

图1－4将按贸易依存度划分的每类企业的偏向性技术进步指数和对外贸易依存度、进口依存度和出口依存度放在同一折线图中。

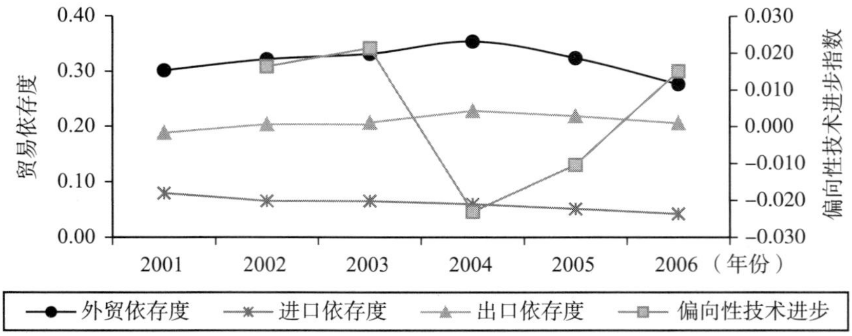

（a）全企业范围

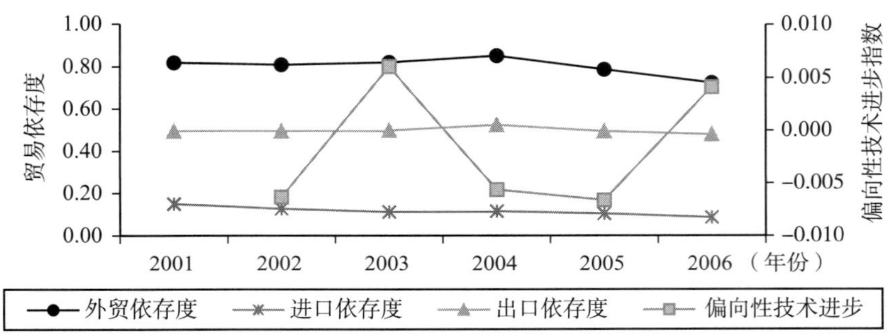

（b）高外贸依存度企业

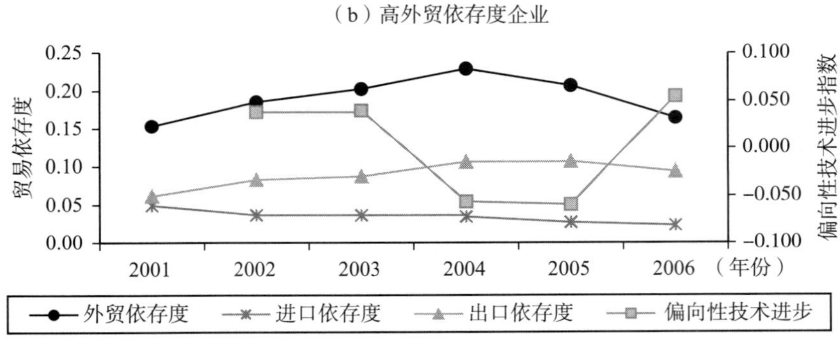

（c）中外贸依存度企业

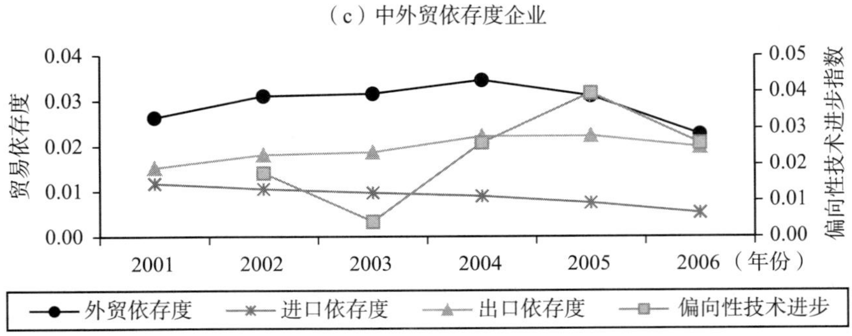

（d）低贸易依存度企业

图 1-4　各类企业对外贸易依存度和偏向性技术进步指数

资料来源：笔者利用前文计算结果绘制。

由图1-4我们可以得到以下结论：

全国、高依存度企业、中依存度企业和低依存度企业的历年外贸依存度发展状况基本相同。这一时期各类企业外贸依存度发展状况基本稳定，有小幅波动，具体可以分为两个阶段：第一阶段是2001~2004年，各类企业对外贸易依存度水平稳步增长，这一时期世界经济状况基本面良好，我国经济状况发展态势同样强劲，同时国际企业大规模的对华进行产业转移，引发我国各类企业积极地拓展国际市场，因而这一时期的外贸依存度有持续上升趋势；第二阶段是2005年之后，各类企业对外贸易依存度水平有小幅下降，这主要是因为在经过之前连续几年的外贸连续增长产生较高基数，加之国际市场原油价格、国内生产资料价格的上升，以及我国与美国、欧盟的贸易摩擦的加剧，降低了我国外贸的综合竞争力，导致这段时期外贸依存度水平的回落。总体而言，这一时期由于世界经济态势良好，未出现大幅宏观经济波动，国际贸易整体走势维持稳定。

出口依存度、进口依存度的基本走势与外贸依存度大致相同。在这一时期各类企业的进口依存度水平、出口依存度水平基本保持稳定，出口依存度始终大于进口依存度，其中进口依存度水平总体下降幅度在3.7%左右，出口依存度总体上升幅度在1.2%左右，波动集中表现在中外贸依存度企业，这与我国出口总量常年大于进口总量的基本事实相符。同时，高、中外贸依存度企业在某些年份表现出进口依存度的上升，这可能与这些外贸企业进口消费品需求提升有关。

整体来看，各类企业的偏向性技术进步指数呈现出波动上升趋势。说明这一时期由于国际技术的吸收引进，我国偏向性技术进步处于劳动偏向性向资本偏向性转移的发展状态。其中，低贸易依存度企业偏向性技术进步指数波动的幅度最大。

（三）国际贸易影响偏向性技术进步的传导机制

1. 技术创新效应

技术创新是一个国家在国际竞争中维持其比较优势的重要因素，它是一种保障一国动态比价优势的源泉，而国际贸易是技术创新的重要来源之一。文献研究表明，不论是对于拥有更高技术发展水平的发达国家，还是相对来说技术水平落后的发展中国家，对外贸易都会产生非常显著的技术创新效应。

技术创新会导致技术进步产生偏向性发展特征，可能会使技术进步显著地偏向于技能劳动（Wood，1995；宋冬林等，2010）。伴随着科学技术的不断进步和软件设备业的持续发展，一般而言，高科技的机器设备都需要与高技能的劳动力向匹配，导致在生产过程中，对于高质量的技能劳动力者的需求增加，使得现阶段的偏向性技术进步呈现资本偏向性和技能偏向性（赵志耘等，2007）。

与此同时，发展中国家受贸易自由化的影响，会进行防御性技术创新，以此来应对他国的竞争，这也会增加市场对技能劳动的需求，使得技术进步在这些国家偏向于技能劳动（Acemoglu，2003；殷德生、唐海燕，2006；潘士远，2007）。

2. 技术溢出效应

技术及知识都会表现出外部效应。因此，一个国家在开放条件下的技术进步来源并不仅仅局限于本国的研发投入，还包括与其有贸易关系的别国研究和开发R&D投资等。先进知识与技术的国际溢出可以通过国际贸易、企业培训和员工交流等方式实现。而国际贸易就是先进知识与技术从拥有更高技术水平的国家向相对落后技术水平国家溢出的一种重要途径。

科技水平相对落后国家通过从拥有更高技术水平国家进口机器设备等技术密集型产品，可以从中分享其先进的技术成果，并将其应用到本国的生产生活中来，提高本国的生产效率。与此同时，科技水平相对落后的国家在对进口的中间产品、零部件等进行组装以及加工的过程中，可以逐步了解产品中所包含的信息以及技术诀窍，在学习和模仿的基础上进行再创新，促进本国的技术进步。

物化型技术的国际溢出一般是偏向于技能劳动的，技术和知识的学习和模仿也是偏向于技能劳动的（潘士远，2007）。国际贸易产生的技术溢出效应是科技水平相对落后的国家出现劳动偏向性技术进步的重要原因之一。

3. 技术学习效应

厂商存在更大动力去发展可以节约使用相对昂贵要素的技术；同时，一国的技术进步会偏向于采用相对丰裕生产要素的方向。鉴于此，技术进步与资本、劳动、能源、中间品等要素之间的影响并非单向作用，而是两两影响、互相约束的。当技术进步与地区要素禀赋相适应，让技术与资本、劳动、能源、中间品等实现更好的耦合，才能进一步加强技术进步对经济增长的推动作用。

各个国家以及地区的要素禀赋差异导致贸易的产生，而贸易又会对各国、各地区的要素市场带来影响，要素价格和丰裕程度的改变会对偏向性技术进步产生影响（Acemoglu，1998）。两国之间通过国际贸易发挥各自的要素禀赋优势，会改变两个国家的要素结构，使得技术进步的要素偏向性发生改变。

二、国际贸易对偏向性技术进步影响的回归模型

（一）模型设定

阿西莫格鲁（2002）认为要素相对供应会引发偏向性技术进步，而国际贸易会显著改变要素相对供给。除此之外，戴杰（2012）认为自主研发、引进技术、市场结构等指标可能对偏向性技术进步产生影响；邓明（2014）等认为人口年龄结构、对外开放程度、要发投入等对偏向性技术进步产生影响。在前一节的基础上，为探究国际贸易对偏向性技术进步的影响，本部分以偏向性技术进步指数作为被解释变量，贸易依存度为核心解释变量，同时以研发密度、资本劳动比、人均资本存量为控制变量，采用2002～2006年6461家中国制造业企业数据，构建国际贸易对偏向性技术进步指数影响的计量模型。

本部分借鉴潘文卿（2017）在研究技术偏向性的城市扩散效应时的思想，以偏向性技术进步指数为被解释变量，若某一解释变量的回归系数为负，则该变量变化程度越大，技术进步越偏向于劳动；反之，若某一解释变量的回归系数为负，则该变量变化程度越大，技术进步越偏向于资本。具体模型如下：

$$D_{i,t} = \alpha + \beta_1 \ln OPEN_{i,t} + \beta_2 Contr + \eta_t + \mu_t + \varepsilon_{i,t} \tag{1-24}$$

式（1－24）中，i 为各制造业企业，t 为年份，D 偏向性技术进步指数，OPEN 为贸易依存度，Contr 为控制变量，包括研发密度 RD、人均资本存量 PCD、企业规模 ES、市场结构 MS、人均增加值 PIVA，η、μ、ε 分别表示反映各企业差异的个体效应、随时间变化的时间效应和其他干扰项。

1. 偏向性技术进步指数

偏向性技术进步指数用第二章测算的企业偏向性技术进步指数表示。

2. 贸易依存度（OPEN）

阿西莫格鲁（2003）通过比较开放贸易前后偏向性技术进步的变化，发现国际贸易会促进该国的偏向性技术进步情况。这部分将国际贸易作为核心解释变量。

由于我国长期进口制成品，出口劳动力和资源，本部分猜测进口和出口会对偏向性技术进步造成不同影响，因此本部分将贸易依存度划分为外贸依存度、进口依存度和出口依存度，分步实证进口、出口对偏向性技术进步的影响。具体测算步骤前文已述。

3. 研发密度（RD）

企业主要通过自主研发和技术溢出两条路径获取技术进步，偏向性技术进步是技术进步的组成部分，因此自主研发会对偏向性技术进步造成影响，现有文献也已证明自主研发是导致偏向性技术进步的原因之一，不同技术创新会给企业带来差异化的利润，因而会激励企业向着利润最大化的技术创新发展。潘士远（2008）通过分析研发与创新（R&D）产品的最优专利保护制度，发现劳动力禀赋结构可以通过这种专利制度影响偏向性技术进步方向。

综上所述，为了研究企业是否会通过研发密度的改变导致偏向性技术进步的产生，这部分将研发密度作为控制变量之一放入模型中。鉴于《中国工业企业数据库》关于研发的指标存在大量残缺项，本部分拟使用按行业分组的中大型企业的宏观数据代表这一指标，采用企业所属行业的“科技活动内部经费支出总额和行业工业总产值的比重”作为代理变量。

4. 企业规模（ES）

安东内利和斯切拉托（Antonelli & Scellato，2015）研究发现，企业规模的大小和偏向性技术进步有正相关性。为了研究企业规模的扩大是否能造成偏向性技术进步的产生，这部分将企业规模作为控制变量之一放入模型中，采用历年“企业全部职工的对数”形式来表示该指标。

5. 人均资本存量（PCD）

当前几乎所有文献都研究了人均资本存量对偏向性技术进步的影响，安特拉斯和赫尔普曼（Antras & Helpman，2003）指出人均资本存量更高的企业更易获得外商直接投资，从而诱致偏向性技术进步产生，因此本部分预期，人均资本存量会为偏向性技术进步带来正向的影响。

综上所述，为了研究人均资本存量是否会对偏向性技术进步产生影响，这部分将人均资本存量作为控制变量之一放入模型中。采用历年“固定资产净值年平均余额占全部职工的比例”的对数来表示这一指标。

6. 市场结构（MS）

本部分借鉴王庆石等（2008）的思想，通过三次产业反映经济结构，即市场结构是指宏观经济中以农业为主的第一产业、以工业为主的第二产业和以服务业为主的第三产业所占的比重。由于我国经济发展处于转型时期，不同时期的市场结构会有不同程度的调整，而市场结构的改变也会使得企业对资本和劳动的相对需求不同，因此市场结构的变化会影响偏向性技术进步。张巍钰（2014）通过研究各区域广义偏向性进步情况，发现市场结构的优化会对偏向性技术进步产生积极影响。

综上所述，为了研究市场结构是否会对偏向性技术进步产生影响，这部分将市场结构作为控制变量之一放入模型中。由于本部分使用的企业样本数量不足以完全代表行业，为了更好地反映市场结构，拟使用按行业分组的中大型企业的宏观数据代表这一指标，采用“行业总产值占制造业总产值的比重”的对数作为代理变量。

7. 人均增加值（PIVA）

人均工业增加值可以反映企业的经济发展水平，一个地区或集体的经济发展水平通常被认为是影响偏向性技术进步的因素之一。随着企业发展水平的扩大，为了保持现有的竞争水平和地位，必然带来技术的引进和创新，引发技术进步。潘文卿、吴天颖等（2017）在CES生产函数假设下研究中国城市偏向性技术进步方向时，实证发现城市的经济发展水平对偏向性技术进步方向有反向影响。那么企业的发展水平如何影响偏向性技术进步呢？这也是本部分想要探究的问题之一。

综上所述，为了研究企业发展水平是否会对偏向性技术进步产生影响，这部分将人均增加值作为控制变量之一放入模型中。采用历年“工业增加值占全部职工的比例”的对数来表示这一指标。

（二）数据处理说明

1. 贸易依存度

本章主要贸易数据来源于中国海关数据库，在对中国工业数据库和中国海关数据库合并时，本部分主要参考了余（2015）的方法，按以下两个步骤进行：第一，将企业的中文名称和年份作为标准，按照此条目匹配企业，这是由于我国工商管理单位规定，企业在登记注册企业名称时，原则上不能注册已存在的名目，所以可以认定在这两个数据库中在同一年、具有相同的企业名称的企业是同一家工业企业。第二，在删掉上一步中已经成功合并的样本后，再次将企业所在地的邮政编码和企业联系人信息作为标准，按照此条目匹配剩下的企业，这有助于进一步匹配一部分遗漏的企业。鉴于本部分的研究重心是考察技术国际贸易对偏向性技术进步的影响，因此我们选取以上两个数据库中可以被合并起来的连续出口和进口企业作为分析样本。

2. 控制变量

研发密度所需科技活动内部经费支出总额数据来源于《中国科技统计年鉴》，行业总产值、行业增加值的数据来源于《中国工业经济统计年鉴》；企业规模、人均资本存量数据均来源于中国工业企业数据库。行业总产值、工业增加值数据以2001 年为基期的工业生产者出厂价格指数平减、固定资产净值年平均余额以 2001 年为基期的固定资产投资价格指数平减，以剔除价格的影响。①

国际贸易对偏向性技术进步影响的主要变量描述性统计如表 1 – 28 ~ 表 1 – 33 所示。

表 1 – 28　　全制造业各变量统计性描述

变量	变量含义	样本	均值	标准差	最小值	最大值
lnDt	偏向性技术进步指数自然对数	32305	0. 1451	6. 4025	−0. 2636	73. 6996
lnOPEN	外贸依存度的自然对数	32305	−1. 1370	1. 5748	−14. 1357	3. 7706
lnIM	进口依存度的自然对数②	21995	−2. 9018	2. 4390	−16. 6020	2. 4367
lnEX	出口依存度的自然对数	28015	−1. 5486	1. 9134	−17. 0966	3. 7705
lnRD	研发密度的自然对数	32305	−4. 4501	0. 6656	−6. 4458	−3. 4478
lnES	企业规模的自然对数	32305	5. 6068	1. 1405	1. 0986	10. 5583
lnPCD	人均资本存量的自然对数	32305	−0. 6946	1. 2995	−7. 7685	3. 9272
lnMS	市场结构的自然对数	32305	−3. 5609	0. 9618	−9. 4146	−1. 7853
lnPIVA	人均增加值的自然对数	32305	1. 2920	2. 3426	0. 0270	96. 1223

资料来源：根据中国工业数据库、中国海关数据库、《中国科技统计年鉴》和《中国工业经济统计年鉴》中的数据计算整理得到。

表 1 – 29　　高依存度企业各变量统计性描述

变量	变量含义	样本	均值	标准差	最小值	最大值
lnDt	偏向性技术进步指数自然对数	19330	0. 0121	0. 0708	−0. 0567	0. 1467
lnOPEN	外贸依存度的自然对数	19330	−0. 2254	0. 6454	−6. 2561	3. 7706
lnIM	进口依存度的自然对数	16247	−2. 2275	2. 1868	−14. 8193	2. 4367
lnEX	出口依存度的自然对数	18749	−0. 6954	1. 2446	−15. 6383	3. 7705

① 由于《中国科技统计年鉴》未细分废弃资源和废旧材料回收加工业，该行业相关研发密度数据用制造业平均值代替。

② 本章使用的样本是进行连续国际贸易活动的规模以上企业，但并非所有企业都同时进口和出口。因此在计算出口依存度时，会删减掉未进行出口活动的企业；对进口依存度同样如此，下同。

续表

变量	变量含义	样本	均值	标准差	最小值	最大值
lnRD	研发密度的自然对数	19330	-4.5392	0.6836	-6.4458	-3.4478
lnES	企业规模的自然对数	19330	5.5504	1.1123	1.0986	10.5583
lnPCD	人均资本存量的自然对数	19330	-0.8663	1.3069	-7.7685	3.7598
lnMS	市场结构的自然对数	19330	-3.6427	1.0141	-9.4146	-1.7853
lnPIVA	人均增加值的自然对数	19330	1.1374	2.3130	0.0270	96.1223

资料来源：根据中国工业数据库、中国海关数据库、《中国科技统计年鉴》和《中国工业经济统计年鉴》中的数据计算整理得到。

表1-30　　中依存度企业各变量统计性描述

变量	变量含义	样本	均值	标准差	最小值	最大值
lnDt	偏向性技术进步指数自然对数	6985	0.0121	0.0708	-0.0567	0.1467
lnOPEN	外贸依存度的自然对数	6985	-1.6256	0.8138	-9.4373	0.5619
lnIM	进口依存度的自然对数	5329	-3.4699	2.3225	-14.2858	0.4610
lnEX	出口依存度的自然对数	6261	-2.3550	1.7563	-17.0966	0.2829
lnRD	研发密度的自然对数	6985	-4.3365	0.6209	-6.4458	-3.4478
lnES	企业规模的自然对数	6985	5.5554	1.1373	1.9459	9.9501
lnPCD	人均资本存量的自然对数	6985	-0.5228	1.2787	-6.7936	3.8290
lnMS	市场结构的自然对数	6985	-3.4370	0.8861	-9.4146	-1.7853
lnPIVA	人均增加值的自然对数	6985	1.4592	2.3408	0.0443	37.5110

资料来源：根据中国工业数据库、中国海关数据库、《中国科技统计年鉴》和《中国工业经济统计年鉴》中的数据计算整理得到。

表1-31　　低依存度企业各变量统计性描述

变量	变量含义	样本	均值	标准差	最小值	最大值
lnDt	偏向性技术进步指数自然对数	5990	0.0121	0.0708	-0.0567	0.1467
lnOPEN	外贸依存度的自然对数	5990	-3.5107	1.6335	-14.1357	0.4477
lnIM	进口依存度的自然对数	4161	-4.8075	2.3230	-16.6020	0.0517
lnEX	出口依存度的自然对数	4651	-3.9022	1.8977	-16.8055	0.1195
lnRD	研发密度的自然对数	5990	-4.2949	0.6055	-6.4458	-3.4478
lnES	企业规模的自然对数	5990	5.8489	1.2012	2.0794	10.5583
lnPCD	人均资本存量的自然对数	5990	-0.3403	1.1975	-7.7418	3.9272

续表

变量	变量含义	样本	均值	标准差	最小值	最大值
lnMS	市场结构的自然对数	5990	-3.4411	0.8370	-6.5552	-1.7853
lnPIVA	人均增加值的自然对数	5990	1.5963	2.3964	0.0574	31.7914

资料来源：根据中国工业数据库、中国海关数据库、《中国科技统计年鉴》和《中国工业经济统计年鉴》中的数据计算整理得到。

表 1-32　　国有控股企业各变量统计性描述

变量	变量含义	样本	均值	标准差	最小值	最大值
lnDt	偏向性技术进步指数自然对数	3655	0.0121	0.0708	-0.0567	0.1467
lnOPEN	外贸依存度的自然对数	3655	-1.9465	1.7685	-13.8934	2.1700
lnIM	进口依存度的自然对数	3064	-3.3139	2.4268	-16.6020	1.5381
lnEX	出口依存度的自然对数	3126	-2.5693	2.1962	-15.0574	1.5922
lnRD	研发密度的自然对数	3655	-4.2024	0.5907	-6.4458	-3.4478
lnES	企业规模的自然对数	3655	6.1725	1.3860	1.7918	10.5583
lnPCD	人均资本存量的自然对数	3655	-0.0773	1.1619	-7.3623	3.5798
lnMS	市场结构的自然对数	3655	-3.2354	0.8653	-6.5552	-1.7853
lnPIVA	人均增加值的自然对数	3655	1.8646	3.3965	0.0422	56.3933

资料来源：根据中国工业数据库、中国海关数据库、《中国科技统计年鉴》和《中国工业经济统计年鉴》中的数据计算整理得到。

表 1-33　　非国有控股企业各变量统计性描述

变量	变量含义	样本	均值	标准差	最小值	最大值
lnDt	偏向性技术进步指数自然对数	28650	0.0121	0.0708	-0.0567	0.1467
lnOPEN	外贸依存度的自然对数	28650	-1.0338	1.5177	-14.1357	3.7706
lnIM	进口依存度的自然对数	22673	-2.8462	2.4353	-14.8193	2.4367
lnEX	出口依存度的自然对数	26535	-1.4283	1.8404	-17.0966	3.7705
lnRD	研发密度的自然对数	28650	-4.4817	0.6680	-6.4458	-3.4478
lnES	企业规模的自然对数	28650	5.5347	1.0843	1.0986	10.1278
lnPCD	人均资本存量的自然对数	28650	-0.7732	1.2950	-7.7685	3.9272
lnMS	市场结构的自然对数	28650	-3.6023	0.9655	-9.4146	-1.7853
lnPIVA	人均增加值的自然对数	28650	1.2191	2.1612	0.0270	96.1223

资料来源：根据中国工业数据库、中国海关数据库、《中国科技统计年鉴》和《中国工业经济统计年鉴》中的数据计算整理得到。

三、国际贸易对偏向性技术进步影响的实证结果分析

本部分使用豪斯曼检验方法，基于该检验判断模型使用固定效应还是随机效应，具体判断标准如下：以 10% 作为豪斯曼检验的显著性水平，若 p 值大于 0.1 则接受原假设，选择随机效应模型，若 p 值小于 0.1 则拒绝原假设，选择固定效应模型。回归结果仅列出甄选后的结果。

（一）企业层面

1. 总体样本回归

表 1－34 报告了 2002～2006 年中国 6461 家制造业企业以外贸依存度为核心解释变量，研究国际贸易对偏向性技术进步影响的估计结果。模型（1）～模型（3）为国际贸易为单变量影响偏向性技术进步的回归结果，模型（4）～模型（6）为控制企业规模、研发密度、人均资本存量等变量后，国家贸易影响偏向性技术进步的回归结果。模型（1）～模型（6）的豪斯曼检验均小于 0.1，说明模型适合用固定效应模型进行估计。所有模型的 p 值均小于 0.01，说明模型高度显著。

表 1－34　总体样本模型估计结果

解释变量	(1) Dt	(2) Dt	(3) Dt	(4) Dt	(5) Dt	(6) Dt
lnOPEN	−0.0030*** (−4.53)			0.0009 (1.57)		
lnIM		−0.0066*** (−11.35)			−0.0039*** (−8.90)	
lnEX			0.0018** (2.47)			0.0040*** (6.97)
lnRD				0.1076*** (63.55)	0.1083*** (56.33)	0.1070*** (59.75)
lnES				0.0371*** (23.63)	0.0390*** (21.27)	0.0381*** (23.03)
lnPCD				0.0055*** (5.05)	0.0025* (1.93)	0.0069** (5.97)
lnMS				0.0443*** (14.12)	0.0484*** (13.53)	0.0446*** (13.40)

续表

解释变量	(1) Dt	(2) Dt	(3) Dt	(4) Dt	(5) Dt	(6) Dt
lnPIVA				0.0034 *** (10.08)	0.0028 *** (8.18)	0.0036 *** (9.61)
C	0.0087 *** (10.10)	-0.0039 *** (-2.60)	0.0145 *** (13.41)	0.4412 *** (23.09)	0.4286 *** (19.60)	0.4415 *** (21.64)
R^2	0.0008	0.0073	0.0003	0.1915	0.1966	0.1905
F 或沃尔德检验	20.50 [0.0000]	128.89 [0.0000]	6.1 [0.0036]	1019.95 [0.0000]	811.01 [0.0000]	920.63 [0.0000]
豪斯曼检验	20.95 [0.000]	127.99 [0.000]	11.47 [0.0136]	4515.08 [0.0000]	3323.92 [0.0000]	4020.89 [0.0000]
模型	FE	FE	FE	FE	FE	FE
Obs	32305	21995	28015	32305	21995	28015

注：①R^2 为只反映组内差距的 withinR^2。②表中系数值下面小括号内为 t 值或 z 值，中括号内为 p 值。***、**、* 分别表示在 1%、5%、10% 的水平下具有显著性。③模型一栏中 FE 代表固定效应。④计量工具为 Stata 13.0。

在未控制其他变量时，外贸依存度、进口依存度的回归系数为负，进口依存度的系数为正，且进口依存度的回归系数绝对值大于出口依存度；当加入控制变量后外贸依存度系数变为正值，但数值较小，进口依存度系数依然为负，出口依存度系数为正。这说明进口对我国偏向性技术进步有负向效应，出口对我国偏向性技术进步程度有正向效应，即出口量高于工业生产总值的变化程度越大，技术进步越偏向于劳动，进口量高于工业生产总值的程度越大，技术进步越偏向于资本。国际贸易对偏向性技术进步程度的影响主要由出口依存度和进口依存度对其影响大小决定。国内也有部分文献表明，国际贸易对偏向性技术进步影响程度为负，且在一些地区不显著。

所有控制变量均高度显著，说明控制变量对偏向性技术进步的解释力较强。研发密度的回归系数为正，系数数值较大，且在 1% 置信区间上通过显著性检验。说明企业研发费用高于生产总值的程度的加大的确推动了中国制造业企业的技术进步偏向于资本，且这种推动作用明显。

企业规模的回归系数为正，且在 1% 的置信水平上通过显著性检验。说明企业规模的扩大的确会通过促进研发创新活动和规模效应而对偏向性技术进步水平造成影响，且这种影响是积极的，即企业规模的扩张程度越大，技术进步越偏向于资本。

人均资本存量的回归系数为正，且在 10% 的置信水平上通过显著性检验。说明人均资本存量的增加的确会通过带来更多的外商直接投资等形式促进技术进步偏向资本，符合本部分预期。但是值得注意的是，相对其他控制变量而言，人均资本的回归系数较小且显著性不强，说明人均资本存量对偏向性技术进步水平的解释力度不大。

市场结构的回归系数为正，且在1%的水平上通过显著性检验。这代表企业对资本和劳动要素的相对依赖比例的确与市场结构的变动有关联，从而改变技术进步的方向，且影响显著。“十二五”期间大力推进的工业结构优化升级，会有效促进偏向性技术进步水平。

人均增加值的回归系数为正，且在1%的水平上通过显著性检验。这代表企业提高发展水平的同样会对偏向性技术进步水平带来正向影响，与预期相符。

2. 分类样本回归

事实上，由于本部分的研究主体为中国6461家制造业企业，而各家企业是非同质的，差异可以表现为在依赖国际贸易的程度、企业性质等方面的不同，不同特性的企业，国际贸易对其偏向性技术进步的影响可能不同。因此，这部分将中国6461家企业按照平均外贸依存度的高低分为高贸易企业、中外贸依存度企业和低外贸依存度企业，按照企业性质的不同分为国有控股企业和非国有控股企业，分别进行实证分析。

表1-35报告了2002~2006年中国6461家制造业企业按平均外贸依存度高低划分的实证回归结果。其中模型（1）~模型（3）为高贸易依存度企业国际贸易对偏向性技术进步影响的回归结果，模型（4）~模型（6）为中贸易依存度企业国际贸易对偏向性技术进步影响的回归结果，模型（7）~模型（9）为低贸易依存度企业国际贸易对偏向性技术进步影响的回归结果。模型（1）~模型（9）的豪斯曼检验均小于0.1，说明模型适合用固定效应模型进行估计。所有模型的p值均小于0.01，说明模型高度显著。

表1-35　　按外贸依存度划分样本模型估计结果分析

解释变量	高贸易依存度企业			中贸易依存度企业			低贸易依存度企业		
	(1) Dt	(2) Dt	(3) Dt	(4) Dt	(5) Dt	(6) Dt	(7) Dt	(8) Dt	(9) Dt
lnOPEN	-0.004*** (-2.85)			0.004*** (3.42)			0.001 (1.63)		
lnIM		-0.005*** (-7.16)			-0.004*** (-4.58)			-0.002*** (-3.28)	
lnEX			0.002** (2.18)			0.007*** (6.63)			0.003*** (3.38)
lnRD	0.105*** (48.44)	0.106*** (43.81)	0.105*** (47.40)	0.109*** (29.08)	0.111*** (25.55)	0.108*** (26.96)	0.112*** (28.93)	0.113*** (24.59)	0.112*** (24.44)
lnES	0.039*** (19.63)	0.042*** (18.12)	0.041*** (19.78)	0.035*** (10.39)	0.036*** (8.73)	0.035*** (9.51)	0.030*** (8.05)	0.031*** (6.88)	0.031*** (7.02)

续表

解释变量	高贸易依存度企业			中贸易依存度企业			低贸易依存度企业		
	(1) Dt	(2) Dt	(3) Dt	(4) Dt	(5) Dt	(6) Dt	(7) Dt	(8) Dt	(9) Dt
lnPCD	0.006*** (3.98)	0.003* (1.64)	0.007*** (4.49)	0.008*** (3.44)	0.003 (1.14)	0.009*** (3.55)	0.002 (0.75)	0.001 (0.26)	0.006** (2.04)
lnMS	0.050*** (12.79)	0.053*** (12.08)	0.049*** (12.17)	0.033*** (4.44)	0.037*** (4.20)	0.034*** (4.22)	0.028*** (3.67)	0.032*** (3.51)	0.032*** (3.48)
lnPIVA	0.002*** (5.71)	0.002*** (5.27)	0.003*** (6.41)	0.005*** (6.00)	0.004*** (4.54)	0.005*** (5.91)	0.005*** (6.08)	0.004*** (4.60)	0.005*** (4.45)
C	0.454*** (18.58)	0.434*** (15.82)	0.447*** (17.70)	0.407*** (9.52)	0.396*** (7.99)	0.419*** (9.03)	0.409*** (9.21)	0.404*** (7.52)	0.428*** (8.09)
R^2	0.187	0.1888	0.1873	0.1931	0.2013	0.1965	0.2156	0.2321	0.2060
F或沃尔德检验	593.32 [0.000]	491.35 [0.000]	573.98 [0.000]	222.60 [0.000]	170.87 [0.000]	200.95 [0.000]	219.05 [0.000]	158.10 [0.000]	155.19 [0.000]
豪斯曼检验	2658.65 [0.000]	2216.52 [0.000]	2528.46 [0.000]	980.82 [0.000]	722.10 [0.000]	869.74 [0.000]	921.32 [0.000]	642.97 [0.000]	659.28 [0.000]
模型	FE	FE	FE	FE	FE	FE	FE	FE	FE
Obs	19330	16247	18749	6985	5329	6261	5990	4161	4651

注：①R^2 为只反映组内差距的 withinR^2。②表中系数值下面小括号内为 t 值或 z 值，中括号内为 p 值。***、**、*分别表示在1%、5%、10%的水平下具有显著性。③模型一栏中 FE 代表固定效应。④计量工具为 Stata 13.0。

无论是在高贸易依存度、中外贸易依存度，还是低外贸依存度企业，进口依存度的系数都为负，出口依存度的系数都为正，这说明进口活动对偏向性技术进步产生抑制作用，而出口活动的扩张会促进偏向性技术进步偏向于资本。从绝对值来看，高贸易依存度、中贸易依存度企业的进口依存度和出口依存度的回归系数都要大于低贸易依存度地区的回归系数，说明贸易依存度越大，国家贸易带来的技术创新和技术溢出等效应越明显，对偏向性技术进步的偏向水平影响越强烈。

从外贸依存度来看，对中外贸依存度、低外贸依存度企业来说，外贸依存度系数为正，国际贸易会对偏向性技术进步水平带来正向影响，其原因可以解释为：出口依存度系数大于进口依存度系数的绝对值，即出口效应要大于进口效应的影响，贸易总体带来正向影响，并且这种效应会随着外贸依存度的上升而增强。相反，对高贸易依存度企业来说，外贸依存度系数为负，因为相对于出口而言，进口对偏向性技术进步的抑制作用更大。

从其他变量来看，在三类企业中，研发密度、企业规模、市场结构、人均增加值的回归系数均高度显著，并且前三者数值较大，说明无论是哪种贸易依赖程度的企业，研发密度、企业规模、市场结构、人均增加值等程度的增加，都可以合理解释偏向性技术进步偏向于资本，促进偏向性技术进步水平的发展。人均资本存量的回归系数为正，说明人均资本存量的增加对偏向性技术进步水平有促进作用，但是在低贸易依存度企业，这一指标的回归系数较小且不显著，说明人均资本存量在贸易依存度较高的企业对偏向性技术进步的影响更为明显。

表 1－36 报告了 2002～2006 年中国 6461 家制造业企业按是否国有控股的企业性质划分的实证回归结果。其中模型（1）～模型（3）为国有控股企业国际贸易对偏向性技术进步影响的回归结果，模型（4）～模型（6）为非国有控股企业国际贸易对偏向性技术进步影响的回归结果。模型（1）～模型（6）的豪斯曼检验均小于 0.1，说明模型适合用固定效应模型进行估计。所有模型的 p 值均小于 0.01，说明模型高度显著。

表 1－36　　按企业性质划分样本模型估计结果分析

解释变量	国有控股企业			非国有控股企业		
	(1) Dt	(2) Dt	(3) Dt	(4) Dt	(5) Dt	(6) Dt
lnOPEN	0.0029 * (1.93)			0.0006 (0.86)		
lnIM		−0.0007 (−0.57)			−0.0045 *** (−9.43)	
lnEX			0.0053 *** (3.64)			0.0038 *** (6.02)
lnRD	0.1165 *** (23.11)	0.1150 *** (20.72)	0.1171 *** (21.18)	0.1065 *** (59.22)	0.1074 *** (52.40)	0.1058 *** (55.86)
lnES	0.0232 *** (4.12)	0.0317 *** (5.00)	0.0211 *** (3.50)	0.0383 *** (23.42)	0.0397 *** (20.74)	0.0396 *** (22.98)
lnPCD	−0.0007 (−0.22)	0.0005 (0.11)	−0.0004 (−0.10)	0.0061 *** (5.38)	0.0027 ** (2.03)	0.0075 *** (6.28)
lnMS	0.0498 *** (5.03)	0.0536 *** (4.82)	0.0555 *** (5.10)	0.0433 *** (13.05)	0.0475 *** (12.54)	0.0431 *** (12.28)
lnPIVA	0.0029 *** (3.12)	0.0024 ** (2.50)	0.0021 ** (2.11)	0.0034 ** (9.52)	0.0029 *** (7.72)	0.0038 *** (9.45)
C	0.5193 *** (8.87)	0.4618 *** (7.05)	0.5636 *** (8.81)	0.4346 *** (21.41)	0.4251 *** (18.25)	0.4301 *** (19.92)
R^2	0.1827	0.1826	0.1841	0.1931	0.1991	0.1919
F 或沃尔德检验	108.59 [0.0000]	88.62 [0.0000]	91.88 [0.0000]	914.02 [0.0000]	725.07 [0.0000]	831.90 [0.0000]

续表

解释变量	国有控股企业			非国有控股企业		
	(1) Dt	(2) Dt	(3) Dt	(4) Dt	(5) Dt	(6) Dt
豪斯曼检验	503.59 [0.0000]	385.69 [0.0000]	420.63 [0.0000]	3544.32 [0.0000]	3169.33 [0.0000]	3598.82 [0.0000]
模型	FE	FE	FE	FE	FE	FE
Obs	3655	3064	3126	28650	22673	26535

注：①R^2 为只反映组内差距的 withinR^2。②表中系数值下面小括号内为 t 值或 z 值，中括号内为 p 值。***、**、* 分别表示在 1%、5%、10% 的水平下具有显著性。③模型一栏中 FE 代表固定效应。④计量工具为 Stata 13.0。

从表 1－36 中可以得到以下结论：

（1）两类企业的进口依存度的回归系数均为负，但在国有控股企业中不显著，说明进口贸易会抑制偏向性技术进步的发展，但对国有控股企业的抑制作用不明显。从回归系数来看，国有控股企业的系数要小于非国有控股企业的系数，说明相对于国有控股企业而言，这种抑制对非国有控股企业的效用更强。

（2）出口依存度的回归系数无论是在国有控股企业还是非国有控股企业都显著为正，说明出口依存度会显著促进两类企业的偏向性技术进步程度的发展。从回归系数来看，国有控股企业的回归系数大于非国有控股企业的回归系数，说明这种正向效应在国有控股企业更加明显。

（3）外贸依存度系数都为正，但在非有控股企业显著性不高，说明外贸依存度会促进偏向性技术进步的偏向程度，但对非国有企业的偏向性技术进步水平的影响力度不大，这主要可能是由于进口活动的负效应和出口活动的正效应相互抵消的结果。

（4）对其他控制变量，研发密度、企业规模、市场结构、人均增加值回归效果良好，说明均能对两类企业的偏向性技术进步水平带来正向影响，并且影响效果相当；但人均资本存量指标，在国有控股企业中不显著，在非国有控股企业中为正且显著，这可能与国有控股企业的管理体制有关。

3. 内生性检验

为了进一步讨论模型是否存在内生性问题，本部分采用二阶段最小二乘法（2SLS）对模型进行再次估计。模型的内生性问题会导致模型结果存在偏误，本部分中造成模型内生性的原因有两种：一种是计量模型中遗漏了关键变量，从上述回归结果可以看到，R^2 值均较小，说明拟合效果一般，模型可能遗漏了关键变量；另一种是变量之间的双向因果关系，一个企业的国际贸易可能促进该企业的偏向性技术进步，同时该企业的偏向性技术进步也可能影响其国际贸易水平。考虑到贸易依存度的当期值可能对干扰项有影响，但其滞后项与当期干扰项没有关联，因此，选择贸易依存度的滞后一期作为工具变量。由于本部分内生变量等于工具变量，工具变量恰好识别。

表1－37报告了2002～2006年中国6461家制造业企业以外贸依存度为核心解释变量，研究国际贸易对偏向性技术进步影响的估计结果。模型（1）～模型（3）为国际贸易为单变量影响偏向性技术进步的回归结果，模型（4）～模型（6）为控制企业规模、研发密度、人均资本存量等变量后，国家贸易影响偏向性技术进步的回归结果。其中LM统计量结果均小于0.01，在1%的水平上拒绝“工具变量识别不足”的原假设；沃尔德F统计量结果均大于弱工具变量检验在10%置信水平上的临界值，拒绝“工具变量是弱识别”的假设。因此该2SLS估计是有效的。本部分发现，表1－37的回归结果与表1－34是基本一致的。

表1－37　　总体样本模型内生性检验回归结果

解释变量	(1) Dt	(2) Dt	(3) Dt	(4) Dt	(5) Dt	(6) Dt
lnOPEN	0.0488 *** (7.21)			0.0472 *** (8.38)		
lnIM		0.0193 (1.94)			0.0389 *** (4.11)	
lnEX			0.0605 *** (10.66)			0.0474 *** (10.38)
lnRD				0.1637 *** (62.93)	0.1721 *** (36.71)	0.1543 *** (60.35)
lnES				0.0329 *** (13.65)	0.0355 *** (10.59)	0.0333 *** (13.45)
lnPCD				0.0054 *** (3.51)	0.0005 (0.27)	0.0064 *** (3.93)
lnMS				0.0699 *** (13.89)	0.0789 *** (12.38)	0.0569 *** (10.55)
lnPIVA				0.0035 *** (7.21)	0.0029 *** (4.95)	0.0038 *** (7.19)
C	0.0748 *** (9.68)	0.0669 *** (2.72)	0.0606 *** (13.14)	0.8723 *** (28.14)	0.9568 *** (18.58)	0.7977 *** (24.51)
LM统计量	4369.123 [0.0000]	3685.79 [0.0000]	3190.97 [0.0000]	4433.72 [0.0000]	3738.57 [0.0000]	3232.17 [0.0000]

续表

解释变量	(1) Dt	(2) Dt	(3) Dt	(4) Dt	(5) Dt	(6) Dt
沃尔德 F 统计量	15000 {16.38}	11000 {16.38}	13000 {16.38}	14000 {16.38}	10000 {16.38}	11000 {16.38}
模型	2SLS	2SLS	2SLS	2SLS	2SLS	2SLS
Obs	25844	17596	22412	25844	17596	22412

注：①表中系数值下面小括号内为 t 值或 z 值，中括号内为 p 值，大括号为 Stock – Yogo 检验 10% 水平上的临界值。***、**、* 分别表示在 1%、5%、10% 的水平下具有显著性。②模型（1）和模型（4）的内生变量为 lnOPEN，模型（2）和模型（5）的内生变量为 lnIM，模型（3）和模型（6）的内生变量为 lnEX，模型采用的工具变量为内生变量的一阶滞后项。③所有模型给出的均为稳健性检验的回归结果。

中国工业企业的国家贸易对偏向性技术进步有显著的促进作用，但在考虑内生性问题后，进口贸易对偏向性技术进步的影响由负向变为正向，且无论进口还是出口贸易对偏向性技术进步的作用都增强。研发密度的系数为正，且在 1% 的显著性水平上通过检验，说明企业研发费用投入程度的加大的确推动了中国制造业企业的技术进步偏向于资本，且这种推动作用明显。企业规模系数为正，且在 1% 的水平上通过显著性检验。说明企业规模的扩大的确会通过促进研发创新活动和规模效应而对偏向性技术进步水平造成影响。人均资本存量、市场规模、人均增加值的系数均为正且显著，说明人均资本存量的增加、市场规模的优化、经济环境的调整都会促进偏向性技术进步的产生，且在考虑内生性问题后，市场规模对偏向性技术进步的促进程度更强。

表 1 – 38 报告了 2002 ~ 2006 年中国 6461 家制造业企业按平均外贸依存度高低划分的实证回归结果。其中模型（1）~ 模型（3）为高贸易依存度企业国际贸易对偏向性技术进步影响的回归结果，模型（4）~ 模型（6）为中贸易依存度企业国际贸易对偏向性技术进步影响的回归结果，模型（7）~ 模型（9）为低贸易依存度企业国际贸易对偏向性技术进步影响的回归结果。其中 LM 统计量结果均小于 0.01，在 1% 的水平上拒绝“工具变量识别不足”的原假设；沃尔德 F 统计量结果均大于弱工具变量检验在 10% 置信水平上的临界值，拒绝“工具变量是弱识别”的假设。因此该 2SLS 估计是有效的。本部分发现，表 1 – 38 的回归结果与表 1 – 35 是基本一致的。

考虑模型内生性问题之后，无论是高贸易依存度、中贸易依存度还是低贸易依存度企业，国际贸易对偏向性技术进步有明显的促进作用。进口贸易方面，在中、低贸易依存度企业中，进口贸易对偏向性技术进步产生显著的正向影响；而在高贸易依存度企业中，虽然系数依然为负，但不显著，说明在该类企业中进口贸易依然对偏向性技术进步产生消极影响但是影响不明显。出口贸易方面，三类企业的出口贸易对显著地促进了偏向性技术进步的形成，其中，高贸易依存度企业的影响力度大于中、低贸易依存度企业的影响力度。从三类企业进出口回归系数绝对值来看，出口贸易对偏向性技术进步的影响大于进口贸易。

表 1－38　　按外贸依存度划分样本模型内生性检验回归结果

解释变量	高贸易依存度企业			中贸易依存度企业			低贸易依存度企业		
	(1) Dt	(2) Dt	(3) Dt	(4) Dt	(5) Dt	(6) Dt	(7) Dt	(8) Dt	(9) Dt
lnOPEN	0.086*** (7.32)			0.062*** (6.78)			0.022*** (2.62)		
lnIM		-0.003 (-0.37)			0.038*** (2.72)			0.015* (1.14)	
lnEX			0.055*** (7.70)			0.048*** (6.62)			0.038*** (3.79)
lnRD	0.159*** (45.69)	0.149*** (35.33)	0.149*** (48.16)	0.181*** (30.32)	0.192*** (18.46)	0.166*** (28.13)	0.173*** (30.26)	0.175*** (20.81)	0.164*** (23.08)
lnES	0..033*** (11.15)	0.033*** (10.00)	0.033*** (11.34)	0.035*** (5.98)	0.038*** (4.09)	0.029*** (4.99)	0.029*** (4.65)	0.024*** (3.13)	0.005 (1.30)
lnPCD	0.005*** (2.80)	0.001 (0.42)	0.005** (2.36)	0.011*** (2.77)	0.002 (0.34)	0.013*** (3.13)	0.002 (0.57)	-0.001 (-0.22)	0.007*** (3.38)
lnMS	0.062*** (9.69)	0.061*** (8.93)	0.049*** (7.76)	0.089*** (7.23)	0.115*** (7.03)	0.073*** (5.56)	0.085*** (7.18)	0.088*** (5.48)	0.071*** (4.39)
lnPIVA	0.004*** (6.04)	0.001* (1.66)	0.003*** (5.25)	0.005*** (4.61)	0.005*** (3.28)	0.005*** (4.24)	0.004*** (3.42)	0.003** (2.27)	0.007*** (3.38)
C	0.811*** (20.18)	0.722*** (14.28)	0.735*** (18.79)	1.022*** (14.33)	1.12*** (10.79)	0.930*** (12.40)	0.964*** (13.62)	0.999*** (10.21)	0.885*** (9.54)
LM 统计量	2419.25 [0.000]	1277.20 [0.000]	686.93 [0.000]	377.21 [0.000]	598.36 [0.000]	285.80 [0.000]	571.89 [0.000]	250.66 [0.000]	406.75 [0.000]
沃尔德 F 统计量	5854.10 {16.38}	311.04 {16.38}	5231.28 {16.38}	335.07 {16.38}	268.19 {16.38}	982.17 {16.38}	727.56 {16.38}	65.42 {16.38}	478.92 {16.38}
模型	2SLS	2SLS	2SLS	2SLS	2SLS	2SLS	2SLS	2SLS	2SLS
Obs	15464	11612	14708	5588	3452	4600	4788	2532	3104

注：表中系数值下面小括号内为 t 值或 z 值，中括号内为 p 值，大括号内为 Stock－Yogo 检验 10% 水平上的临界值。***、**、* 分别表示在 1%、5%、10% 的水平下具有显著性。

在考虑模型内生性后，研发密度对偏向性技术进步的影响的方向和显著性变化不大。三类企业的研发强度的回归系数均为正且显著，说明无论对于哪种贸易强度的企业，研发投入程度的增加都有助于偏向性技术进步的发展。从回归系数的大小来看，企业贸易依存度的变化不影响研发投入对偏向性技术进步的影响程度。

在考虑模型内生性后，人均资本存量对偏向性技术进步的影响为正但不显著，说明企业员工人均资本存量的增加会促进偏向性技术进步向资本发展，但是这种促进作用不明显，特别是在贸易依赖程度不高的企业。

企业规模、市场结构、人均工业增加值依然对偏向性技术进步有促进作用且显著。其中企业规模在高、中贸易依存度企业中对偏向性技术进步的促进程度比在低贸易依存度企业中更强，而市场结构在中、低贸易依存度企业中对偏向性技术进步的促进程度更强，这说明贸易开放度高的企业规模的影响作用更大，而贸易开放度相对低的企业市场结构对其偏向性技术进步的影响作用更大。

表 1－39 报告了 2002～2006 年中国 6461 家制造业企业按是否国有控股的企业性质划分的实证回归结果。其中模型（1）～模型（3）为国有控股企业国际贸易对偏向性技术进步影响的回归结果，模型（4）～模型（6）为非国有控股企业国际贸易对偏向性技术进步影响的回归结果。其中 LM 统计量结果均小于 0.01，在 1% 的水平上拒绝“工具变量识别不足”的原假设；沃尔德 F 统计量结果均大于弱工具变量检验在 10% 置信水平上的临界值，拒绝“工具变量是弱识别”的假设。因此该 2SLS 估计是有效的。本部分发现，表 1－39 的回归结果与表 1－36 是基本一致的。

表 1－39　按企业性质划分样本模型内生性检验回归结果

解释变量	国有控股企业			非国有控股企业		
	(1) Dt	(2) Dt	(3) Dt	(4) Dt	(5) Dt	(6) Dt
lnOPEN	0.0633*** (3.16)			0.0455*** (7.73)		
lnIM		0.1865 (1.34)			0.0275*** (3.08)	
lnEX			0.0298* (2.40)			0.0415*** (8.19)
lnRD	0.1903*** (22.75)	0.2543*** (4.26)	0.1751*** (24.48)	0.1596*** (58.19)	0.1640*** (10.58)	0.1509*** (56.98)
lnES	0.0330*** (3.08)	0.1115 (1.52)	0.0180** (2.14)	0.0332*** (13.44)	0.0335*** (10.58)	0.0329*** (12.97)
lnPCD	−0.0011 (−0.21)	0.0041 (0.24)	−0.0020 (−0.38)	0.0060*** (3.73)	0.0005 (0.25)	0.0071*** (4.20)
lnMS	0.1383*** (7.83)	0.1736*** (2.94)	0.1255*** (7.71)	0.0612*** (11.57)	0.0689*** (10.80)	0.0506*** (9.06)
lnPIVA	0.0016 (1.14)	0.0015 (0.43)	0.0013 (0.94)	0.0037*** (7.06)	0.0028*** (4.53)	0.0036*** (6.60)
C	1.1899*** (11.38)	1.4985*** (3.45)	1.1311*** (11.77)	0.8259*** (25.31)	0.8780*** (17.28)	0.7624*** (22.56)

续表

解释变量	国有控股企业			非国有控股企业		
	(1) Dt	(2) Dt	(3) Dt	(4) Dt	(5) Dt	(6) Dt
LM 统计量	700.33 [0.000]	463.12 [0.000]	437.25 [0.000]	3573.08 [0.000]	3183.20 [0.000]	2538.28 [0.000]
沃尔德 F 统计量	2046.90 {16.38}	1162.83 {16.38}	1526.53 {16.38}	11000 {16.38}	9063.34 {16.38}	10000 {16.38}
模型	2SLS	2SLS	2SLS	2SLS	2SLS	2SLS
Obs	2924	2136	2425	22920	15460	20928

注：表中系数值下面小括号内为 t 值或 z 值，中括号内为 p 值，大括号内为 Stock - Yogo 检验 10% 水平上的临界值。*** 、** 、* 分别表示在 1%、5%、10% 的水平下具有显著性。

无论是国有控股企业还是非国有控股企业，国际贸易对偏向性技术进步都有明显的促进作用。在考虑模型内生性问题之后，对外贸易依存度的回归系数为正且数值增大，说明企业国际贸易往来程度的增大会显著地促进技术进步偏向于资本。在进口贸易方面，进口贸易对偏向性技术的回归系数均为正，但在国有控股企业中不显著，说明进口贸易对偏向性技术进步产生正向影响，但在国有企业中这一影响力不明显。在出口贸易方面，两类企业的出口贸易都显著地促进了偏向性技术进步的形成，其中，非国有控股企业的影响力度大于国有控股企业的影响力度。从两类企业进出口回归系数绝对值来看，出口贸易对偏向性技术进步的影响大于进口贸易。

在考虑模型内生性后，研发密度对偏向性技术进步的影响的方向和显著性变化不大。两类企业的研发强度的回归系数均为正且显著，说明无论对于哪种性质的企业，研发投入程度的增加都有助于偏向性技术进步的发展。从回归系数的大小来看，企业属性不影响研发密度对偏向性技术进步的影响程度。

企业规模、市场结构依然对偏向性技术进步有促进作用且显著。从系数绝对值来看，企业规模在非国有企业中对偏向性技术进步的促进程度比在国有企业中更强，而市场结构在国有控股企业中对偏向性技术进步的促进程度更强，这说明非国有控股企业中企业规模的影响作用更大，而国有控股企业中的市场结构对其偏向性技术进步的影响作用更大。

在考虑模型内生性后，人均资本存量和人均工业增加值对偏向性技术进步的影响为正但不显著，说明企业员工人均资本存量和人均增加值的增加会促进偏向性技术进步向资本发展，但是这种促进作用不明显，特别是在国有控股的企业。

（二）行业层面

本部分将行业按照技术类别、贸易依存度的不同划分。表 1 - 40、表 1 - 41 报告了 2002 ~ 2006 年中国 29 个制造业行业以外贸依存度为核心解释变量，研究国际贸易对偏向性技术进步影响的估计结果。

1. 按外贸依存度划分

表1－40报告了2002～2006年中国29个制造业行业按平均外贸依存度高低划分的实证回归结果。其中模型（1）～模型（3）为高贸易依存度行业国际贸易对偏向性技术进步影响的回归结果，模型（4）～模型（6）为中、低贸易依存度行业国际贸易对偏向性技术进步影响的回归结果。模型（1）～模型（6）的豪斯曼检验均小于0.1，说明模型适合用固定效应模型进行估计。所有模型的p值均小于0.01，说明模型高度显著。所展示模型为甄选后的结果。

表1－40　按平均外贸依存度划分行业的回归结果

解释变量	高贸易依存度行业			中、低贸易依存度行业		
	(1) Dt	(2) Dt	(3) Dt	(4) Dt	(5) Dt	(6) Dt
lnOPEN	0.0003 (0.32)			0.002* (1.94)		
lnIM		−0.004*** (−6.35)			−0.004*** (−5.31)	
lnEX			0.002** (2.44)			0.005*** (5.99)
lnRD	0.102*** (41.60)	0.102*** (36.84)	0.102*** (39.83)	0.107*** (38.34)	0.109*** (35.00)	0.108*** (35.85)
lnES	0.033*** (14.22)	0.034*** (12.70)	0.034*** (14.49)	0.042*** (16.49)	0.042*** (13.99)	0.043*** (15.62)
lnPCD	0.005*** (3.33)	0.003 (1.55)	0.007*** (4.08)	0.005*** (2.94)	0.001 (0.48)	0.007*** (3.42)
lnMS	0.068*** (15.05)	0.073*** (14.31)	0.066*** (13.94)	−0.018** (−2.43)	−.0193** (−2.35)	0.013 (−1.60)
lnPIVA	0.003*** (6.32)	0.002*** (5.01)	0.003*** (6.50)	0.004*** (6.57)	0.003*** (5.36)	0.004*** (5.86)
C	0.565*** (19.28)	0.554*** (16.70)	0.550** (17.95)	0.153*** (4.65)	0.141*** (3.83)	0.174*** (4.86)
R^2	0.1705	0.1700	0.1708	0.2005	0.2121	0.2035
F或沃尔德检验	408.79 [0.000]	317.63 [0.000]	388.09 [0.000]	429.34 [0.000]	353.17 [0.000]	380.43 [0.000]

续表

解释变量	高贸易依存度行业			中、低贸易依存度行业		
	(1) Dt	(2) Dt	(3) Dt	(4) Dt	(5) Dt	(6) Dt
豪斯曼检验	1814.76 [0.000]	1435.18 [0.000]	1682.93 [0.000]	1446.39 [0.000]	1143.06 [0.000]	1270.25 [0.000]
模型	FE	FE	FE	FE	FE	FE
Obs	14925	12046	14220	13950	11007	12221

注：①R^2 为只反映组内差距的 withinR^2。②表中系数值下面小括号内为 t 值或 z 值，中括号内为 p 值。***、**、* 分别表示在 1%、5%、10% 的水平下具有显著性。③模型一栏中 FE 代表固定效应。④计量工具为 Stata 13.0。

从进口贸易依存度的角度分析，无论是对于高贸易依存度行业还是低贸易依存度行业，进口贸易依存度的回归系数都为负且高度显著，说明进口活动对行业偏向性技术进步的偏向会产生负向影响；这两类行业的回归系数值都相似且较小，说明进口活动对偏向性技术进步水平的消极影响较小，且不随贸易强度的变化而改变。从出口贸易依存度的角度分析，无论是对于高贸易依存度行业还是低贸易依存度行业，出口贸易依存度的回归系数都为正且高度显著，说明出口贸易会对行业偏向性技术进步产生正向影响；这两类行业的回归系数值相似，说明出口活动对偏向性技术进步的积极影响不随贸易强度的变化而变化。从外贸依存度的角度分析，无论是对于高贸易依存度行业还是低贸易依存度行业，外贸贸易依存度的回归系数都为正，说明国际贸易活动总体对偏向性技术进步有促进作用，但是作用不明显。这可能主要是因为出口贸易的促进作用强于进口贸易的抑制作用，导致总体贸易对偏向性技术进步的偏向产生积极影响。

无论是高贸易依存度行业还是低贸易依存度行业，贸易密度的回归系数都为正且显著，说明贸易密度对行业偏向性技术进步水平有正向影响，回归系数数值相近说明贸易密度的影响不随贸易强度的变化而改变。无论是高贸易依存度行业还是低贸易依存度行业，企业规模的回归系数为正且显著，说明企业规模对行业偏向性技术进步水平有正向影响，但低贸易依存度行业的回归系数略高，说明企业规模在低贸易依存度行业对偏向性技术进步的偏向程度发挥的作用更强。人均资本存量和人均增加值在两类行业中的回归系数均为正且显著，但回归系数相似且偏小，说明虽然二者对偏向性技术进步程度有正向影响，但影响不大，并且这种影响不随行业贸易依存度的变化而改变。

2. 按技术类型划分

表 1-41 报告了 2002~2006 年中国 29 个制造业行业按技术类型划分的实证回归结果。其中模型（1）~模型（3）为高技术类制造业行业国际贸易对偏向性技术进步影响的回归结果，模型（4）~模型（6）为中低技术类制造业行业国际贸易对

偏向性技术进步影响的回归结果。模型（1）~模型（6）的豪斯曼检验均小于0.1，说明模型适合用固定效应模型进行估计。所有模型的p值均小于0.01，说明模型高度显著。所展示模型为甄选后的结果。

表1-41　　按技术类划分行业的回归结果

解释变量	高技术类行业			中低技术类行业		
	(1) Dt	(2) Dt	(3) Dt	(4) Dt	(5) Dt	(6) Dt
lnOPEN	0.0018* (1.86)			0.0004 (0.56)		
lnIM		-0.0045*** (-6.31)			-0.0035*** (-6.41)	
lnEX			0.0048*** (5.67)			0.0033*** (4.17)
lnRD	0.1159*** (39.25)	0.1145*** (35.06)	0.1165*** (37.48)	0.1019*** (48.42)	0.1023*** (42.16)	0.1001*** (44.89)
lnES	0.0483*** (18.21)	0.0508*** (17.12)	0.0494*** (17.58)	0.0311*** (15.97)	0.0318*** (13.69)	0.0323*** (15.78)
lnPCD	0.0099*** (5.26)	0.0070*** (3.23)	0.0116*** (5.80)	0.0029** (2.22)	-.0004 (-0.27)	0.0042*** (3.02)
lnMS	0.0705*** (10.82)	0.0847*** (11.55)	0.0781*** (11.26)	0.0336*** (8.93)	0.0351*** (8.11)	0.0312*** (7.83)
lnPIVA	0.0033*** (6.71)	0.0028*** (5.60)	0.0034*** (6.22)	0.0035*** (7.56)	0.0029*** (5.96)	0.0038*** (7.42)
C	0.3868*** (13.83)	0.3857*** (12.42)	0.4113*** (13.77)	0.4661*** (17.83)	0.4545*** (14.84)	0.4482*** (16.06)
R^2	0.1509	0.1581	0.1543	0.2205	0.2375	0.2172
F或沃尔德检验	299.42 [0.0000]	253.57 [0.0000]	276.09 [0.0000]	741.24 [0.0000]	577.61 [0.0000]	665.05 [0.0000]
豪斯曼检验t	945.22 [0.0000]	842.91 [0.0000]	883.16 [0.0000]	2586.58 [0.0000]	2006.37 [0.0000]	2257.58 [0.0000]
模型	FE	FE	FE	FE	FE	FE
Obs	12645	10436	11515	19655	9335	18146

注：①R^2为只反映组内差距的withinR^2。②表中系数值下面小括号内为t值或z值，中括号内为p值。***、**、*分别表示在1%、5%、10%的水平下具有显著性。③模型一栏中FE代表固定效应。④计量工具为Stata 13.0。

从进口贸易依存度的角度分析，无论是对于高技术类行业、还是中低技术类行业而言，进口依存度的回归系数都为负且高度显著，说明进口贸易的程度越大会使行业偏向性技术进步偏向于劳动，其中高技术类行业的回归系数绝对值更大，说明相对于中低技术类行业而言，进口贸易对高技术类行业的偏向性技术进步的抑制作用更强烈。从出口贸易依存度的角度分析，无论是对于高技术类行业，还是中低技术类行业而言，出口依存度的回归系数都为正且高度显著，说明出口贸易的扩张程度越大，会使偏向性技术进步会偏向于资本，其中高技术类行业的回归系数更大，说明相对于中低技术类行业而言，出口贸易对高技术类行业的偏向性技术进步的影响更明显。从外贸依存度的角度分析，无论是对于高技术类行业、还是中低技术类行业而言，外贸依存度的回归系数都为正，说明国际贸易总体会促进偏向性技术进步的资本偏向，但回归系数偏小，可能是进口的抑制作用和出口的促进作用抵消的结果。

无论是高技术类型行业还是中低技术类型行业，贸易密度的回归系数为正且高度显著，说明研发费用高于行业生产总值的程度越大，会促进行业资本偏向性技术进步，且两类行业的回归系数都相对较大，说明无论对于哪种技术类型行业，研发活动都会对偏向性技术进步的偏向水平带来显著影响。无论是高技术类型行业还是中低技术类型行业，企业规模的回归系数都为正且显著，说明企业规模的扩张程度越大，会促使偏向性技术进步偏向于资本，且该技术类行业的回归系数相对较大，说明对于中低技术类行业而言，高技术类行业的企业对偏向性技术进步影响的作用更强。无论是高技术类型行业还是中低技术类型行业，市场规模的回归系数为正且高度显著，说明该行业增加值占高于制造业增加值的程度越大，偏向性技术进步越偏向于资本，且对于中低技术类行业而言，高技术类行业的市场规模对偏向性技术进步的影响更大。

第六节 结 论

本章分别研究了省级层面和企业层面下国际贸易对偏向型技术进步的影响，分别得出了一些有意义的结论。

本章探究国际贸易对我国省级偏向型技术进步的影响，首先在法尔等（1997）的基础上，采用中国 30 个省级行政单位 1999 ~ 2014 年的各项数据，计算出中国各省份历年的偏向型技术变化指数（BTECH）和要素偏向指数（$Bias_{ij}$），并分析其变化趋势以及中国省级技术进步的要素偏向情况。其次将我国分为全国，高、中、低外贸依存度地区和东部、中部、西部地区，分别讨论外贸依存度、进口依存度和出口依存度对偏向型技术进步的影响。最后以三种要素偏向指数作为被解释变量，探究国际贸易对技术进步的偏向方向的影响，并在之前研究的基础上探讨国际贸易对中性技术进步是否也同样存在影响。

通过计算偏向型技术变化指数（BTECH），发现 1999 ~ 2014 年平均偏向型技术进步指数呈现东部、中部、西部递减的态势，整体上来讲我国在期间内的技术进步均呈现出偏向性特征；1999～2014年技术变化偏离度呈现西部、东部、中部递减的态势，西部地区具有较为显著的技术变化偏离程度，而中部地区的技术变化偏离程度较小。其原因主要是由于西部11个省份中有3个省份平均偏向型技术进步指数小于1，发生偏向型技术退步，西部地区的技术进步偏向性两极分化严重，导致西部地区平均偏向型技术进步指数较小，但技术变化偏离情况较为严重。

通过测算要素偏向指数（$Bias_{ij}$），分析发现全国范围内的技术进步在1999～2014年总体上偏向于密集使用资本要素，偏向性强弱表现为资本大于能源大于劳动。技术进步在1999～2004年始终偏向于密集使用资本要素，在2005年之后逐渐开始转变为偏向于密集使用能源要素，并在2010年之后整体偏向于密集使用能源要素。同时，在1999～2014年，各省份以及各区域的偏向型技术进步方向大致相同，均呈现出偏向于密集使用资本要素的情况，在30个省份中有21个省份的偏向性强弱都表现为资本大于能源大于劳动。说明在现阶段，中国的技术进步还是总体偏向于资本要素的。

探究国际贸易对偏向型技术进步的影响，通过实证分析发现：（1）外贸依存度和出口依存度对全国和多数地区的偏向型技术进步有显著的负影响，进口依存度对全国和各地区的偏向型技术进步显著性明显要弱于前两者。国际贸易会对偏向型技术进步有较小的反向影响，且在某些区域的影响不显著。（2）外商直接投资对全国和高、中依存度地区的偏向型技术进步有着较为显著的正向影响，说明外商直接投资所带来的技术引进作为一种技术扩散，能够改变一国的技术进步方向，进而增加技术进步的偏向性程度。（3）研发投入对全国和各地区的偏向型技术进步有较为显著的反向影响。分析可能是由于各地区研发投入的使用效率较低以及投入结构存在一定问题，引起研发投入减弱偏向型技术进步的情况发生。（4）总体来说，产业结构和能源强度对全国和各地区分别有正向和反向的影响，但显著性较弱，且在一些地区会有系数正负号改变的情况发生。之后，考虑到模型可能存在内生性问题，本部分进一步使用系统GMM估计法对模型进行估计。

探究国际贸易对技术进步的偏向方向的影响，实证结果发现在全国范围内，国际贸易会使得偏向型技术进步在劳动和能源之间偏向于节约能源；高贸易依存度地区的国际贸易会导致技术进步偏向于使用能源，而节约资本和劳动；低贸易依存度地区的国际贸易会使得该地区的技术进步偏向于节约资本，而使用能源和劳动，分析这可能与该地区能源和劳动要素丰富、资本要素相对稀缺有关。

通过实证分析，回答了在导论中提到的问题：中国在期间内的技术进步均呈现出偏向性特征，偏向型技术进步在中国是广泛存在的；国际贸易会对偏向型技术进步反向的影响，但在某些区域的影响不显著；由于各个省份的自身资源禀赋和产业结构等各不相同，国际贸易对各地区、各省份的技术进步的偏向方向也存在差异，在全国范围内，国际贸易会使得偏向型技术进步在劳动和能源之间偏向于节约能源，这也与“十二五”规划中“绿色发展，建立资源节约型、环境友好型社会”

的要求相契合。

本章探究国际贸易对我国制造业企业和行业的偏向性技术进步的影响，通过借鉴阿西莫格鲁（2002）构建一个2要素标准化CES生产函数的模型，分解出资本要素增强型技术进步指数（A_t）和劳动要素增强型技术进步指数（B_t），利用2001～2006年中国6461家制造业企业和29个制造业行业的面板数据，运用克门塔近似估计方法测算我国制造业资本—劳动替代弹性，分别估计出我国制造业企业和各行业的偏向性技术进步指数（D_t），并分析其变化趋势。之后将企业分别按照外贸依存度、企业性质分为总体、高贸易依存度、中贸易依存度和低贸易依存度企业，国有控股和非国有控股企业，将行业分别按照外贸依存度和技术类型分为高贸易依存度和低贸易依存度、高技术类行业和中低技术类行业，分别讨论外贸依存度、进口依存度和出口依存度对偏向性技术进步的影响。

通过计算，发现样本期内我国制造业替代弹性大于0，小于1，资本和劳动呈现互补关系。在计算制造企业偏向性技术进步指数时发现，制造业企业的资本效率增长速度小于劳动效率增长速度，制造业企业呈现出劳动增强型特征；中国制造业企业总体呈现出资本偏向性技术进步，但每年该指数的波动较大且数值偏小，并未体现强资本偏向性特征，这可能与本部分选取的研究年限有关。

在计算制造业行业的偏向性技术进步指数时发现，2002～2006年中国制造业行业整体呈现出资本偏向性技术进步，但各行业的技术进步偏向性具有随机性，并非所有行业都偏向某一生产要素；其中，高技术类行业总体表现为资本偏向性技术进步，而在中低技术类的20个行业中，密集使用资本和密集使用劳动的行业均为10个，因此在中低技术类行业中偏向性技术进步具有较强随机性和不确定性。

探究国际贸易对偏向性技术进步的影响，实证发现：（1）无论在企业层面还是行业层面，进口贸易依存度都显著为负，出口贸易依存度显著为正，说明进口对我国偏向性技术进步有负向效应，出口对我国偏向性技术进步程度有正向效应，即出口贸易的变化程度越大，技术进步越偏向于资本，进口贸易的扩张程度越大，技术进步越偏向于劳动。这可能与进口贸易中非技术密集型产品所占的比重有关，也可能与我国对进口技术的依赖、自主创新能力薄弱有关。（2）国际贸易普遍对偏向性技术进步产生正向影响，促进资本偏向性技术进步的发展，但在高贸易依存度企业中该指数显著为负，可能是由于该类企业过于依赖进口贸易带来的技术，没有适当的技术吸收和自主研发能力，抵消了出口贸易对技术进步的正向影响。（3）研发密度、企业规模、市场结构、人均增加值的回归系数为正且高度显著，说明研发密度、企业规模、市场结构、人均增加值等程度的增加，都可以合理解释偏向性技术进步偏向于资本，促进资本偏向性技术进步水平的发展。（4）人均资本存量对各类企业和行业的影响较小且显著性不强，说明人均资本存量可能受到企业管理体制的制约，对偏向性技术进步产生正向影响但解释力不强。

通过对偏向性技术进步的实证分析，回答了导论中提到的问题：中国制造业在样本期间内的技术进步呈现出偏向性技术进步特征，偏向性技术进步在中国是广泛存在的，2002~2006 年总体上技术进步偏向于资本；由于不同行业的自身资源禀赋和技术类型不尽相同，偏向性技术进步类型也不同；总体上国际贸易对偏向性技术进步产生正向影响，但影响程度取决于进口贸易和出口贸易对其影响的大小；在不同类型企业和行业中，国际贸易对偏向性技术进步的影响效果不同。

第二篇　通向贸易强国的道路

第二章

企业家引领地区出口比较优势

第一节　引　　言

熊彼特（Schumpeter，1934）的企业家理论产生以来，学术界主要围绕企业家精神的社会经济效应展开了一系列分析，包括就业效应（Gilbert et al.，2004；Cumming et al.，2014）、知识溢出效应（Audretsch & Keilbach，2004）、经济增长效应（庄子银，2005；Cumming et al.，2014；González－Pernía & Peña－Legazkue，2015；李宏彬等，2009）等。这些研究侧重于企业家精神对国内市场的影响。随着贸易全球化的深入推进，参与全球化已成为普遍现象，然而企业家精神对国际化参与的影响，尤其是对参与出口的影响尚缺乏研究（Chaisingharn & Nguyen，2016）。全球创业观察（GEM）2008 年的一份报告指出，富裕国家中高达 40% 的初期创业者估计他们至少有 1/4 的客户来自国外。这较早证实了企业家精神与贸易之间存在某种关联。

改革开放激发了人民的创业创新热情，企业从无到有，从小变大，由弱变强，积极参与国际价值链分工和贸易的重要角色，为我国贸易发展不断注入活力。尤其是加入 WTO 以来，为扩大贸易和应对国际竞争，我国各地发挥自身优势，积极学习、汲取国外的新技术和商业模式，建立更多的企业，开发新技术新产品，生产更多种类和更高质量的产品，甚至参与对外直接投资，开辟更广阔的市场，无疑孕育着巨大的企业家创业和创新精神。随着企业家精神的成长和释放，它对各地区的贸易比较优势产生了什么样的影响，企业家精神能否成为中国贸易竞争力提升的驱动力，它的影响机制是什么？围绕该问题，本章利用 31 个省份的数据，检验了企业家精神对地区贸易比较优势的影响，为中国情境下企业家精神的贸易效应提供经验支持。

第二节 文献综述

理论上，企业家精神与贸易之间存在内在联系。熊彼特（1934）从企业家精神出发，将经济发展看作是“创造性破坏”的内生动态过程。在他的理论中，企业家精神被定义为创业者通过创业活动对创业机会、资源和其他环境因素进行有效整合的过程，其关键在于创新（实现要素新组合，开发新技术、新产品，开辟新市场，建立新制度、新生产组织等）和机会开发。在开放条件下，企业家精神突破国内市场的限制后，在国外建立新的组织，进行投资、研发、生产和销售。因此，熊彼特的企业家理论通过新市场这一媒介将企业家精神与国际贸易联系起来。随着新贸易理论的日臻完善，企业家精神与贸易之间的内在关系被赋予了新的内涵，如产品生命周期理论认为，随着产品及其技术创新的生命周期演进，比较优势会发生动态转移，国家间的贸易方向和地位将发生变化。如果将对外商直接投资（FDI）在东道国的投资、收购和研发生产行为视为一种外来市场主体的企业家创业、创新活动，那么该理论的含义可以拓展为对外商直接投资的企业家精神与东道国的贸易增长存在某种动态联系。20 世纪 80 年代以来，随着新古典增长理论的技术外生化假定遭遇空前的挑战，企业家精神的研究越受重视。内生增长理论将技术创新内生化，进一步阐述了企业家创新是增长的源泉和动力。竞争优势理论则从国家和产业层面说明，企业家活动影响甚至决定一国的竞争优势、贸易优势，为此必须进行持续不断的创新才能真正提高企业竞争力。企业家精神在提高效率和生产率方面具有积极意义。一方面，新企业通过竞争和市场选择促进生产效率的提高；另一方面，企业家创业创新活动的增强，管理、技能经验的积累，通常表现出更高的生产效率和更强的产品竞争力。如鲍莫尔（Baumol，1990）从竞争观点解释了新建企业能够促进现有企业更优效率的运行。

在经验研究中，企业家精神作为一种新的生产要素逐渐在实证分析中得到了重视，对于企业家精神与出口之间的联系进行了实证检验。企业家精神主要包括企业家创新精神、冒险精神和风险承担能力、对市场机会的识别（Hébert & Link，1989）。现有研究通常对企业家精神进行分解，主要从出口绩效、出口增长、出口强度、出口倾向等方面实证研究企业家精神的出口贸易效应。

企业家精神对出口绩效的影响研究是目前企业家精神与出口贸易关系中最为广泛的研究细分领域。莱科 - 西米兹和霍瓦特（Leko - Simic & Horvat，2006）从企业家精神的风险承担角度出发，从风险承担倾向偏低角度解释克罗地亚出口绩效恶化现象。企业的年龄、规模和类型是克罗地亚出口企业风险倾向的决定因素，高的风险承担倾向意味着企业家精神会改善出口绩效。欧阳等（Ou - Yang et al.，2016）以 200 位泰国家族企业经理作为研究样本，从自主性、创新、冒险、积极性和竞争进取性的角度研究表明企业家精神显著影响出口绩效。阿比敦（Abiodun，

2016）对尼日利亚中小企业的研究表明企业家精神导向与出口绩效之间存在显著关系。关于企业家精神对出口增长的影响研究是另一个关注较多的话题。费斌和桑德森（Fabling & Sanderson，2010）利用新西兰企业层面数据表明，新的市场进入是整个出口贸易增长的贡献来源，但更大范围的贸易主要由现任企业发起。

多数研究结果支持企业家精神越强烈，出口越显著的假设（Fabling & Sanderson，2010），但是企业家精神对出口绩效和出口增长的影响具有差异性。差异性主要表现在企业家创业精神和创新精神对出口绩效影响的差异。哈利达和巴蒂卜（Khalida & Bhattib，2015）构建的理论模型表明，创业能力在企业后续的出口扩张阶段发挥积极的影响。企业家的反应、冒险和创新精神直接影响企业的出口绩效，但企业家精神也会通过中介变量效应间接影响出口绩效。

还有一些研究开始关注企业家精神对出口倾向、出口强度的影响研究。穆尼奥斯布隆等（Muñoz－Bullón et al.，2015）认为企业家精神导向（主动性、冒险和创新）是企业家进入国外市场的重要决定因素。他们使用美国和欧盟 2001～2008 新生企业家数据表明，新生企业家的出口倾向与企业家创业精神积极性和企业家创新精神正相关。卡明等（Cumming et al.，2014）利用来自世界银行数据库的 125 个国家 2004～2011 年的数据，研究发现新建企业每增加 1%，出口/GDP 增加 0.03 个百分点，企业家精神对出口占 GDP 的比重有显著的正向促进作用。他们还使用 Compendia 数据库中 11 个欧美发达国家 2004～2009 年的数据得到了相似结论，但使用 OECD 中的 24 个国家 2004～2007 年的数据时，得到了完全相反的推断。对此，他们认为 OECD 数据对于评估企业家精神的经济效应是不完整和不合适的。

无论是出口绩效，还是出口增长、出口倾向、出口强度都在一定程度上与出口比较优势相联系，但它们都不能很好地解释出口比较优势的变化。出口绩效、出口增长和出口强度的增长能够反映出口规模扩大，但并非必然意味着出口比较优势的提升，这是因为只有当出口规模增长到一定程度时才能够实现出口比较优势的提升，反过来，出口比较优势的提高确实体现了出口规模的扩大。沿着这条逻辑关系，我们将企业家精神对出口绩效、出口增长、出口强度的影响扩展到对出口贸易比较优势的影响。在经验研究中，我们使用巴拉萨（Balassa，1965）提出的显示性比较优势指数（RCA）方法，结合区位商的思想，计算了地区层面上的出口贸易比较优势，并将企业家精神区分为企业家创业精神和企业家创新精神，分别检验两者对贸易比较优势的影响。据我们所知，这是文献中首次关于企业家精神与出口比较优势关系讨论中最直接的经验研究。在我们的研究中，还充分考虑了模型的内生性问题，我们使用地区人均外资企业和国有企业数量作为企业家精神的工具变量，并利用 GMM 估计克服动态模型的内生性问题。其一，现有研究对企业家创业精神变量可能存在的内生性问题未给予充分的重视，普遍忽视国有企业的企业家创业精神和外资企业的企业家创业精神的存在；其二，对于我国这样一个经济转型国家，企业家精神在促进了对外贸易的发展的同时，另一个不容忽视的事实是企业家精神也会受到对外贸易的驱动，国际贸易的发展创造了更多的市场机会，企业家精神由此产生和发展，这表明企业家精神既可以是贸易发展的原因，也可以是其造成的结果；其三，实证模型中存在不可观测的变量与企业家精神相关，且影响贸易比较优势的变量归入随机误差项，由此带来的遗漏变量偏误可能导致企业家创业精神变量的内生性。由此可见，内生性是实证中不容忽视的问题，其讨论和处理显得十分必要。此外，我们还利用现有条件下可获得的权威数据，检验了中国情境下法治水平、制度水平、文化差异在企业家精神的贸易效应中的调节作用，通过企业家精神对贸易比较优势影响的机制分析，对现有文献进行了有益补充。

第三节　理论与数据

一、理论机制分析

没有企业家，整个社会就缺乏资本、劳动和技术机制，企业家精神的多寡将促进或抑制经济发展。与风险态度相联系的法律、制度和文化障碍降低了企业家精神的有效性，影响企业家精神的经济效应（Cumming et al.，2014）。只有当形成产生的收益超过来自法律、制度和文化障碍的相关成本时，企业家才可能设立新企业，进入市场或者强化内部创业，这反过来影响出口贸易规模，进而对出口比较优势产生影响。法律、制度和文化因素是贸易理论中比较优势的重要来源，再结合前文的分析已指出企业家精神与贸易存在联系，那么它们在企业家精神对贸易的影响中是否发挥作用呢？换句话说，该问题等价于法律、制度和文化因素是否会对企业家精神产生影响。为方便分析，我们借鉴了卡明等（2014）的思路，我们既定企业家精神对出口贸易优势产生影响的假设，着重分析法治水平、政府管制、不确定规避对企业家精神可能产生的促进或抑制作用，进而提出这些因素可能会影响企业家精神与出口比较优势的关系。

（一）法治水平的调节效应：债权人权利（法律）（市场中介组织发育和法律制度环境）

法律对信用市场发展具有举足轻重的作用，法治水平往往代表司法体系的效率、产权保护的程度、裁决的公平性以及契约的履行程度等。对于债权人来说，完善的法治有助于降低银行等金融机构向企业和个人发放和收回贷款过程中的风险，减少契约执行成本，增强金融机构的贷款意愿。对于企业家来讲，通常作为债务人，需要承担偿还义务，一旦违约将支付额外的惩罚性成本。法律充当了债权人和债务人之间最后裁判者的角色。法治水平还会影响企业家获得贷款的期限。若法律体系对产权保护不足，效率低下，债权人的利益不能获得有效保护，为规避企业家机会主义行为和不确定性，倾向于使用更多的短期贷款来替代长期贷款。此时，企业家面临短期还贷的压力，减少了从事创业活动。因此，法律在保护债权人权利的同时，通过减少短期贷款的必要性，能够降低企业家因短期流动性约束而遭受破产清算的风险。钱和斯特拉恩（Qian & Strahan，2007）的研究表明，司法质量、债权人权利、产权保护与银行贷款期限正相关。债权人和产权的法律保护能够解释银行与企业之间信贷契约的签订和执行成本。例如，强大的债权人权利会增加破产时对投资者保护（Acharya et al.，2011），使得企业家的借贷成本变得很高，抑制企业家冒风险或承担风险的能力，从而限制业家精神的有效性（Cumming et al.，2014），在企业家精神对出口比较优势的影响中发挥调节作用。

（二）制度障碍：政府管制的调节效应（政府与市场的关系）

政府管制通常涉及政府干预经济活动，它是解决市场机制失灵不可或缺的手段，但不合理和过度管制可能诱发寻租活动，导致资源配置的低效率。一方面，政府官员通过“过路费”机制，向企业征收额外的费用；另一方面，政府也可能被在位者俘获，实施有利于在位者的管制政策，以阻止潜在竞争者的进入。从理论上看，政府管制越多越严格会严重扭曲市场机制，提高企业家活动的平均社会成本，尤其是对草根阶层和缺乏社会关系的创业者带来的负向影响可能更为明显，从而降低企业家创业创新的积极性。詹科夫（Djankov，2009）的研究表明，严格的政府管制增加企业成本，阻碍投资扩大和就业增加。陈刚（2015）的研究表明，政府管制显著降低了个人的创业概率，这种影响呈现出很强的异质性。政府管制显著降低了以实现就业为目的的创业概率，但未导致寻求商业机会为目的的创业概率明显降低；政府管制也显著降低了处于社会关系网低端和低收入群体的创业概率，但并未使具有广泛社会关系网和高收入群体的创业概率明显下降。当管制程度较高时，往往会借助寻租活动来增强发展优势，未参与寻租活动的企业家往往被排斥在市场之外，而依靠寻租活动的企业家也会增加用于非生产性活动的时间，相对地减少生产活动时间配置。

降低政府管制，能够降低成为企业家的门槛，增加企业家所获利润，释放全社会的企业家创业精神。布鲁恩（Bruhn，2011）发现墨西哥实施的快速开办企业制度改革（SARE）后，新建企业数增长了5.6%，且促进就业增长。布兰斯特等（Branstetter et al.，2014）对葡萄牙推行的商事制度改革的研究表明，通过精简企业设立程序和环节、降低市场准入的制度性成本、放松管制有利于企业家精神成长。尽管减少管制会使整个社会的企业家精神会增加，但对不同部门的企业家精神产生的影响存在差异。国有部门与私有部门的企业家在处理与政府关系时，私有部门的企业家往往通过寻租活动来改变自身不利地位，此时降低管制会压缩寻租活动空间和寻租回报，抑制私有部门企业家的寻租意愿，企业家的利润报酬也会减少，可能引起私有部门企业家数量的波动。因此，政府管制水平的高低可能抑制（鼓励）整个社会中企业家的冒风险、积极性精神，从而削弱（增强）私人部门的企业家精神对贸易比较优势的影响。

（三）文化态度的调节效应：对冒险接受程度低的文化态度

不确定性规避（uncertainty avoidance）被广泛用于研究文化间的差异。它是指人们感受到的不确定性和模糊情景的威胁程度。不同文化间的不确定规避程度不同，因而对规则的诉求愿望、对具体指令的依赖和对计划的执行程度存在差异。通常不确定性规避程度越低，人们倾向于接受不确定性，企业家对冒风险持有积极态度，这有利于促进企业家精神在出口中的作用；在不确定性规避程度高的地区，人们普遍有更强的紧迫感和进取心，易形成努力工作的冲动。不确定性规避程度越高，可能降低企业家冒风险或承担风险的能力，限制了企业家精神的有效性（Cumming et al.，2014），从而会改变企业家精神对出口比较优势影响。

二、模型设定与数据处理

（一）模型设定

卡明等（2014）建立了一个企业家精神的经济效应模型，用于研究企业家精神对经济增长、失业、出口和创新的影响。为实证检验企业家精神对贸易比较优势影响，借鉴卡明等（2014）的做法，构建如下计量模型：

$$LA_{it+1} = \alpha_0 + \alpha_1 BE_{it} + \alpha_2 IE_{it} + \delta_i V_{it} + \mu_{it} \quad (2-1)$$

式（2-1）中，提前一期的显示性比较优势指数作为因变量，主要是考虑到企业家创业精神与创新精神对出口比较优势的滞后效应。为降低遗漏重要变量的影响，加入其他影响比较优势的变量。

（二）变量与处理

1. 出口贸易比较优势

衡量出口比较优势不仅考虑产品出口额，还要考虑出口结构。一国内部地区的比较优势的衡量须符合比较优势理论内涵，国家计委投资研究所、中国人民大学区域所课题组（2001）提出采用区位商指数来识别各地区比较优势。区位商法将各地区的产出结构放在一国空间系统中，以整个国民经济产出结构作为参照系来判断各地区各行业产出结构与整个国民经济产出结构的差异，进而表明各地区各产业在全国劳动地域分工中的地位以及进出口规模的大小。从贸易角度看，区位商法与巴拉萨（1965）的显示性比较优势指数（RCA）计算方法是一致的。显示性比较优势指数是测度出口贸易比较优势应用最广泛的指标。我们借助区位商指数和显示性比较优势指数，构造一国地区层面上的出口显示性比较优势指数，首先计算某地区某行业的产品出口比较优势：

$$RCA_{ijt} = \frac{Exp_{ijt} / \sum_{j} Exp_{ijt}}{\sum_{i} Exp_{ijt} / \sum_{i} \sum_{j} Exp_{ijt}} \tag{2-2}$$

式（2-1）中，i、j、t 分别表示省份、行业和时间，Exp 表示产品出口额；i 省 j 行业的产品出口比较优势等于该省份 j 行业的产品出口额 Exp_{ijt} 占该省份全部行业的产品出口总额 $\sum_{j} Exp_{ijt}$ 的比重与全部省份 j 行业的产品出口额 $\sum_{i} Exp_{ijt}$ 占全部省份全部行业的产品出口总额 $\sum_{i} \sum_{j} Exp_{ijt}$ 的比重之比。若 $RCA_{ijt} > 1$，意味着 i 省 j 行业的产品出口具有比较优势；反之，$RCA_{ijt} < 1$，表明 i 省 j 行业的出品出口具有比较劣势。

计算 i 省全部行业产品的出口比较优势指数需要考虑不同行业的产品出口结构及其竞争力差异。因此，以 i 省 j 行业的产品出口额占全部省份全部行业的产品出口总额的比重为权重，得到 i 省全部产品的出口比较优势总指数：

$$RCA_{it} = \sum_{j} \left(RCA_{ijt} \times \frac{Exp_{ijt}}{\sum_{i} \sum_{j} Exp_{ijt}} \right) = \sum_{j} \left(\frac{Exp_{ijt}}{\sum_{j} Exp_{ijt}} \times \frac{Exp_{ijt}}{\sum_{i} Exp_{ijt}} \right) \tag{2-3}$$

显然，出口行业越多，有竞争优势的行业越多，该地区总的显示性比较优势就越大，相比单纯使用出口总规模，更能准确地反映地区的出口贸易竞争力。本章计算全部国民经济大类（即代码为两位数）统计用产品出口①，各省份各类行业出口贸易额来自 EPS 整理的《中国地区贸易数据库》，由于中国海关对于分省分行业的出口数据统计始自 2009 年，因此我们将研究区间设定为 2009 ~ 2015 年。根据式（2-3），我们计算了中国 31 个省（区、市）各年 45 个国民经济两位数行业的显示性比较优势，最终求得各省份各年度出口比较优势总指数。

2. 企业家精神

按照赫伯特和林克（Hébert & Link，1989）的划分，企业家精神在生产性活动方面的表现可以区分为企业家创业精神和企业家创新精神。在企业家创业精神的测算上，现有文献主要遵循熊彼特（1934）的企业家理论框架，选择新生产组织表示企业家创业精神。主要包括新企业数占人口数或企业数比率（Audretsch & Keilbach，2004）、企业进入率和退出率（Foster et al.，2006）、新增民营企业数量（蒋含明、李非，2013）。根据内部企业家精神（intra entrepreneurship）的解释，

① 45 个统计用产品分类目录：农业，林业，畜牧业，渔业，农、林、牧、渔服务业，煤炭开采和洗选业，石油和天然气开采业，黑色金属矿采选业，有色金属矿采选业，非金属矿采选业，农副食品加工业，食品制造业，饮料制造业，烟草制造业，纺织业，纺织服装、鞋、帽制造业，皮革、毛坯、羽毛（绒）及其制品业，木材加工及木、竹、藤、棕、草制品业，家具制造业，造纸及纸制品业，印刷业、记录媒介的复制，文教体育用品制造业，石油、炼焦及核燃料加工业，化学原料及化学制品制造业，医药制造业，化学纤维制造业，橡胶制品业，塑料制品业，非金属矿物制品业，黑色金属冶炼及压延加工业，有色金属冶炼及压延加工业，金属制品业，通用设备制造业，专用设备制造业，交通运输设备制造业，电气机械及器材制造业，通信设备、计算机及其他电子设备制造业，仪器仪表及文化、办公用机械制造业，工艺品及其他制造业，废弃资源和废旧材料回收加工业，电力、热力的生产和供应业，邮政业，环境管理业，广播、电视、电影和音像业，文化艺术业。

新生产组织并非一定要成立新的企业，如格莱泽（Glaeser，2007）、奥德丽等（Audretsch et al.，2010）使用企业数量或小企业数量作为企业家精神的代理变量。上述指标实际上是从企业数量变化的角度衡量企业家创业精神，侧重于企业家创业精神的直接效应，很难反映企业家创业精神的有效性，当存在商事制度扭曲时，多余额无效的力量可能被涵盖进来。一些研究从劳动力数量视角衡量企业家创业精神。贝格尔斯迪科和诺德哈文（Beugelsdijk & Noorderhaven，2004）使用自我雇佣比率表示企业家创业精神，李宏彬等（2009）使用个体和私营企业工人数占总就业人口的比率作为企业家创业精神的代理变量。

对于像我国这样市场经济体制不够成熟的国家，仅利用企业数量可能造成企业家创业精神的有偏性。这是因为制度因素在市场准入方面有重要的影响。例如2014年我国实施的注册资本登记制度改革，放松了对市场主体准入管制，市场主体数量高速增长，极大地释放了创业活力。仅由企业数量来衡量企业家精神，无法识别出创业成功与否，无疑将一些无效且多余力量涵盖进来。企业家创业精神的测度不仅需要关注像企业形成这样的数量效应，还应考察企业成长过程中是否创造及产生什么样的社会价值效应，后者是衡量企业家创业精神创业成功与否及其大小的重要标志。为同时捕获企业家创业精神的数量效应和价值效应，本章基于企业家创业精神的数量效应和就业效应，构建省际层面的企业家创业精神指数：

$$BE_{it} = \frac{Qua_{it}}{Pop_{it}} \times \frac{Emp_{it}}{All\_Emp_{it}} \tag{2-4}$$

式（2－4）中，i、t 分别表示省份和时间；Qua_{it}、Pop_{it}、Emp_{it}、All_Emp_{it}分别为私营和个体企业数、总人口数、私营和个体企业就业人数、就业总人数；$\frac{Qua_{it}}{Pop_{it}}$表示省际层面人均企业数量，反映企业家创业精神的数量效应；$\frac{Emp_{it}}{All_Emp_{it}}$反映省级层面企业家创业精神的社会价值效应。$BE_{it}$指标包含了企业家创业活力，且在一定程度上削弱仅依靠企业数量衡量企业家创业精神时可能存在的无效创业和低水平创业活动的干扰，兼顾了企业家创业精神体现出的数量和社会效应。

企业家创新精神是熊彼特创造性破坏理论的精髓。在实证研究中主要利用专利申请量或发明数量衡量企业家创新精神（Acs，1996；Wong et al.，2005；李宏彬等，2009；杨勇等，2014）。专利申请量反映了创新的积极性，但并不能区分是否为有效专利，因为一些专利申请不能获得授权，所代表的企业家创新精神可能是无效的。从统计数据来看，1999～2015年我国专利授权量占申请量的比重大多数年份介于50%～70%，未获授权的专利反映了创新意愿，但往往不能反映创新能力和水平，可能会高估企业家创新精神。因此，我们基于每万人的专利授权量构建省际层面的企业家创新精神指数。

由图2－1可以看出，除北京、天津、云南外，2009～2015年各省份出口比较优势总指数的均值与各省份企业家创新精神指数均值基本上呈现出高度相似的轨迹，除天津、河北外，各省份出口比较优势总指数的均值与各省份企业家创业精神指数均值也保持近似一致的运动轨迹。企业家精神越丰富的地区，其贸易比较优势往往也越大，如广东、江苏、浙江、山东、福建。相比河北，北京作为企业家创业创新更为活跃的地区，其出口比较优势指数均值低于河北，这是因为北京是第三产业高度发达的地区，其工业比重小，商品出口规模相对较小，出口比较优势相对较小。

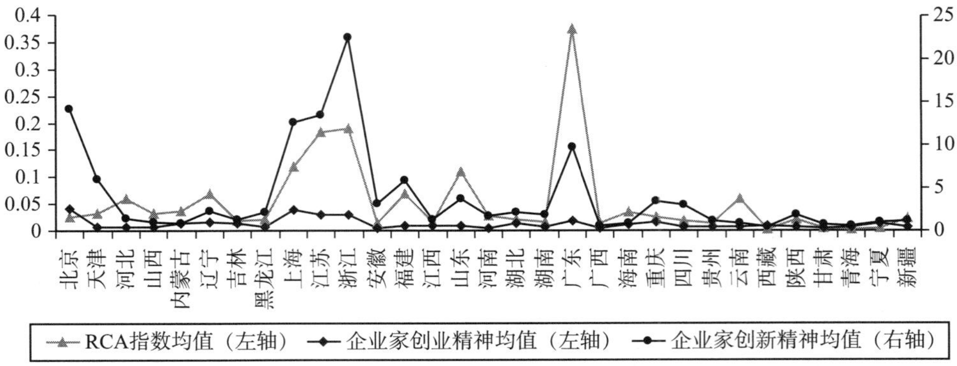

图 2-1 2009~2015 年中国各省份 RCA 指数均值和企业家精神指数均值

资料来源：按照上述方法，利用 EPS 整理的《中国地区贸易数据库》《中国统计年鉴》《中国人口和就业统计年鉴》《中国科技统计年鉴》中的数据计算后绘制。

3. 资本深化（KL）

资本深化反映资本—劳动要素结构的变化，地区人均物质资本存量上升，意味着该地区投入更多的机器设备到生产中去，其具有的技术越多越先进。科尔等（Cole et al.，2005）研究表明，物质资本强度与产业比较优势正相关。但随着物质资本强度的增加，其对贸易比较优势的影响可能存在非线性关系，李小平等（2012）研究发现物质资本强度与贸易比较优势之间存在倒"U"型关系。我们用资本劳动比表示资本深化，其中地区物质资本存量 K 的数据利用永续盘存法计算：

$$K_t = I_t + (1-\sigma)K_{t-1} \tag{2-5}$$

式（2-5）中，K_t、I_t 分别表示 t 年的固定资本存量、固定资本形成总额；σ 为折旧率，参考单豪杰（2008）使用的省际折旧率研究，我们统一取值为 10.96%；单豪杰（2008）估算了 1952~2006 年各省份资本存量数据，我们利用其 2006 年的结算结果，计算了 2007~2015 年各省份固定资本存量数据，再利用各省份固定资产形成价格指数平减为 2008 年的不变价格；地区劳动力数据由各省份就业人员数表示，原始数据来自《中国统计年鉴》。

4. 人力资本强度（HC）

人力资本是劳动者通过教育、培训和实践经验等获取的知识技能的积累。通常，一个地区人力资本越丰富，代表的劳动生产效越高，有利于提升贸易竞争力。人力资本通常使用工资水平、受教育程度、科技活动人员数量等表示，借鉴李小平等（2012）的方法，我们使用各省份 R&D 人员全时当量（人年）占该省份就业人员数的比率作为人力资本强度的代理变量，R&D 人员数据来自《中国科技统计年鉴》。

5. 知识资本强度（KC）

知识资本是以知识形态方式存在的资本，生产过程中使用的知识性和技术性的投入量。知识资本的积累和应用对技术进步具有重要影响，能够促进产业结构升级和产品质量提升。我们使用各省份 R&D 经费内部支出占其 GDP 的比重表示地区的知识资本强度。其中，使用各省份固定资产投资价格指数对 R&D 经费进行平减（2008 年 =100）并利用 GDP 平减指数求得以 2008 年为基期的实际 GDP，R&D 经费数据来自《中国科技统计年鉴》与《中国统计年鉴》。

6. 环境规制强度（ER）

染避难所假说（PHH）认为，严格的环境规制强度会使企业增加污染治理投资，其他方面的投资减少，产生了挤出效应，其结果是增加生产成本，降低其比较优势。波特假说认为，环境规制短期内可能会增加企业成本、降低企业竞争力，但从长期来看，合理的环境规制将促进企业技术进步和创新，提高全要素生产率。由于现阶段环境规制主要针对工业领域，且污染治理投资并不代表当期实际投入，因此我们使用各省份污染治理项目本年完成投资占其工业增加值的比重来衡量地区的环境规制强度。其中，利用各省份固定资产投资价格指数求得实际的污染治理投资，用各省份工业品出厂价格指数计算实际工业增加值，相关数据来自《中国统计年鉴》与《中国环境统计年鉴》。

7. 产业结构（IS）

国际贸易主要由制造业驱动和服务业驱动，但我国服务贸易长期落后于货物贸易。由于当前我国服务贸易比重偏低，货物贸易占主导地位，因此我们使用各省份工业增加值比重占其 GDP 的比重表示产业结构①。

8. 外商直接投资（FDI）

外商直接投资进入某一地区，不仅获取了原材料和廉价劳动力，还将通过技术知识溢出和产业关联影响该地区的比较优势。我们使用各省份实际外商直接投资额占其 GDP 的比重表示，其中利用各省份固定资产投资价格指数对实际外商直接投资额进行价格因素剔除，FDI 数据来自《中国对外经济数据库》。

9. 对外直接投资（OFDI）

早期理论研究认为对外直接投资与贸易存在替代的关系，而边际产业扩张理论认为东道国的对外直接投资通过产业转移促进了国际贸易，两者之间是互补关系。蒋冠宏、蒋殿春（2014）利用微观层面的工业企业数据发现中国企业对外直接投资的出口效应表现出先上升后下降的倒“U”型特征，而毛其淋、许家云（2014）

① 据海关的统计数据统计，2001 年中国货物贸易进出口总额 5098 亿美元，服务贸易进出口总额 674 亿美元，服务贸易占货物贸易总额的 13.2%。2016 年中国国货物贸易进出口总额达 24.33 万亿元人民币，服务贸易 5.35 万亿元人民币，服务贸易占货物贸易的 22.0%。

从微观层面证实了中国对外直接投资具有显著的出口创造效应。地区层面上对外直接投资与贸易优势之间存在互补还是替代关系还需要进一步检验。我们使用各省份非金融类对外直接投资实际额占其 GDP 的比重作为对外直接投资的替代变量，同样使用各省份固定资产投资价格指数对实际对外直接投资额作价格因素剔除，OFDI 数据来自《中国对外直接投资统计公报》。

第四节 实证结果与分析

一、企业家创业精神和企业家创新精神对贸易比较优势的影响

（一）基准回归结果与分析

首先将企业家创业精神变量（BE）和企业家创新精神变量（IE）分别作为外生变量进入计量模型，估计结果报告在表 2-1 的第（1）~第(4）列中。从固定效应模型的结果看出，企业家精神对显示性比较优势的提升存在显著的正效应，这说明企业家创业精神、企业家创新精神均能够促进出口比较优势的提高。这一结论与研究企业家精神对出口影响的文献结论类似，也符合我们的预期。资本深化、人力资本强度、知识资本强度与显示性比较优势正相关，这符合 H-O 贸易理论有关资本、劳动要素对比较优势影响的解释。环境规制强度与显示性比较优势显著负相关，这支持了污染避难所（PHH）假说，对此我们认为可能的解释是 2008 年金融危机以来，金属制品（如钢铁）等诸多传统行业的出口恶化[①]，在此期间各地产业结构相继也进入一个全新的调整时期，淘汰落后产业和产能是各省份产业政策的目标之一。在此背景下，环境规制强度与出口比较优势存在负相关也与我们的预期符合。此外，由工业增加值比重表示的产业结构与显示性比较优势呈正相关，说明工业规模越大，出口行业越多，产品的比较优势越大。此外，FDI 和 OFDI 的系数均不显著，并未发现现阶段外商直接投资和对外直接投资增长提高比较优势的证据。[②] 加入地区虚拟变量发现，东部地区的贸易比较优势更高，这符合我国贸易优势地区分布的事实。

① 以工业品出口为例，我们利用 UN Comtrade 统计数据库计算了中国 2009~2016 年按照国际贸易标准产业分类（SITCRev3）的中国 35 个两位数行业（合计 235 种产品）的净出口显示性比较优势指数，发现就有 17 个行业（合计 102 种产品）在研究区间内处于存在比较劣势。

② 一个典型的事实是，全国制造业实际利用外商直接投资额/实际利用外商直接投资的比重由 2009 年的 51.9% 下降到 2015 年的 31.3%。制造业各行业出口的占全部产品出口的比重极高，流入到制造业的 FDI 下降也说明近年来 FDI 对我国出口比较优势变化的新影响。

表 2－1　　基准回归和内生性检验结果

变量	(1)	(2)	(3)	(4)	(5)	(6)	(7)	(8)
BE	0.427*** (8.05)	0.412*** (7.32)	0.409*** (6.19)	0.383*** (5.65)	0.329*** (11.24)	0.304*** (10.37)	0.276*** (9.92)	0.239*** (8.56)
IE	0.151*** (3.96)	0.118*** (3.07)	0.146*** (3.79)	0.135*** (3.32)	0.197*** (5.08)	0.203*** (5.34)	0.205*** (5.40)	0.192*** (4.87)
KL		0.170** (2.48)	0.126* (1.64)	0.147* (1.81)		0.131* (1.68)		0.142* (1.77)
HC		0.388*** (5.04)	0.350*** (4.37)	0.349*** (4.37)		0.361*** (4.84)		0.332*** (3.76)
KC		0.312* (1.69)	0.287 (1.44)	0.274 (1.20)		0.210 (1.02)		0.177 (0.86)
ER			－0.250*** (11.56)	－0.209*** (－9.75)		－0.150*** (－6.76)		－0.129*** (－5.89)
IS			0.206*** (12.93)	0.201** (12.84)		0.102** (6.18)		0.089** (4.58)
FDI				0.072 (0.92)		0.108 (1.34)		0.084 (1.07)
OFDI				0.034 (1.13)		0.027 (0.97)		0.020 (0.84)
L. LA					0.461*** (11.40)	0.566*** (17.32)	0.391*** (7.21)	0.372*** (5.31)
D（是否为东部）	0.542*** (8.56)	0.830*** (13.87)	0.332*** (4.21)	0.343*** (4.43)	0.724*** (11.19)	0.546*** (8.81)	0.369*** (5.15)	0.372*** (5.78)
F 或沃尔德检验	109.97 (0.00)	180.46 (0.00)	343.12 (0.00)	694.61 (0.00)	188.12 (0.00)	326.55 (0.00)	219.90 (0.00)	894.21 (0.00)
豪斯曼检验	76.84 (0.00)	88.61 (0.00)	86.94 (0.00)	88.07 (0.00)				
安德森（Anderson）LM/AR(1)					11.81 (0.01)	8.90 (0.02)	－2.28 (0.02)	－1.83 (0.07)
克拉格·唐纳德沃尔德（Cragg－DonaldWald）F/AR(2)					3.58 (16.85)	3.02 (16.85)	1.05 (0.29)	0.63 (0.53)

续表

变量	(1)	(2)	(3)	(4)	(5)	(6)	(7)	(8)
萨甘检验					4.88 (0.56)	6.85 (0.23)	9.88 (0.16)	10.12 (0.12)
模型	FE	FE	FE	FE	IV(2SLS)	IV(2SLS)	SYS-GMM	SYS-GMM
观察值	217	217	217	217	186	186	186	186

注：参数括号内为 z 统计量的值，F 检验、豪斯曼检验、安德森 LM 统计量、AR(1) 统计量、AR(2) 统计量检验值括号内为对应的 p 值，克拉格·唐纳德沃尔德 F 检验值括号内为相应的临界值，***、**、* 分别表示 1%、5%、10% 的检验水平下显著。工具变量为滞后 1~2 期的每万人拥有的外资企业数和国有企业数。

（二）内生性讨论与结果分析

1. 内生性讨论与处理

企业家精神也可能是内生的，将其当作外生变量回归得到的参数估计值可能是不一致的，一个重要原因是国际贸易的发展会催生企业家精神效应，一些企业出现和成长因国际贸易而产生和壮大，因此企业家精神与贸易之间可能存在双向因果关系。本章利用外资企业家创业精神和国有企业家精神的总和作为工具变量，其理由是：

首先，企业家精神不仅表现在私营企业领域，在外资企业中，更是广泛存在企业家精神。考虑到外资企业在华 FDI 活动本质上是外企利用其自身优势在华发挥企业家精神的过程，而且其拥有的先进技术和成熟的现代管理经验，通过技术溢出效应和产业关联效应影响我国本土企业家精神。FDI 是低收入国家创业活动的主要来源（Acs & Virgill，2010），且能够增加东道国创业机会（Clercq et al.，2008）。因此，私营企业家精神与外资企业家精神可能存在较大关联性，这是我们选择外资企业家精神作为工具变量的前提。

其次，在对外开放浪潮中，也不能忽略国有企业家精神的存在。尤其是伴随国企改革，汲取西方先进的科学管理经验，国有企业加快建立健全现代企业制度，实施组织管理变革，设立新公司，从事新技术新产品研发，加快“走出去”开辟新市场，无疑都是企业家精神的体现。李新春（2000）的研究表明，在主管部门表现为具有创新和改革精神的企业家型政府在选拔用人机制上任用具有很强企业家精神的经理时，国有企业能够克服一些企业家甄别机制扭曲或失灵情况，仍然有效地实现企业家的创业创新过程。胡永刚、石崇（2016）研究了管制和法治分别对国企和非国企两部门企业家精神的数量效应和配置效应。

此外，外资企业家精神和国有企业家精神与贸易优势之间更可能存在单向联系，这是因为通常受企业家精神支配，外资企业和国企进入出口市场，扩大贸易，提高产品规模和种类；反过来，国企的首要目标并非贸易，外资企业首要目标是市场利润，因此贸易对国企和外资企业家精神的影响可能要比对私营企业家精神小得多。

由于缺乏 2011 年后各省份外资企业的就业人数，我们对外资企业家创业精神和国有企业家创业精神的计算在借助于式（2－3）时，仅使用各省份国有企业数量与外资企业数之和除以人口数量表示。由于外资企业和国有企业的创设通常比私营和个体企业设立时具有的要素禀赋数量更多，要素质量更高，所以我们假定外资企业、国有企业的数量与其相应的企业家创业精神相匹配。

出于相似的原因，企业家创新精神也存在内生性的可能。李宏彬等（2009）在企业家创业精神和创新精神工具变量的选择上，均使用滞后 30 年的国有企业职工数占职工总数的比例表示。我们借鉴了这一思路，同样也将每万人拥有的外资企业数和国有企业数视为企业家创新精神的工具变量。

2. 内生性检验结果分析

表 2－1 的（5）~（8）列报告了企业家精神作为内生变量进行 IV 和系统 GMM 估计。首先，在球型扰动项假定下，2SLS 估计是最有效率的，安德森 LM、克拉格·唐纳德沃尔德 F 统计量均通过了检验，不存在弱工具变量和过度识别问题；其次，在扰动项存在异方差或自相关时，则 GMM 估计结果更为有效。安德森 LM、克拉格·唐纳德沃尔德 F 统计量均通过了检验，AR(2)、萨甘统计量也都满足相关检验，IV 估计和系统 GMM 估计都不存在过度识别问题，所使用的工具变量有效。内生性检验结果进一步表明企业家创业精神和创新精神的贸易效应为正的基本结论。在 IV 估计和系统 GMM 估计下 BE 和 IE 的系数比 FE 的系数小，但前者参数统计量的值比后者要大，也说明内生性估计更有效率。

二、进一步研究：分位数回归和不同衡量视角下的稳健性检验结果与分析

（一）基于分位数回归分析

以上回归不能精确地描述企业家精神对显示性比较优势的变化范围及条件分布形状的影响，且易受极端值的影响。我们利用分位数回归再次对估计方程进行了回归。表 2－2 报告了十分位、二十五分位、五十分位、七十五分位和九十分数五个代表性分位数回归结果，结果表明企业家精神的贸易效应仍为正，但随着分位数的增加，企业家创业精神的分位数系数呈现出先下降后上升的趋势，这表明增强企业家创业精神对比较优势大的地区而言，其促进效应更大，而企业家创新精神的分位数回归系数单调增加，也就是说企业家创新精神的贸易效应是递增的。

表 2-2 分位数回归和替代性解释变量回归结果

变量	Q（10%）	Q（25%）	Q（50%）	Q（75%）	Q（90%）	替代解释变量检验结果		
BE	0.712** (2.10)	0.281** (2.50)	0.514** (2.41)	0.752*** (11.60)	0.838*** (7.31)	0.054*** (4.86)	0.042*** (4.28)	0.035*** (3.75)
IE	0.091** (2.51)	0.102** (2.22)	0.225*** (7.89)	0.461*** (4.91)	0.557** (2.42)	0.220*** (9.50)	0.146*** (7.56)	0.068*** (3.32)
KL	0.070* (1.67)	0.171*** (3.17)	0.207** (2.39)	0.290* (2.67)	0.257 (0.85)		0.098* (1.68)	0.062 (0.81)
HC	0.349* (1.90)	0.524* (1.79)	0.857*** (6.11)	1.140*** (6.93)	0.888*** (4.85)		0.266*** (3.99)	0.188** (2.78)
KC	0.241 (0.81)	0.284 (1.22)	0.476* (1.73)	0.621 (1.10)	0.778 (0.57)		0.312* (1.69)	0.274 (1.20)
ER	-0.525*** (-3.46)	-0.327*** (-3.62)	-0.105** (-2.26)	-0.384*** (-2.42)	-0.689*** (-3.41)			-0.085*** (-32.36)
IS	0.036** (2.09)	0.046*** (6.38)	0.132*** (5.48)	0.145*** (3.60)	0.472*** (8.49)			0.236** (12.92)
FDI	0.057 (0.83)	0.093 (0.94)	-0.045 (-0.72)	0.159* (1.68)	0.097 (0.99)			0.125 (0.78)
OFDI	0.014 (0.79)	0.035 (1.28)	0.089 (0.83)	0.099 (1.62)	0.066 (1.64)			0.004 (0.33)
D（是否为东部）	0.447*** (5.93)	0.301** (3.33)	0.400*** (8.87)	0.213** (2.62)	0.311*** (9.53)	0.195*** (3.15)	0.010** (2.75)	0.009** (2.50)
常数项	0.087** (3.50)	0.112*** (3.19)	0.009* (1.67)	0.124** (2.05)	0.170** (2.30)	0.742*** (8.56)	0.830*** (13.87)	0.332*** (4.21)
R^2	0.21	0.16	0.13	0.24	0.21	0.19	0.24	0.22

注：使用自抽样稳健标准差进行估计，系数括号内为 t 值，抽样次数 bootstrap 为 1000 次。

（二）替代解释变量检验分析

我们放松对企业家创业精神测算的限制，利用文献中广泛使用的企业家数量指标，用各省份私营和个体企业数量除以人口数量表示。相比实用新型和外观设计专利，发明专利是最重要的一种，也最能体现技术进步。我们从发明专利授权量角度，以各省份每万人拥有的发明专利授权量作为企业家创新精神的替代性指标。表2-2报告了企业家精神替代性指标下的回归结果。与表2-1的第（1）~第(4)列回归结果对比可以发现，企业家创业精神和创新精神对出口比较优势的影响均为正向促进，但企业家创业精神的系数明显变小。一方面是由于不同地区企业参与国际化程度差异很大，尤其是中西部地区企业家资源禀赋和能力相对东部比较弱小，可能拉低了企业家创业精神的贸易效应；另一方面也似乎说明一个有趣的问题，即依靠市场主体数量增长的企业家创业精神可能忽视了其真实的社会经济效应，在后一种情况下，企业家创业精神的贸易效应可能被低估。

三、机制研究：企业家精神影响出口贸易比较优势的机制检验与分析

为检验法律、制度、文化因素在企业家精神的贸易效应中的调节作用的方向，我们借鉴卡明等（2014）的企业家精神对出口强度影响的理论机制检验模型，构建了法律、制度变量、文化态度分别与企业家创业精神和企业家创新精神变量的交互项模型：

$$RCA_{it+1} = \alpha_1 BE_{it} + \alpha_2 IE_{it} + \alpha_3 Law_{it} + \alpha_4 IE_{it} \times Law_{it} + \alpha_5 IE_{it} \times Law_{it} + \mu_{it} \quad (2-6)$$

$$RCA_{it+1} = \alpha_1 BE_{it} + \alpha_2 IE_{it} + \alpha_3 Ins_{it} + \alpha_4 BE_{it} \times Ins_{it} + \alpha_5 IE_{it} \times Ins_{it} + \mu_{it} \quad (2-7)$$

$$RCA_i = \alpha_1 BE_i + \alpha_2 IE_i + \alpha_3 UA_i + \alpha_4 BE_i \times UA_i + \alpha_5 IE_i \times UA_i + \mu_i \quad (2-8)$$

式（2－6）中，Law 表示法治化水平。我们使用王小鲁等（2017）编制的市场中介组织发育和法律制度环境指数来表示法治水平，该指数由市场中介组织的发育、对生产者合法权益的保护、消费者权益保护、知识产权保护 4 个一级指标构成，这里的市场中介组织的发育由律师人数和注册会计师人数与当地人口的比例来衡量，它也反映了法治化水平。显然，该指数取值越大，代表的法治化水平越高。

式（2－7）中，Ins 表示政府管制。我们使用王小鲁等（2017）编制的政府与市场的关系指数衡量政府管制，该指数包含缩小政府规模、减轻农村居民的税费负担、减少政府对企业的干预、减轻企业的税外负担、市场分配经济资源的比重 5 项一级指标，该指数反向度量政府管制程度，其取值越大，政府对市场的干预程度越小，反映政府与市场的关系越优。为理顺变量含义的方向，我们使用政府与市场的关系的倒数作为政府管制的正向代理变量。

式（2－8）中，UA 表示不确定性规避指数。我们利用当前文献中提供的各省份文化差异的权威调查数据，研究文化因素在企业家精神的贸易效应中的调节作用。赵向阳等（2015）根据与工作和管理有关的文化标准，采用 GLOBE 文化习俗问卷调查了 31 个省份的文化类型，涵盖了地理、历史、人口、宗教信仰、语言、经济、政治、法律因素。正如笔者希望的那样，基于该研究的成果可以研究区域文化作为一个调节变量如何影响创业活动和经济发展。在我们的实证检验中，我们选择了与企业家冒险态度或承担风险相联系的不确定性规避维度代表文化因素。由于仅有一年数据，且调查在 2010～2011 年进行，因此分别对 2011～2012 年的 RCA 指数和 2010～2011 年的其他自变量取算术平均值，建立式（2－8）的横截面模型。

图 2－2 描述了中国 31 个省份文化中的不确定性规避指数。不确定性规避指数最高前十个地区为江苏、宁夏、湖北、吉林、上海、山东、浙江、西藏、安徽、新疆，不确定性规避指数最低的十个地区为海南、贵州、辽宁、青海、四川、河北、

云南、重庆、甘肃、北京。不确定规避程度高低与当地的经济发展水平并无严格的单调关系[①]，例如苏浙沪等一些东部开放度很高的省份，其不确定性规避程度很高，四川、青海、贵州、云南、甘肃等较为落后的西部地区，其不确定规避程度很低。再结合图2－1展示的企业家精神指数在地区的表现，不确定性规避与企业家精神的关系变得复杂化。我们需要对不确定性规避代表的文化对企业家精神的贸易效应作进一步的计量检验。

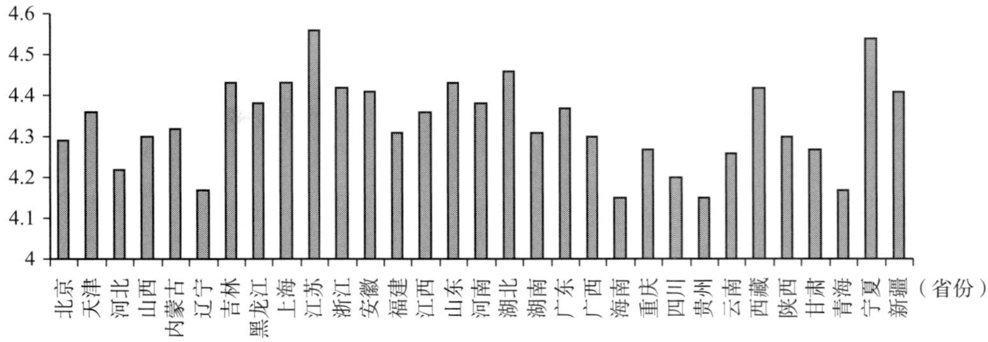

图2－2　中国各省份不确定性规避指数

资料来源：赵向阳、李海、孙川：《中国区域文化地区："大一流"抑或"多元化"?》，载于《管理世界》2015年第2期，笔者整理绘制。

表2－3分别报告了法治水平、政府管制和文化在企业家精神的贸易效应中的调节作用检验结果。在含法治因素模型中，为降低共线性风险，我们分别报告了法治水平与企业家创业精神、企业家创新精神的交互项模型估计结果。估计结果表明，法治水平系数为正，这表明上升有助于提高出口比较优势，在此前提下，企业家创业精神、创新精神与法治水平精神的交互项系数均显著为正，这表明法治水平的提升在企业创业精神、创新精神的贸易效应中发挥正向的调节作用。可能的解释是，随着法治水平进步，企业家创业精神和创新精神在良好的法治环境下能够得到更好的释放，在贸易争端、摩擦中能够直接提高本国企业维护自身权益的能力，因此企业家精神的贸易偏效应随着法治水平的提高而增大。

表2－3　　企业家精神的贸易效应中的调节机制检验结果

法治水平在企业家精神的贸易效应中的调节作用			政府管制在企业家精神的贸易效应中的调节作用			文化在企业家精神的贸易效应中的调节作用		
BE	0.245* (1.78)		BE	0.364** (2.13)		BE	0.137** (2.35)	

① 这一关系并不违背常识。比如在国际层面上，美国和日本同为发达国家，但日本的不确定规避程度要高于美国，而中国为发展中国家，但中国的不确定性规避指数与美国一样较低。

续表

法治水平在企业家精神的贸易效应中的调节作用			政府管制在企业家精神的贸易效应中的调节作用			文化在企业家精神的贸易效应中的调节作用		
IE		0.085*** (3.84)	IE		0.235*** (3.84)	IE		0.116*** (5.28)
LAW	0.001*** (3.43)	0.001*** (4.71)	INS	−0.002** (1.98)	−0.001*** (4.71)	UA	0.110 (1.12)	0.131 (1.23)
BE × LAW	0.037*** (2.86)		BE × INS	−0.087*** (−3.12)		BE × UA	0.017*** (3.98)	
IE × LAW		0.155*** (6.82)	IE × INS		−0.007* (−1.82)	IE × UA		0.026*** (5.43)
F 检验	84.98 (0.00)	76.07 (0.00)	F 检验	357.03 (0.00)	329.85 (0.00)	R^2	0.12	0.14
H 检验	100.52 (0.00)	55.06 (0.00)	H 检验	6.86 (0.03)	11.07 (0.00)	回归方法	OLS + 稳健标准误	OLS + 稳健标准误
R^2	0.23	0.25	R^2	0.25	0.28	R^2	0.12	0.14

注：含法治水平、政府管制的模型为固定效应模型，我们在其中控制了个体效应，但放松对时间效应的控制；在含文化模型中，关注了异方差问题；因主要考察核心变量的系数，故省略常数项的估计结果。

在含有政府管制因素的模型中，同样也为了减少共线性的影响，我们单独报告了企业家创业精神、创新精神与政府管制交互模型的估计结果。回归结果表明，政府管制的系数显著为负，政府管制对出口比较优势有直接的消极影响，因为对市场管制过多，企业家经营和出口的灵活性受到限制。交互项系数均为负数，即企业家创业精神的贸易偏效应和企业家创新精神的贸易偏效应均随着政府管制的提高而下降。

在含有文化因素的模型中，不定性规避程度的系数均为正，不显著，但它与企业家创业精神和企业家创新精神的交互项系数均显著为正，也就是说不确定规避程度不会导致贸易比较优势的丧失，而且随着不确定规避程度越高，它对企业家精神的贸易正向调节效应越大。我们的发现与卡明等（2014）的研究结论相反。关于这一点，我们认为有以下原因：一是数据限制，地区层面的不确定规避程度指数缺乏连续性，不确定规避程度在企业家精神的贸易效应中发挥的调节作用被局限在某一时点，而且其他文化变量数据的可得性限制了变量的使用；二是不确定规避程度高（低）限制（鼓励）企业家冒险的倾向，但同时还能够提高（降低）企业家从事经营和贸易活动的积极性，比如企业家更倾向于希望国际贸易中汇率能够稳定或可以预见，合同条款能够更加具体。因此，我们认为不确定规避程度指数对在中国情境下企业家精神的贸易效应产生的正向调节作用可能是合理存在的。

第五节 结　论

本章运用中国 2009 ~2015 年 31 个省级的面板数据检验了企业家创业精神和企业家创新精神对中国地区贸易比较优势的影响。结果表明：(1) 企业家创业精神、企业家创新精神均能显著提升了中国地区贸易比较优势。考虑了企业家精神内生性问题，并且在分位数回归和替代性解释变量的检验中这一结论都具有很强的稳健性。(2) 分位数回归中，企业家创业精神对显示性比较优势的积极作用先下降而后上升，而企业家创新精神的贸易效应单调递增。这反映了企业家创业精神产生的贸易效应具有可变性，企业家创新精神对贸易的影响影响更具有稳定性和规律性。(3) 我们放松了对企业家精神测度的限制，当采用利用广泛使用的企业家数量指标时，企业家创业精神对显示性比较优势影响的系数明显变得很小。这反映了不同测算视角下估计结果可能存在很大的不同，寻求更加合理的计算指标可能是未来的一个重要研究方向。(4) 对影响机制的分析表明，法治水平在企业家精神的贸易效应中发挥正向的调节作用，而政府管制的这种调节作用的方向与前者相反，当不确定性规避程度作为文化差异的代理变量时，它能够正向影响企业家精神的贸易偏效应。此外，资本深化、人力资本强度、知识资本强度、产业结构对出口比较优势有促进作用，而环境规制强度产生的影响为负，而外商直接投资和对外直接投资的影响不显著。

本章结论为企业家精神是出口贸易优势的驱动力提供了企业家精神与贸易联系的经验证据。很好地解释了外向型省份的民营经济发达，通过激发企业家精神厚植了贸易比较优势。在“大众创业，万众创新”的背景下，不仅要注重创业创新活力，还要注重创业创新的质量，只有创业创新活动吸引了更多的劳动者参与，才能够真正地促进经济发展和贸易竞争力的提高。本章的结论表明，构建有利于发挥企业家精神的制度设计和法治环境对于提升贸易竞争力而言至关重要。

第三章

企业家精神助力企业产品出口质量提升

第一节　引　　言

回顾改革开放，在这不平凡的40多年间，中国经济完成了华丽转身，成功晋升为世界第二大经济体，同时秉承着融入全球化发展的理念，中国积极参与到世界贸易中，发展成为世界贸易大国。但随着世界经济近些年来持续低迷，国际上贸易保护主义的抬头，国际市场需求开始萎缩，中美之间的贸易战，这些都将会对我国出口贸易带来阻力。之前依靠数量取胜的贸易发展模式已经不能适应目前的国际经济大环境，现在需要将注意力更多地放在提升出口产品的质量上，通过出口产品质量的提高，提升我国在国际市场上的竞争力，从而实现外贸增长的可持续发展。

质量与效率是伴随在企业生产活动中的，而企业活动的主导者不是别人，正是企业家们，也就是说企业家的决策主导了企业的发展与产品的质量和生产的效率，企业家精神作为企业家的特质，也必然会对企业的生产过程产生影响。习近平主席曾多次在会议上阐述了企业家精神的重要性，多次论述新时代下企业、企业家、政府之间的关系，认为当前社会经济发展过程中，非公经济人士要对经济发展充满信心，激发企业家精神，使得企业与社会经济共同发展；同时政府需要转变职能，相信市场所发挥的调节能力，政府不再直接干预市场的运行，做一个服务型政府。

熊彼特（1934）对企业家有着深刻的认识，他认为企业家与一般人的区别就在于企业家拥有的特征：企业家精神，这种精神正是企业家进行“创造性破坏”的原因，只有拥有这种精神才能被称之为企业家；同时他认为企业家的本质是创新，但是熊彼特认为这种创新并不是简单的技术上的概念，而是将从未出现过的生产要素与条件加入之前的生产过程中，是使用各个方面的进步使整体效率提高并带来经济效益的能力。在无数企业家的合力推动之下，社会经济才会积极繁荣发展。在熊彼特理论研究的基础之上，学界也验证了许多企业家精神的社会效应：如周敏慧等（2017）在研究农民工家庭创业的过程中发现拥有企业家精神的企业家们在创造就业方面起到了重要作用；卡明等（2014）、冈萨雷斯和佩尼亚等（González & Peña，2015）、王春超、冯大威（2017）的研究都证实了企业家精神能够促进经济的增长。以上学者研究的对象所处的环境都是在国家内部，还未深入到国际层面。随着世界各国不断融入全球化进程中，跨国贸易促进一国经济发展的重要性越来越高，在贸易过程中，企业是贸易的直接参与者，拥有企业家精神的企业家更是企业决策的制定人，由此可见企业家精神在出口行为中的重要性。然而事实上企业家精神如何影响出口尚缺乏研究（Chaisingharn et al.，2016）。

随着贸易理论不断地发展，学界对出口质量的研究越发深入。研究对象从最早的不同国家间整体出口质量，到后来聚焦到某一国家内部不同行业出口质量，最后细化到某种产业内不同产品的质量。总的来说，这些研究的主题也可以分成两个大类：第一类的研究关注出口质量的经济效益：芬斯特拉和罗马里斯（Feenstra & Romalis，2014）构建包含供给和需求信息的垄断竞争模型，将企业出口质量内生到所构建的模型中，将185个样本国家每家企业的数据加总后带入，计算出每个国家每种产品的平均质量，之后将每个国家内企业质量加总得到国家出口质量和质量调整价格指数。卡热和鲁泽特（Cagé & Rouzet，2015）研究了购买者在购买产品前无法获知质量时公司、国家声誉对出口行为的影响，发现低质量企业更依赖于国家声誉，同时一个国家未来的声誉与国家之前的出口质量相关。李小平等（2015a）利用不同的方法测算中国26个制造业行业的出口复杂度，并用出口复杂度衡量出口质量，在之后的实证过程中发现行业层面数据层面上出口质量与行业增长成正向关系，但同时存在着行业的异质性。李小平等（2015b）还验证了中国出口产品质与出口量之间存在着正向关系，解释了中国贸易量快速增长的原因。第二类研究关注的是什么能够影响出口质量：如产品生命周期（刘伟丽等，2015）、资源禀赋（Verhoogen，2012；Hallak et al.，2013）、贸易政策（Luon et al.，2013；李秀芳等，2013；Fan et al.，2015；Bas & Strauss - Kahn，2015；张杰等，2015；Cagé et al.，2015）和其他因素（Khandelwal et al.，2013；李坤望等，2013；王明益，2014；汪建新等，2015；许家云等，2017；苏丹妮等，2018），这些研究为提高出口质量、提升国际竞争力提供了坚实的理论基础。

本章研究具有一定的理论意义：理论上企业家精神会影响一国贸易，但现有的关于企业家精神与贸易关系的研究都主要将视角放在出口绩效方面（Chaisingharn et al.，2016；Abiodun，2016；Asghari & Rostami，2017），很少有学者考虑贸易中重要的一部分，即出口产品的质量。赫伯特和林克（1989）将企业家的生产性活动划分为企业家创业（如建立新企业的行为）和企业家创新两个部分。从此，研究企业家精神的经济效应多从企业家创业和企业家创新两方面探究。本章沿袭前人研究，从企业家创业与企业家创新两个核心来探究企业家精神对出口质量的影响，是对企业家精神在贸易领域的有益思索和对出口质量影响因素的有益探索。

同时本章研究也有着现实意义：从国际层面来看，改革开放以来，中国进出口总额不断增长，2017 年高达 27.79 万亿美元，相较于 1978 年的 355 亿美元增长高达 782.82 倍。但是，在世界经济论坛发布的《2018 年全球竞争力报告》中，中国的全球竞争力仅列第 28 位。全球 28 名的竞争力与排名世界第一的商品贸易出口额不相匹配，从中可以发现，中国存在多年的贸易大而不强问题未得到解决。本章分析企业家精神对出口质量的影响为提高我国出口竞争力提供了新思路。从国家层面来看，国家“十三五”规划中提出了外贸向优质优价转变的建设贸易强国战略；国家大力号召企业家精神。本章从企业家精神方面入手，响应国家号召，为在企业提高产品质量的生产过程中积极发挥企业家能力提供了参考。

第二节　文献综述

一、企业家精神相关文献

（一）企业家精神

国外经济学理论界对企业家精神有三种不同的认识，这三种认识的核心差异就在于对企业家精神核心的不同认识。以熊彼特（1934）和鲍莫尔（1990）为代表的德国学派认为企业家精神的核心是创新，值得注意的是，他们的理论中创新的内涵并不是我们现在所认为的发明创造，而是将发明创造纳入生产并获得经济成果的能力。以奈特（Knight，1921）和舒尔茨（Schultz，2003）为代表的芝加哥学派，认为企业家精神的核心是风险承担能力、冒险精神以及应付市场失衡的能力。以米泽斯（Mises，1951）为代表的奥地利学派认为企业家精神的核心是企业家的职业套利行为。

国内也有一批学者关注着企业家精神的相关研究，如靳卫东等（2018）认为企业家精神包含着创新和创业两种内核，同时他们观察到企业家精神具有地区和时代的差别，认为企业家精神可以通过后天实践而习得，而公共政策在激发和保护企业家精神方面能够发挥重要作用。刘现伟（2017）认为企业家精神的核心是创新，同时企业家精神能够渗透到社会的各个层面。胡永刚、石崇（2016）认为中国在经济进入新常态、改革进入深水区的背景之下，市场化是未来的重点和方向，而其成败就在于企业家能否受到重视，企业家们的特质能否得到发扬。吕相伟（2018）认为中国愈发强调企业家作用及企业家精神的重要影响，弘扬企业家精神是未来促进社会经济发展的工作方向。赵子乐、林建浩（2017）提出政府通过推动不同群体之间的文化交流和学习，能够促进企业家精神的空间扩散。

（二）企业家精神测算

本章通过总结现有的研究，归纳出常见的两类方法来衡量这一抽象的概念。

第一类就是单一指标，这类指标都不能直接反映出企业家精神的全部内涵。使用此类指标的学者一般都是根据自身研究目的，寻找能够代替企业家精神中某一部分内涵的指标进行研究。如在研究企业家精神的创新内涵时，基于数据的可得性，大多学者会选择专利或发明量来代替（李宏彬等，2009；杨勇等，2014；Ben et al.，2018）。李占风、刘晓歌（2017），李小平、李小克（2017）均使用每万人专利授权量衡量企业家创新精神。蒋含明和李非（2013）、迈内拉等（Mainela et al.，2018）使用新增民营企业数；本等（Ben et al.，2018）使用新建企业与总企业数比值；李宏彬等（2009），程俊杰（2016），马天明、吴昌南（2017），李占风、刘晓歌（2017）均使用个体和私营企业工人数占总就业人口之比；曾铖、李元旭（2017）用私营企业投资人数占总人口数来衡量企业家创业精神；李小平、李小克（2017）综合企业家创业精神的数量效应与就业效应，用地区人均私企数与私企就业人数占比的乘积作为衡量企业家创业精神的代理变量。

第二类就是复合指标，如全球创业观察（GEM）、区域创新体系（RIS）、企业家精神程度（EIP）等。田毕飞、陈紫若（2017）就利用GEM的统计指标TEA（total early-stage entrepreneurial activity）作为衡量企业家创业精神的指标。布德罗等（Boudreaux et al.，2019）采用GEM中NME（necessity-motivated entrepreneurship）与OME（opportunity-motivated entrepreneurship）指标衡量企业家精神。李占风和刘晓歌（2017）利用主成分分析的原理分析不同衡量企业家创新精神与企业家创业精神的指标贡献率，并用Max－Min标准化法得到标准化的企业家精神综合指标。但更多的做法是从企业家创业精神（venture entrepreneurship）和企业家创新精神（innovation entrepreneurship）两个角度对企业家精神的度量研究进行探究，这样既能够相互比较得出企业家精神的不同方面所带来的不同经济影响效应，又能够较为全面、综合地展现出企业家精神的最本质核心内容。

二、出口质量相关文献

（一）出口质量测算方法

当购买者在进行产品采购时，如何比较不同产品之间的好坏？这时就需要对产品引入质量概念。一时间国内外研究者对产品质量估算产生了兴趣，诞生了不同的衡量方法，这些方法依据测算角度可归结为两大类：

第一类是从价格角度测算产品质量，主要包括产品单价法和不纯净价格指数法。产品单价法的内在逻辑是产品质量与价格成正比，通过对比国家或地区出口产品价格判断其出口产品质量水平高低。肖特（Schott，2004）、哈拉（Hallak，

2006）使用单位价格来判断两种不同的产品是否拥有相同的质量。然而，随着研究的发展，越来越多的学者认为将产品单价作为描述产品质量的方法并不可靠（Kugler & Verhoogen，2012；Crozetetal，2012；Pivetear & Smagghue，2013）。该方法的突出问题是产品价格上的差异并非完全归因于质量差异：首先计算过程中客观存在的单价误差会使结果不可靠，其次高单价不一定能代表高质量，其他诸如企业生产率水平、要素市场成本、国际间汇率变动等非质量因素也可能是造成产品价格产生差异的重要原因。如何提取价格中的质量信息成为研究的新方向。哈拉和肖特（2011）在指数理论的基础上提出了不纯净价格指数法（impure price index，IPI）。他们运用帕氏指数和拉氏指数通过国家净贸易额得到国家间的行业非纯价格指数，之后将所得到的非纯价格指数分解为纯净价格指数（pure price index，PPI）和出口质量指数。

第二类是从需求供给角度测算产品质量。需求法最早应当追溯到胡梅尔斯和克伦诺（Hummels & Klenow，2005），他们认为在价格相当的情况下，占市场份额大的产品质量高。受此启发，阿米蒂和坎德尔瓦尔（Amiti & Khandelwal，2013）、施炳展等（2013，2014）等开始利用需求函数来测算出口质量。这种方法适用于一国微观层面的出口质量测算。除需求推断法以外，还有一支从供给角度来测算产品质量：芬斯特拉和罗马里斯（2014）提出了供给需求信息加总测算法。余淼杰、张睿（2017）认为需求信息回归推断法有不少缺陷，如从量贸易成本情况下使用离岸价格描述消费者面临的价格存在误差、在计量过程中加入产品国家层面固定效应导致跨国横向不可比，而芬斯特拉和罗马里斯（2014）提出的供给需求信息加总测算法的优缺点都很明显，这种方法测出来的质量包含了生产与消费两方信息，可靠性较强，但是其只能获得宏观质量，对于如何将微观数据的使用加入没有考虑。由此余淼杰、张睿（2017）以芬斯特拉和罗马里斯（2014）理论为框架，将其改进并运用到中国制造业企业出口产品质量指数测算上。当然这个改进过的方法依然存在缺陷，余淼杰、张睿（2017）在测算时由于加工贸易成本数据难以获得而将加工贸易产品舍弃在外，只测算了我国一般贸易出口产品质量指数。

（二）出口质量影响因素

王明益（2013）在对比内外资企业时发现同一制造业下，这两种不同企业技术间存在着差距，且适度的差距能促进该行业的出口质量，故中国企业在引进技术时要注意把握技术的差距，尽量选择合适差距的技术，以保证能顺利消化引进的技术，提高出口质量。刘伟丽等（2015）对中国制造业三维度质量升级进行研究，发现中国出口质量较于发达国家来说较低，中国需要全球价值链中积极承接高技术部分，且不能一味模仿，要在吸收先进技术的前提下实现技术创新，实现出口质量的提升。汪建新等（2015）的研究也证实了企业积极使用国外先进技术能够加强我国企业的出口产品质量，但是对于技术的引入也不是无限制的，当企业引进的技术达到阈值之后，会出现出口产品下降的现象。

巴斯和施特劳斯－卡恩（Bas & Strauss－Kahn，2015）探究贸易自由化下中国产品质量的变化，研究发现当他们使用单价法作为出口质量的衡量方法时，中国进口关税的下降会使那些在生产过程中使用高质量中间品的产品价格上升，这代表这些产品质量有所提高；当他们使用需求函数推断出包含质量信息的指数来衡量产品质量时，结果未发生改变。综合以上结果，他们得出结论：大量使用高质量中间品进行生产的企业充分享受贸易自由化、关税降低带来的好处，提高其出口产品的质量。樊等（Fan et al.，2015）的研究结果相似，他们发现进口中间品可以提高企业向国外市场提供高质量产品的能力，进口关税的降低促使企业使用更多的中间品，从而提高了产品的质量。李秀芳等（2013）计算了中国企业出口质量，将研究样本按照是否补贴划分，他们发现接受补贴的样本出口质量更高，且提升速度更快。张杰等（2015）的研究结论与李秀芳等（2013）的结论相反，他们的研究结果表明补贴这只“看得见的手”会降低被补贴企业的生产成本，短期内加强了企业的竞争优势，但从长远的角度来看会导致企业缺乏提升其产品质量的动力，最后导致国家整个产业质量的落后，所以国家需要谨慎对待补贴这一手段。卡热等（2015）探究这样一个情况：购买者在无法提前知晓所要购买产品的情况下，出卖方的声誉会对其出口有何影响，为此他们构建了一个不完全信息模型，并得到了高低质量两个均衡。进一步研究发现在低质量均衡模型下出口补贴增加了出口国出口质量和出口国福利的平均值，在高质量均衡模型下出口补贴降低了出口国出口质量和出口国福利的平均值。

汪建新等（2015）认为信贷约束作为企业资金使用的成本是对企业生产行为的一种约束，资金作为生产过程中重要的一部分，它的缺失会严重影响企业的生产行为，企业为了保证正常的生产活动，不会轻易将有限的资金投入到不能快速得到回报的研发创新过程中，降低企业改善产品质量的动力。许明（2016）研究得出了相似的结论，他建议政府应该着重改善民营企业融资难的问题，保证企业能有足够的资金发展，政府应该帮助企业在规则之下寻找各种合适的融资形式。黄（2014）研究发现用工成本在很大程度上会影响出口产品质量与贸易距离之间的关系：用工成本低的国家其出口产品质量随出口目的国距离的增加而减少，用工成本高的国家其出口产品质量随出口目的国的距离增加而提高。王明益（2014）重点研究了工资水平和汇率对中国制造业出口质量的影响，发现不同行业人力成本对出口质量影响不同，只有在人力成本高的行业，工资与出口质量正相关，人力成本低的行业里，工资与出口质量无关。余淼杰等（2017）利用 2000～2006 年制造业企业和海关进出口贸易数据，实证发现人民币升值带来的竞争压力促进了出口质量的提升：10% 的人民币升值使企业出口质量平均上升 0.19%。质量差异化程度大的行业中，人民币升值对出口质量的提升效应为 0.4%。

坎德尔瓦尔等（2013）认识到贸易壁垒会严重影响出口质量，他们研究中国纺织品出口数据，发现在取消纺织品配额政策之后，能提升资源分配效率，促进产品出口质量的提高。李方静（2016）认为良好的制度环境会显著促进一国（地区）出口质量的提升。许家云等（2017）也得出类似结论，认为良好的地区制度环境有利于强化在生产过程中使用进口中间品的产品质量提升。施炳展（2015）研究发现随着中国外资企业出口的增加，内资企业出口的产品质量下降。进一步将从广度和深度考虑FDI对出口质量的影响，发现FDI深度的深化会阻碍内资企业的产品质量提升，但使FDI广度的增加会促进内资企业产品质量的提升，将两种影响累加，FDI的增加会阻碍内资企业出口质量的提升。同时不可否认的一点就是目前外资企业出口产品质量要高于内资企业。李坤望等（2013）的研究结论与施炳展（2015）的结论不同，他们认为近年来中国大量使用的FDI对出口产品质量的提升起了重要的促进作用。

三、企业家精神与贸易相关文献

企业家精神在贸易领域的研究主要集中在企业家精神如何影响出口绩效、贸易持续时间等方面。

莱科－西米兹和霍瓦特（2006）对88个克罗地亚出口商进行研究，研究发现克罗地亚出口商表现糟糕的原因之一就是企业家们不愿意冒险、缺乏创业精神。阿比敦（2016）研究企业家资源再配置能力、学习能力和创业倾向对中小企业出口绩效的影响，通过对201家尼日利亚企业的研究他发现创业倾向确实会促进企业绩效的提升，同时企业家资源再配置能力、学习能力能够通过创业倾向这一中介变量影响出口绩效。卡明等（2014）研究创业对各国人均GDP、失业率、出口与GDP比值和专利的影响，他们分别使用了世界银行和经济合作与发展组织所提供给的数据，发现在使用世界银行数据时，创业对出口与GDP比值有显著的促进作用，而使用经合组织提供的数据时却无法得出这个结论；同时他们还在研究中发现过度强大的债权人权利限制了创业风险，从而显著减小了企业家精神的影响。此外，数据表明与低风险承担相关的文化态度限制了企业家精神的有效性。之后有学者将企业家精神细分，考虑了创业精神与创新精神分别对出口绩效的影响。哈利达等（2015）的研究结果表明，早期阶段，知识的传递更容易，故创新精神直接影响出口绩效，但会随时间慢慢减弱；创业能力与伙伴关系管理之间负相关，并且缺乏关于创业能力在初始出口绩效中的作用的证据，认为企业在市场进入阶段，必须注重产品优势和营销能力，以实现绩效目标。

国内学者对企业家精神在贸易领域的影响也有一些研究：李小平、李小克（2017）研究企业家精神与地区出口比较优势时发现两者之间存在着正向联系，在深入分析其中的机理后他们提出，政府可以通过构建良好的法治环境来增强这种两者间的联系。何有良、陆文香（2018）关注企业家精神与出口持续时间的关系，他们分别从静态和动态两个方面去分析问题，发现企业家精神能延长出口持续时间。在进一步分析机制后他们提出政府在应该通过加强法治水平来保证企业家精神对出口持续时间的作用，避免使用行政手段来干预。

四、现有文献评述

毫无疑问，上述文献的研究成果构成了本章广泛而深厚的研究基础，仔细研读后发现现有研究仍不完美，可以改进：

第一，现有文献研究企业家精神的经济效应都停留在宏观层面，绝大多数学者在度量创新精神和家创业精神的时候都只停留在省级层面，这样会忽略行业的异质性带来的差异。本章用来衡量企业家创新精神的数据是《中国城市和产业创新力报告2017》公布的创新指数，此指数计算了每一个城市、每一个行业的创新力指数，包含了城市行业的异质性，与其他衡量方法相比，其还有三个独到之处：为比较不同城市和产业的创新能力计算时使用创新产出数据，而非创新投入；为了保证指数的即时性和前瞻性，使用国家知识产权局和国家工商总局的微观大数据，而非宏观数据；鉴于不同专利的价值差别较大，防止使用专利数量代表城市或产业的创新力带来较大误差而使用专利价值。

第二，现有文献在测算出口质量时主要使用单价法、需求信息推断法、供给需求信息加总法，然而这三种方法都有其缺点：单价法会忽略企业生产率异质性带来的差异，无法将价格与质量分离；需求信息推断法通过利用出口离岸价代表出口目的地消费者所面对的价格，在从量贸易成本广泛存在的情况下，导致对价格这一关键变量的测量误差，同时此方法利用国家—年份固定效应去除难以观测的宏观价格和收入因素，导致所得的产品质量测算值跨时跨国不可比，为描述总体出口质量变化带来困难。相对而言，供给需求信息加总法优于单价法和需求信息推断法，能够解决其他两种方法存在的问题，但这种方法最大的不足在于无法使用微观数据。为准确衡量出口质量，本章运用余淼杰、张睿（2017）的方法得到包含企业异质性，消除价格的测量误差，跨市跨国可比的质量指标。

第三，现有关于企业家精神的文献大多是研究企业家精神与经济增长之间的关系，只有很少文献研究企业家精神与贸易的关系。同时这不多的企业家精神与贸易相关的文献中大多又是从出口绩效、出口增长、出口强度和出口倾向等方面实证考察企业家精神的出口贸易效应。本章将企业出口质量纳入企业家精神的研究中，从微观企业角度分析研究企业家精神如何影响企业出口质量。

第三节 理论与数据

一、企业家精神内涵、测算与趋势分析

（一）企业家精神内涵

企业家精神是什么？我们如何理解企业家精神？每位学者都有着自身的看法。综合不同学者对企业家精神研究的观点，本章认为：企业家作为企业的灵魂，不仅仅是简单追求投机套利，更是不安现状、冒着风险不断创新进步，而作为企业家所拥有的特质，企业家精神脱离了单纯地追逐个人利益，其承载的是更加深刻的社会使命感，为社会发展、经济进步而不断前行做出贡献。因此企业家精神的内涵就是企业家的创新活动、将创新转化为经济价值的思想活动、将想法转换为日常实践中的创业活动。

一些学者将企业家分为两种类型：风险型企业家和创新型企业家。前者拥有的被称为创业精神，后者拥有的被称为创新精神。这两者各不相同，但又不完全独立，企业家创新精神不是企业家创业精神，但是两者之间无法明确分割。企业家在创业过程中体现了创新精神，使已有的创新精神得到检验并注入全新的实践内涵；同时创新精神也升华了创业过程，使创业者在创业过程中的商业视角得到了提升，在市场中更好地寻找机会，保障企业能够持续发展。企业家创新精神发挥作用的核心就在于能够将一切有利的条件加以利用使企业得到发展，从而带动整个社会经济发展，造福整个社会；而企业家创业精神又推动着创业者加速新产品生产，老的企业家也不断创新以应对不断出现的新竞争对手。因此企业家精神既是企业家创新精神与企业家创业精神两者独立的体现，又是两者结合在一起不断互相影响的集合。接下来本章将具体谈谈企业家精神中所包含的这两种精神。

企业家创业精神是指企业家在创业时所表现出来的精神。创业艰苦，企业家们在创业的过程中充满着风险，企业家需要依靠自身过硬素质解决创业过程中面临的难题，需要以不屈的精神来面对创业过程中的打击，需要以乐观的精神面对创业过程中的辛酸。此外敢于参与创业活动的企业家也拥有一般人所不具备的性格，如富有事业心、敢于冒险和富有自信等性格。这些性格帮助企业家在创业路上坚定前进，直至创业的终点。故这些特有的品质特征可以被视作企业家创业精神。

企业家创新精神是熊彼特“创造性破坏”概念思想的核心。熊彼特理论中的创新与我们现在所理解的创新有所不同，并不是指具体的发明创造。熊彼特理论中的创新是指一种能力，将实物甚至是制度上的发明创造利用起来，并获得经济收益的能力。市场上竞争十分激烈，企业家必须要时刻保持创新意识，以便跟上不断进

步的市场环境；同时企业家的创新精神不仅仅意味着企业家自身对创新的追求，更包含着指导督促全企业、全团队的创新；企业家还应该有改善企业内外部各横向与纵向环节的能力。故本章认为企业家的创新精神不仅仅是对技术创新的追求，传统意义上的技术发明已经不能充分解释"创新"了，这里的企业家创新精神的内涵应该扩展为对包括了所有的能促进企业发展的变化的追求与将其转化为经济收益的能力。

（二）企业家精神测算

企业家精神是一种抽象的概念，在经济学的研究中需要将其量化。在对前人的研究过程与结果归纳总结之后，本章认为可以分别从创新精神与创业精神两方面量化企业家精神这一概念，将其细分为两个部分符合众多学者对企业家精神这一概念的认知，与其内涵相吻合，符合本章的研究目标。

1. 企业家创新精神测度

比较传统的方法是利用专利申请存量占本地区总人口的比例，但是就数据的可得性而言，这个方法一般只计算到了省级层面，并且由于不同专利的价值差别较大，使用专利数量代表创新力会存在较大误差。例如，普遍而言，相比一般的专利，标准必要专利（standard essential patents）的私人价值明显更大[①]。本章使用《中国城市和产业创新力报告 2017》中每个城市、每个行业的创新力指数来衡量企业家创新精神[②]。

2. 企业家创业精神测度

本章参考李小平、李小克（2017）的做法，基于企业家精神的数量效应与就业效应，构建省级层面的企业家创业精神指数。

$$VE_{st} = \frac{Qua_{st}}{Pop_{st}} \times \frac{Emp_{st}}{Emp'_{st}} \tag{3-1}$$

式（3－1）中，s、t 分别表示省份和时间；Qua_{st}、Pop_{st}分别表示 s 省在 t 年时私营企业与个体户总数[③]、s 省在 t 年时的总人口数[④]；Emp_{st}、Emp'_{st}分别表示 s 省在 t 年时的私营企业与个体户的就业人数[⑤]、s 省在 t 年时的全部就业总人数[⑥]；$\frac{Qua_{st}}{Pop_{st}}$表示创业精神的数量效应；$\frac{Emp_{st}}{Emp'_{st}}$表示创业精神的就业效应。

---

① 标准必要专利（standard essential patents）是技术标准要求使用的专利，企业想要达成技术标准就必须获得该专利的许可。一项专利成为标准必要专利后能够给专利权人带来很大的利益，即便存在替代性的专利时也是如此。可见，标准必要专利较之一般专利有着极高的市场价值。

② 寇宗来、刘学悦：《中国城市和产业创新力报告 2017》，复旦大学产业发展研究中心，2017 年。

③ 此数据由各省份私营企业户数（万户）与个体户数（万户）相加得来，各省份私营企业户数（万户）与个体户数（万户）均来源于国家统计局《分省年度数据》数据库。

④ 数据来源于各年《中国统计年鉴》年末常住人口（万人）。

⑤ 此数据由各省份个体就业人数（万人）与私营企业就业人数（万人）相加得到，各省份个体就业人数（万人）与私营企业就业人数（万人）均来源于国家统计局《分省年度数据》数据库。

⑥ 数据来源于各省份统计年鉴，网址：http：//tongji. cnki. net/kns55/Dig/dig. aspx。

（三）企业家精神趋势分析

1. 企业家创新精神趋势

表 3－1 列出了 2001～2010 年企业家创新精神排名前五的省份。分析表中数据可以看到北京市企业家创新精神在 2001～2010 年间始终排名第一。广东省排名进步迅速，从 2001 年排名前五之外增加到 2003 年之后稳定第二。辽宁省排名退步迅速，从 2001～2003 年排名第二逐步退后，到 2007 年之后退出出前五名。上海市、江苏省、浙江省稳定企业家创新精神稳定排在第三名、第四名、第五名。

表 3－1　　2001～2010 年企业家创新精神省份排名（前五）

排名	2001 年	2002 年	2003 年	2004 年	2005 年	2006 年	2007 年	2008 年	2009 年	2010 年
1	北京	北京	北京	北京	北京	北京	北京	北京	北京	北京
2	辽宁	辽宁	辽宁	广东	广东	上海	广东	广东	广东	广东
3	山东	上海	上海	上海	上海	广东	上海	上海	上海	上海
4	上海	山东	广东	辽宁	江苏	江苏	江苏	江苏	江苏	江苏
5	江苏	江苏	山东	江苏	辽宁	辽宁	浙江	浙江	浙江	浙江

资料来源：笔者根据《中国城市和产业创新力报告 2017》中数据整理后得到。

表 3－2 列出了 2001～2010 年企业家创新精神排名倒数前五的省份。分析表中数据可以看到排在倒数前五的大多都是西部地区省份，西藏自治区与青海省稳定排在倒数第一与倒数第二的位置。

表 3－2　　2001～2010 年企业家创新精神省份排名（后五）

排名	2001 年	2002 年	2003 年	2004 年	2005 年	2006 年	2007 年	2008 年	2009 年	2010 年
1	西藏	西藏	西藏	西藏	西藏	西藏	西藏	西藏	西藏	西藏
2	青海	青海	青海	青海	青海	青海	青海	青海	青海	青海
3	宁夏	宁夏	海南	海南	海南	海南	海南	海南	宁夏	宁夏
4	海南	海南	宁夏	宁夏	宁夏	宁夏	宁夏	宁夏	海南	海南
5	内蒙古	内蒙古	新疆	新疆	新疆	新疆	新疆	新疆	新疆	新疆

资料来源：笔者根据《中国城市和产业创新力报告 2017》中数据整理后得到。

表 3－3 列出了 2001～2010 年企业家创新精神排名前十的城市。分析表中数据可以看到北京市在 2001～2010 年间始终占据着第一的位置，上海在 2001～2008 年间位列第二位。深圳的表现十分抢眼，2002 年之前深圳企业家创新精神拍不到前十，在 2003 年第一次进入前十后一路快速上升，只用了一年就完成了从第九名到第三名的飞跃，更是在 2009 年一举超越上海，占领了排名第二的位置。与深圳抢

眼表现相反的是沈阳，沈阳在 2001 ~ 2003 年间占据着第三的位置，但是之后其排名一路下降，2004 年就降到了第九名，到 2007 年时甚至跌出了前十名。

表 3 – 3　　2001 ~ 2010 年企业家创新精神城市排名（前十）

排名	2001 年	2002 年	2003 年	2004 年	2005 年	2006 年	2007 年	2008 年	2009 年	2010 年
1	北京	北京	北京	北京	北京	北京	北京	北京	北京	北京
2	上海	上海	上海	上海	上海	上海	上海	上海	深圳	深圳
3	沈阳	沈阳	沈阳	深圳	深圳	深圳	深圳	深圳	上海	上海
4	成都	成都	武汉	武汉	广州	天津	天津	杭州	杭州	杭州
5	天津	广州	广州	广州	武汉	广州	杭州	天津	天津	南京
6	武汉	武汉	成都	南京	天津	武汉	广州	南京	南京	天津
7	广州	天津	南京	成都	南京	南京	南京	广州	广州	广州
8	南京	南京	天津	天津	成都	杭州	武汉	武汉	武汉	武汉
9	大连	大连	深圳	沈阳	杭州	成都	成都	成都	成都	成都
10	西安	西安	大连	大连	沈阳	沈阳	西安	西安	长沙	长沙

资料来源：笔者根据《中国城市和产业创新力报告 2017》中数据整理后得到。

表 3 – 4 列出了 2001 ~ 2010 年企业家创新精神排名前五的行业①。化学原料及化学制造品企业家创新精神始终处在第一的位置。医药制造排名自 2008 年之后逐年降低。通用设备制造排名于 2008 年之后上升至第二。金属制品业于 2006 年之后排名逐步降低。电子机械及器材自 2004 年进入前五后排名稳定前进。

表 3 – 4　　2001 ~ 2010 年企业家创新精神行业排名（前五）

排名	2001 年	2002 年	2003 年	2004 年	2005 年	2006 年	2007 年	2008 年	2009 年	2010 年
1	化学原料及化学制品	化学原料及化学制品	化学原料及化学制品	化学原料及化学制品	化学原料及化学制品	化学原料及化学制品	化学原料及化学制品	化学原料及化学制品	化学原料及化学制品	化学原料及化学制品
2	医药	医药	医药	医药	医药	医药	医药	医药	通用设备	通用设备
3	通用设备	通用设备	通用设备	通用设备	通用设备	通用设备	通用设备	通用设备	医药	电气机械及器材

① 这里使用的行业划分是按照《国民经济行业分类》（GB/T4754 – 2011）标准进行划分的。

续表

排名	2001 年	2002 年	2003 年	2004 年	2005 年	2006 年	2007 年	2008 年	2009 年	2010 年
4	金属制品	金属制品	金属制品	金属制品	金属制品	金属制品	电气机械及器材	电气机械及器材	电气机械及器材	医药
5	通信设备、计算机及其他电子设备	通信设备、计算机及其他电子设备	通信设备、计算机及其他电子设备	电气机械及器材	电气机械及器材	电气机械及器材	金属制品	金属制品	金属制品	通信设备、计算机及其他电子设备

资料来源：笔者根据《中国城市和产业创新力报告 2017》中数据整理后得到。

2. 企业家创业精神趋势

表 3 －5 列出了 2001 ～2010 年企业家创业精神排名前十的省份。可以看到在 2003 年之前辽宁省企业家创业精神最高，北京在 2003 年及之后反超辽宁，成为第一。东北各省份企业家创业精神排名逐年降低，东部地区省份排名逐步提升。北京、上海、浙江稳定占据着排行榜的前三。中部的山西、安徽、江西、河南、湖北、湖南这六个省份在 2001 ～2010 年间没有一次进入前十名中。

表 3 －5　　2001 ～2010 年企业家创业精神省份排名（前十）

排名	2001 年	2002 年	2003 年	2004 年	2005 年	2006 年	2007 年	2008 年	2009 年	2010 年
1	辽宁	辽宁	北京	北京	北京	北京	北京	北京	北京	北京
2	浙江	北京	上海	上海	上海	上海	上海	上海	上海	上海
3	内蒙古	上海	浙江	浙江	浙江	浙江	浙江	浙江	浙江	浙江
4	上海	浙江	辽宁	辽宁	辽宁	辽宁	江苏	江苏	江苏	江苏
5	黑龙江	内蒙古	黑龙江	江苏	江苏	江苏	辽宁	广东	辽宁	辽宁
6	陕西	陕西	天津	广东	广东	广东	广东	辽宁	广东	广东
7	河北	黑龙江	新疆	天津	青海	天津	天津	宁夏	宁夏	宁夏
8	天津	江苏	广东	青海	天津	青海	宁夏	西藏	内蒙古	内蒙古
9	江苏	天津	内蒙古	新疆	新疆	新疆	新疆	天津	西藏	海南
10	新疆	新疆	陕西	陕西	陕西	宁夏	西藏	新疆	重庆	吉林

资料来源：笔者根据《中国城市和产业创新力报告 2017》中数据整理后得到。

表 3 －6 列出了 2001 ～2010 年企业家创业精神排名倒数前十的省份。可以看到在贵州省企业家创业精神稳定排在最后一名。其他排在倒数前十的省份主要为中部地区和西部地区的省份。

表 3－6　　2001～2010 年企业家创业精神省份排名（后十）

排名	2001 年	2002 年	2003 年	2004 年	2005 年	2006 年	2007 年	2008 年	2009 年	2010 年
1	贵州	贵州	贵州	贵州	贵州	贵州	贵州	贵州	贵州	贵州
2	河南	河南	河南	河南	甘肃	甘肃	河南	河南	河南	河南
3	甘肃	甘肃	甘肃	甘肃	河南	河南	甘肃	甘肃	甘肃	甘肃
4	山西	湖南	湖南	云南	山西	湖南	湖南	湖南	湖南	河北
5	湖南	山西	云南	湖南	湖南	山西	云南	安徽	安徽	湖南
6	四川	四川	四川	四川	云南	云南	湖北	云南	广西	安徽
7	云南	云南	吉林	广西	湖北	湖北	安徽	广西	云南	广西
8	西藏	西藏	广西	福建	广西	广西	广西	江西	陕西	陕西
9	江西	江西	江西	湖北	福建	福建	福建	河北	江西	云南
10	重庆	福建	山西	山西	四川	江西	江西	湖北	山西	青海

资料来源：笔者根据《中国城市和产业创新力报告 2017》中数据整理后得到。

二、中国制造业出口质量的测算和分析

（一）出口质量测算理论框架

构建一个消费者支出函数式（3－2），其中 j 代表国家，g 代表产品类别①，ω 代表连续的差异化产品。本章所设的支出函数包含着一个假设，即消费者效用与产品质量也相关。

$$E_{jg} = U_{jg} \times P_{jg} = U_{jg}\left[\int \left(\frac{p_{\omega j}}{z_{\omega j}^{\alpha_{jg}}}\right)^{1-\sigma_j} d\omega\right]^{\frac{1}{1-\sigma_g}} \tag{3-2}$$

效用 $U_{jg}>0$，$a_{jg}=1+\gamma_g \ln(U_{jg})$。$p_{\omega j}$ 和 $z_{\omega j}$ 分别为在 j 国销售的产品品种 ω 的到岸价格和质量。a_{jg} 为反映 j 国消费者对产品类别 g 的“质量偏好程度”参数。σ_g 为在产品 g 中，不同品种之间的替代弹性。需求函数可由式（3－3）得到：

$$q_{\omega j} = \frac{\partial E_{jg}}{\partial p_{\omega j}} = \left(\frac{\partial E_{jg}}{\partial \overline{p_{\omega j}}}\right) \times \frac{1}{(z_{\omega j})^{\alpha_{jg}}} = E_{jg} \times P_{jg}^{\sigma_g - 1} \times p_{\omega j}^{-\sigma g} \times z_{\omega j}^{\alpha_{jg}(\sigma_g - 1)} \tag{3-3}$$

$\overline{p_{\omega j}} \equiv p_{\omega j}/(z_{\omega j})^{\alpha_{jg}}$ 为产品的“质量调整后价格”，可以看到，这一指标为价格与质量之比，因此“质量调整后价格”的下降可理解为企业产品的“性价比”上升。

企业在垄断竞争的市场结构中同时决定其生产的差异化产品的质量和价格。对于在 j 国销售产品类别 g 的企业 i 来说，p_{ijg}^{*} 为产品的离岸出口价，z_{ijg} 为产品的质量。企业 i 的利润最大化问题以式（3－4）表示：

① 本章以 HS 6 位分位码作为不同类型产品的划分标准。

$$\max_{p_{ijg}^*;z_{ijg}}[(p_{ijg}^* - c_i(z_{ijg}, \omega))] \times \frac{\tau_{ijg}q_{ijg}}{tar_{jg}} \tag{3-4}$$

其中，$c_i(z_{ijg}, \omega)$ 为依赖于产品质量 z_{ijg} 和投入品的成本水平 ω 的单位生产成本，q_{ijg} 为企业 i 销往 j 国的产品类别 g 的数量，tar_{jg} 为 j 国对产品类别 g 所征收的进口关税。企业出口面临两种贸易成本：从价成本 τ_{ijg} 和从量成本 T_{ijg}，离岸出口价 p_{ijg}^* 和到岸出口价 p_{ijg}^* 之间的关系满足式（3－5）：

$$p_{ijg} = (p_{ijg}^* + T_{ijg})\tau_{ijg} \tag{3-5}$$

这一到岸价格 p_{ijg} 为 j 国消费者所面临的价格。假设单位生产成本的函数形式为 $c_i(z_{ijg}, \omega) = \omega(z_{ijg})^{1/\theta_g}/\varphi_i$，企业在提高产品质量时面临边际成本递增，而 $0 < \theta_g < 1$ 则为在产品类别 g 中衡量这一成本递增效应大小的参数。φ_i 为企业 i 的生产率。由企业优化问题的一阶条件可得到式（3－6）：

$$\ln(z_{ijg}) = \theta_g\left[\ln(k_{ijg}p_{ijg}^*) - \ln\left(\frac{\omega}{\varphi_i}\right)\right] \tag{3-6}$$

其中，$k_{ijg} = \alpha_{jg}\theta_g(\sigma_g - 1)/[1 + \alpha_{jg}\theta_g(\sigma_g - 1)]$。对于不同的年份 t，我们可以将产品质量表达成为式（3－7）：

$$\ln(z_{ijgt}) = \theta_g[\ln(k_{ijg}) + \ln(p_{ijgt}^*) + \ln(\varphi_{it}) - \ln(\omega_t)] \tag{3-7}$$

从式（3－6）我们可以分析出三条信息：

（1）企业的全要素生产率 φ_{it} 作为企业异质性的一个重要体现，会对测算出的企业—出口目的国—产品层面出口质量产生正向影响。

（2）价格 p_{ijgt}^* 会正向影响质量，这与之前将利用产品单价作为产品质量的研究相一致。

（3）企业生产时投入各种要素的成本率 ω_t 越高，产品质量越低。

（二）出口质量测算具体过程

分析之前推导所得的式（3－7），想要最终得到所需的企业—出口目的地国—产品层面的出口质量需要分别得到式（3－7）右侧的所有参数：企业—出口目的国—产品—年份层面的出口离岸价格 p_{ijgt}^*、每家企业各年的全要素生产率 φ_{it}、每个行业每一年的成本率 ω_t、结构性参数 α_{jg}、结构性参数 θ_g、结构性参数 σ_g。仔细分析以上所有待获取参数后，本章将从三大步骤解决问题。

1. 工业企业数据库与海关数据库的处理与匹配

本章从工业企业数据库获取企业生产、财务信息。此数据库拥有所有国有企业和规模以上的非国有企业基本信息以及生产和财务方面的数据，这些数据的可靠性已经得到国内学者的广泛认可。本章借鉴布兰特等（Brandt et al.，2012）和杨汝岱（2015）等的数据处理思路，对数据进行以下处理。第一步，进行跨期数据的识别与匹配。本章采用三步匹配法，首先，将相同法人代码的企业识别成同一家企业；其次，将那些法人代码缺失、重复、无法成功匹配的企业汇总，利用企业名称进行匹配；再次，将企业名称重复、缺失、未匹配成功的企业汇总之后利用“法人姓名+省地县码+电话号码”这一识别代码识别；最后，得到2000~2007年的8年非平衡面板数据。第二步，删除不属于制造业的企业数据①。第三步，清洗样本，将拥有不合会计准则值的样本删除。

本章还使用了来自中国海关总署2001~2007年进出口贸易数据。由于海关数据库内数据量巨大，无法将所有数据一次性处理，结合本章的研究目标，将只保留一般贸易出口数据，同时由于海关数据库中还存在出口目的地为中国的数据，这部分也需要删除。之后对于数据库中记录的条目，本章只保留产品种类、公司名称、法人代码、交易金额、数量、目的国这几个指标，再将每年所有月份的数据汇总到一起，方便之后将工业库与海关库匹配。由于HS 6位码的协调版本不一致，本章根据联合国贸易统计司提供的HS 1996-HS 2002编码转换表将产品编码全部统一为HS 1996版本②。为方便之后处理数据，利用欧盟提供的HS 1996-SITCRev. 2编码转换表、HS 1996-SITCRev. 3编码转换表将产品编码全部统一为SITCRev. 2版本、SITCRev. 3版本，之后在利用SITCRev. 3-isicv3编码转换表将产品编码全部统一为isicv3版本，最后利用《中华人民共和国国际标准国民经济行业分类》中提供的对照表将产品编码全部统一为CIC 2位编码③。这样，本章就完成产品编码从HS 1996到CIC 2位编码的转变。

本章需要的是具有一般贸易出口行为的制造业企业生产信息与出口销售信息，但生产信息在工业库中，出口销售信息在海关库中，所以需要将两个数据库中的信息匹配合并，从而得到一家企业完整的生产和出口信息。同时这两套数据中用于识别企业唯一性的代码的编码方式不一样，不能简单地将两个数据库合并到一起，要使用一套方法将不同库中的同一家企业唯一识别④。本章参考了田巍、余淼杰(2013)⑤使用的匹配方法，并在此基础上进行改进，主要分为三个步骤：（1）将企业名称作为连接两个数据库的唯一企业识别代码进行匹配；（2）将上一步中为未能成功匹配的数据汇总，将两个数据库中企业的“电话号码后七位+邮政编码”作为识别企业的唯一代码进行匹配，将这一步中识别出的数据单独提出，然后对识别出的数据在工业库与海关库中的企业姓名进行模糊识别，只保留模糊识别通过的企业数据作为第二步成功识别的企业；（3）将第二步中未能通过唯一识别码识别和未能通过模糊识别的数据汇总，将“企业联系人+邮政编码”作为识别企业的唯一代码进行匹配，将这一步中识别出的数据单独提出，然后对识别出的数据在工业库与海关库中的企业姓名进行模糊识别，只保留模糊识别通过的企业数据作为第三步成功识别的企业。将通过上述三步识别的数据汇总，就为本章所用到的研究样

① 《中华人民共和国国际标准国民经济行业分类》中13~42，16除外。

② 2000~2001年海关产品采用HS 1996版本，2002~2006年海关产品采用HS 2002版本，cepii-beci采用HS 1996版。

③ 详细转换表可以从以下网址获得：http://ec.europa.eu/eurostat/ramon/relations/index.cfm?TargetUrl=LST_REL&StrLanguageCode=EN&IntCurrentPage=7。

④ 海关数据企业编码是10位，而工业企业调查数据编码是9位。

⑤ 田巍、余淼杰：《企业出口强度与进口中间品贸易自由化：来自中国企业的实证研究》，载于《管理世界》2013年第1期。

本。最终我们获得 2001 ~ 2007 年 68443 家具有一般贸易出口行为的企业，观测值总量 2864795 个。

2. 企业全要素生产率数据的获得

一般全要素生产率的计算使用索罗余值法，假设企业的生产函数形式满足 Cobb – Douglas 函数形式：

$$Y_{it} = \varphi_{it} K_{it}^{\alpha} L_{it}^{\beta} M_{it}^{\gamma} \tag{3-8}$$

式（3 – 8）中 Y_{it}、K_{it}、L_{it}、M_{it}分别表示企业 i 在 t 总时的总产出、资本存量、劳动力投入、中间投入。对生产函数左右取对，可以得到式（3 – 9）：

$$\ln(Y_{it}) = \ln(\varphi_{it}) + \alpha\ln(K_{it}) + \beta\ln(L_{it}) + \gamma\ln(M_{it}) \tag{3-9}$$

对式（3 – 9）进行估计，估计所得的残差即为 $\ln(\varphi_{it})$ 的估计值，同时也是本章所需要的企业全要素生产率。

在对企业生产函数的估计过程中，要素投入与 TFP 间的同时性问题会使得传统的普通最小二乘法（OLS）估计失效，而 OP 半参数法（Olley & Pakes，1996）和 LP 法（Levinsohn & Petin，2003）则通过设立代理变量的办法避免估计时存在的同时性和选择性偏误。

本章主要采用 OP 法测算企业全要素生产率。在计算过程中使用企业工业总产出来衡量总产出，企业从业人员年均人数衡量劳动力投入，企业真实资本衡量企业资本存量，中间投入品值作为企业生产率代理变量。值得注意的是，以上四个指标只有企业工业总产出、企业从业人员年均人数、中间品投入这三个值在工业企业数据库中是有直接记录的，但企业的真实资本存量并没有在工业企业数据库中直接存在，此外各种数值如何进行平减处理也值得仔细思考①。故本章在使用 OP 法计算全要素生产率过程中着重考虑并解决了以下几个问题：第一，企业真实资本存量衡量问题，本章参考布兰特等（2012）的方法，利用永续盘存法对企业的真实资本存量进行估计，使用永续盘存法时，本章设定的折旧率为目前较为通行的 9%；第二，考虑到每个行业中企业生产技术不同，本章将样本按照基于统一至 2002 版本的“国民经济行业分类”（GB/T4754—2002）二位码行业进行分类，对每一个二位码行业下个企业进行生产率的估计，得到每一个行业不同的三种要素的投入替代弹性；第三，为克服价格指数变化所带来的测量误差，本章使用每一行业的工业品出厂价格指数对工业总产出这一指标进行平减；第四，同样是为克服价格指数变化所带来的测量误差，企业的中间品投入也需要进行价格平减，本章综合利用 1997 年 123 部门投入产出表、2002 年 122 部门投入产出表、2007 年投入产出表作为权重，结合工业品出厂价格指数分段构建中间品投入价格指数②。

3. 出口离岸价格的获得

出口离岸单位价格记录在海关数据库中。由于海关数据库中所记载的有关价格

---

① 对于资本数据的选择，有时也会直接使用工业企业数据库中固定资产年均余额这一指标。

② 投入产出表来源于国家统计局网站：http：//data. stats. gov. cn/ifnormal. htm？ u =/files/html/quick-Search/trcc/trcc01. html&h =740。

和金额的数值都是以美元计价的，所以本章按月利用人民币兑美元汇率将每笔记录的交易转换为以人民币计价，同时为克服价格指数变化所带来的测量误差，利用相应行业的工业品出厂价格指数予以平减。将企业 i 在 t 年出口到国家 j 里产品类别 g 的离岸价值和数量加总得到总价值与总数量，再将总价值处以总数量，得到企业—目的地国—产品层面的价格 p_{ijgt}^*。值得注意的是，本章所出现的产品类别 g 是以 HS 6 位产品分类码作为标准的。

4. 成本率的获得

余淼杰、张睿（2017）认为劳动成本 ω_t 是包含着资本 ω_t^K、劳动 ω_t^L、中间品投入 ω_t^M 三种要素投入价格的“综合成本率”：

$$\ln(\omega_t) = \alpha'\ln(\omega_t^L) + \beta'\ln(\omega_t^K) + \gamma'\ln(\omega_t^M) \tag{3-10}$$

由于样本选择为一般贸易出口，因此生产用的绝大部分中间品投入都应该为国内市场，同时在之前的步骤中，已经利用工业品出厂价格指数和利用投入产出表与工业品出厂价格指数测算的中间投入品价格指数对产出与中间品进行了平减，且所有行业的产出同时作为本行业和其他行业的中间投入，因此在均衡时有 $\omega_t^M = 1$，此时式（3-10）变化为：

$$\ln(\omega_t) = \alpha'\ln(\omega_t^L) + \beta'\ln(\omega_t^K) \tag{3-11}$$

α'、β'分别表示劳动成本和资本成本在综合工资率中所占的比例。将每个 CIC 2 位码行业中每年出口企业的应付工资总额和应付福利总额加总并予以价格平减，处以该行业每年出口企业的总职工人数，得到 ω_t^L。将每个 CIC 2 位码行业中每年出口企业的折旧加总并对其平减，处以该行业每年出口企业的总真实资本存量，得到 ω_t^K。

在计算全要素生产率时，已经获得了每一 CIC 2 位码行业的投入品弹性 α、β、γ，进而可以得到 $\alpha' = \alpha/(\alpha+\beta+\gamma)$、$\beta' = \beta/(\alpha+\beta+\gamma)$。此时，可以根据式（3-11）计算得到每年每个 CIC 2 位码行业的综合成本率。

5. 结构性参数的获得

本章直接使用芬斯特拉和罗马里斯（2014）所估计出的每个国家 SITCRev. 2 版本 4 位码产品层面的结构性参数 α_{jg}、θ_g、σ_g 数值计算产品质量。将匹配好的工业海关数据库与芬斯特拉个人网站上所提供的数据进行匹配①，以求获得行业-出口目的国层面上的 α_{jg}、θ_g、σ_g 参数值。但是由于一部分 HS 6 位码对应的 SITCRev. 2 版本 4 位码层面数据位缺失值，缺失的数值用 SITCRev. 2 版本 3 位码平均 α_{jg}、θ_g、σ_g 代替。

本章通过从以上五步获得了企业全要素生产率 φ_{it}、企业—目的地国—产品层面的价格 p_{ijgt}^*、每个 CIC 2 位编码行业的综合成本率、行业—出口目的国层面上的 α_{jg}、θ_g、σ_g 参数值，之后根据式（3-7）计算出企业—出口目的国—产品层面的出口质量 $\ln(z_{ijgt})$。

---

① 罗伯特芬斯特拉的个人网站：http：//www. robertfeenstra. info/。

（三）中国制造业产品出口质量总体情况

1. 中国制造业产品出口质量总体情况

中国制造业产品出口质量到底如何？我国制造业产品出口质量到底经历了什么样的变化？本章试图利用测算所得的结果回答这个问题。

为避免极端值所带来的影响，本章将每个 HS 6 位编码产品类别中上下 1% 的观测值删除。根据式（3－7）计算所得的质量 $\ln(z_{ijgt})$ 在同一 HS 6 位编码产品类别划分下可以进行跨出口目的国、跨时间段进行比较，但不能将产品质量进行跨产品类别加总，这意味着不能将数据汇总到企业层面上用以分析企业个体的行为。于是本章进一步对质量进行标准化处理，使得不同产品类别的产品质量能够进行加总和比较：

$$q_{ijgt} = \ln(z_{ijgt}) - \ln(z_{10\%g})$$

本章将企业—出口目的国—产品层面的出口质量 $\ln(z_{ijgt})$ 减去相应产品类别总体质量的 10% 分位数，得到标准化质量 q_{ijgt} 用以描述企业—出口目的国—产品层面的出口质量 $\ln(z_{ijgt})$ 与其所属特定产品类别内 10% 分为产品质量的差距，这样得到标准化质量 q_{ijgt} 可以进行跨产品比较和加总。

表 3－7 呈现了 2001～2007 年标准化处理后的中国制造业出口产品质量分布情况。从出口产品数目来说，2001～2007 年这 7 年时间内一直在明显增长，其中增长最快的年份是 2004 年，增长高达 61%。

表 3－7　2001～2007 年中国产品出口质量总体分布

年份	样本数	均值	中位数	25% 分位	75% 分位	标准差
2001	159838	0.693	0.524	0.192	1.002	0.812
2002	204823	0.701	0.528	0.198	1.005	0.810
2003	274675	0.713	0.536	0.203	1.026	0.817
2004	444630	0.773	0.581	0.242	1.089	0.853
2005	489830	0.782	0.594	0.254	1.080	0.852
2006	594221	0.811	0.616	0.263	1.131	0.877
2007	643246	0.836	0.628	0.257	1.171	0.919
总体	2811263	0.782	0.589	0.241	1.099	0.866

资料来源：笔者根据前文计算出的中国产品出口质量数据整理后得到。

从质量的均值上来看，2001～2003 年中国出口产品总体质量维持在较为稳定的水平上，从中位数来看，与均值变化趋势相同，也能印证 2001～2003 年平稳的表现。在 2001～2007 年整个样本区间中，中国出口产品总体质量均值上升了 20.6% 中位数上升了 19.8%，年均增长率在 2.64% 左右。再看中国出口产品总体质量25%与75%分位数，其在2001～2007年走势与均值相同，都是在2001～2003年保持平稳，2003～2007年持续上升。但是值得注意的是，中国出口产品总体质量25%分位数在2001～2007年上升了33.8%，而中国出口产品总体质量75%在2001～2007年上升了11.8%。中国出口产品总体质量标准差上升0.107。图3－1和图3－2反映2001～2007年中国出口产品总体质量分布变动情况，从图3－1和图3－2来看中国出口产品总体质量在2001～2007年呈现分布整体向右平移。

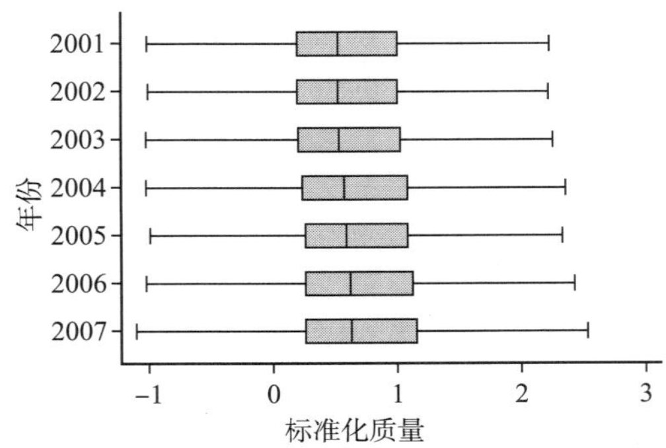

图3－1　2001～2007年中国出口产品总体质量分布

资料来源：笔者根据计算出的中国产品出口质量数据整理后绘制。

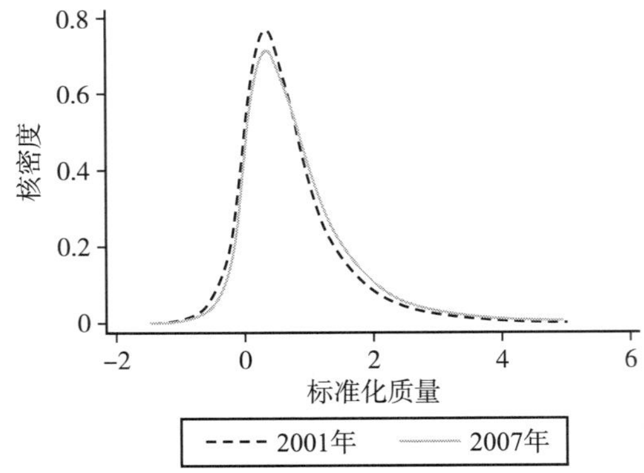

图3－2　2001年与2007年中国出口产品总体质量变动情况

资料来源：笔者根据计算出的中国产品出口质量数据整理后绘制。

之后将样本划分为外资企业与内资企业，考察不同类型资本企业的出口产品质量有何不同。表3－8呈现了两类企业在2001～2007年的分布变化情况，图3－3描绘了2001～2007年中国内外资企业平均质量趋势。与总体情况类似，内外资企业在2001～2003年期间较为平稳，2003～2007年增长明显，同时增长最快的年份都出现在了2003～2004年期间，增长率都在8%左右。横向对比来看，每一年内资企业的质量都低于外资企业的，但从趋势上来说，内资企业在逐步追赶，且内资企业从2002年之后每一年的出口产品质量总体均值的增长率都高于外资企业，并且均值之间的差值也在不断减小，从2002年出现的最高12.3%下降到2007年的8.5%。

表3-8　　2001~2007年内外资企业出口产品质量分布

年份	均值	内资企业 25%分位	75%分位	均值	外资企业 25%分位	75%分位	均值差T检验 内资减外资
2001	0.625	0.144	0.884	0.733	0.227	1.064	-0.108***
2002	0.626	0.146	0.881	0.749	0.238	1.080	-0.123***
2003	0.651	0.152	0.927	0.756	0.245	1.089	-0.105***
2004	0.708	0.196	0.985	0.816	0.280	1.155	-0.108***
2005	0.731	0.208	1.001	0.822	0.296	1.146	-0.091***
2006	0.761	0.213	1.060	0.851	0.309	1.184	-0.090***
2007	0.791	0.209	1.099	0.876	0.307	1.223	-0.085***

注：***、**、*分别表示在1%、5%和10%的水平上具有显著性。计量工具为Stata 13.0。

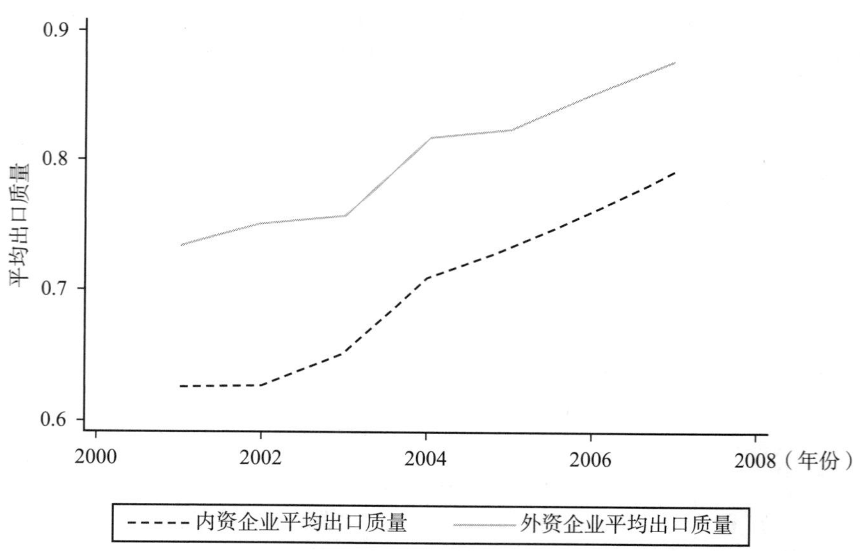

图3-3　2001~2007年中国内外资企业平均质量趋势

资料来源：笔者根据计算出的中国产品出口质量数据整理后绘制。

2. 分行业产品出口质量情况

接下来本章将研究不同制造业行业的出口质量有何不同，考察细分后哪些行业出口质量变动幅度最大。本章根据中国国民经济行业分类（CIC）的2位码行业，计算不同行业在期初2001年和期末2007年的标准化产品质量均值，由于2002年中国加入WTO属于重大事件，故也将2002年各行业出口质量均值计算并展现在表3-9中。

表 3－9　　　国民经济行业分类（CIC）2 位码行业出口产品质量情况

CIC 2 位行业	总体	2001 年	2002 年	2007 年	2001～2002 年	2001～2007 年
农副食品加工	0.539	0.607	0.604	0.447	0.003	0.161 ***
食品制造	0.499	0.481	0.440	0.394	0.041 ***	0.086 ***
饮料制造	0.432	0.536	0.535	0.290	0.001	0.246 ***
纺织业	0.471	0.411	0.433	0.463	－0.0219 ***	－0.052 ***
纺织服装、服饰	0.592	0.521	0.501	0.645	0.0202 ***	－0.124 ***
皮革、毛皮及其制品和制鞋	0.715	0.613	0.611	0.778	0.002	－0.165 ***
木材加工制品	0.429	0.400	0.385	0.432	0.015	－0.032 ***
家具制造	0.827	0.505	0.599	0.989	－0.094 ***	－0.484 ***
造纸和纸制品	0.479	0.313	0.382	0.449	－0.069 **	－0.136 ***
印刷和记录媒介复制	0.658	0.452	0.392	0.720	0.061 **	－0.268 ***
文教、工美、体育和娱乐用品	0.862	0.738	0.727	0.985	0.011	－0.247 ***
化学原料和化学制品制造	0.654	0.708	0.631	0.610	0.077 ***	0.099 ***
医药制造	1.32	1.322	1.376	1.282	－0.054 **	0.040 *
化学纤维制造	0.335	0.399	0.249	0.300	0.150 ***	0.099 ***
橡胶制品	0.628	0.610	0.627	0.617	－0.017	－0.007
塑料制品	0.614	0.525	0.590	0.621	－0.065 ***	－0.096 ***
非金属矿物制品	0.599	0.445	0.476	0.661	－0.031 ***	－0.216 ***
黑色金属冶炼和压延加工业	0.294	0.345	0.420	0.262	－0.075 **	0.083 ***
有色金属冶炼和压延加工	0.684	0.532	0.506	0.791	0.026	－0.259 ***
金属制品	0.676	0.701	0.731	0.650	－0.030 ***	0.049 ***
通用设备制造	1.038	0.865	0.884	1.128	－0.0182	－0.262 ***
专用设备制造	1.440	1.048	1.229	1.582	－0.182 ***	－0.534 ***
交通运输设备制造	0.738	0.695	0.643	0.813	0.052 ***	－0.118 ***
电气机械和器材制造	0.881	0.849	0.882	0.887	－0.032 ***	－0.034 ***
计算机通信和其他电子设备制造	1.225	1.167	1.081	1.298	0.086 ***	－0.131 ***
仪器仪表制造	1.308	1.164	1.173	1.461	－0.009	－0.297 ***
其他制造业	0.888	0.746	0.818	0.992	－0.073 ***	－0.246 ***

注：行业划分标准参考 2002 版《中华人民共和国国际标准国民经济行业分类》。

表 3－9 显示，2001 年产品出口质量最高的 5 个行业分别是医药制造、计算机通信和其他电子设备制造、仪器仪表制造、专用设备制造、通用设备制造，到样本期末 2007 年，产品出口质量最高的 5 个行业变成了专用设备制造、仪器仪表制造、计算机通信和其他电子设备制造、医药制造、通用设备制造，样本期间初至样本期

末，产品出口质量前5的行业都没有跌出前五。图3－4和图3－5显示了在2001～2007年期间27个行业各自平均质量的变化幅度。从图3－4、图3－5可见，在2001～2007年期间27个制造业行业中有19个行业产品出口质量得到提升，另有8个行业产品出口质量出现下降。2001～2007年样本期间中，增长最快的5个行业为仪器仪表制造（53.4%）、化学原料和化学制品制造（48.4%）、造纸和纸制品（29.7%）、家具制造（26.8%）、医药制造（26.3%），降速最快的3个行业是纺织服装服饰制造（24.6%）、农副食品加工（16%）、皮革毛皮羽毛及其制品和制鞋业（9.9%）。根据本章的测算显示、大部分行业的出口质量在2001年到2007年有显著的提升。

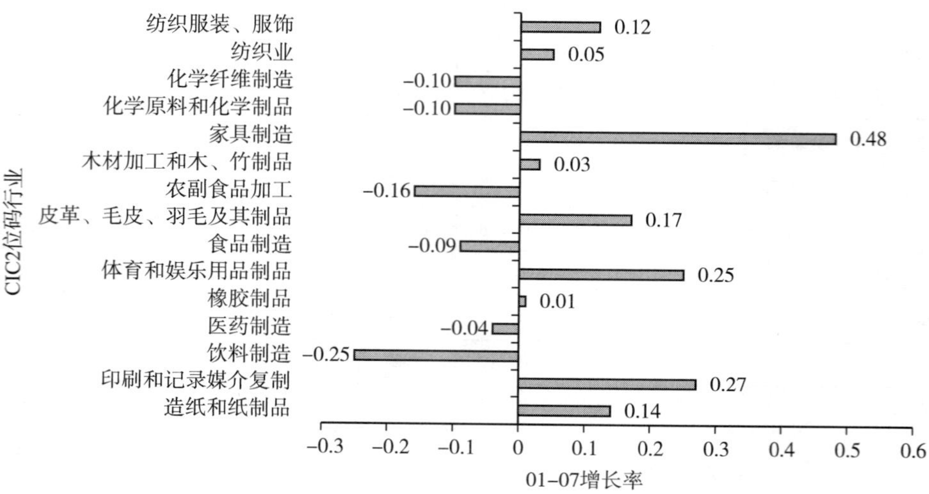

图3－4　2001～2007年部分行业产品出口质量变化情况（a）

资料来源：笔者根据计算出的中国产品出口质量数据整理后绘制。

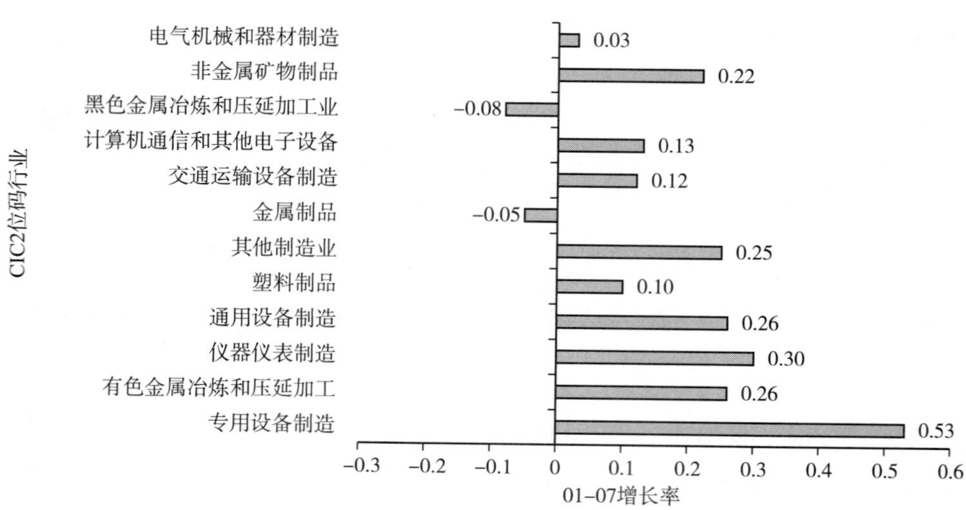

图3－5　2001～2007年部分行业产品出口质量变化情况（b）

资料来源：笔者根据计算出的中国产品出口质量数据整理后绘制。

3. 分地区产品出口质量情况

本章继续将样本按东部地区、中部地区、西部地区、东北部地区[①]分组展示，表 3 - 10 展示出了四地区 2001 ~2007 年制造业企业—出口目的国—产品层面的出口质量均值和增长率，可以发现在样本开始年份，西部地区质量均值最高，东部地区质量均值排名第二，东北部地区质量均值排名第三，而中部地区质量均值排名最后。从增长率上来看，四地区质量均值都在稳步上升中，中部地区每年的增长率都名列前茅，甚至在 2004 年质量均值出现了 18.6% 的增长。在整个样本期内，东部地区质量均值增长了 18.2%，中部地区质量均值增长了 54.4%，西部地区质量均值增长了 21.5%，而东北地区增长了 35.3%，虽然中部地区质量提升最多，但是从样本期末的排名上来看，四地区质量排名没有发生改变。

表 3 - 10　2001 ~2007 年各地区出口产品质量情况

年份	东部地区		中部地区		西部地区		东北部地区	
	均值	增长率	均值	增长率	均值	增长率	均值	增长率
2001	0.703	—	0.506	—	0.788	—	0.672	—
2002	0.707	0.005	0.542	0.072	0.799	0.014	0.697	0.038
2003	0.717	0.014	0.572	0.055	0.797	-0.002	0.737	0.056
2004	0.772	0.076	0.678	0.186	0.867	0.088	0.769	0.043
2005	0.779	0.010	0.730	0.077	0.878	0.012	0.820	0.068
2006	0.807	0.036	0.755	0.034	0.910	0.036	0.859	0.047
2007	0.831	0.029	0.780	0.034	0.957	0.052	0.909	0.058

资料来源：笔者计算整理。

4. 分出口目的地产品出口质量情况

本章接下来研究中国出口到不同国家的制造业产品质量有何特点。想要研究这个问题，首先要解决的是如描绘中国在 t 年内对 j 国出口产品的总质量高低，本章之前在分析中国制造业产品出口质量时使用的标准化出口产品质量 q_{ijgt} 无法汇总到出口目的国层面，需要寻找其他方式。首先对 t 年出口到 j 国的所有类别的产品质量进行加权平均得到 q_{jgt}，然后对进行判断：若 t 年内出某一 HS 6 位编码产品类别 g 中出口到 j 国的总质量 q_{jgt} 最高，则将这一产品定义为所谓的“质量领导者”（quality leader），按式（3 - 12）设变量 $leader_{jgt}$：

① 东部地区包括北京、天津、河北、上海、江苏、浙江、福建、山东、广东、海南 10 个省（市）；中部地区包括山西、安徽、江西、河南、湖北、湖南 6 个省；西部地区包括内蒙古、广西、重庆、四川、贵州、云南、西藏、陕西、甘肃、青海、宁夏、新疆 12 个省（自治区、市）；东北地区包括辽宁、吉林、黑龙江 3 个省。

$$leader_{jgt} = \begin{cases} 1, & 如果\ q_{jgt} = \underbrace{max}_{l} q_{jgt} \\ 0, & 如果\ q_{jgt} \neq \underbrace{max}_{l} q_{jgt} \end{cases} \tag{3-12}$$

将 j 国在 t 年所有类别 g 的 $leader_{jgt}$ 加总，得到中国在 t 年出口到 j 国的“质量领导者”的数量，将其加 1 取对数得：

$$\ln(num\_of\_leader_{jgt}) = \ln(1 + \sum_{g} leader_{jgt})$$

$\ln(num\_of\_leader_{jgt})$ 反映了中国在 t 年对 j 国出口产品总质量的高低。图 3－6 反映的是以样本期内每一年每个样本的对数化质量领导者为纵坐标，各国当年人均国民总收入（2010 年不变价）为横坐标的散点图和线性拟合，从图上可以看出对出口到高收入国家的产品质量要高。本章的这一发现与芬斯特拉和罗马里斯（2014）发现的高收入水平国家更倾向于进口高质量产品结论相一致。

表 3－11 进一步列出样本期间“质量领导者”2001～2007 年居于前 10 位的经济体。中国出口质量最高的 10 个目的地排序比较稳定，日本、中国香港稳居第一、第二位，韩国在 7 年样本期内有 6 年处于第三名，美国在 7 年样本期内有 5 年处于第四名，排名前十的经济体基本没有变化。

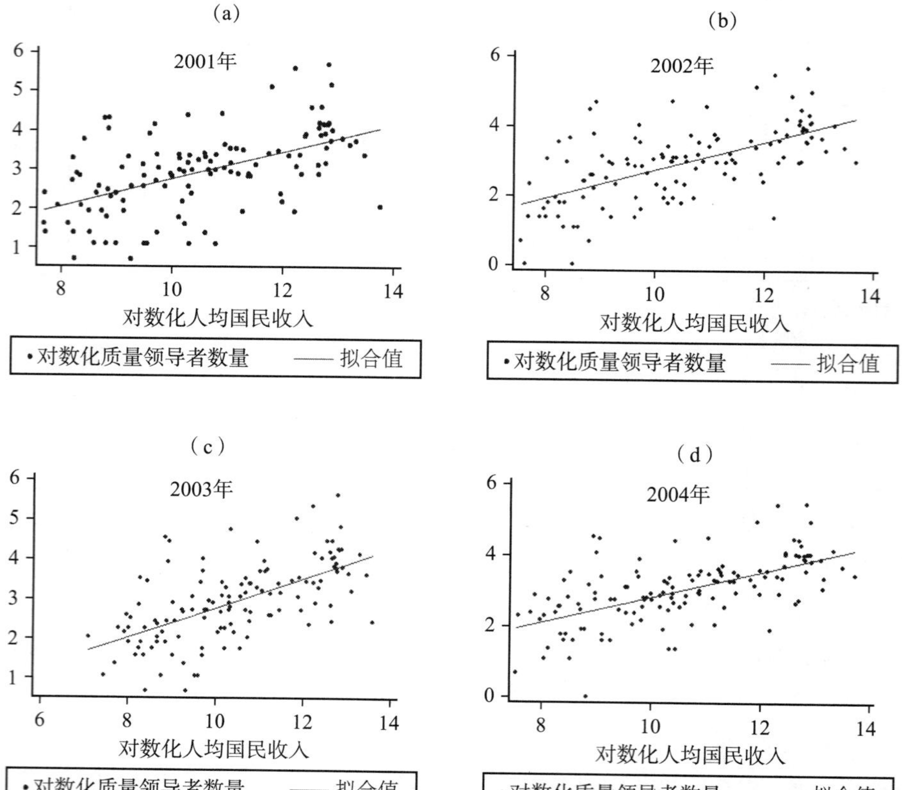

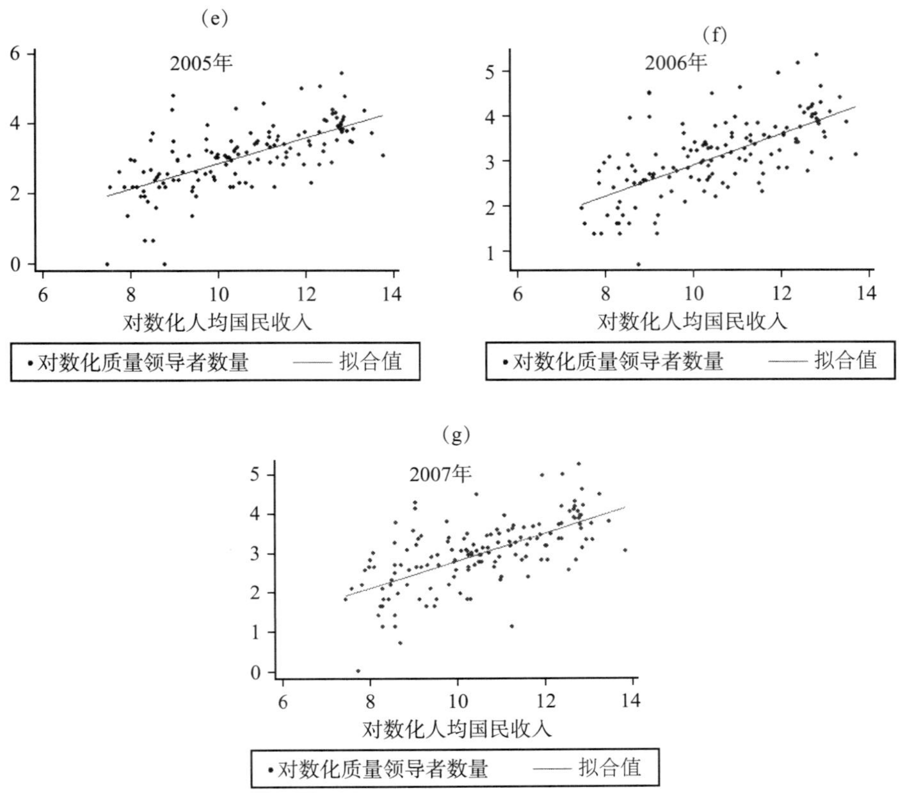

图 3－6　2001～2007 年人均 GNI 与“质量领导者”数量

资料来源：笔者根据计算出的中国产品出口质量数据整理后绘制。

表 3－11　“质量领导者”数量排名

排名	2001 年	2002 年	2003 年	2004 年	2005 年	2006 年	2007 年
1	日本	日本	日本	日本	日本	日本	日本
2	中国香港	中国香港	中国香港	中国香港	中国香港	中国香港	中国香港
3	美国	韩国	韩国	韩国	韩国	韩国	韩国
4	韩国	美国	美国	美国	越南	美国	美国
5	德国	新加坡	泰国	印度	美国	马来西亚	瑞士
6	新加坡	泰国	印度	马来西亚	马来西亚	越南	泰国
7	马来西亚	越南	新加坡	越南	泰国	印度	德国
8	泰国	马来西亚	德国	新加坡	新加坡	泰国	印度
9	越南	德国	越南	德国	印度	瑞士	荷兰
10	印度	印度	马来西亚	泰国	瑞士	荷兰	新加坡

资料来源：笔者计算整理。

5. 使用 KSW 法测算产品出口质量情况

在这一部分中，为弥补本章测算中国制造业出口质量年限较短的问题①，本章将使用传统的 KSW 法测算中国制造业出口质量②，与前文的方法结果做比较。表 3－12 展示了使用 KSW 法测算出的中国 2001～2010 年制造业出口质量总体分布情况。

表 3－12　　2001～2010 年中国制造业产品出口质量总体分布

年份	样本数	均值	中位数	25% 分位	75% 分位	标准差
2001	726849	0.4796	0.4771	0.3791	0.5785	0.1446
2002	910185	0.4798	0.4774	0.3795	0.5784	0.1432
2003	1106394	0.4793	0.4767	0.3771	0.5795	0.1448
2004	1334939	0.4777	0.4749	0.3761	0.5768	0.1431
2005	1569636	0.4788	0.4776	0.3794	0.5768	0.1429
2006	1883106	0.4762	0.4748	0.3783	0.5726	0.1416
2007	2322955	0.4741	0.4727	0.3765	0.5712	0.1423
2008	2458502	0.4842	0.4815	0.3889	0.5775	0.1381
2009	2543212	0.4820	0.4796	0.3894	0.5726	0.1342
2010	2973336	0.4802	0.4774	0.3888	0.5695	0.1333

资料来源：笔者计算整理。

从表 3－12 中可以发现，对比供给需求信息加总法，KSW 法测算出的 2001～2010 年中国制造业产品出口质量均值变化幅度较小，且产品出口质量均值一直在波动，没有出现使用供给需求信息加总法测算结果所展示的 2001～2007 年一直持续的增加趋势。使用 KSW 法测算出的产品出口质量均值出现了三个波段，且三个波段分别在 2002 年、2005 年、2008 年达到峰值拐点。

之后将 KSW 法测算出的中国企业—出口目的国—产品层面的出口质量以总价值为权重，加总成企业层面的数据，并将全体样本企业划分成内资企业与外资企业，比较在使用 KSW 法的情况下，内外资企业出口质量的差异。图 3－7 展示了 2001～2010 年内外资企业出口质量变化情况。

① 工业企业数据库在 2007 年之后的统计信息缺少诸如工业增加值、累计折旧、固定资产原价等指标，而这些指标都是供给需求信息加总法测算中必不可少的要素。

② KSW 法测算框架详见附录 A，测算过程数据处理与前文一致。

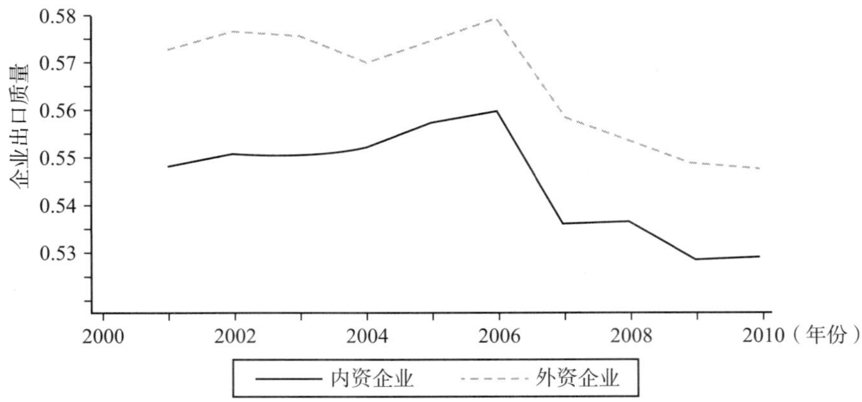

图 3 - 7　2001 ~ 2010 年内外资企业出口质量变化情况

资料来源：笔者根据计算出的中国产品出口质量数据整理后绘制。

从图 3 - 7 中可以发现，外资企业出口质量要高于内资企业，这与供给需求信息加总法测算出的 2001 ~ 2007 年内外资企业出口质量情况结论一致，但是不同之处在于无论是内资企业还是外资企业，都没有出现质量持续增长的现象。

三、企业家精神影响产品出口质量机制分析

本章认为企业家精神同时存在促进与阻碍企业产品质量的两种途径，这两种途径相互叠加相互影响，共同对企业产品质量产生影响。接下来，本章将从企业家精神促进出口质量和企业家精神阻碍出口质量两个方面来阐述。

（一）企业精神促进出口质量路径分析

本章将遵循前文的思路，将企业家精神深度剖析，将创新精神与创业精神分离，从企业家这两种不同但又密不可分的精神分别探讨影响出口质量的路径。

首先是创新精神，根据熊彼特的学说，创新是企业家精神的核心部分。以熊彼特为代表的一众学者认为企业家的创新精神是一种能力，一种将新的生产方法、资源配置、技术创新引入企业生产从而使企业蓬勃发展的能力。企业家的创新精神越强，企业家将各种类型的创新成果、知识变革消化吸收得越快，越快将这些有利于企业发展的、提高生产效率与产品质量的事务引入企业的生产和管理过程中，从而越快的产生经济收益。所以企业家创新精神促使企业家做出决策要求企业不断进行技术创新、制度创新、生产流程创新，之后企业家运用自身的能力，将这些技术上的进步、管理方式进步、生产过程进步统统转化为生产率的提高，从而促使企业不断发展与进步，提高企业产品质量的提升。同时由于技术扩散的存在，一家企业所探索出的先进生产技术、先进管理方法都会逐步被其他企业知晓，其他企业家通过获得由技术扩散所带来的技术进步，然后通过自身能力将这些技术消化吸纳到自身

企业的生产活动中。

其次是创业精神，是企业家所特有的一系列品质。这些敢于冒险、能以乐观精神面对挫折、有充足的能力识别并把握市场出现的机会的企业家们不断进入市场，打破原有的市场资源分布。这些企业家在创办新企业或是努力将原有企业做大的过程中，改变原有的全社会资源配置布局，加速企业间的相互竞争，通过竞争使全社会资源不断流动。企业家们所拥有的创业精神中所包含的各种特质能够让其正确认识到自身企业和社会整体的资源配置情况，做出最有利于自身企业发展的资源配置决策，使社会整体资源以最有效率的方式分配。社会上那些效率高、产品质量好的企业会优先得到其想要的资本、人力等资源。由于在一段时间内资源数量不会有太大的波动，那么高效率企业所获得的更多的资源必然有人来“买单”，低效率部门的资源会流出。这时，低效率部门的企业家也会因为其所拥有的特质立刻做出决断，他们的企业虽然暂时处于不利当中，但他们的企业家特质让他们乐观面对当前局面，敢于冲破一切困难、以敏锐的眼光在新的资源环境下重新安排企业的资源配置，使企业迎头赶上，继续与其他企业竞争。企业家这种永不放弃的创业精神使得全社会企业不断竞争，让资源能以最优效率进行动态配置，促使全部企业蓬勃发展，社会经济不断提升。

本章对企业家精神两种内涵如何促进企业出口质量进行归纳、总结后认为无论是哪种精神内涵，最后都是通过影响企业生产效率从而改变产品的质量。

（二）企业家精神阻碍出口质量路径分析

企业家精神的增长也能够反向阻碍企业生产时对于资源投入的最佳安排，这是因为企业家精神的增长会促使所有企业都努力提高本企业的技术，使自己成为技术含量最高的企业，从而使自己成为全体社会资源优化时资源流入方，而不是变成物质资料流出的那一方，于是企业就会自觉加大研发资源的投入，低技术、低产品质量、低竞争力的企业努力追赶高技术、高产品质量、高竞争力的企业，而那些高技术、高产品质量、高竞争力的企业为了应对可能存在的挑战并保证自身能够保持领先地位，也会自觉继续研发投入。但是技术进步不是瞬时完成的，技术的进步和产品质量的提升都是阶段式的，在提升技术和提高产品质量的过程中需要企业不断地投入资本、物质资料和科研人员，这些投入在技术取得进步改进、产品质量得到提升之前都是净投入，没有任何回报。这时企业就有可能因为研发投入占用了太多的资源导致在现有生产时不能达到本企业应有的最佳资源投入比，从而降低了企业产品出口质量。同时由于竞争的存在，企业家精神的提高会促进竞争使资源自动流向生产率高的企业，根据新—新贸易理论的思想，不同生产率的企业会在国际市场上有不同的选择，差的企业选择国内生产，好的企业选择出口甚至是对外投资。按照这一理论，作为拥有出口行为的高生产率企业应该在竞争中成为资源的流入方，但在中国却会出现异常现象：国内众多学者以中国为样本进行研究时发现了与理论冲突的地方，对中国企业出口决策问题的检验发现，差的企业参与到了出口行为

（戴觅等，2014；刘竹青等，2017），这一现象被称为“生产率悖论”。刘竹青和佟家栋（2017）对这一现象进行了解释，被低估的要素价格是产生悖论的原因之一，企业能长期使用远低于正常价格的要素，大幅度降低了企业的成本，使这些企业在参与出口行为后依然有利可得，同时由于国内不同省份对市场的严格控制，使得差的企业无法在国内竞争中胜出，相反它们凭借低价要素带来的低成本优势在国际市场上占据优势地位，所以会出现越差的企业越是参与出口这一怪现象。戴觅等（2014）、戴等（Dai et al.，2016）在研究过程中将研究对象样本进行细致处理，他们在研究中国数据时将贸易方式记录为加工贸易的数据全部提出，只留下一般贸易数据，通过细致的研究后发现剔除贸易方式为加工贸易的中国出口企业后，低效率企业不再倾向于参与出口行为。戴觅等（2014）测算发现在 2000～2006 年只从事一般贸易行为的企业数平均占比 46.2%，出口额占 19.8%，同时混合企业数量占比 16.3%，出口额占比 48.4%。中国出口企业很有可能会应为自身生产率低于非出口企业生产率，从而导致出口企业在竞争中落败，要素资源自动流向拥有更高生产率的非出口企业，出口企业投入要素缺乏，无法保证改善产品质量得研发投入，导致出口质量降低。

四、计量模型设定

本章借鉴李小平、李小克（2017）建立的研究企业家精神对地区比较优势影响模型，构建企业家精神影响产品出口质量的计量模型：

$$q_{ijgt} = \alpha_0 + \beta X + \delta V + \varepsilon_t + \epsilon_k + \mu_{ijgt} \tag{3-13}$$

其中，i 代表企业，t 代表时间，j 代表出口目的国，g 代表 HS 6 位编码下的产品类别，k 表示 CIC 2 位编码下的行业，s 代表省份、c 代表地级市、q 表示标准化后产品出口质量，X 表示企业家精神，V 表示控制变量合集，ε_t 代表时间固定效应，ϵ_k 代表行业固定效应，μ_{ijgt}代表随机扰动项。

企业家精神可以写成以下形式：

$$X = \alpha_1 VE_{st} + \alpha_2 IE_{ckt} \tag{3-14}$$

其中，VE 表示企业家创业精神，IE 表示企业家创新精神。

控制变量合计可以写成以下形式：

$$V = tfp_{it} + h\_tar_{jgt} + GNI\_pc_{gt} + GDP\_pc_{it} + KL_{it} + SIZE_{it} + foreign_{it} \tag{3-15}$$

其中，tfp 表示企业全要素生产率，h_tar 表示中国出口产品面临的关税税率，GNI_pc 代表出口目的国的经济发展水平，GDP_pc 表示企业所在城市经济发展水平，KL 表示资本深化，SIZE 表示企业规模，foreign 代表外资企业虚拟变量。选取各控制变量理由如下：

（一）企业全要素生产率（tfp）

异质性企业国际贸易理论认为生产率是影响企业出口行为的决定性因素，所以有必要在计量模型中加以控制。同时全要素生产率高意味着企业技术水平，企业能够生产更高质量的产品，拥有更高的竞争力水平。

企业全要素生产率值在本书第二章利用中国工业企业数据库原始数据计算获得。

（二）出口关税（h_tar）

巴斯和施特劳斯－卡恩（2015）发现中国的进口品关税下降显著地促进了中国出口产品质量的提升。为了控制出口关税对产品质量的影响，本章将中国不同产品出口不同国家的关税到作为控制变量之一放入模型中。

（三）出口目的国经济发展水平（GNI_pc）

根据林德假说（Linder hypothesis），影响一国需求结构的主要因素是收入水平，一国的人均收入水平决定了该国特定的偏好模式，富裕国家与贫穷国家对产品的需求特点不同，富裕国进口高质产品。哈拉（2006）、哈拉和肖特（2011）、芬斯特拉和罗马里斯（2014）等研究均发现进口国的收入水平与进口产品质量呈正相关关系，有力地支持了林德假说。

本章用出口目的国的人均国民总收入来衡量出口目的国的经济发展水平。数据可从世界银行网站获得①。

（四）资本深化（KL）

资本深化反映资本劳动要素结构的变化，传统的要素禀赋理论认为生产要素的丰裕程度和使用比例将对企业的生产和出口活动产生重要影响。一般来说，企业资本劳动比越大意味着企业将更多投入机器设备到生产之中，这样的企业应该技术更先进，生产更高质量的产品。考虑到要素密集度可能会对企业的产品质量产生影响，本章采用企业当年的真实资本存量与就业人数比值衡量企业资本深化程度，企业真实资本存量利用永续盘存法计算而得，具体过程见本书第二章测算全要素生产率的过程。数据来源于中国工业企业数据库并由计算得来。

（五）企业所在地经济发展水平（GDP_pc）

本章借鉴王兵等（2008）的方法，采用企业所在地级城市实际人均 GDP 取对数来表示，一般来说，经济发展水平越高的地区，企业全要素生产率水平越高，企业技术水平越高，其生产的产品质量越高。数据来源于中国统计局公布的《中国统计年鉴》②。

---

① 资料来源于 Sustainable Development Goals（SDGs）数据库。
② 资料来源于历年《中国统计年鉴》中国民经济核算项目力的地区生产总值。

（六）企业规模（SIZE）

企业规模是企业异质性的重要来源，随着企业规模的扩大，生产边际成本降低，利润增加，市场竞争能力增强，企业有能力生产技术含量更高的产品，这显然有利于企业产品出口的提升。如熊彼特（1942）所言，大企业往往是技术创新的源泉，因为大企业的禀赋资源保障了其持续的研发活动。本章用企业资产（现价）来衡量企业规模，数据来源于中国工业企业数据库。

（七）外资企业（foreign）

外资企业（foreign）所拥有的外资可以通过溢出效应促进企业技术进步，改进工艺，从而提高产品质量，这是内资企业所缺乏的。鉴于此，本章将外资企业虚拟变量纳入计量模型中，以此来控制企业所有权特征差异对产品出口质量的影响。数据来源于中国工业企业数据库。

主要变量描述性统计如表 3－13～表 3－17 所示。

表 3－13　全样本各变量统计性描述

变量	变量含义	样本	均值	标准差	最小值	最大值
Q	标准化产品出口质量	2598028	0.781	0.858	－8.413	14.631
IE	企业家创新指数	2598028	0.297	1.159	0.000	25.291
VE	企业家创业指数	2598028	0.009	0.005	0.0004	0.031
GDP_pc	人均 GDP（千元/人）的自然对数	2597617	3.527	0.747	－1.012	5.769
GNI_pc	人均 GNI（千元/人）的自然对数	2598028	11.940	1.207	7.132	13.827
KL	人均资本（千元/人）的自然对数	2598028	3.691	1.219	－5.518	10.350
SIZE	企业资产（现价千元）的自然对数	2598028	10.863	1.617	5.198	18.852
TFP	企业全要素生产率	2598028	0.937	0.269	－0.487	10.581
Foreign	外资企业虚拟变量	2598028	0.573	0.495	0.000	1.000
H_tar	目的国进口关税水平	2584706	6.709	9.357	0.000	350.000

资料来源：笔者计算整理。

表3-14　　东部地区全样本各变量统计性描述

变量	变量含义	样本	均值	标准差	最小值	最大值
Q	标准化产品出口质量	2392234	0.780	0.850	-8.413	14.631
IE	企业家创新指数	2392234	0.313	1.203	0.000	25.291
VE	企业家创业指数	2392234	0.009	0.005	0.001	0.031
GDP_pc	人均GDP（千元/人）的自然对数	2392229	3.595	0.714	-1.012	5.769
GNI_pc	人均GNI（千元/人）的自然对数	2392234	11.947	1.200	7.132	13.827
KL	人均资本（千元/人）的自然对数	2392234	3.670	1.207	-5.518	10.350
SIZE	企业资产（现价千元）的自然对数	2392234	10.841	1.593	5.198	18.852
TFP	企业全要素生产率	2392234	0.939	0.265	-0.239	10.581
Foreign	外资企业虚拟变量	2392234	0.583	0.493	0.000	1.000
H_tar	目的国进口关税水平	2379622	6.727	9.253	0.000	350.000

资料来源：笔者计算整理。

表3-15　　中部地区全样本各变量统计性描述

变量	变量含义	样本	均值	标准差	最小值	最大值
Q	标准化产品出口质量	80949	0.691	0.916	-3.714	9.869
IE	企业家创新指数	80949	0.060	0.204	0.000	2.536
VE	企业家创业指数	80949	0.002	0.0007	0.0006	0.003
GDP_pc	人均GDP（千元/人）的自然对数	80852	2.461	0.572	0.814	3.733
GNI_pc	人均GNI（千元/人）的自然对数	80949	11.747	1.321	7.447	13.827
KL	人均资本（千元/人）的自然对数	80949	3.827	1.262	-2.968	8.030
SIZE	企业资产（现价千元）的自然对数	80949	11.217	1.838	6.579	18.118
TFP	企业全要素生产率	80949	0.909	0.319	-0.487	8.717
Foreign	外资企业虚拟变量	80949	0.344	0.475	0.000	1.000
H_tar	目的国进口关税水平	80793	6.829	10.281	0.000	350.000

资料来源：笔者计算整理。

表3-16　　西部地区全样本各变量统计性描述

变量	变量含义	样本	均值	标准差	最小值	最大值
Q	标准化产品出口质量	54196	0.877	1.046	-3.109	9.747
IE	企业家创新指数	54196	0.131	0.318	0.000	2.641
VE	企业家创业指数	54196	0.003	0.001	0.0004	0.007
GDP_pc	人均GDP（千元/人）的自然对数	53887	2.500	0.575	0.753	4.987

续表

变量	变量含义	样本	均值	标准差	最小值	最大值
GNI_pc	人均 GNI（千元/人）的自然对数	54196	11.680	1.388	7.447	13.827
KL	人均资本（千元/人）的自然对数	54196	3.986	1.381	-3.578	8.010
SIZE	企业资产（现价千元）的自然对数	54196	11.538	1.893	6.949	17.527
TFP	企业全要素生产率	54196	0.913	0.281	-0.088	4.125
Foreign	外资企业虚拟变量	54196	0.335	0.472	0.000	1.000
H_tar	目的国进口关税水平	54007	6.265	10.155	0.000	242.913

资料来源：笔者计算整理。

表 3-17　　东北部地区全样本各变量统计性描述

变量	变量含义	样本	均值	标准差	最小值	最大值
Q	标准化产品出口质量	70649	0.811	0.914	-5.316	11.277
IE	企业家创新指数	70649	0.154	0.357	0.000	3.115
VE	企业家创业指数	70649	0.008	0.002	0.002	0.011
GDP_pc	人均 GDP（千元/人）的自然对数	70649	3.239	0.560	1.021	4.200
GNI_pc	人均 GNI（千元/人）的自然对数	70649	12.122	1.081	7.546	13.827
KL	人均资本（千元/人）的自然对数	70649	4.017	1.326	-2.968	8.520
SIZE	企业资产（现价千元）的自然对数	70649	10.693	1.761	5.799	17.633
TFP	企业全要素生产率	70649	0.931	0.314	0.036	5.434
Foreign	外资企业虚拟变量	70649	0.676	0.468	0.000	1.000
H_tar	目的国进口关税水平	70284	6.294	10.940	0.000	350.000

资料来源：笔者计算整理。

第四节　实 证 结 果

一、基准回归结果

（一）全样本回归结果分析

由于本章所使用的衡量产品出口质量指标为企业—产品—出口目的国—年份层面的数据，即样本中每一个观测值记录的是某一年某一家企业生产某种 HS 6 位编码层面的产品出口到某个目的国产品的质量信息，维度细致，故本部分为充分使用所得到的包含详细企业、产品、出口目的国特征信息的出口质量，采用最小二乘估计（OLS）作为计准回归结果。同时为探究企业家精神中企业家创新精神（IE）与企业家创业精神（VE）两种不同内涵对企业产品出口质量的影响，本章还将两者单独放入计量模型中进行检验。

表3－18报告了使用普通最小二乘法（OLS）对式（3－4）进行基准回归的估计结果，第（1）、第（3）、第（5）列报告了企业家创新精神（IE）对包含企业、企业生产产品类别、出口目的国、出口年份信息的标准化后产品质量（Q）的影响，第（2）、第（4）、第（6）列报告了企业家创业精神（VE）对包含企业、企业生产产品类别、出口目的国、出口年份信息的标准化后产品质量的影响。其中第（1）、第（2）列的回归未加入控制变量和固定效应，直接用包含多维信息的标准化产品质量与企业家创新精神（IE）和企业家创业精神（VE）进行直接回归。其中第（3）、第（4）列控制了行业和年份固定效应。第（5）、第（6）列在控制了行业和年份固定效应的基础上加入了控制变量。

表3－18　基准回归结果

变量	(1)	(2)	(3)	(4)	(5)	(6)
IE	0.0733*** (160.26)		0.0547*** (116.34)		0.0338*** (72.3)	
VE		14.71*** (151.67)		10.423*** (103.06)		8.553*** (83.42)
GDP_pc					0.0737*** (96.92)	0.0678*** (87.95)
GNI_pc					0.0143*** (28.78)	0.0137*** (27.55)
KL					0.0385*** (72.67)	0.0344*** (64.48)
SIZE					0.0058*** (14.82)	0.0084*** (21.23)
TFP					0.7736*** (326.39)	0.7854*** (331.51)
Foreign					0.0499*** (48.19)	0.0566*** (54.51)
H_tar					−0.0037*** (−57.64)	−0.0039*** (−59.80)
_cons	0.759*** (1387.71)	0.651*** (647.65)	0.484*** (121.27)	0.456*** (114.21)	−0.8397*** (−96.04)	−0.8626*** (−98.89)

续表

变量	(1)	(2)	(3)	(4)	(5)	(6)
观测值	2598028	2598028	2598028	2598028	2584312	2584312
年份效应	否	否	是	是	是	是
行业效应	否	否	是	是	是	是
R^2	0.010	0.0088	0.102	0.1007	0.153	0.153

说明：***、**、*分别表示在1%、5%和10%的水平上具有显著性，括号中为纠正异方差后的t统计量。计量工具为Stata 13.0。

由表3-18可以得到以下结论：

(1) 在未控制其他变量时，企业家创新精神的回归系数在1%的显著性水平上为正、企业家创业精神的回归系数在1%的显著性水平上为正；控制行业、年份固定效应后，企业家创新精神与企业家创业精神的系数符号没有发生变化，显著性水平也没有发生变化，但时系数的绝对值都减小了；在控制了行业、年份固定效应的基础上继续引入其他控制变量，企业家创新精神与企业家创业精神的系数符号和显著性没有发生变化，但系数的绝对值进一步降低。从结果上来看，企业家创新精神越高，企业出口的产品质量越高；企业家创业精神越高，企业出口的产品质量也越高。

(2) 所有控制变量均高度显著，说明控制变量对企业产品出口质量的解释力较强。企业所在地经济发展水平的回归系数为正，且在1%的置信区间上通过显著性检验，说明企业所在城市经济水平会促进企业出口的产品质量，且这种推动作用明显。

(3) 出口目的国经济发展水平回归系数为正，且在1%的显著性水平上通过显著性检验。说明企业出口目的地国家越富裕，企业向其出口的产品质量越高，即发达国家更倾向于进口高质量得产品，这个结果支持了林德假说。

(4) 资本深化程度的结果为显著为正。说明企业通过资本深化加大对设备机械的投入，积极运用新技术新设备，从而提高自身技术水平，提高出口产品的质量。

(5) 企业规模的回归系数为正，且在1%的置信水平上通过显著性检验。说明企业规模的扩大的确会对企业出口产品的质量造成影响，且这种影响是积极的，即企业规模的扩张程度越大，企业越倾向于生产出口高质量产品。

(6) 全要素生产率的回归系数为正，且在1%的置信水平上通过显著性检验。这代表高技术企业更倾向于出口高质量的产品。

(7) 外资企业虚拟变量的回归系数为正，且在1%的置信水平上通过显著性检验。这表示外资企业确实能够发挥拥有外资的优势，通过溢出效应促进企业技术进步，改进工艺，从而提高出口产品质量。

(8) 关税水平的回归系数为负，且在1%的置信水平上通过显著性检验。这表示在面对高关税时，企业不再愿意对技术进行改进，提高出口产品质量。

（二）分地区回归结果分析

中国各地区经济政治文化都有差异，那么不同的地域内企业家精神对企业出口产品的质量会有什么影响？为了回答这个问题，本章按照国家统计局的官方划分，将31个省份划分为东、中、西、东北四个区域。按照企业所属的省份将样本分为四个部分，分别探讨企业家精神对企业出口产品质量的影响。表3-19为企业家创新精神对企业出口产品质量影响结果，表3-20为企业家创业精神对企业出口产品质量影响结果。

表3-19　　分地区企业家创新精神对质量影响结果

变量	东部	中部	西部	东北
IE	0.0328*** (70.08)	0.2400*** (14.71)	0.0860*** (5.61)	0.0423*** (3.28)
GDP_pc	0.0842*** (102.36)	0.1631*** (25.94)	0.1611*** (17.93)	0.0927*** (12.79)
GNI_pc	0.0138*** (26.66)	0.0262*** (10.12)	0.0120*** (3.60)	0.0039 (1.21)
KL	0.0389*** (70.79)	0.0413*** (12.29)	0.0178*** (4.30)	0.0044 (1.31)
SIZE	0.0061*** (14.88)	-0.0231*** (-10.33)	-0.0303*** (-10.33)	0.0229*** (9.36)
TFP	0.7799*** (310.70)	0.7111*** (64.35)	0.7603*** (43.79)	0.5484*** (45.64)
Foreign	0.0545*** (51.10)	-0.0085 (-1.29)	-0.0069 (-0.78)	0.0629*** (8.54)
H_tar	-0.00375*** (-55.33)	-0.0019*** (-5.86)	-0.0047*** (-10.51)	-0.0031*** (-9.70)
_cons	-0.8798*** (-95.68)	-0.736*** (-15.44)	-0.2527*** (-4.05)	-0.6271*** (-11.69)
N	2379617	80696	53715	70284
年份效应	是	是	是	是
行业效应	是	是	是	是
R^2	0.151	0.201	0.234	0.207

说明：***、**、*分别表示在1%、5%和10%的水平下具有显著性，括号中为纠正异方差后的t统计量。计量工具为Stata 13.0。

从表3－19中可以得到以下结论：

（1）企业家创新精神对企业出口产品质量影响回归系数显著为正，与全样本的基准回归结果相似，没有发生正负号变换。这意味着无论是那个地区，企业家创新精神的提高都将会激励企业改进出口产品的质量。

（2）横向对比企业家创新精神的系数后发现，中部地区企业家创新精神的系数最大，西部、东北地区次之且大于基准回归时的系数，东部地区企业家创新精神的系数最小且小于基准回归结果。

（3）其他控制变量系数符号与显著性水平与基准回归相似，但是东北地区样本出现出口目的国发展水平、企业资本深化程度变量系数不显著，中部地区与西部地区外资企业虚拟变量系数结果符号改变，但不再显著。

表3－20　　分地区企业家创业精神对质量影响结果

变量	东部	中部	西部	东北
VE	10.5819*** (100.36)	18.8128*** (3.77)	19.533*** (4.40)	－7.3372*** (－4.29)
GDP_pc	0.0805*** (98.10)	0.1981*** (33.00)	0.1690*** (19.32)	0.1102*** (14.89)
GNI_pc	0.0131*** (25.34)	0.0265*** (10.19)	0.0122*** (3.65)	0.0041 (1.25)
KL	0.0333*** (60.10)	0.0385*** (11.46)	0.0155 (3.73)	0.0050 (1.51)
SIZE	0.0088*** (315.77)	－0.0225*** (－10.02)	－0.0303*** (－10.29)	0.0221*** (9.03)
TFP	0.7913*** (315.77)	0.718*** (64.81)	0.7654*** (44.10)	0.5481*** (45.62)
Foreign	0.0639*** (59.78)	－0.0078 (－1.19)	－0.0029 (－0.33)	0.067*** (9.03)
H_tar	－0.0039*** (－57.60)	－0.0019*** (－5.75)	－0.0047*** (－10.36)	－0.0031*** (－9.65)
_cons	－0.9042*** (－98.66)	－0.8347*** (－17.16)	－0.3155*** (－5.05)	－0.6172*** (－11.48)
N	2379617	80696	53715	70284
年份效应	是	是	是	是
行业效应	是	是	是	是
R^2	0.153	0.199	0.233	0.206

说明：***、**、*分别表示在1%、5%和10%的水平下具有显著性，括号中为纠正异方差后的t统计量。计量工具为Stata 13.0。

从表3－20中可以得到以下结论：

（1）东部地区、中部地区、西部地区企业家创业精神对企业出口产品质量影响回归系数显著为正，与全样本的基准回归结果相似，这表示企业家创业精神的提高将会阻碍企业改进出口产品的质量。但东北地区企业家创业精神对企业出口产品质量影响回归系数显著为负，这意味着在东北地区，企业家创业精神的提高将会阻碍企业改进出口产品的质量。

（2）横向对比企业家创业精神的系数后发现，西部地区企业家创业精神的系数最大，且东部、中部地区次之，且西部地区、东部地区、中部地区企业家创业精神的系数都大于全样本的基准回归结果。

（3）其他控制变量系数符号与显著性水平与基准回归相似，但是东北地区出口目的国经济发展水平变量回归结果不再显著，西部地区和东北部地区资本深化程度变量回归结果不再显著，中部地区与西部地区外企虚拟变量回归结果不再显著。

（三）分行业特征回归结果分析

由于不同行业的技术特征和投入要素类别存在区别，导致中间品进口多样化对出口复杂度的影响可能不同。为此，本章借鉴盛斌（2002）提供的方法，按行业要素投入比重将制造业进行划分①。表3－21为输出结果，从中可以得到以下结论。

（1）企业家创新精神变量回归结果显著为正，且劳动密集型企业产品出口质量的提升受企业家创新精神的影响最大；资本与技术密集型企业产品出口质量受企业家创新精神影响次之，只有劳动密集型企业的1/5；资本密集型企业产品出口质量受企业家创新精神影响最小，只有资本与技术密集型企业的1/10。企业家创业精神变量回归结果显著为正，即企业家创业精神的提高能够促进企业产品出口质量的提升。

（2）劳动密集型企业与资本及技术密集型企业的企业规模变量系数显著为正，资本密集型企业的企业规模变量系数为负，说明对于劳动密集型企业与资本及技术密集型企业，企业规模的扩大继续增加了其生产所需的各种要素，增加了企业生产的效率，促进了企业出口产品质量的提升；而对于资本密集型企业来说，企业规模的增大反而会使得企业变得臃肿，导致效率的降低，从而降低企业出口的产品质量。

（3）劳动密集型企业与资本密集型企业的出口目的国发展水平系数为正，与

① 劳动密集型行业包括农副食品加工业、食品制造业、饮料制造业、纺织业、纺织服装鞋帽业、皮革毛皮羽毛及其制品业、木材加工业；资本密集型行业包括家具制造业、造纸及纸制品业、印刷业和记录媒介的复制、文教体育用品制造业、化学原料及化学制品制造业、化学纤维制造业、橡胶制品业、塑料制品业、非金属矿物制品业、金属制品业、黑色金属冶炼及压延加工业、有色金属冶炼及压延加工业；资本及技术密集型行业包括石油加工及核燃料加工业、医药制造业、通用设备制造业、专用设备制造业、交通运输设备制造业、电气机械及器材制造业、计算机电子设备制造业、仪器仪表及文化办公制造业、工艺品及其他制造业。

全样本结论一致，且劳动密集型企业的出口目的国发展水平系数大于资本密集型企业的出口目的国发展水平系数，这说明高收入国家对进口其稀缺要素生产的产品质量要求最高。

表 3 - 21　　分行业企业家精神对质量影响结果

变量	劳动密集型		资本密集型		资本及技术密集型	
	(1)	(2)	(3)	(4)	(5)	(6)
IE	0.3936*** (40.22)		0.0060*** (10.65)		0.0629*** (70.39)	
VE		9.2552*** (71.95)		6.6265*** (41.60)		9.5739*** (47.06)
GDP_pc	0.0727*** (72.75)	0.0611*** (60.53)	0.0907*** (78.80)	0.0790*** (67.00)	0.0580*** (37.92)	0.0703*** (46.37)
GNI_pc	0.0355*** (60.71)	0.0346*** (59.27)	0.0288*** (34.88)	0.0284*** (34.37)	-0.0154*** (-15.18)	-0.0159*** (-15.69)
KL	0.0290*** (47.07)	0.0238*** (38.41)	0.0129*** (15.71)	0.0096*** (11.61)	0.0759*** (68.62)	0.0723*** (64.73)
SIZE	0.0027*** (5.52)	0.0033*** (6.81)	-0.0034*** (-5.24)	-0.0021*** (-3.34)	0.0091*** (11.95)	0.0129*** (16.83)
TFP	0.6389*** (208.90)	0.6537*** (214.01)	0.7029*** (187.67)	0.7073*** (189.02)	0.8741*** (191.29)	0.8993*** (196.92)
Foreign	0.0533*** (43.60)	0.0584*** (47.87)	0.0599*** (36.94)	0.0654*** (40.26)	0.0285*** (13.35)	0.0379*** (17.74)
H_tar	-0.0024*** (-40.44)	-0.0026*** (-43.54)	-0.0015*** (-13.17)	-0.0016*** (-13.86)	-0.0078*** (-49.98)	-0.0079*** (-51.17)
_cons	-0.8980*** (-90.67)	-0.8679*** (-87.79)	-0.7820*** (-58.52)	-0.7756*** (-58.26)	-0.0974*** (-5.9)	0.1978*** (-11.98)
观测值	771587	771587	818586	818586	988794	988794
年份效应	是	是	是	是	是	是
地区效应	是	是	是	是	是	是
R^2	0.113	0.117	0.091	0.093	0.106	0.103

说明：***、**、* 分别表示在1%、5%和10%的水平下具有显著性，括号中为纠正异方差后的 t 统计量。计量工具为 Stata 13.0。

二、内生性检验

为了进一步讨论模型是否存在内生性问题，本章采用二阶段最小二乘法

（2SLS）对模型进行再次估计。模型的内生性问题会导致模型结果存在偏误，本章中造成模型内生性的原因为变量之间的双向因果关系，由于本章地级城市—行业层面的企业家创新精神衡量的是该城市某一行业创新产出，会影响企业出口产品的质量，同时该企业出口产品的质量也可能影响其所在地区—行业的创新产出。考虑到企业家创新精神可能对干扰项有影响，但其滞后项与当期干扰项没有关联，因此，选择企业家创新的滞后一期作为工具变量。

表3－22中使用工具变量两阶段最小二乘法对全样本估计结果显示企业家创新精神的系数显著为正，企业家创业精神的系数显著为正。并且系数大小与表3－18全样本最小二乘估计结果相似。分地区使用工具变量两阶段最小二乘法估计结果显示企业家创新精神对企业出口产品质量影响大小排序为中部地区＞西部地区＞东北地区＞东部地区，企业家创业精神对企业出口产品质量影响大小排序为中部地区＞西部地区＞东北部地区＞东部地区。也就是说，在控制了内生性的情况下，企业家创新精神与企业家创业精神对产品出口质量的关系仍保持不变，证明本章核心结论较为稳健。无论是全样本还是将样本按分地区分组，企业所在地经济水平、出口目的国经济发展水平、企业资本深化程度、企业全要素生产率系数全部显著为正，关税水平系数全部显著为负，与基准回归结果一致；全样本、东部地区、东北地区企业规模变量回归结果为正，中部地区与西部地区企业规模变量回归结果为负，也与基准回归结果一致。

表3－22　　全样本及分地区内生性检验结果

变量	2SLS 全样本	OLS 全样本	2SLS 东部	2SLS 中部	2SLS 西部	2SLS 东北
IE	0.0228*** (45.8)	0.0239*** (48.73)	0.0189*** (37.67)	0.2416*** (14.20)	0.0865*** (5.73)	0.0443*** (3.36)
VE	7.1638*** (65.13)	6.9113*** (64.07)	9.2753*** (81.95)	19.4397*** (3.32)	16.0342*** (2.78)	－3.9749** (－2.09)
GDP_pc	0.0648*** (80.44)	0.0638*** (82.30)	0.0764*** (89.59)	0.1663*** (23.12)	0.1736*** (16.33)	0.0957*** (11.29)
GNI_pc	0.0126*** (24.41)	0.0138*** (27.68)	0.0122*** (22.72)	0.0231*** (7.98)	0.0097*** (2.64)	0.0027 (0.77)
KL	0.0341*** (61.39)	0.0344*** (64.46)	0.0327*** (56.95)	0.0353*** (9.39)	0.0318*** (6.69)	0.0065* (1.84)
SIZE	0.0078*** (19.01)	0.0078*** (19.95)	0.0083*** (19.50)	－0.0236*** (－9.42)	－0.0363*** (－11.15)	0.0257*** (9.80)
TFP	0.7849*** (318.12)	0.7801*** (329.06)	0.7907*** (304.51)	0.7028*** (57.58)	0.872*** (40.12)	0.5418*** (42.67)

续表

变量	2SLS 全样本	OLS 全样本	2SLS 东部	2SLS 中部	2SLS 西部	2SLS 东北
Foreign	0.0533 *** (49.52)	0.0545 *** (52.49)	0.0599 *** (54.25)	-0.0138 * (-1.89)	-0.0125 (-1.25)	0.0663 *** (8.36)
H_tar	-0.0039 *** (-58.51)	-0.0038 *** (-59.40)	-0.004 *** (-56.65)	-0.0019 *** (-5.08)	-0.005 *** (-9.87)	-0.0031 *** (-9.46)
_cons	-0.678 *** (-76.19)	-0.8349 *** (-95.55)	-0.8776 *** (-92.47)	-0.707 *** (-12.88)	-0.3229 ** (-4.64)	-0.5999 *** (-10.31)
观测值	2405611	2584312	2233473	65353	44549	62236
年份效应	是	是	是	是	是	是
行业效应	是	是	是	是	是	是
R^2	0.155	0.154	0.155	0.206	0.2401	0.207

说明：***、**、*分别表示在1%、5%和10%的水平下具有显著性，括号中为纠正异方差后的t统计量。计量工具为Stata 13.0。

之后本章继续用工具变量最小二乘法对分行业样本进行内生性问题处理，表3-23记录了对比结果。

表3-23　分行业特征内生性检验结果

变量	OLS 劳动密集	OLS 资本密集	OLS 资本技术	2SLS 劳动密集	2SLS 资本密集	2SLS 资本技术
IE	0.1730 *** (16.65)	-0.0031 *** (-5.11)	0.0548 *** (57.15)	0.2121 *** (19.91)	-0.0021 *** (-3.45)	0.0531 *** (54.51)
VE	8.4733 *** (61.89)	6.9506 *** (40.54)	5.024 *** (23.03)	8.1304 *** (58.42)	7.0563 *** (40.29)	5.5431 *** (24.93)
GDP_pc	0.0580 *** (56.63)	0.0795 *** (67.20)	0.0547 *** (35.59)	0.0568 *** (53.34)	0.0807 *** (65.48)	0.0567 *** (35.63)
GNI_pc	0.0344 *** (58.88)	0.0285 *** (34.43)	-0.0155 *** (-15.24)	0.0331 *** (54.97)	0.0272 *** (31.38)	-0.0162 *** (-15.42)
KL	0.0241 *** (38.91)	0.0097 *** (11.72)	0.0726 *** (65.18)	0.0245 *** (38.44)	0.0074 *** (8.58)	0.0731 *** (63.28)
SIZE	0.0035 *** (7.92)	-0.0021 *** (-3.28)	0.0111 *** (14.59)	0.0036 *** (7.14)	-0.0018 *** (-2.67)	0.0104 *** (13.23)
TFP	0.6512 *** (213.00)	0.7079 *** (189.09)	0.8789 *** (192.20)	0.6531 *** (207.68)	0.7035 *** (180.35)	0.8918 *** (187.03)

续表

变量	OLS 劳动密集	OLS 资本密集	OLS 资本技术	2SLS 劳动密集	2SLS 资本密集	2SLS 资本技术
Foreign	0.0576 *** (47.20)	0.0658 *** (40.47)	0.0316 *** (14.79)	0.0554 *** (44.12)	0.0669 *** (39.6)	0.0283 *** (12.81)
H_tar	-0.0026 *** (-43.58)	-0.0016 *** (-13.82)	-0.0078 *** (-50.30)	-0.0026 *** (-42.56)	-0.0018 *** (-14.61)	-0.0079 *** (-48.9)
_cons	-0.8605 *** (-86.93)	-0.7807 *** (-58.48)	-0.1226 *** (-7.42)	-0.8665 *** (-85.02)	-0.7666 *** (-55.51)	-0.3879 *** (-23.19)
观测值	771587	818586	988794	719423	755721	926325
年份效应	是	是	是	是	是	是
地区效应	是	是	是	是	是	是
R^2	0.117	0.093	0.106	0.118	0.092	0.107

说明：***、**、*分别表示在1%、5%和10%的水平下具有显著性，括号中为纠正异方差后的t统计量。计量工具为Stata 13.0。

从表3-23中可以发现，两个核心解释变量企业家创新精神与企业家创业精神系数结果与计准普通最小二乘结果一致，没有发生显著性和符号的改变，企业家创业精神变量在三种分类回归中结果都是显著为正，即企业家创新精神的提升能够促进企业出口产品质量的提高；企业家创新精神变量在劳动密集型企业与资本及技术密集型企业样本中回归结果显著为正，说明企业家创新精神的提高能促进这两种企业出口质量的提高，但是在资本密集型企业中回归结果显著为负，但系数的绝对值很小，说明创新精神的提高对资本密集型企业出口质量的提升有微弱的负向影响。

三、稳健性检验

为进一步检验回归结果的可靠性，本章使用较为常用的出口单价作为出口质量的衡量指标，进行稳健性分析。表3-24第（1）、第（2）、第（3）列为控制年份固定效应、行业固定效应和其余控制变量后的利用最小二乘估计出的结果，可以看到两个核心结束变量企业家创新精神与企业家创业精神结果都很显著，且企业家创新精神对企业出口产品质量影响作用为正，企业家创业精神对企业出口产品质量为正，这与之前结论一致。之后本章依然考虑了可能存在的内生性问题，利用企业家创新精神的滞后一期值作为企业家创新精神的工具变量进行两阶段最小二乘回归，结果符号未发生变化且依然显著性。

表 3-24　　单价法稳健性回归结果

变量	(1) OLS	(2) OLS	(3) OLS	(4) 2SLS
IE	0.0567*** (51.84)		0.0422*** (36.70)	0.0412*** (35.30)
VE		13.0469*** (54.38)	10.1532*** (40.21)	10.7862*** (41.94)
GDP_pc	0.1293*** (72.64)	0.1218*** (67.48)	0.1147*** (63.20)	0.113*** (59.94)
GNI_pc	-0.0174*** (-14.99)	-0.0184*** (-15.78)	-0.0183*** (-15.70)	-0.0202*** (-16.80)
KL	0.0204*** (16.46)	0.0155*** (11.52)	0.0143*** (11.49)	0.0109*** (8.36)
SIZE	0.0986*** (107.46)	0.1025*** (111.36)	0.1016*** (110.38)	0.1039*** (108.88)
TFP	0.5219*** (94.13)	0.5308*** (97.55)	0.5314*** (95.77)	0.5389*** (93.41)
Foreign	-0.0286*** (-11.81)	-0.0183*** (-7.54)	-0.0219*** (-9.04)	-0.0307*** (-12.21)
H_tar	-0.0051*** (-33.88)	-0.0053*** (-35.29)	-0.0053*** (-34.98)	-0.0053*** (-33.72)
_cons	0.6634*** (32.43)	0.6216*** (30.45)	0.6706*** (32.79)	0.6707*** (31.63)
观测值	2584312	2584312	2584312	2405611
年份效应	是	是	是	是
行业效应	是	是	是	是
R^2	0.1701	0.1701	0.1706	0.1722

说明：***、**、* 分别表示在 1%、5% 和 10% 的水平下具有显著性，括号中为纠正异方差后的 t 统计量。计量工具为 Stata 13.0。

之后本章进一步将样本划分为东部、中部、西部和东北地区，继续用出口单价作为产品质量的代理变量，结果在表 3-25 中呈现，企业家创新精神的系数符号与显著性依然与原结论保持一致；除中部地区外，企业家创业精神的系数符号也与原结论保持一致，虽然中部地区企业家创业精神系数符号发生改变，但结果不再显著，不影响本章的核心结论。

表 3-25　　分地区稳健性回归结果

变量	东部 OLS	中部 OLS	西部 OLS	东北 OLS
IE	0.0305*** (26.50)	0.1818*** (4.39)	0.2711*** (8.06)	0.174*** (5.82)
VE	15.1991*** (58.48)	-12.6587 (-1.00)	29.1425*** (2.99)	-53.9999*** (-13.59)
GDP_pc	0.1391*** (72.05)	0.4349*** (26.90)	0.3876*** (19.45)	0.1911*** (10.71)
GNI_pc	-0.0193*** (-15.92)	-0.0115* (-1.74)	0.0019 (0.27)	-0.0268*** (-3.57)
KL	0.0108*** (8.34)	0.0661*** (7.75)	-0.0533*** (-5.84)	-0.0312*** (-4.04)
SIZE	0.1028*** (107.17)	0.0647*** (11.41)	0.1006*** (15.61)	0.0867*** (15.23)
TFP	0.5311*** (90.74)	0.5984*** (21.31)	0.6086*** (16.00)	-0.1099*** (-3.94)
Foreign	-0.0127*** (-5.10)	0.0604*** (3.63)	-0.0663*** (-3.39)	-0.0469*** (-2.71)
H_tar	-0.0056*** (-35.16)	-0.0048*** (-5.78)	-0.0002 (-0.20)	-0.0042*** (-5.70)
_cons	0.5878*** (27.43)	0.4740*** (3.83)	0.5978*** (4.35)	1.87*** (14.91)
观测值	2379617	80696	53715	70284
年份效应	是	是	是	是
行业效应	是	是	是	是
R^2	0.1648	0.2585	0.3616	0.2594

说明：***、**、*分别表示在1%、5%和10%的水平下具有显著性，括号中为纠正异方差后的t统计量。计量工具为Stata 13.0。

为弥补样本年份的不足，本章继续使用2001~2010年KSW法测算出的中国制造业产品质量对实证部分进行稳定性检验。表3-26汇报了结果，其中第（1）、第（2）列汇报了控制了年份、行业效应下的最小二乘回归结果，第（3）列汇报了将滞后一期的企业家创新精神作为当期企业家创新精神的工具变量进行二阶段最小二乘回归结果。从结果中发现企业家创新精神系数结果依然显著为正，与之前结果保持一致，但企业家创业精神系数符号发生变化；企业所在地经济发展水平、出口目的国经济发展水平、企业规模、企业全要素生产率、是否为外资企业这几个变量回归结果符号与之前的结论相同，资本深化程度变量结果不再显著，且出口目的国征收关税水平结果也由之前的阻碍出口质量的提升转变为促进出口质量的提升。

表 3－26　　KSW 法稳健性回归结果

变量	(1) OLS	(2) OLS	(3) 2SLS
IE	0.0002*** (7.19)		0.0002*** (7.11)
VE		−0.1133*** (−2.69)	−0.10339** (−2.45)
GDP_pc	0.00179*** (16.88)	0.00196*** (18.81)	0.0018*** (16.97)
GNI_pc	0.0103*** (154.72)	0.0103*** (154.57)	0.0103*** (154.70)
KL	0.00003 (0.45)	0.000018 (0.28)	0.00002 (0.38)
SIZE	0.0064*** (72.13)	0.00637*** (71.89)	0.0064*** (72.17)
TFP	0.0068*** (59.22)	0.0069*** (60.03)	0.0068*** (59.15)
Foreign	0.0077*** (52.71)	0.00765*** (52.39)	0.007*** (52.68)
H_tar	0.0023*** (256.63)	0.0023*** (256.49)	0.0023*** (256.59)
_cons	0.2906*** (4.41)	0.2924*** (4.44)	0.29269*** (4.44)
观测值	4034771	4034771	4034771
年份效应	是	是	是
行业效应	是	是	是
R^2	0.0407	0.0406	0.0407

说明：***、**、*分别表示在1%、5%和10%的水平下具有显著性，括号中为纠正异方差后的 t 统计量。计量工具为 Stata 13.0。

第五节　结　　论

本章首先合并中国工业企业数据库和中国海关进出口数据库，通过合并后的数据库中微观企业数据，采用余淼杰和张睿（2017）改进后的供给需求信息加总法测得 2001 ~2007 年中国制造业出口质量。之后描述了中国制造业产品出口质量在 2001 ~2007 年间的变动情况，并分析内资企业与外资企业、国面经济行业划分下不同行业的出口质量变动情况，同时使用传统的 KSW 法测算 2001 ~2010 年中国制造业产品出口质量并与之前结果进行简单对比。最后分析企业家精神影响中国制造业出口质量理论机制，并从企业家创新精神与企业家创业精神两个方面出发，实证考察了企业家精神与制造业出口质量之间的关系。归纳起来，本章主要得到以下结论：

第一，2001 ~2010 年企业家创新精神与企业家创业精神的省份排名中东北地区省份逐步被东部地区省份代替。

第二，2001 ~2007 年中国制造业产品出口质量总体水平不断上升，且从总体的质量分布上来看，中国制造业产品出口质量呈现向右平移的趋势。将样本划分为外资企业和外资企业后，外资企业出口质量要高于内资企业出口质量，但是两种企业间的差距在逐年缩减。分行业来看，2001 ~2007 年样本期中，质量上升最快的 5 个行业为仪器仪表制造、化学原料和化学制品制造、造纸和纸制品、家具制造、医药制造，质量下降最快的 3 个行业是纺织服装服饰制造、农副食品加工、皮革毛皮羽毛及其制品和制鞋业。分地区来看，中部地区出口产品质量提升幅度最高，东部地区出口产品质量提升幅度最低，但样本期间四地区出口产品质量均值排序没有发生变化。分出口目的地国来看，中国制造业产品出口质量的高低与出口目的国经济发展水平成正比，这验证了林德假说。

第三，利用 KSW 法测算出的 2001 ~2010 年中国制造业产品出口质量总体水平并没有稳定增长，而是出现了三个波段，并在 2002 年、2005 年、2008 年达到质量均值的极大值点；同时将样本划分为内资企业与外资企业可以发现之前外资企业制造业产品出口质量水平要高于内资企业的结论没有发生变化。

第四，从总体上看，企业家创新精神的提升对中国制造业产品出口质量的提升有显著的促进作用，企业家创业精神的提升对中国制造业产品出口质量的提升也有显著的促进作用。

第五，将样本分为东部地区、中部地区、西部地区和东北地区后，企业家创新精神的提升对中国制造业产品出口质量的提升依然有显著的促进作用，从高到低排序为中、西、东北、东；企业家创业精神的提升依然对中国东部地区、西部地区、东北地区制造业产品出口质量的提升有显著的促进作用，且西部地区影响程度最大，中部地区次之，东部地区最低，而在东部地区，企业家创业精神的提升对制造业企业产品出口质量的提升有显著的阻碍作用。

第六，将样本按行业划分，企业家创新精神提高对产品出口质量的提升有显著的促进作用，企业家创业精神提高对产品出口质量的提升有显著的促进作用。

第七，在考虑内生性、利用出口单价与 KSW 法测算的中国制造业产品出口质量作为出口质量的代理变量进行稳健性分析后，企业家创新精神正向促进中国制造业产品出口质量的提升这一结论没有发生变化，但企业家创业精神对中国制造业产品出口质量的影响发生变化：利用单价法测算的出口质量作为因变量时，中部地区样本最小二乘回归结果企业家创业精神不再显著；利用 KSW 法测算的出口质量作为因变量时，企业家创业精神系数符号由正转负。

以上的研究结论表明，总体来说中国制造业出口质量在逐步提升，企业家创新精神的提升会促进中国制造业出口质量的提升，企业家创业精神的提升会促进中国制造业出口质量的提升。

本章通过对中国制造业出口质量的测算分析并对企业家精神提升与制造业出口质量提升关系进行实证分析，接下来结合我国发展的实际情况，对提升出口产品质量提出一些可行性建议。

第一，政府首先应该做到思想上的转变，认清社会经济发展的规律；认识企业家精神在社会经济发展中的重要作用；认识到拥有企业家精神的企业管理者才是真正的企业家；更要认识到市场嗅觉敏锐，勇于面对市场上的各种风险，乐观面对商业上的挫折，追求技术、管理、生产流程上创新并有能力将新的好的事物引入企业发展的企业家和他们的企业才是社会经济持续发展的源泉。

第二，政府应该加强企业家精神的宣传教育工作。用宣传让企业与他们的管理者认识到企业家精神的重要性，让企业管理者们认识到只有具备企业家精神的企业管理者才能被真正称为企业家。政府需要让企业家管理者认识到企业家创办企业的目的不能只是为了追逐利益，拥有企业家精神的真正企业家更要认识到自身的社会使命感，企业家要心怀社会。企业管理者向企业家的转变不仅能促使企业更好的发展，也能使整个社会经济发展进步。各地政府应该积极主办或给予平台协助办理企业家论坛或企业家培训班，邀请学者和知名企业家与当地企业管理者交流，使企业家精神蔚然成风。

第三，政府需要将自身工作做好，要为企业家与企业做好服务，减少政府对市场、企业的干涉，努力做好服务型政府。政府需要保护好企业家的合法权益，建立完善的措施保障企业家的利益不受侵害。各地政府可以建立企业家创业园，在创业园区内施行一些优惠政策以吸引企业家们进行创业；同时要保证政策的延续性，保证企业家的创业行为不会因为政策的中断而失败。在促进企业家创新并将创新转化为成果方面，政府首先要做的就是保证企业的创新成果不会被侵犯，让企业在创新投入上不再犹豫，放心创新；同时政府要出台一些优惠政策、激励措施等来帮助企业将创新成果顺利转换为生产率，提高产品的质量。

第四章

中间品进口多样化提升企业产品复杂度

第一节 引　　言

改革开放以来，我国凭借丰富的物质资源和低廉的劳动力成本，出口规模呈现爆发式增长，目前已成为一个名副其实的贸易大国。但是，我们也应注意到，中国的全球竞争力排名并未进入世界前二十，与经济总量的地位形成鲜明对比，从某种程度上说明了我国出口规模持续扩张的背后，是生产效率低、出口附加值低、企业竞争能力弱的不争事实。“十三五”时期将是重塑世界经济格局的关键时期，而这种“大而不强”的特质无疑不利于我国出口贸易的可持续性发展。从国际需求方面看，世界经济在深度调整中曲折复苏，国家间贸易保护程度进一步加强，各国先后出台制造业推进政策，一旦出现外需疲软，将对中国“出口导向型”经济发展模式造成实质性的负面冲击；从国内供给方面看，人口红利持续弱化，要素成本不断上升，环境约束日益增强，传统比较优势正逐渐丧失。这种“内忧外患”的经济形势无不提醒着我们，需要新的范式来应对。

一方面，为改善需求层面，研究者们开始将目光聚焦于出口复杂度的提升，而不再只是关注出口数量的增加。既有文献表明，出口复杂度反映了一国出口产品中所附含的生产性知识和技术分布，可用于分析一个国家在产品生产、出口等方面的竞争优势（Lall et al.，2006；Tacchella et al.，2013），同时也是衡量国家产业升级的有效指标（Hausmann，2007；Xu，2010）。多数学者认为出口复杂度的提升对于一国、地区以及行业的经济增长具有明显的促进作用，并从理论和实证上进行了验证（Hausmann，2007；Jarreau & Poncet，2012；Poncet & Waldemar，2013；李小平等，2015）。另一方面，为改善供给层面，政界和学术界越来越重视进口对本国经济增长的潜在效益，并尝试将进口作为供给管理的重要手段（裴长洪，2013）。大量研究表明，中间品进口蕴含了巨大的知识溢出潜能，使国内企业能以较低的成本和较快的速度学习发达国家先进的生产技术，提升生产效率，从而促进一国经济的长期增长（Amiti & Konings，2007）。由此我们不禁要问，中间品进口对企业生产行为的影响是否会传递到企业出口复杂度上，进而促进出口贸易的可持续性发展?

本章具有理论与现实两方面的意义。理论上本章从微观企业层面考察中间品进口多样化对出口复杂度的影响，这既验证了进口贸易通过中间品多样化渠道影响企业生产行为的基本机制，也为当前出口复杂度决定因素的研究提供了一个新视角和一个来自发展中大国的微观事实证据。同时，进口贸易对异质性企业出口方面的研究属于新新贸易理论中的国际贸易对异质性企业影响的范畴，本章的研究结论能进一步丰富该理论相关内容。

现实上我们根据豪斯曼和伊达尔戈（Hausmann & Hidalgo，2010）基于能力理论创立的反射法，利用2000~2006年平均每年观测记录多达500万以上的国家—产品双边贸易数据，更具客观性地测算了216个国家出口的5111种HS-6分位编码下的产品出口复杂度，并汇总到制造业企业层面。进一步地，采用大量微观企业数据，实证研究中国制造业企业中间品进口多样化与出口复杂度的关系，并根据不同进口来源国别、不同企业所有制类型、不同贸易类型、不同行业类型以及不同企业所在区域类型做了分样本分析，旨在为实现我国出口贸易可持续性发展提供微观研究基础和相应的政策参考建议。

第二节　文献综述

一、出口复杂度相关文献①

（一）出口复杂度测度方法

豪斯曼（Hausmann，2003）认为一国的人均收入水平越高，其对高技术产品的需求偏好就越高，同时投资于高技术产品开发的能力越强，提出了产品复杂度（product Sophistication）这一概念，并将贸易专业化指标（trade specialization indicator，TSI）中的绝对比重改进为相对比重，利用收入指标法（Rodrik，2006；Hausmann et al.，2007）测算国家、行业、产品三种层面的出口复杂度指数。

收入指标法是目前测算出口复杂度指数较为主流的方法。具体测算步骤为：首先，以各国出口产品的显示性比较优势（RCA）指数为权重，对所有出口国的人均收入进行加总；然后，以各国每种产品的出口份额为权重，加总出口产品复杂度得到一国的出口复杂度。计算公式如下：

① 国内外有关出口复杂度的研究处于摸索阶段，尚未形成有影响力的理论体系。因此本章主要梳理了从经验上研究出口复杂度的有关文献。

$$prody_p = \sum_c \frac{E_{cp}/E_c}{\sum_c (E_{cp}/E_c)} Y_c \tag{4-1}$$

$$ESI_c = \sum_p \left(\frac{E_{cp}}{E_c} \times prody_p\right) \tag{4-2}$$

其中，p 代表产品，c 代表国家，E_{cp}表示国家 c 对产品 p 的出口额，E_c 表示国家 c 的总出口额，E_{cp}/E_c 表示国家 c 产品 p 的出口份额，Y_c 表示国家 c 的人均实际 GDP。收入指标法能够保障出口规模较小的国家也能得到足够的重视。罗德里克（Rodrik，2006）利用该方法发现，中国出口复杂度远远超过相近发展水平的国家，是自身收入水平的三倍以上，这一异常性现象又被称为“罗德里克悖论”。鉴于此，一些学者从不同角度提出了改进方法。如许斌（Xu，2010）考虑不同国家出口的同类产品之间的质量差异，以出口产品的相对单位值来替代产品质量，对 prody 指数进行质量调整，经质量调整的产品复杂度公式：

$$prody_p^{adj} = (\theta_{cp})^{\lambda} \times prody_p \tag{4-3}$$

其中，$\theta_{cp} = price_{cp} / \sum_n (\mu_{np} \times price_{np})$，$price_{cp}$表示国家或地区产品 p 的出口价格，$\mu_{np}$表示国家 n 产品 p 的出口占世界产品 p 总出口的比重。许斌（Xu，2010）认为经过质量调整后的中国出口复杂度并不存在异常情况。此外还有姚洋、张晔（2008），丁小义、胡双丹（2013）等不断拓展和完善收入指标法，测度出口国内技术复杂度。

使用收入指标法测算出口复杂度指数存在一个潜在不足，如果产品大多由人均收入水平较高（低）的国家出口，那么该产品出口复杂度就较高（低），这在实际运用中容易导致“复杂的产品由富国生产，简单的产品由穷国生产；富国生产复杂产品，穷国生产简单产品”的自我循环结论（李小平等，2015）。但是，高收入国家可能出口低复杂度的产品，低收入国家也可能出口高复杂度的产品（Lall et al.，2006）。我们假设，一种工业初级产品只由一个富国生产并出口，另一种需要投入多种要素的工业制成品只由一个穷国生产并出口，那么它们各自的显示性比较优势权重为 1，根据该方法，富国生产的初级产品复杂度要高于穷国生产的工业制成品复杂度，这就产生了与事实相违背的结论。

此外，有些学者还采用出口相似度法（export similarity index，ESI）测算中国的出口复杂度（Schott，2008；陈晓华、刘慧，2013；周禄松、郑亚莉，2014）。事实上，该方法是以发达国家出口商品集作为参照系，计算本国出口商品集与发达国家出口商品集的重合度，计算公式为：

$$ESI_{cd} = \sum_{i \in I} \min(S_{ic}, S_{id}) \tag{4-4}$$

其中，ESI_{cd}是国家 c 的出口产品集与国家 d 的出口产品集的相似度，S_{ic}、S_{id}分别表示国家 c 与国家 d 出口的产品 i 在世界所出口的产品 i 中所占的比例。如果用 d 表示发达国家的出口产品集，则 ESI_{cd}反映了 c 国家相对于发达国家的出口复杂度。肖特（Schott，2008）利用该方法把中国对美国出口商品与其他发达国家对美国出口商品做比较。祝树金、陈雯（2010）指出该方法只是度量发达国家和落后国家在重叠的出口产品集内的复杂度追赶，忽略了出口产品份额赶超和重叠产品集外的产品技术变迁，若以不同发达国家出口产品集为参照物，测算出来的结果存在较大差异，并且不具可比性。

基于以上分析，收入指标法与一国的收入水平紧密相连，假设性过强，而出口相似度法又太过主观性，均未能很好地体现一国出口产品中所附含的生产性知识和技术分布。鉴于此，豪斯曼和伊达尔戈（2010）创立基于能力理论的反射法，通过 RCA 指数从出口国家和出口产品中挖掘产品出口复杂度信息。该方法用产品生产并出口的“普遍性”来衡量产品出口复杂度，普遍性越低的产品出口复杂度越高，只有少数能力强的国家才能生产并出口，完全忽略了人均收入水平的影响，其测算的结果也更具客观性。本章主要利用反射法测算出口复杂度，测算方法详见第三章第二节。

（二）出口复杂度影响因素

多数学者认为出口复杂度的提升对一国、地区以及行业的经济增长具有显著地促进作用，并从理论和实证上进行了验证（Hausmann et al.，2007；Jarreau & Poncet，2012；Poncet & Waldemar，2013；李小平等，2015）。遵循这一研究路径，越来越多的学者开始关注出口复杂度的影响因素。

在早期的研究中，学者们更多地关注到一国的要素禀赋对出口复杂度的影响。罗德里克（2006）通过跨国截面数据研究，发现人力资本与出口复杂度之间呈显著正相关，控制人均收入水平后，这种相关性虽然减弱，但仍然为正。豪斯曼等（2007）研究表明要素禀赋中的劳动力规模和人力资本是出口复杂度提升的决定因素，人力资本越高的国家出口的产品种类越丰富。肖特（2008）研究表明一国的经济发展水平与要素禀赋是导致出口产品技术水平存在差异的直接原因。

随着国际贸易的不断发展，研究的视角开始转向外商直接投资（foreign direct investment，FDI）所引致的技术溢出效应。徐和路（Xu & Lu，2009）研究发现，来自 OECD 国家的 FDI 显著提高了我国产业出口复杂度。阿什和冈尼斯（Assche & Gangnes，2010）研究指出 FDI 通过促进一国出口产品的生产率，进而推动出口复杂度的提升。郭晶（2010）发现 FDI 对发达国家出口复杂度的正向影响要强于发展中国家。杨连星、刘晓光（2016）从 OFDI 的视角，探讨了逆向技术溢出与出口复杂度之间的关系，发现无论是行业层面还是产品层面，OFDI 的逆向技术溢出均推动了中国出口复杂度的提升。

除了要素禀赋和国际贸易，大部分学者还将目光投向国内政府制度（代中强，2014；戴翔、金培，2014；刘燕，2014；赵瑞丽、孙楚仁，2015；余娟娟，2015）和金融发展程度（齐俊妍等，2011，2016；黄永明、张文结，2012；顾国达等，2013；郭亦玮等，2013；杜晓英，2015）对出口复杂度的影响。特别的，王永进等（2010）发现基础设施稳健地提高了各国的出口复杂度。李小平等（2014）将碳生产率作为一种新的比较优势分析其对出口复杂度演进的影响，发现碳生产率对提高各国出口复杂度至关重要，同时各类资本禀赋与出口复杂度之间存在显著倒“U”形关系。刘维林等（2014）研究发现，来自发达国家的国外附加值容易造成“低端锁定”，而来自发展中国家的国外附加值却有利于出口复杂度的提升。

不可否认，上述文献对影响我国出口复杂度因素的研究做出了巨大贡献，但遗憾的是，研究层面上，尚未有文献测算企业层面的出口复杂度，致使研究的结论偏向宏观；研究视角上，进口贸易对出口复杂度的研究未得到足够的重视，相关文献十分匮乏；测算方法上，大多数文献采用收入指标法测算出口复杂度，而前文我们已经提到，该方法存在潜在的不足。因此，我们仍有必要基于以上三点对出口复杂度进行更加细致地探讨。

二、中间品进口相关文献

（一）中间品进口对企业生产率影响

中间品进口是国际技术溢出的重要途径之一，而全要素生产率（total factor productivity，TFP）作为衡量企业生产活动效率的指标，是影响经济长期增长的一个决定因素。大部分文献考察了中间品进口与全要素生产率之间的关系（Krugman，1979；Grossman & Helpman，1991；Amiti & Konings，2007；Bas & Strauss - Kahn，2015）。

理论方面，克鲁格曼（Krugman，1979）认为，进口的中间投入品可以替代本国中间投入品，从而加剧国内同类产品市场的竞争，使得国内企业被迫提高生产率。另外，进口的中间投入品具有更高的技术含量，还可以通过进口的溢出效应产生比国内投入品更高的经济效率。理论模型方面，格罗斯曼和赫尔普曼（Grossman & Helpman，1991）设立了贸易与内生技术的变动方程，把中间品对生产率的影响考虑在内，认为进口国通过进口中间品获取关键投入要素，同时也间接获取蕴含于中间投入品中的知识和技术，从而促进全要素生产率的提高，从理论上揭示了中间品会对全要素生产率产生影响。笠原和罗德里格（Kasahara & Rodrigue，2008）构建一个包含中间投入品的生产函数，通过推导得出进口更多种类的中间品将提高企业生产率。哈尔彭等（Halpern et al.，2015）概括性地总结中间品进口影响企业生产率的三种重要途径：进口竞争机制、质量或技术转移机制和进口种类多样化机制。其中，质量机制是指进口中间产品的质量高于国内投入品从而促进企业生产率提高；种类多样化机制则是指，使用不同种类的中间品可以创造“整体大于局部”的收益。巴斯和施特劳斯 - 卡恩（2013）在构建的理论模型中将中间品的进口来源地划分为发达国家和不发达国家，研究发现不同来源地的中间品都促进企业全要素生产率提高，并促进了企业出口。

实证方面，随着企业数据的可获得性提高，一些学者利用不同国家的企业数据研究中间品进口与企业全要素生产率之间的关系，并发现中间品进口对企业全要素生产率具有显著的促进作用（Amiti & Konings，2007；Halpern et al.，2015；陈勇兵等，2012；曹亮等，2012；李平、郭娟娟，2017）。在上述研究的基础上，一些学者更加深入地考察中间品进口种类和来源地结构对企业生产率影响的差异（Kasahara & Rodrigue，2008；Goldberg et al.，2010；Lööf & Andersson，2011；Bas & Strauss－Kahn，2015；魏浩等，2017）。由于不同研究者对进口来源地结构划分方式不同，所得结论也不一致，但对于中间品进口种类，他们均认为企业进口中间品的种类越多，对企业生产率促进作用越明显，这从实证上支持格罗斯曼和赫尔普曼（1991）[①]、笠原和罗德里格（2008）通过理论模型得出的结论。

（二）中间品进口对企业出口影响

长期以来，受出口导向型发展战略的影响，国内学者更多地将研究重点聚焦于出口与经济发展的相关研究上（张杰等，2009；李春顶，2010；戴觅等，2014），往往忽略了对我国进口贸易的研究。自2008年金融危机以来，我国政府愈加认识到过度依赖外需经济发展模式的脆弱性，在“十二五”时期提出了“扩进口、稳出口、减顺差”的对外贸易方针，重新审视进口对经济增长的潜在效益。国内学者就中间品进口对出口的影响也进行了有益的探索。

巫强、刘志彪（2009）提出我国本土企业存在依靠大规模进口国外先进机器设备或关键零配件、原材料的方法以弥补“质量差距”实现出口的增长，称为“为出口而进口”。张杰等（2014）从资本品和中间品两个视角对中国进口引致出口机制进行了实证研究，发现中间品进口可以提升企业生产率实现出口增长。康志勇（2015）将中国出口总量的增长分解为集约边际和扩展边际从而研究中间品对出口的二元边际影响，发现中间品进口对两种边际效应都有明显的促进作用。

近年来，随着研究视角逐渐由出口数量转向出口内涵价值，出口复杂度和出口产品质量的问题不断涌现。对于出口产品质量，学者们分别从中间品贸易自由化、中间品进口多元化、中间品进口倾向（进口与不进口）以及中间品进口额的视角分析中间品进口对我国出口产品质量的影响（Bass & Strauss－Kahn，2015；李秀芳、施炳展，2016；马述忠、吴国杰，2016；许家云等，2017）。对于出口复杂度，齐俊妍、吕建辉（2016）研究不同技术水平的中间品进口对制造业行业的出口复杂度影响，发现进口的中间品对处于相同技术水平行业出口复杂度有正向影响，而对低于或高于其技术水平的行业有负向影响。

上述文献只能表明中间品进口倾向（进口与不进口）以及进口数量对企业出口造成的差异，但他们未能继续挖掘中间品进口为什么会导致这种差异，并且没有对其内在的机理做出进一步的验证。

---

① 格罗斯曼和赫尔普曼（1991）通过推导中间品对全要素生产率的影响，最终得出了全要素生产率的表达式为 $TFP = n^{(a-1)/a}$，其中 n 为中间品投入种类，$0 < a < 1$，因此，随着可获得的中间投入种类的增加，全要素生产率会随之上升。

三、文献评析

毫无疑问，上述文献的研究成果构成了本章广泛而深厚的研究基础，但我们仍然可做以下三方面推进：

第一，既有的研究文献大多采用收入指标法或其改进方法测算出口复杂度（Rodrik，2006；Hausmann et al.，2007；Xu & Lu，2009；齐俊妍等，2011；刘维林等，2014；等等）。这种出口复杂度的测算方法正如前文所述，测算结果和表达的含义存在潜在缺陷。鉴于此，本章主要采用基于能力理论的反射法（Hausman & Hidalgo，2010）测算产品出口复杂度，产品被生产的普遍性越低，其出口复杂度越高，相应的技术连接点也就越多，只有少数能力强的国家才能生产并出口。产品的这种普遍性可以理解为它的排他性，因此基于反射迭代法测算出的出口复杂度也可以更好地衡量出口贸易的国际竞争水平。

第二，近年来，研究的层面逐渐从宏观、中观转向微观，更加注重对异质性企业出口行为的探讨。然而，有关出口复杂度的研究大多停留在地区或行业层面，基于企业层面测算出口复杂度并加以分析的文献还比较罕见。不同的企业由于所有权属性、技术水平、生产规模等因素的影响，出口复杂度可能具有不同的变化特征，若笼统而论，则掩盖了其中的异质性，导致研究结果或政策建议出现一定偏误。本章立足于微观企业层面，采用反射法测算企业出口复杂度，更加细化地研究其变化特征以及影响因素。

第三，国际经济学领域的学者们对中间品进口和出口复杂度都进行了大量的实证研究，但对这两方面的研究几乎处于平行发展，将二者之间联系起来的文献十分匮乏。其中，与本章研究视角相近的两篇文献，齐俊妍、吕建辉（2016）研究的是行业层面中间品进口额对出口复杂度的影响，而本章则是从企业层面中间品进口种类多样化视角切入；李秀芳、施炳展（2016）考察的是中间品进口多元化对出口产品质量的影响，且未对影响机制进行检验。值得一提的是，出口复杂度、出口广度边际和出口产品质量是刻画出口结构的三个主要维度，产品质量特指产品性能，强调同种产品内的垂直差异性①，包括耐用性、兼容性、配套服务以及灵活使用等，不同企业生产的同种产品质量不同；产品复杂度强调不同产品之间生产所需投入能力（包括技术水平、生产性知识、人力资本等）的水平差异性，不同企业生产的同种产品复杂度相同②。产品质量提升并不代表产品复杂度提升，反之亦然，比如多数国家有能力生产并出口某一 HS 编码的服装，根据能力理论，该产品被生产的普遍性较高，所以复杂度较低，但不同国家生产同一 HS 编码服装的质量是存在差异的，如意大利出口的服装在耐久性和影响力方面可能高于一些发展中国

① 垂直差异性是指同类 HS 编码产品当中存在的差异。
② 水平差异性是指不同 HS 编码产品的差异（如手机和服装的差异）。

家生产的同款服装，这就造成了复杂度相同的产品存在着质量上的差异性。目前，还没有指标能够同时纳入上述三个维度，只能分别进行探讨。出口复杂度侧重于横向比较不同产品之间生产时所需能力的差异性，在分析一国贸易结构升级和竞争力上具有无可比拟的优势，其研究价值不言而喻。

本章从以上三点切入，利用中国制造业企业级数据，基于更合理的方法测算企业层面出口复杂度指数，实证研究中间品进口多样化对出口复杂度的影响，是探究我国进口对出口影响的一次有益尝试。

第三节　理论与数据

一、数据来源说明

为研究企业中间品进口多样化与出口复杂度之间的关系，本章使用以下三套大型面板数据：制造业企业层面的生产数据、产品层面的海关进出口统计数据以及各国双边贸易统计数据。

企业层面的生产数据来自国家统计局 1998 ~ 2007 年的规模以上工业企业调查。此调查涵盖了所有国有企业和“规模以上”（即主营业务收入超过 500 万元）的非国有企业，并详细记录了企业基本信息以及生产和财务方面的数据，共 100 多个会计变量。平均而言，这些企业的生产总值占《中国统计年鉴》所公布的工业生产总值约 95%。本章借鉴布兰特等（2012）和杨汝岱（2015）的跨期匹配思路，对该套数据的处理包括构建面板、资本变量处理、价格指数等过程。首先，我们利用法人代码信息识别企业，如果法人代码匹配不上或者法人代码重复，则开始使用企业名称匹配，如果企业名称依然匹配不上或者企业名称重复，则使用“法人姓名 + 地区 + 主要产品”匹配，如果“法人姓名 + 地区 + 主要产品”依然匹配不上，则进一步使用其他信息匹配。本章匹配成为 10 年非平衡面板后，保留了制造业样本（行业 2 位码 13 ~ 42，16 除外），同时参照谢千里等（2008）的做法，删除记录数据中不符合会计准则的观测值：（1）职工人数少于 8 人或缺失；（2）总资产小于流动资产；（3）总资产小于固定资产净值；（4）工业总产值、工业增加值、工业销售产值、出口交货值、产品销售收入、中间投入、固定资产净值、实收资本以及平均工资为负或缺失。另外，中国在 2003 年调整“国民经济行业分类”（GB/T 4754—2002），导致行业代码在 2003 年前后有所差异，我们按照布兰特等（2012）的方法对行业代码进行了统一。本章所需使用的所有名义变量，均使用布兰特等（2012）提供的以 1998 年为基期的平减指数进行调整。

进出口产品层面的数据来自中国海关总署的 2000 ~ 2006 年高度细分的进出口贸易数据。这套数据详细记录了每种产品（HS - 8 分位）交易的月度信息，包括交易金额、交易数量、运输方式、目的国（起运国）以及出口（进口）企业名称在内的7个企业基本信息。与既有文献做法相一致，我们首先将海关数据库分为进口数据库和出口数据库，并剔除进出口产品数量小于1以及进口来源国为中国的无用信息，然后将月度数据汇总成年度数据。

本章的研究对象是制造业企业，所以需要将上述两个大型数据库合并起来。由于这两套数据使用了不同的编码系统，同一企业在两套数据中的代码并不一致，因此合并这两套数据具有一定难度①。为了保证数据匹配的质量，我们首先采用两步匹配法，然后根据模糊匹配原则剔除企业名称差异较大的企业②，具体操作如下：（1）按照企业名称匹配；（2）按照企业电话号码后7位和邮政编码合并的13位码进行匹配，并对匹配上的企业按照名称进行模糊筛选，剔除名称差异较大的匹配企业；（3）按照企业联系人和邮政编码进行匹配，并对匹配上的企业按照名称进行模糊筛选，剔除名称差异较大的匹配企业；（4）按照企业联系人和电话号码后七位进行匹配，并对匹配上的企业按照名称进行模糊筛选，剔除名称差异较大的匹配企业。最终我们获得2000～2006年间78813家出口企业，观测值总量239992个，具有中间品进口行为的观测值为149312个，合并得到的观测值约占2000～2006年经过删除工作后的制造业出口企业总数的60%，出口额约占总出口额的64%。严谨起见，考虑到可能存在的样本选择性偏差，表4－1给出了合并上的出口企业与未合并上的出口企业主要特征的描述性统计，可以看出，合并上的出口企业与未合并上的出口企业在平均雇佣人数、销售额、工业增加值和TFP上都非常相近，表明本章选取的样本具有很强的代表性。

表4－1　　出口企业主要特征描述性统计

变量	合并上的企业	未合并上的企业
年平均从业人数（对数）	5.36 (1.13)	5.13 (1.12)
销售额（对数）	10.57 (1.33)	10.12 (1.33)
工业增加值（对数）	9.21 (1.43)	8.81 (1.40)
全要素生产率（LP法对数）	1.7 (2.15)	1.67 (2.08)
观测值数	239992	156130

注：表中给出了各统计量的特征均值，括号内数值为标准差。

① 海关数据企业编码是10位，而工业企业调查数据编码是9位。

② 模糊匹配方法可向作者索取。

本章使用的第三套数据来源于 cepii-baci 数据库提供的 2000 ~ 2006 年双边贸易数据，该数据库详细记录了全球 216 个国家和地区出口的 5111 种产品（HS - 6 分位）双边贸易金额和数量，平均每年观测值多达 500 万以上。基于这套产品层面高度细分的数据，我们能够更加精确地测算产品出口复杂度。

由于 HS 6 位码的协调版本不一致，本章根据联合国贸易统计司提供的 HS 1996 ~ HS 2002 编码转换表将产品编码全部统一为 HS 1996 版本①。

二、制造业出口复杂度情况

（一）反射法测算出口复杂度

豪斯曼和伊达尔戈（2010）在基于能力理论的基础上创立反射法测算出口复杂度。能力理论假设产品生产过程需要大量投入品，这些投入品包括有形的可直接交易的生产要素（如资本、劳动、中间品等）和一些无形的不可直接交易的生产技能型要素（生产性知识、技术分布等），后一种投入要素被称为能力。不同的国家拥有的能力不同，每个国家只能生产那些与自身能力相匹配的产品，其拥有的能力越多，生产并出口的产品种类也就越丰富。类似的，不同产品生产过程所需的能力组合也不相同，技术含量越高的产品在生产时所需投入能力数量越多，只有能力较强的国家生产并出口。这就好比乐高玩具，一种产品相当于一个乐高模型，一个国家相当于一桶乐高积木，复杂的乐高模型可由一桶更加多样化的乐高积木搭建而成，一桶更加多样化的乐高积木可以搭建出更复杂的乐高模型（Maggioni D，2016）。由于能力信息是无法直接获取的，豪斯曼和伊达尔戈（2010）认为可用一个国家生产并出口的产品种类反映该国所拥有的能力数，一种产品生产并出口的国家数量反映产品生产时所需要的能力数。

反射法采用“多样性”（diversification）定义国家出口复杂度，表示一个国家出口的具有显示性比较优势的产品数；采用“普遍性”（ubiquity）定义产品出口复杂度，表示在该种产品的出口上具有显示性比较优势的国家数。但是没有经过迭代的“多样性”和“普遍性”不能准确衡量国家出口复杂度和产品出口复杂度，因为国家出口复杂度和产品出口复杂度的概念相互交织，复杂度高的国家能够生产并出口复杂度高的产品，复杂度高的产品只能由复杂度高的国家生产并出口，这就是反射思想的基本逻辑。如图 4 - 1 所示，一个虚拟的三方网络（国家—能力—产品）显示国家所拥有的能力以及产品生产所需要的能力，通过反复迭代，不断收集国家—产品双方的能力信息，提炼出包含产品信息的“国家多样性”和包含国家信息的“产品被生产普遍性”，最终确定国家出口复杂度

① 2000 ~ 2001 年海关产品采用 HS 1996 版本，2002 ~ 2006 年海关产品采用 HS 2002 版本，cepii-beci 采用 HS 1996 版本。

指数和产品出口复杂度指数。

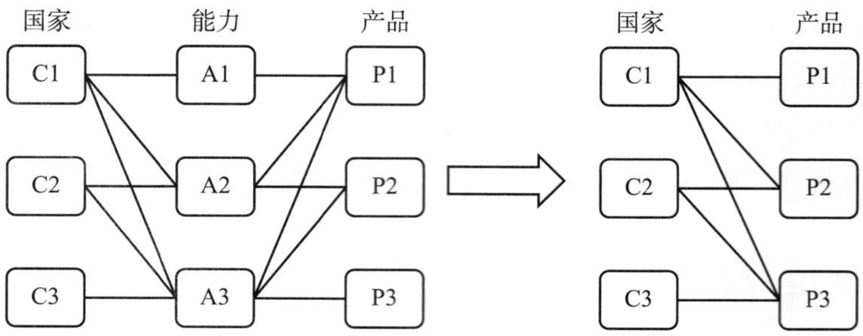

图4-1　国家、能力、产品关系图

资料来源：豪斯曼和伊达尔戈（2010）。

本章主要采用豪斯曼和伊达尔戈（2010）创立的反射法测算企业层面的出口复杂度，这是因为利用该方法测得的产品出口复杂度指数越高，意味着这种产品被生产的普遍性越低，排他性越强，只有能力较强的国家生产并出口，才能更好地体现产品的出口技术含量和竞争优势，

利用反射法测算产品出口复杂度分为三个步骤：第一步，计算产品的显示性比较优势（RCA）。RCA 衡量了一个国家某种产品的贸易专业化程度，当一个国家出口某种产品的比重大于或等于全世界出口这种产品的比重，则这个国家在该种产品的出口上具有显示性比较优势（Balassa，1965），计算公式如下：

$$RCA_{cp} = \frac{E_{cp}/\sum E_{cp}}{\sum_{c} E_{cp}/\sum_{p}\sum_{c} E_{cp}} \tag{4-5}$$

第二步，得到产品显示性比较优势的基础上计算国家出口复杂度和产品出口复杂度的初始值 $K_{c,0}$ 和 $K_{p,0}$。$K_{c,0}$ 是国家的初始多样性，表示一个国家出口的具有显示性比较优势的产品数量，$K_{p,0}$ 是产品的初始普遍性，表示在该种产品的出口上具有显示性比较优势的国家数量，计算公式如下：

$$K_{c,0} = \sum_{p} d_{RCA_{cp}} \tag{4-6}$$

$$K_{p,0} = \sum_{c} d_{RCA_{cp}} \tag{4-7}$$

第三步，通过反复迭代收集国家信息和产品信息，并最终确定更加准确的产品出口复杂度，计算公式如下：

$$K_{c,n} = \frac{1}{K_{c,0}}\sum_{p} d_{RCA_{cp}} \times K_{p,n-1} \tag{4-8}$$

$$K_{p,n} = \frac{1}{K_{p.,0}}\sum_{p} d_{RCA_{cp}} \times K_{c,n-1} \tag{4-9}$$

其中，n 代表迭代次数，c 和 p 分别代表国家和产品，d_{RCA} 代表指示变量，若式（4-5）当中的 $RCA_{cp} \geq 1$，则该值为 1；否则为 0。初始状态下，国家生产的多样性

$K_{c,0}$和产品被生产的普遍性 $K_{p,0}$经过式（4－8）、式（4－9）n（为偶数）次迭代后，就可以得到包含产品信息的“国家多样性” $K_{c,n}$和包含国家信息的“产品普遍性” $K_{p,n}$。当第 n（为偶数）次迭代提炼不出更多信息时，国家出口复杂度和产品出口复杂度的排名就不再发生变化，于是停止迭代。此时，$K_{c,n}$值越大，代表这个国家出口复杂度越高；$K_{p,n}$的值越大，代表该产品出口复杂度越低。为了表达上的方便，我们求取 $K_{p,n}$的相反数以代表产品出口复杂度高低。

上述过程所需使用的国家—产品层面贸易数据均来自 cepii-baci（HS－1996版）数据库，该数据库记录了 2000～2006 年间 216 个国家的 5111 种 HS 6 分位产品的出口金额和数量，使我们能够在能力理论的框架下测算产品出口复杂度指数 $K_{p,n}$。为了使测算结果跨年可比，本章参考马焦尼（Maggioni，2016）的处理方法，对产品出口复杂度指数进行如下标准化处理：

$$K_{p.n}^{std}=\frac{K_{p,n}-K_{p,n}^{mean}}{K_{p,n}^{standard\ deviation}} \tag{4-10}$$

为了说明使用反射法测算产品出口复杂度的可靠性，我们以 2006 年的测算结果（已标准化）为例，给出了 2006 年 5111 种产品出口复杂度排名前 20 位和后 20 位的产品名称和指数值。如表 4－2 所示，出口复杂度较高的产品主要是化学材料制成品（酚类化合物、锆结晶材料、乙酸酯材料、卤代烃衍生物等）和精密仪器设备（等离子电弧电动机床、摄影装置和设备、显微镜和衍射设置、真空泵等），这些产品均由资本及技术密集型行业所生产。出口复杂度较低的产品主要是木材（热带木材、非针叶木块、阿拉伯树胶等）和食品类产品（腰果、调味料或香料、椰子或椰肉油渣饼），均由资源或劳动密集型行业所生产。上述事实表明，采用反射法测算所得结果与现实情况基本相符。

表 4－2　　2006 年复杂度排名前 20 位和后 20 位的产品

排名前 20 位产品			排名后 20 位产品		
HS 码	产品名称	复杂度	HS 码	产品名称	复杂度
290730	酚类化合物	3. 567	130120	阿拉伯树胶	－2. 437
845691	等离子电弧电动机床	3. 037	151110	棕榈油	－2. 458
901042	摄影装置和设备	2. 593	120300	椰子干	－2. 530
846140	齿轮切削机床	2. 521	260500	钴矿砂及其精矿	－2. 533
901210	显微镜和衍射设置	2. 374	400121	天然橡胶熏片	－2. 564
900120	光导纤维［内镜］	2. 367	530410	龙舌兰剑麻；纺织纤维	－2. 581
854020	电视摄像管；图像转换器	2. 361	230650	椰子或椰肉油渣饼	－2. 589
810990	锆结晶材料	2. 343	531010	纺织韧皮纤维的机织物	－2. 608
550490	人造纤维（短纤）	2. 337	120710	棕榈仁和棕榈仁	－2. 621

续表

排名前20位产品			排名后20位产品		
HS码	产品名称	复杂度	HS码	产品名称	复杂度
847950	具独立功能的机械	2.332	630510	用于包装货物的麻袋	-2.629
291534	乙酸酯材料	2.326	530710	黄麻；其他纺织韧皮纤维	-2.737
370241	胶卷感光胶片	2.321	180100	可可豆	-2.760
390440	氯乙烯共聚体	2.300	400129	天然橡胶	-2.771
392073	制铅版（或电铸版）	2.259	530310	黄麻；其他纺织韧皮纤维	-2.777
722691	合金钢材料	2.246	440729	非松树类种木材	-2.825
290359	卤代烃衍生物	2.211	91030	调味料或香料	-2.847
846021	磨床；砂轮机	2.162	440724	非针叶木块	-2.859
841410	真空泵；真空帮浦	2.146	080131	腰果	-2.974
284310	胶体贵金属	2.129	530521	食用核果及非壳类果实	-2.997
292122	非环多胺及其衍生物	2.123	440349	热带木材	-3.049

我们经过测算得到2000～2006年5111种产品出口复杂度指数后，进一步地，与既有文献中测算行业出口复杂度的方法类似，将企业出口的每种产品份额作为权重汇总成企业i当年的出口复杂度指数，计算公式如下：

$$ESI_i = \sum_p \left(\frac{E_{ip}}{E_i} \times K_{p,n}^{std}\right) \tag{4-11}$$

其中，ESI_i 为企业i的出口复杂度，p为企业出口的产品种类，E_{ip} 为企业i出口产品p的份额，E_i 为企业i的出口总额。通过式（4－11）我们得到2000～2006年239992个观测样本的出口复杂度指数。

（二）制造业出口复杂度变动特征

1. 总体特征

我国制造业出口复杂度到底经历了什么样的变化？本章试图利用反射法测算所得的结果回答这个问题。首先我们关注中国制造业企业出口复杂度（已标准化）在2000～2006年间的总体变化趋势和分布情况。

表4－3和图4－2刻画了样本期中国制造业企业出口复杂度的总体变化和分布情况。从均值和中位数水平上看，中国制造业出口复杂度在2001～2002年间维持在较为平稳的水平上，自2002年开始，出口复杂度水平开始有明显提升，指数值从－0.428上升至－0.195，可能是因为2001年底我国加入WTO，贸易关税大幅削减，国内企业能够以更低的成本获取更优质的中间品材料，从而促进企业生产能力提升。出口复杂度分布的标准差在2000～2006年间非常稳定（1左右），因此总体来看，中国制造业出口复杂度在2000～2006年间呈现分布总体右移，分布形态平

稳的特征。值得注意的是，从2000～2006年，经过标准化处理的出口复杂度的均值和中位数均小于0，意味着我国多数企业的产品出口复杂度小于世界产品平均出口复杂度，处于国际水平中等偏下的位置。

表4－3　　　　2000～2006年中国制造业出口复杂度总体情况

年份	样本数	均值	中位数	25%分位	75%分位	标准差
2000	20224	－0.482	－0.436	－1.277	0.302	1.004
2001	23285	－0.432	－0.376	－1.236	0.360	1.002
2002	25697	－0.428	－0.384	－1.218	0.361	1.001
2003	29723	－0.361	－0.310	－1.131	0.423	0.976
2004	43444	－0.308	－0.224	－1.093	0.492	1.011
2005	46926	－0.260	－0.189	－1.030	0.533	0.990
2006	50693	－0.195	－0.057	－0.959	0.592	0.996
总体	239992	－0.321	－0.249	－1.106	0.484	1.001

资料来源：笔者测算得到。

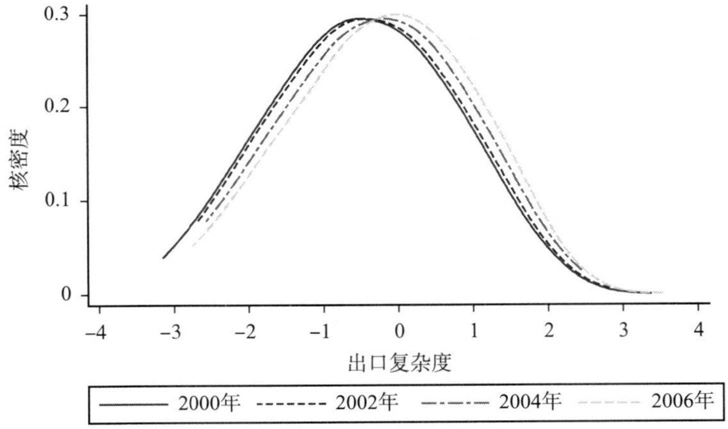

图4－2　2000～2006年中国制造业出口复杂度变动情况（a）

资料来源：笔者计算整理后绘制。

中国独特的体制设置使得所有权属性是中国企业绩效表现的重要影响因素之一，因此，有必要考察不同所有权类型企业出口复杂度的变动情况。本章参考杨汝岱（2015）的做法，将样本中的出口企业按照制造业企业调查的“登记注册类型”和“实收资本”区分为国有企业、民营企业、外资企业这三类子样。

表4－4刻画了样本期内不同所有制企业出口复杂度的均值和中位数的变动情况。可以看到，国有企业出口复杂度均值最高，其次是民营企业和外资企业。整个样本期内，国有企业、民营企业、外资企业的出口复杂度均有提升，几乎处于平行

增长态势。对此可能的解释为：样本期内，国有企业具有特殊的地位，承担着一定的社会责任，大量的资源和生产设备倾注到国有企业，使得国有企业拥有较大的规模和较多的能力生产出一定技术水平的产品；民营企业由于政策方面（如融资、补贴等）受到较多的约束，自身发展受到限制，规模往往更小，因此生产能力有限；外资企业多是出于利用我国廉价的劳动力的目的，组织工人进行简单重复的加工装配生产，理论上并不需要投入较多的生产技能，产品加工生产所含的技术含量较低，因此出口复杂度较低。

表 4－4　　不同所有制企业出口复杂度情况

年份	国有企业		民营企业		外资企业	
	均值	中位数	均值	中位数	均值	中位数
2000	－0.123	0.002	－0.446	－0.409	－0.536	－0.498
2001	－0.075	0.059	－0.402	－0.385	－0.478	－0.429
2002	－0.034	0.105	－0.364	－0.332	－0.486	－0.456
2003	0.038	0.184	－0.300	－0.266	－0.412	－0.357
2004	0.141	0.296	－0.270	－0.212	－0.343	－0.256
2005	0.166	0.363	－0.219	－0.166	－0.297	－0.225
2006	0.230	0.367	－0.136	－0.004	－0.247	－0.106

资料来源：笔者测算得到。

进一步地，我们将总样本区分为进口中间品的企业与未进口中间品的企业，同时借鉴陶攀等（2014）、鲁晓东等（2016）的处理方法，将贸易方式区分为加工贸易企业和一般贸易企业，对于加工和一般贸易并存的企业，在样本中分别进行统计[①]，以便考察不同贸易方式出口复杂度变化情况。

从表 4－5 和图 4－3 中我们发现，进口中间品的企业出口复杂度均值的提升速度要快于未进口的企业，这从直观上说明中间品进口会影响企业出口复杂度提升。从贸易方式看，我国加工贸易出口复杂度低于一般贸易出口复杂度，这与阿什和冈尼斯（2010）的研究结论相反，他们的测算结果显示加工贸易企业具有更高的出口复杂度。实际上，加工贸易由于其具有的特殊性，若采用收入指标法往往会高估我国的出口复杂度（姚洋、张晔，2008；丁小义、胡双丹，2013）。本章采用反射迭代法测算的结果克服了由于加工贸易造成出口复杂度虚高的假象，表明反射法较比以往的方法，能够更加合理地测算一出口篮子的生产性知识和技术分布。

① 对于加工和一般贸易并存的企业，每个企业每年对应两个子样本。

表4-5　　是否进口与不同贸易方式出口复杂度情况

年份	进口中间品企业		未进口中间品企业		一般贸易类型		加工贸易类型	
	均值	中位数	均值	中位数	均值	中位数	均值	中位数
2000	-0.500	-0.443	-0.436	-0.415	-0.426	-0.368	-0.624	-0.580
2001	-0.437	-0.346	-0.418	-0.433	-0.403	-0.353	-0.567	-0.550
2002	-0.421	-0.353	-0.442	-0.466	-0.389	-0.348	-0.559	-0.546
2003	-0.331	-0.252	-0.416	-0.424	-0.336	-0.294	-0.482	-0.443
2004	-0.248	-0.092	-0.403	-0.416	-0.291	-0.212	-0.417	-0.335
2005	-0.201	-0.049	-0.345	-0.349	-0.248	-0.173	-0.367	-0.295
2006	-0.149	0.053	-0.251	-0.203	-0.181	-0.038	-0.338	-0.261

资料来源：笔者计算整理。

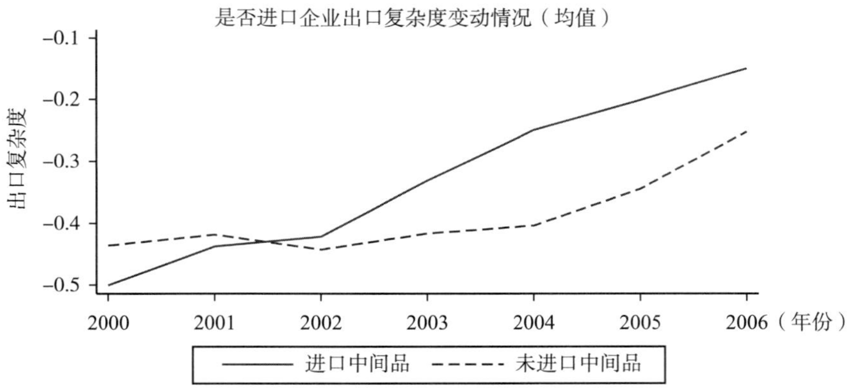

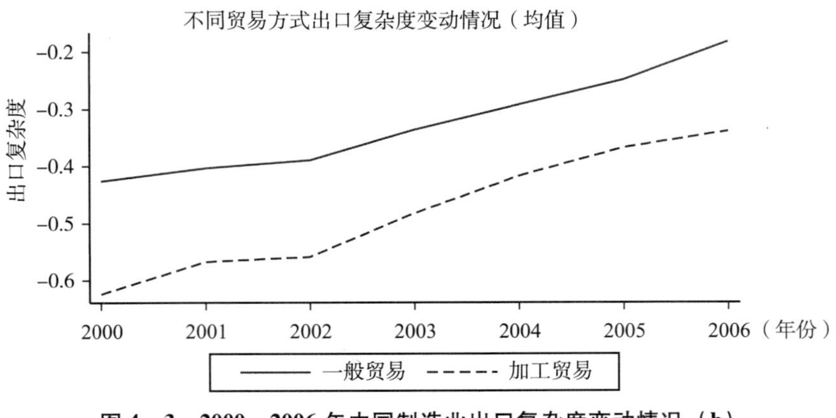

图4-3　2000~2006年中国制造业出口复杂度变动情况（b）

资料来源：笔者计算整理后绘制。

2. 分行业特征

为了研究那些具体的行业出口复杂度指数经历了大幅度的提升，我们进一步细分制造业行业。本章根据中国国民经济行业分类（CIC）的2位码行业，分行业计算各行业企业在期初2000年和期末2006年的标准化出口复杂度均值。考虑到2001年12月中国加入WTO这一重大事件的发生，本章同样计算出2002年各行业企业出口复杂度均值，统计结果列于表4-6中。

表4-6　　国民经济行业分类（CIC）2位码行业出口复杂度情况

制造业行业	2000年	2002年	2006年	2000~2006年	2002~2006年
农副食品加工	-0.891	-0.873	-0.960	-0.069***	-0.087***
食品制造	-0.563	-0.547	-0.505	0.058*	0.042
饮料制造	-0.524	-0.639	-0.818	-0.294***	-0.179***
纺织	-1.274	-1.194	-1.025	0.249***	0.169***
纺织服装鞋帽制造	-1.874	-1.851	-1.724	0.150***	0.127***
皮革毛皮羽毛及其制品	-1.266	-1.306	-1.075	0.191***	0.231***
木材加工木竹藤棕草制品	-0.923	-0.887	-0.880	0.043	0.007
家具制造	-0.477	-0.397	-0.253	0.224***	0.144***
造纸及纸制品	-0.067	0.000	0.105	0.172***	0.105***
印刷业和记录媒介的复制	0.061	0.157	0.110	0.049	-0.047
文教体育用品制造	-0.801	-0.626	-0.336	0.465***	0.29****
石油加工炼焦核燃料加工	0.270	0.295	0.371	0.101	0.076
化学原料及化学制品制造	0.455	0.530	0.598	0.143***	0.068***
医药制造	0.415	0.514	0.454	0.039	-0.060*
化学纤维制造	-0.200	-0.121	-0.058	0.142*	0.063
橡胶制品	-0.214	-0.149	0.063	0.277***	0.212***
塑料制品	-0.332	-0.294	-0.071	0.261***	0.223***
非金属矿物制品	-0.190	-0.104	0.033	0.223***	0.137***
黑色金属冶炼及压延加工	0.190	0.160	0.314	0.124***	0.154***
有色金属冶炼及压延加工	0.160	0.175	0.376	0.216***	0.201***
金属制品	0.097	0.072	0.223	0.126***	0.151***

续表

制造业行业	2000 年	2002 年	2006 年	2000 ~ 2006 年	2002 ~ 2006 年
通用设备制造	0. 668	0. 678	0. 852	0. 184 ***	0. 174 ***
专用设备制造	0. 570	0. 549	0. 693	0. 123 ***	0. 144 ***
交通运输设备制造	0. 243	0. 280	0. 498	0. 255 ***	0. 218 ***
电气机械及器材制造	-0. 023	0. 012	0. 279	0. 302 ***	0. 267 ***
通信设备计算机及其他电子设备制造	0. 025	0. 140	0. 410	0. 385 ***	0. 270 ***
仪器仪表及文化办公用机械制造	0. 098	0. 270	0. 528	0. 430 ***	0. 258 ***
工艺品及其他制造	-1. 058	-1. 028	-0. 848	0. 210 ***	0. 180 ***

资料来源：笔者计算整理。

表 4 - 6 显示，无论是 2000 ~ 2006 年还是 2002 ~ 2006 年，在全部 28 个制造业行业中，大部分行业均呈现出口复杂度提升。以 2002 ~ 2006 年为例，出口复杂度提升最快的行业包括通信设备计算机及其他电子设备制造业、仪器仪表及文化办公用机械制造、电气机械及器材制造、塑料制品制造、文教体育用品制造、橡胶制品，这些行业出口复杂度均显著提升 0. 2 以上。出口复杂度呈现显著下降的行业则包括农副食品加工、饮料制造业。由于不同行业之间存在异质性，影响各个行业出口复杂度提升的因素也不相同。本章的测算结果显示，中国大部分行业出口复杂度在 2000 ~ 2006 年和 2002 ~ 2006 年均有显著地提升，其中资本及技术密集型行业企业出口复杂度提升速度快于其他行业。

3. **分地域特征**

表 4 - 7 刻画了各省份制造业企业出口复杂度情况，并依据国家统计局标准划分为东、中、西三大部分。2000 ~ 2006 年，东部各省份出口复杂度提升最为显著，而中西部地区除安徽、湖北、重庆外，其他省份出口复杂度提升不显著。东、中、西三大区域横向对比，我们发现，西部企业出口复杂度均值最高，东部企业出口复杂度均值最低。西部地理位置位于我国内陆地区，距离港口较远，相比距离港口更近的东部地区，西部企业需要支付更多的成本，只有出口复杂度高、竞争力强的产品（比如稀缺资源型产品）才能维持企业的运营成本。东部地区企业由于地理位置优势，出口门槛较低，多数企业选择出口，从而拉低了初始出口复杂度均值，但增长速度较快，与西部的差距不断缩小，甚至具有赶超趋势，这可能是因为：一方面，由于出口企业多，竞争压力大，优胜劣汰机制使部分出口复杂度低的企业退出市场；另一方面，地理优势使得企业更容易进口，进口贸易的技术溢出效应也可能促进了出口复杂度提升。

表 4 – 7　　各省份制造业企业出口复杂度情况

地域	2000 年	2002 年	2006 年	2000 ~ 2006 年	2002 ~ 2006 年
东部地区	−0. 507	−0. 452	−0. 205	0. 302 ***	0. 247 ***
北京市	−0. 176	−0. 116	0. 246	0. 423 ***	0. 363 ***
天津市	−0. 267	−0. 217	0. 070	0. 336 ***	0. 287 ***
河北省	−0. 326	−0. 340	−0. 195	0. 131 ***	0. 145 ***
辽宁省	−0. 409	−0. 417	−0. 224	0. 185 ***	0. 193 ***
上海市	−0. 334	−0. 272	0. 051	0. 386 ***	0. 323 ***
江苏省	−0. 387	−0. 320	−0. 102	0. 285 ***	0. 218 ***
浙江省	−0. 511	−0. 459	−0. 178	0. 333 ***	0. 281 ***
福建省	−0. 678	−0. 629	−0. 451	0. 227 ***	0. 178 ***
广东省	−0. 635	−0. 557	−0. 251	0. 384 ***	0. 307 ***
海南省	−0. 626	−0. 586	−0. 568	0. 058	0. 019
山东省	−0. 607	−0. 601	−0. 479	0. 128 ***	0. 122 ***
中部地区	−0. 343	−0. 308	−0. 153	0. 190 ***	0. 155 ***
山西省	0. 169	0. 096	0. 239	0. 070	0. 143 *
吉林省	−0. 517	−0. 493	−0. 288	0. 229 **	0. 206 *
黑龙江省	−0. 240	−0. 186	−0. 016	0. 224 **	0. 170 *
安徽省	−0. 616	−0. 515	−0. 263	0. 353 ***	0. 252 ***
江西省	−0. 535	−0. 421	−0. 455	0. 080	−0. 034
河南省	−0. 316	−0. 191	−0. 075	0. 241 ***	0. 116 *
湖北省	−0. 206	−0. 396	−0. 103	0. 103	0. 293 ***
湖南省	−0. 222	−0. 152	−0. 063	0. 159 **	0. 089 *
西部地区	−0. 149	−0. 083	−0. 015	0. 134 ***	0. 068 **
广西壮族自治区	−0. 379	−0. 303	−0. 380	−0. 001	−0. 077
重庆市	0. 048	0. 121	0. 350	0. 301 ***	0. 228 ***
四川省	0. 017	0. 051	0. 123	0. 106 *	0. 072
贵州省	0. 286	0. 330	0. 199	−0. 086	−0. 131
云南省	−0. 225	−0. 146	−0. 137	0. 088	0. 009
陕西省	0. 194	0. 181	0. 314	0. 120	0. 133
甘肃省	−0. 223	−0. 229	−0. 295	−0. 073	−0. 066

续表

地域	2000 年	2002 年	2006 年	2000～2006 年	2002～2006 年
青海省	0.027	-0.176	-0.179	-0.206	-0.004
宁夏回族自治区	0.072	-0.078	-0.023	-0.095	0.054
新疆维吾尔自治区	-0.973	-0.640	-0.345	0.627***	0.295**
内蒙古自治区	-0.692	-0.532	-0.331	0.361***	0.201*

资料来源：笔者测算整理得到。

三、制造业中间品进口情况

本章根据联合国 BEC 分类标准法甄别和筛选进口的中间产品。联合国经社理事会统计司的“经济大类分类标准”按照产品的生产过程或使用用途将商品分为三大类，分别是消费品、资本品和中间品。如表 4-8 所示，参照海关协调编码（HS），中间品包括的 HS 编码范围为 111、121、21、22、31、32、42 和 53 这八大类别的产品。该方法也是目前国内外学者从产品层面识别和测算中间品进口金额和进口种类的主流方法（Amiti & Konings，2007；Halpern et al.，2015；Goldberg et al.，2010；陈勇兵等，2012；张杰等，2014；康志勇，2015；许家云等，2017；魏浩等，2017）。由于海关数据库进口产品采用 HS 编码记录，我们根据联合国贸易数据库提供的 BEC 与 HS 转换表，甄别和筛选与 BEC 相对应的 HS-6 分位中间品，然后将中间品进口信息汇总到制造业样本企业。

表 4-8　　　　联合国 BEC 分类标准

SNA	BEC 分类代码	BEC 分类表述
资本品	41	运输设备之外的资本货物
	521	工业用途的运输设备
中间品	111	工业用途的食品和饮料，初级
	121	工业用途的食品和饮料，加工
	21	未另归类的工业用品，初级
	22	未另归类的工业用品，加工
	31	燃料和润滑剂，初级
	32	燃料和润滑剂，加工（不含汽油）
	42	运输设备之外的资本货物零配件
	53	运输设备零配件

续表

SNA	BEC 分类代码	BEC 分类表述
消费品	112	家用消费的食品和饮料，初级
	122	家用消费的食品和饮料，加工
	522	非工业用途的运输设备
	61	未另归类的消费品，耐用品
	62	未另归类的消费品，半耐用品
	63	未另归类的消费品，非耐用品

资料来源：联合国经社理事会统计司。

表 4－9 和图 4－4（a）简单描绘了 2000～2006 年制造业企业中间品进口额均值变动情况。可以看出，中国自从加入世贸组织（WTO）以来，企业中间品进口额均值快速增长，从期初 2000 年的 392 万美元上升至期末 2006 年的 561 万美元，增长幅度达到 43.8%。进一步区分中间品进口来源地后，我们发现，无论是从发达国家进口还是从发展中国家进口，中间品进口额自 2002 年起均处于不断上升的态势，这与我国宏观层面的中间品进口状况一致。

进口贸易结构上，从发达国家①进口的中间品份额每年都达到了进口总量的 60%以上，但占比不断降低，从期初 2000 年的 65%下降至期末 2006 年的 60.7%；而从发展中国家进口的中间品比重则从期初 2000 年的 34.9%上升至期末 2006 年的 39.3%。这从微观上体现了我国进口结构的变化趋势。

表 4－9　制造业企业中间品进口额情况

年份	中间品进口		从发达国家进口			从发展中国家进口		
	总额（百万美元）	均值	总额（百万美元）	均值	占比（%）	总额（百万美元）	均值	占比（%）
2000	57039	3.92	37105	2.55	65.00	19934	1.38	35.00
2001	61366	3.80	39242	2.43	64.06	22124	1.37	35.94
2002	67807	3.94	40960	2.38	60.31	26847	1.56	39.69
2003	90710	4.71	55659	2.89	61.46	35051	1.81	38.54
2004	134797	5.02	81630	3.04	60.46	53167	1.99	39.54
2005	150729	5.46	91100	3.30	60.42	59629	2.16	39.58
2006	155408	5.61	94481	3.41	60.69	60927	2.21	39.31

资料来源：笔者通过合并的工业企业数据库和海关数据库测算得到。

① 本章参考联合国《2010 年人类发展报告》的标准对发展中国家和发达国家进行划分。

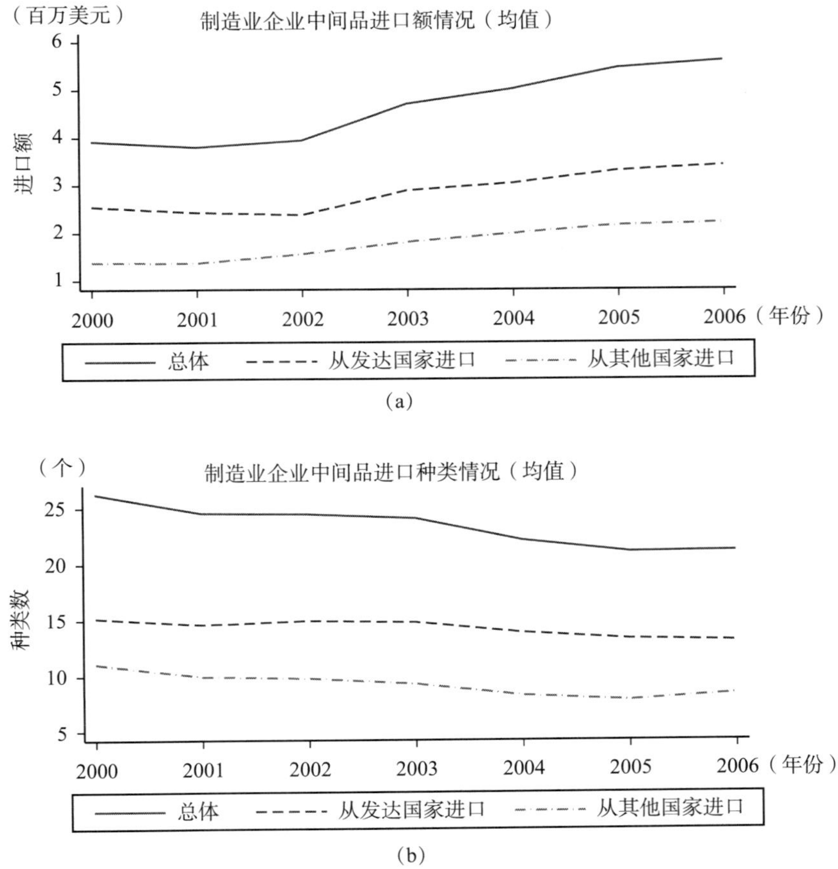

图4-4　2000～2006年中国制造业企业中间品进口情况

资料来源：笔者计算整理后绘制。

接下来，我们进一步考察进口的中间品种类变动情况。与现有文献做法一致，本章定义“产品—国家”对作为一个基本单位，将企业从不同国家进口的同一HS-6分位的中间品记为不同的产品种类①。表4-10和图4-4（b）简单描绘了2000～2006年间制造业企业进口的中间品种类水平。总的来看，企业进口中间品的种类总数和从发达国家进口中间品的种类数呈递增趋势，这体现了进口中间品种类多元化改善，但总数增加的原因主要源自进口企业的增加。从均值水平看，消除了规模因素后，单个企业的进口中间品种类和从发达国家或其他国家进口中间品种类均减少，但是从发达国家的进口种类减少速度上相对较慢，这与李秀芳、施炳展（2016）得出的结论一致。

① 本章界定的进口产品种类是指HS 6产品—国家层面，如果HS 6产品不变，进口来源地数目增多，则进口产品种类增多；如果HS 6产品增多，进口来源地数目也增多，则进口产品同样会增多。

表 4-10　　制造业企业中间品进口种类情况

年份	样本数	进口种类		从发达国家进口		从发展中国家进口	
		总数（个）	均值	总数（个）	均值	总数（个）	均值
2000	14551	382005	26.25	221034	15.19	160971	11.06
2001	16149	396654	24.56	235690	14.59	160964	9.97
2002	17210	425774	24.47	257177	14.94	168597	9.80
2003	19259	464344	24.11	285176	14.81	179168	9.30
2004	26852	594413	22.14	372206	13.86	222207	8.28
2005	27606	582893	21.11	366758	13.29	216135	7.83
2006	27707	596467	21.20	362893	13.09	233574	8.43

资料来源：笔者计算整理。

四、影响机制与关系初探

（一）影响机制分析

考虑到目前关于中间品进口多样化影响企业出口复杂度的研究文献较少，因此我们主要从现有中间品进口对出口影响以及出口复杂度影响因素相关文献中得到一些关于中间品进口多样化可能提高企业出口复杂度的经验支持。通过梳理相关文献，影响机制可归纳为如下三类：

1. 生产互补效应

企业生产过程中使用的各种投入品之间（进口中间品与进口中间品之间，进口中间品与国内中间品之间）可能具有不完全的替代性（Goldberg et al.，2010；Halpern et al.，2015）。当存在不完全替代性时，中间品进口的多样化可以促进企业投入要素种类的增加。企业通过联合各种不同种类的投入要素，使得生产组合富有效率，形成“1+1>2”的效果（Halpern et al.，2015），进而生产并出口更多种类的最终产品（扩展边际）。例如，巴斯和施特劳斯-卡恩（2014）针对法国的经验研究发现，企业进口中间品种类的扩大，优化了企业产品间的再配置，从而促进企业出口扩展边际的提高，而出口扩展边际的提高又是企业技术进步和出口高端产品能力的一个重要体现（Halpern et al.，2015）。因此，中间品进口的多样化会通过生产互补效应对企业出口复杂度产生影响。

除此之外，这种生产互补效应也会通过优化企业内部资源的再配置，促进企业生产率的提高（Lööf & Andersson，2010；Bas & Strauss-Kahn，2015）。在现实中，企业生产或出口的过程会面临诸多的不确定性和各种外部风险的冲击，生产并出口的产品复杂度越高，自身的抗冲击能力越强，受到不确定性的影响越小（Maggioni et al.，2016；赵瑞丽等，2017）。通常来说，企业为了谋求持续发展，会更加倾向于选择生产并出口更加复杂（更具竞争力）的产品。然而，根据新新贸易理论，生产并出口更加复杂的产品需要支付相应的固定成本（比如研发成本、人员培训、购置生产设备、出关检验等），相对于生产率较低的企业而言，高生产率企业利润较高，更有能力支付这种固定成本，因此生产率越高的企业越有可能生产并出口复杂度越高的产品（Van Assche & Gangnes，2010；赵瑞丽、孙楚仁，2013）。通过上述分析我们可知，中间品进口多样化所引致的生产互补效应也可能通过影响企业生产率的途径进而对出口复杂度产生作用。

2. 成本节约效应

当然，多样化的中间投入品之间也可能具有较高的替代弹性，在此情况下，如果企业仍选择进口，说明国外的中间品价格较低（Bas & Strauss - Kahn，2013），进口更加多样化的中间品会降低企业的生产成本。一方面，中间品进口多样化在一定程度上意味着企业作为买方在进口中的话语权得到提升，这会促使企业降低进口中间品的价格指数。例如，戈德堡等（Goldberg et al.，2010）研究发现，由于进口产品种类的增加，导致企业进口的中间品价格指数下降了 4.7%。另一方面，从国外引进多样化的中间品挤占了国内市场上同类型的生产商的市场份额，加剧了企业间的竞争，这种竞争效应又会促使国内市场上的同类中间品价格下降（Goldberg et al.，2010；张翊、陈雯，2015）。这就类似于消费品种类增加会降低消费品价格指数，提升消费者福利水平。中间品进口多样化会降低企业的生产成本，提高企业的生产利润，使企业拥有更充裕的资金用于产品研发方面的投入（Bustos，2011），进而对企业出口复杂度产生影响。

事实上，大量文献也表明，贸易或生产成本降低也有助于提高企业生产率（余淼杰，2010；毛其淋、许家云，2015；魏浩等，2017；等等）。正如前文所述，企业更倾向于生产并出口复杂度较高的产品以降低生产和出口过程中面临的不确定性和外部风险（Maggioni et al.，2016；赵瑞丽等，2017），与生产效率较低的企业相比，生产率越高的企业更有能力支付相应的固定进入成本，进而生产和出口更为复杂的产品（Van Assche & Gangnes，2010；赵瑞丽、孙楚仁，2013），即生产率越高的企业会更倾向于选择复杂度较高的生产环节，进而出口复杂度也相应较高。综合上述分析，中间品进口多样化通过成本节约机制直接影响企业出口复杂度外，还可能会通过提高企业生产率，促使企业从生产和出口复杂度较低的产品转向生产和出口复杂度较高的产品。

3. 学习模仿效应

进口贸易是国际技术溢出的重要渠道（Coe & Helpman，1995；李小平、朱钟棣，2006）。对于发展中国家来说，相对于国内自发的 R&D 活动，进口多样化的产品种类是企业实现技术进步，追赶国际技术前沿的有效途径（耿伟、廖显春，2016）。这是因为：一方面，企业进口的中间产品一般是国外企业高生产技术的结晶，对各种高技术含量的中间品运用，需要上下游企业在生产环节上进行配套，企业为了更好地利用多样化的中间品，将会积极改进落后的生产技能、破旧的生产设备以及较低的管理水平，从而提高自身生产效率；另一方面，进口的中间产品中所蕴含的研发创新知识具有非竞争性的特点（田巍、余淼杰，2014），进口企业可以对其进行学习和模仿，并尝试自主研发类似的产品，进口的产品越多，企业模仿范围越广，获益越大。大量文献均表明中间品进口有助于促进企业的研发和创新（Goldberg et al.，2010；Seker & Rodriguez，2014，2011；杨晓云，2013；田巍、余淼杰，2014；罗勇、曾涛，2017）。杨晓云（2013）利用中国工业企业数据库和海关数据库实证研究了我国制造业企业进口中间品多样性对企业创新的影响，发现进口中间品多样性显著提升了企业创新能力，增加企业新产品的产值。蒋银娟（2015）利用倾向得分匹配法做了类似的研究，得到了相同的结论。同时，企业研发创新又是决定出口复杂度变动的重要因素（郭晶、杨艳，2010）。据此，中间品进口多样化所引致的学习模仿效应促进了企业研发创新，提高企业生产水平，进而促进企业出口复杂度的提升。此外，这种学习模仿效应所引发的研发创新投入也有助于企业生产率提升，进而使企业有能力生产并出口更为复杂的产品。

（二）关系初探

图 4-5 简单描绘了企业中间品进口多样化与出口复杂度之间的散点图，我们发现，企业出口复杂度与中间品进口种类数对数（lnnumber）呈现正向变动关系，而与中间品进口集中度（hhi）关系不能确定。当然，这只是初步判断二者之间的关系，为更加准确地认识中间品进口多样化与制造业企业出口复杂度之间的联系，我们还需要进一步地论证。

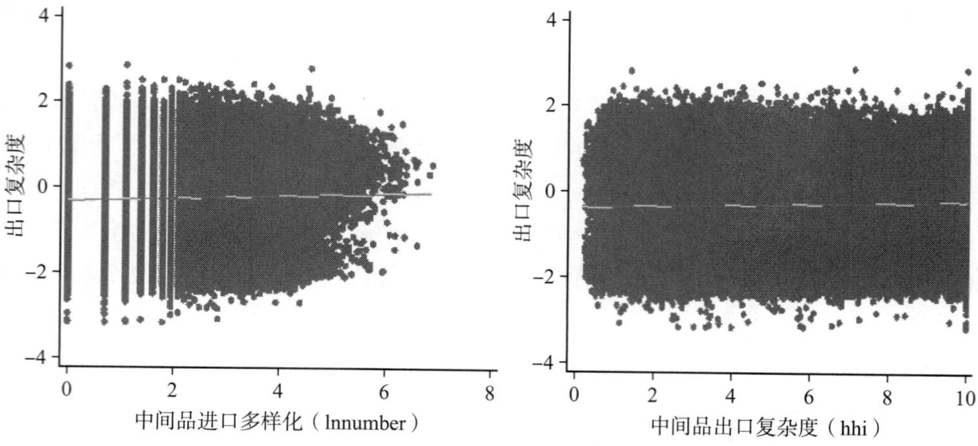

图 4-5　中间品进口多样化与出口复杂度的散点图

资料来源：笔者计算整理后绘制。

第四节　模型设定与回归结果分析

一、模型设定与说明

本章参照巴斯和施特劳斯－卡恩（2015）、许家云等（2017）的研究，设立如下计量模型，以考察中间品进口多样化对出口复杂度的影响：

$$ESI_{it} = \alpha + \beta diver_{it} + \sum_{k} \gamma_k control_{it}^{k} + \mu_j + \varphi_d + \tau_t + \varepsilon_{it} \tag{4-12}$$

其中，控制变量 $control_{it}^{k}$ 的集合为：

$$control_{it}^{k} = tfp_{it} + klratio_{it} + age_{it} + subsidy_{it} + finance_{it} + size_{it} + soe_{it} + foreign_{it} \tag{4-13}$$

其中，i、t 分别代表企业和年份；ESI 为企业出口复杂度指数，根据反射法测算得到，测算方法在前文已作详细介绍；diver 为企业中间品进口多样化指数，是本章所关注的核心解释变量，选用以下两个代理变量：（1）进口中间品种类数目取对数（lnnumber）。与现有文献做法一致，定义“产品—国家”对作为一个基本单位，将企业从不同国家进口的同一 HS－6 分位的中间品记为不同的产品种类（杨晓云，2013；李秀芳、施炳展，2016；魏浩等，2017），企业进口产品种类数目越多，说明该企业的进口多样化程度越高。（2）进口中间品种类集中度（hhi）。本章采用常用的赫芬达尔指数（Herfindahl－Hirschman Index）来度量（Vannoorenberghe et al.，2016；魏浩等，2017），计算公式为：$hhi_i = \sum_{1}^{N} \frac{x_{ij}^2}{(\sum_{1}^{N} x_{ij})^2}$，$x_{ij}$ 表示企业 i 中间品种类 j 的进口额，N 表示企业进口中间品种类数目。hhi 指数越大，表明企业的进口多样化程度越低。μ_j、φ_d 和 τ_t 分别表示行业（2 位码）固定效应、省份固定效应和年份固定效应，ε_{it} 为随机扰动项。

企业层面控制变量指标选取如下：

（1）全要素生产率（tfp）。依据异质性企业国际贸易理论，生产率是影响企业出口行为的决定性因素，因此，必须在计量模型中加以控制。值得说明的是，在对企业生产函数的估计过程中，要素投入与 TFP 间的同时性问题会使得传统的普通最小二乘法（OLS）估计失效，而 OP 半参数法（Olley & Pakes，1996）和 LP 法（Levinsohn & Petin，2003）则通过设立代理变量的办法避免估计时存在的同时性和选择性偏误。但是 OP 半参法的一个重要假设条件是要求代理变量（投资）与产出之间始终保持单调关系，这意味着投资额为 0 的样本企业不能被估计，但企业并非每年都有正的投资，使得很多企业在估计时被舍弃掉（鲁晓东、连玉君，2012）。

LP 法则不存在这个问题，可能更适合中国制造业企业 TFP 的估算（张杰等，2014；吕越等，2015）。本章主要采用 LP 法测算企业全要素生产率，估算过程中采用企业工业增加值衡量总产出，中间投入品值作为企业生产率代理变量，企业从业人员年均人数衡量劳动力投入，固定资产年均净值衡量企业资本，名义变量均采用布兰特（2012）提供的以 1998 年为基期的价格指数予以平减。

（2）要素密集度（klratio）。传统的要素禀赋理论认为生产要素的丰裕程度和使用比例将对企业的生产和出口活动产生重要影响。一般来说，资本密集型行业企业更加注重设备更新和研发投入。考虑到要素密集度可能会对企业的出口复杂度产生影响，本章采用固定资产年均净值与就业人数比值衡量企业要素密集度，其中对固定资产年均净值采用布兰特（2012）提供的以 1998 年为基期的相关价格指数进行平减，不使用对数形式是因为估计全要素生产率的 lnK 和 lnL 与 lnK/L 直接相关。

（3）企业年龄（age）。企业生命周期理论认为，随着企业年龄的增长，其生产规模会扩大、资金积累更充实、管理方式更成熟、组织架构更健全，这些因素可以为企业创造更加稳定的生产环境。但随着企业年龄的增加，生产设备逐渐老化，若不及时更新，可能无法跟上企业发展的步伐，进而影响企业出口行为。借鉴魏浩等（2017）的做法，采用统计年份与企业成立年份之差加 1 刻画企业年龄。

（4）政府补贴（subsidy）。政府补贴对企业生产能力的影响具有两面性：一方面，政府补贴是政府对企业的一种支付转移，为企业带来额外利润，企业利润的增加显然有助于企业加大研发投入，促进企业生产能力提升，出口技术含量更高的产品；另一方面，企业可能把主要精力放在通过寻租活动来获取政府补贴，无心进行产品的研发创新，从而不利于企业生产能力的提升（余明桂，2010；许佳云、毛其淋，2015）。本章用政府补贴与企业销售额的比值来衡量政府补贴强度。

（5）所有权性质（soe\foreign）。国有企业（soe）长期受到计划体制的庇护以及软预算约束，相对其他类型的企业而言，资源获取方面具有无可比拟的优势；大量外资企业（foreign）在中国从事加工贸易，例如在 2001 ~ 2011 年间，外资企业在中国的加工贸易总额占全国加工贸易总额的平均比重达 81.6%，根据前文推算，加工贸易的复杂度较低。鉴于此，本章纳入企业所有权性质的虚拟变量。

（6）企业规模（size）。新新贸易理论认为企业规模是企业异质性的重要来源，随着企业规模的扩大，生产边际成本降低，利润增加，市场竞争能力增强，企业有能力生产技术含量更高的产品，这显然有利于企业出口复杂度的提升。借鉴康志勇（2015）、许家云等（2017）的做法，我们选取主营业务收入的对数表示企业规模大小，以考察企业规模对出口复杂度的影响。

（7）融资约束（finance）。大量实证研究发现融资约束会对企业的出口行为产生不可忽略的影响。本章参照孙灵燕、李荣林（2011）的做法，采用利息支出与固定资产的比值来衡量，该值越大则表明企业面临的融资约束问题越小。

以上变量来源于本书第三章合并得到的制造业企业数据库。考虑到极端异常值的存在，我们对以上变量均进行1%的双边缩尾处理。主要变量的描述性统计列于表4－11中。

表4－11 主要变量描述性统计特征

变量	观测值	平均值	标准差	最小值	最大值	符号预测
ESI	149312	-0.297	1.004	-3.144	2.856	
lnnumber	149312	2.019	1.289	0	7.114	+
hhi	149312	0.572	0.325	0.019	1	-
tfp	149312	5.700	1.053	2.875	8.247	+
klratio	149312	0.988	2.427	0	177.2	+
age	149312	17.85	118.9	1	57	?
finance	149312	0.198	0.458	-1.917	89.91	+
subsidy	149312	0.0015	0.026	0	8.520	?
size	149312	5.521	1.174	2.079	11.79	+
soe	149312	0.0331	0.179	0	1	+
foreign	149312	0.800	0.400	0	1	-

资料来源：笔者计算整理。

二、回归结果分析

（一）基准回归分析

表4－12汇报了使用混合普通最小二乘法（POLS）对式（4－12）进行基准回归的估计结果，第（1）~第(4）列为非平衡面板回归结果，第（5）~第(6）列为平衡面板回归结果，所有回归中均加入了行业、省份和年份虚拟变量。在第（1）和第（2）列中，我们不加入任何控制变量，直接用出口复杂度（ESI）对中间品进口种类数（lnnumber）和进口集中度（hhi）进行回归，结果显示，中间品进口种类数的系数在1%的水平上显著为正，进口集中度的系数在1%的水平上显著为负，这初步说明中间品进口多样化显著提高了企业出口复杂度。在第（3）~第(6）列中，我们加入所有控制变量，结果发现中间品进口种类的系数仍显著为正，虽然进口集中度的系数在平衡面板回归中为负不显著，通过查表可知，其在15%的水平上是显著的。总的来看，无论是使用中间品进口种类还是进口集中度作为进口多样化的代理变量，均表明中间品进口多样化对企业出口复杂度的提升具有积极影响。

对于其他控制变量，从表4－12的第（3）~第(6）列可以看出，全要素生产率（TFP）的系数显著为正，表明生产率越高的企业具有更高的出口复杂度，这与理论预期相符；要素密集度（klratio）的系数显著为正，说明要素密集度高的企业要比要素密集度低的企业出口复杂度高；融资约束（finance）的系数为正，表明企业面临的融资约束越小，出口复杂度越高；企业年龄（age）对企业出口复杂度没有影响；政府补贴（subsidy）的系数不显著，说明政府补贴对企业出口复杂度没有显著影响；企业规模的系数显著为正，表明随着企业规模的增加，出口复杂度越高；国有企业虚拟变量（soe）的系数显著为正，外资企业虚拟变量（foreign）的系数显著为负，说明国有企业具有较高的出口复杂度而外资企业出口复杂度较低。

表4－12　　样本制造业企业2000~2006年回归结果

变量	非平衡面板（ols）				平衡面板（ols）	
	(1)	(2)	(3)	(4)	(5)	(6)
lnnumber	0.017*** (13.35)		0.022*** (15.04)		0.024*** (7.73)	
hhi		−0.019*** (−3.63)		−0.030*** (−5.54)		−0.015 (−1.39)
tfp			0.048*** (25.82)	0.051*** (27.53)	0.057*** (13.93)	0.062*** (15.25)
klratio			0.018*** (12.14)	0.019*** (12.71)	0.031*** (7.70)	0.033*** (8.02)
age			−0.000 (−0.45)	−0.000 (−0.38)	−0.000 (−0.39)	−0.000 (−0.33)
finance			0.038*** (3.17)	0.038*** (3.16)	0.116*** (7.27)	0.113*** (7.20)
subsidy			0.020 (0.30)	0.019 (0.29)	−0.057 (−1.58)	−0.058 (−1.62)
size			0.071*** (39.77)	0.066*** (37.92)	0.080*** (20.05)	0.073*** (18.88)
soe			0.095*** (9.10)	0.093*** (8.96)	0.182*** (6.65)	0.181*** (6.62)
foreign			−0.038*** (−7.78)	−0.026*** (−5.37)	−0.015 (−0.99)	0.002 (0.12)
Constant	−0.760*** (−48.23)	−0.717*** (−45.03)	−0.708*** (−36.67)	−0.701*** (−34.62)	−0.564*** (−12.92)	−0.586*** (−13.06)

续表

变量	非平衡面板（ols）				平衡面板（ols）	
	（1）	（2）	（3）	（4）	（5）	（6）
行业效应	是	是	是	是	是	是
省份效应	是	是	是	是	是	是
年份效应	是	是	是	是	是	是
观测值	149312	149312	149312	149312	32844	32844
R－squared	0.630	0.630	0.637	0.637	0.652	0.652

注：***、**、*分别表示在1%、5%和10%的水平下具有显著性，括号中为纠正异方差后的t统计量。第（1）~第(4) 列为非平衡面板回归结果，第（5）~第(6) 列为平衡面板回归结果，所有回归中均加入了行业、省份和年份虚拟变量。

（二）分样本回归分析

1. 不同类型国家进口比较分析

为了考察从不同类型国家进口的企业中间品进口多样化对出口复杂度的影响，我们按照魏浩等（2017）的做法，将样本企业划分为仅从发达国家进口、仅从发展中国家进口和同时从发达国家进口和从发展中国家进口（两者都有）三类子样本，统计结果列于表4－13中。

表4－13　　　　分不同类型国家进口回归结果

变量	发达国家		发展中国家		两者都有	
	（1）	（2）	（3）	（4）	（5）	（6）
lnnumber	0.040*** (15.32)		0.014 (1.18)		0.046*** (16.05)	
hhi		－0.073*** (－9.04)		－0.032 (－1.53)		－0.026** (－2.28)
控制变量	是	是	是	是	是	是
Constant	－0.775*** (－30.36)	－0.706*** (－26.32)	－0.763*** (－8.57)	－0.740*** (－8.10)	－0.431*** (－9.79)	－0.436*** (－9.63)
行业效应	是	是	是	是	是	是
省份效应	是	是	是	是	是	是
年份效应	是	是	是	是	是	是
观测值	74595	74595	13597	13597	61120	61120
R－squared	0.624	0.623	0.567	0.567	0.644	0.642

注：***、**、*分别表示在1%、5%和10%的水平下具有显著性，括号中为纠正异方差后的t统计量。第（1）~第(6) 列为非平衡面板回归结果，限于篇幅，控制变量回归结果备索。

从中我们可以看出，只从发展中国家进口的企业，其中间品进口种类数目（lnnumber）和进口集中度（hhi）对企业出口复杂度的影响均不显著。只从发达国家进口的企业和从两类国家同时进口的企业，其中间品进口种类数目（lnnumber）和进口集中度（hhi）对企业出口复杂度的影响都在1%的水平上显著。从进口集中度的系数来看，只从发达国家进口的企业回归系数绝对值大于从两类国家同时进口的企业回归系数绝对值。可能的原因是：一般来说，从经济水平较发达的国家进口的中间品技术含量更高，进口更多种类的中间品，技术溢出效应发挥的作用越大，除此之外，南北国家中间投入品之间的资源优化配置也起着十分关键的作用（Bas & Strauss - Kahn，2013），技术溢出效应和资源优化配置效应同时有助于提高企业出口复杂度。而发展中国家进口的中间品更多的可能是非技术型行业制成品（资源和初级产品），这些中间产品本身的技术含量或质量较低，价格较低，增加进口主要是为了使企业降低进口成本。上述研究表明，仅从发展中国家进口中间品的企业进口多样化无益于企业出口复杂度的提升，只有从发达国家进口或从两类国家同时进口，中间品进口多样化才有助于提高企业出口复杂度。

2. 不同所有权类型企业比较分析

中国独特的体制设置使得所有权属性是影响中国企业绩效表现的重要因素之一，因此，有必要考察不同所有权类型企业的中间品进口多样化对出口复杂度的影响。本章参考杨汝岱（2015）的处理方法，依据企业当年的“登记类型”和“注册资本”将样本划分为国有企业、民营企业、外资企业这三类子样本①，并分别对式（4 - 1）进行回归，具体结果见表4 - 14。

表4 - 14　不同所有权类型企业2000～2006年回归结果

变量	国有企业		民营企业		外资企业	
	(1)	(2)	(3)	(4)	(5)	(6)
lnnumber	-0.025* (-1.95)		0.002*** (3.53)		0.030*** (18.87)	
hhi		0.045 (1.19)		-0.021*** (-2.62)		-0.049*** (-8.24)
控制变量	是	是	是	是	是	是
Constant	-0.462*** (-4.73)	-0.495*** (-4.75)	-0.950*** (-19.49)	-0.971*** (-19.15)	-0.697*** (-34.02)	-0.670*** (-31.20)

① 国有企业包括登记注册类型为110、141、143、151的企业；外资企业包括登记注册类型为202、210、220、230、240的港澳台资企业和登记注册类型为300、310、320、330、340的外国投资企业；对于登记注册类型为其他的企业，我们在根据企业实收资本判断其是否为国有企业和外资企业，其中国有资本占比大于50%为国有企业，外资占比大于25%的为外资企业。国有企业和外资企业以外的其他企业均归类到民营企业。

续表

变量	国有企业		民营企业		外资企业	
	(1)	(2)	(3)	(4)	(5)	(6)
行业效应	是	是	是	是	是	是
省份效应	是	是	是	是	是	是
年份效应	是	是	是	是	是	是
观测值	4943	4943	24853	24853	119516	119516
R－squared	0.580	0.580	0.645	0.645	0.640	0.639

注：***、**、*分别表示在1%、5%和10%的水平下具有显著性，括号中为纠正异方差后的t统计量。

从表4－14中可以看出，中间品进口多样化对外资企业的出口复杂度提升作用最大，其次是民营企业，对国有企业出口复杂度提升具有微弱的抑制作用。另外，由于外资企业样本数量较大，对样本的主导性使得整体上中间品进口多样化对企业出口复杂度提升是显著正向的。

外资企业大多是跨国公司或合资公司，国际采购较为经验丰富，甚至可能直接从母公司进口更加多样化的高质量或高技术含量的中间品，进而获得技术溢出效应、成本节约效应和资源再配置效应带来的出口复杂度提升。对于民营企业，民营企业存活于我国市场体制下，激烈的市场竞争使得其对技术进步和高水平生产能力的需求要强于其他类型的本土企业，进口更加多样化的中间品，积极吸收外来技术，提升自身生产能力，生产更加复杂的产品，增强出口竞争力。国有企业由于长期受到计划体制的庇护以及软预算约束，相对其他类型的企业而言，资源获取方面具有无可比拟的优势，但总体上缺乏技术学习和创新的动力，在其有限的技术活动中效率低下（蒋殿春、张宇，2008），因此，中间品进口多样化对国有企业出口复杂度提升的影响也往往较弱，甚至出现微弱的抑制作用。

3. 不同贸易类型企业比较分析

我国是加工贸易大国，2000～2006年间，加工贸易出口额占我国货物贸易出口总额的平均比重为54.8%①。为了更加全面考察中间品进口多样化对企业出口复杂度的影响，我们借鉴张杰等（2014）的处理方法，将出口企业划分为加工贸易企业、一般贸易企业、混合贸易企业三类子样本②，并分别对式（4－1）进行回归。统计结果列于表4－15中。

① 笔者根据海关进出口统计数据库计算得到。

② 加工贸易类型企业，即企业仅从事加工贸易方式的出口。一般贸易类型企业，即企业仅从事一般贸易方式的出口。混合贸易类型企业，即企业既有一般贸易方式也有加工贸易方式的出口。

表 4 - 15　　　　不同贸易类型企业 2000 ~ 2006 年回归结果

变量	一般贸易企业		加工贸易企业		混合贸易企业	
	(1)	(2)	(3)	(4)	(5)	(6)
lnnumber	0.043*** (13.76)		0.022*** (8.10)		0.032*** (15.43)	
hhi		-0.109*** (-10.19)		-0.011 (-1.01)		-0.057*** (-7.37)
控制变量	是	是	是	是	是	是
Constant	-0.720*** (-20.99)	-0.619*** (-17.01)	-0.565*** (-8.73)	-0.583*** (-8.85)	-0.865*** (-31.52)	-0.843*** (-29.34)
行业效应	是	是	是	是	是	是
省份效应	是	是	是	是	是	是
年份效应	是	是	是	是	是	是
观测值	39026	39026	36056	36056	74230	74230
R - squared	0.586	0.585	0.600	0.599	0.652	0.652

注：***、**、*分别表示在 1%、5% 和 10% 的水平下具有显著性，括号中为纠正异方差后的 t 统计量。

回归结果显示，中间品进口种类数（lnnumber）增长对三种不同贸易类型企业出口复杂度都有显著的促进作用，但对一般贸易类型企业出口复杂度的影响系数较大，加工贸易类型企业的影响系数较小。中间品进口种类集中度（hhi）对一般贸易和混合贸易类型企业出口复杂度的影响显著为负，其中一般贸易类型企业影响系数的绝对值较大，但对加工贸易类型企业影响不显著。

可能的原因是，改革开放以来，廉价劳动力是中国最具有比较优势的要素，在加工组装环节具有很强的吸引力，因此，跨国公司将大量劳动密集型生产工序放在中国，使得中国企业通过加工贸易的方式参与到国际分工以及全球价值链中。但是，中国加工贸易企业却一直处于国际分工的较低地位，企业的生产活动基本依靠大量劳动力单纯完成"进口—简单加工—出口"的既定生产任务，虽然加工贸易企业进口成本相对较低，成本节约机制发挥的作用对企业生产有利，但往往缺乏寻求创新和技术进步的动力，是导致中国企业出口行为中存在"生产率悖论"的主要原因（戴觅、余淼杰，2014）。对于从事一般贸易类型企业而言，进口的目的很大程度就是为了出口，这种机制可称之为"进口引致出口"（张杰等，2014）。企业通过进口国外先进零部件和设备，生产并出口高质量或高技术含量的产品，更加重视自身竞争力提升。因此，中间品进口多样化对一般贸易类型企业出口复杂度提升效果更显著。

4. 不同行业类型企业比较分析

本章按照盛斌（2002）的划分标准，将 28 个制造业细分行业划分为劳动密集型行业、资本密集型行业和资本及技术密集型行业①（见表4－16）。

表4－16　　　　不同行业类型企业2000～2006年回归结果

变量	劳动密集型行业		资本密集型行业		资本及技术密集型行业	
	（1）	（2）	（3）	（4）	（5）	（6）
lnnumber	－0.102*** （－39.96）		0.047*** （14.42）		0.052*** （21.22）	
diver		0.328*** （34.50）		－0.056*** （－4.83）		－0.149*** （－15.39）
控制变量	是	是	是	是	是	是
Constant	－1.393*** （－39.95）	－1.696*** （－47.96）	0.260*** （7.03）	0.284*** （7.26）	0.465*** （17.38）	0.567*** （19.57）
省份效应	是	是	是	是	是	是
年份效应	是	是	是	是	是	是
观测值	46646	46646	46409	46409	56257	56257
R－squared	0.169	0.164	0.117	0.113	0.144	0.141

注：***、**、*分别表示在1%、5%和10%的水平下具有显著性，括号中为纠正异方差后的t统计量。

5. 不同区域企业比较分析

本章进一步考察不同地区的企业中间品进口多样化对其出口复杂度提升的影响是否存在显著不同。我们按照前文的划分标准并稍做调整，将东部地区企业归属为沿海地区，中部和西部地区的企业归属为内陆地区企业，分别进行回归，相应结果报告列于表4－17中。

表4－17　　　　不同区域企业2000～2006年回归结果

变量	沿海地区企业		内陆地区企业	
	（1）	（2）	（3）	（4）
lnnumber	0.023*** （15.54）		0.044*** （6.81）	

① 劳动密集型行业包括农副食品加工业、食品制造业、饮料制造业、纺织业、纺织服装鞋帽业、皮革毛皮羽毛及其制品业、木材加工业。资本密集型行业包括家具制造业，造纸及纸制品业，印刷业和记录媒介的复制，文教体育用品制造业，化学原料及化学制品制造业，化学纤维制造业，橡胶制品业，塑料制品业，非金属矿物制品业，金属制品业，黑色金属冶炼及压延加工业，有色金属冶炼及压延加工业。资本及技术密集型行业包括石油加工及核燃料加工业、医药制造业、通用设备制造业、专用设备制造业、交通运输设备制造业、电气机械及器材制造业、计算机电子设备制造业、仪器仪表及文化办公制造业、工艺品及其他制造业。

续表

变量	沿海地区企业		内陆地区企业	
	(1)	(2)	(3)	(4)
hhi		-0.031*** (-5.63)		-0.108*** (-4.62)
控制变量	是	是	是	是
Constant	-0.897*** (-55.09)	-0.897*** (-51.17)	-0.670*** (-10.23)	-0.595*** (-8.35)
行业效应	是	是	是	是
年份效应	是	是	是	是
观测值	140386	140386	8926	8926
R-squared	0.636	0.635	0.593	0.592

注：***、**、*分别表示在1%、5%和10%的水平下具有显著性，括号中为纠正异方差后的t统计量。

我们发现，绝大多数企业集中在沿海地区，但内陆地区的样本企业核心解释变量系数的绝对值更大，表明中间品进口多样化对内陆地区企业出口复杂度的影响效果更明显。当然，这可能与内陆地区样本量较少有关系，但也说明了内陆地区企业能充分利用外部条件，积极吸收国外中间品所蕴含的先进技术，以弥补自身地理位置上的劣势，生产并出口复杂度更高的产品，提升企业的出口竞争力。

（三）稳健性检验

1. 两阶段最小二乘法

考虑到一个企业的中间品进口多样化与出口复杂度之间可能存在反向因果关系，即出口复杂度高的企业倾向进口更加多样性的中间品。这种潜在的反向因果关系所导致的内生性问题会使得 OLS 估计结果出现偏误。为了尽可能地减轻这种潜在的内生性，本章采用了在时间序列模型和面板模型中应用较为普遍的滞后期作为工具变量策略。使用工具变量的选择需要满足两个条件，一是工具变量与干扰项不相关；二是工具变量与内生变量高度相关。核心解释变量的滞后期值与当期值相关，通过当期值影响企业出口复杂度，而企业当期的出口复杂度则不影响滞后期的中间品进口多样化水平，因此我们将核心解释变量滞后一期作为工具变量纳入方程，采用两阶段最小二乘法（2sls）进行回归，估计结果在表4-18第（1）和第（2）列。

使用工具变量两阶段最小二乘法的估计结果显示中间品进口种类的系数显著为正，进口集中度的系数显著为负，并且系数大小与表4-12第（3）和第（4）列的估计结果非常接近。也就是说，在控制了内生性的情况下，中间品进口多样化与制造业企业出口复杂度的关系仍保持不变，证明本章核心结论较为稳健。

2. 适合度法测算出口复杂度

在前文，我们主要采用豪斯曼和伊达尔戈（2010）基于能力理论创立的反射法测算企业出口复杂度。虽然该方法具有相当的科学性和客观性，但在实际应用时仍存在潜在缺陷：一是产品出口复杂度的含义会随着迭代次数的奇偶性而发生变化；二是最终的测算结果往往具有收敛的特点，很可能无法准确得到 5111 种产品的出口复杂度排名。鉴于此，塔切拉等（Tacchella et al.，2013）在反射法的基础上，开发了一种测算产品出口复杂度的改进方法，即适合度法，具体公式如下：

$$c^{(n)} = \sum_{p} d_{RCA} Q_p^{(n-1)} \tag{4-14}$$

$$p^{(n)} = \frac{1}{\sum_{c} d_{RCA} \frac{1}{F_c^{(n-1)}}} \tag{4-15}$$

$$F_c^{(n)} = \frac{c^{(n)}}{[c^{(n)}]_c} \tag{4-16}$$

$$Q_p^{(n)} = \frac{p^{(n)}}{[p^{(n)}]_p} \tag{4-17}$$

式（4－14）～式（4－17）中，$F_c^{(n)}$ 表示国家出口适合度，用来衡量一个国家的经济竞争力，该值越大，代表国家出口适合度越高，经济发展能力越强，对应于反射法当中的国家出口复杂度。$Q_p^{(n)}$ 是产品出口复杂度，该值越大，代表产品出口复杂度越高。中间变量 $c^{(n)}$ 和 $p^{(n)}$ 的初始值 $c^{(0)}=1$，$p^{(0)}=1$。d_{RCA} 与前文相同。$[c^{(n)}]_c$ 表示在第 n 次迭代中所有国家出口适合度的平均值，$[p^{(n)}]_p$ 表示 n 次迭代中所有产品出口复杂度的平均值。在适合度法迭代过程中，当第 n 次与 n＋1 次得到的国家或产品序列不再改变时，所得的值就是最终选取的国家出口适合度和产品出口复杂度。

为了稳健起见，我们进一步采用塔切拉等（2013）所提出的适合度法重新测算了产品出口复杂度，然后以产品 p 出口占企业 i 总出口的比重为权重，对产品层面的出口复杂度进行加权平均，进而得到新的企业出口复杂度指数 ESITac。以 ESITac 为因变量的估计结果报告在表 4－18 第（3）和第（4）列，结果显示中间品进口种类的系数显著为正，进口集中度的系数显著为负，这再次表明中间品进口多样化有助于提升企业出口复杂度。由此可见，本章核心结论并不会随着企业出口复杂度测算方法的改变而变化。

3. 八分位 HS 编码构造多样性指数

在前文的回归当中，我们都是基于 6 位数 HS 编码来计算产品种类多样性指数，然而中国海关进出口统计数据库采用的是 8 位数 HS 编码。考虑到采用不同位数的 HS 编码计算的多样性指数可能不同，我们同样测算了基于 8 位数 HS 编码的产品种类多样性指数。

使用 8 位数 HS 编码构建多样性指数的回归结果报告在表 4－18 第（5）和第（6）列，可以看出，本章所关注的核心解释变量的符号和显著性水平并未发生变化，再次表明中间品进口多样化对企业出口复杂度的提升具有积极影响。

4. 剔除贸易中间商的影响

考虑到并非所有企业都是通过海关直接向其他国家（地区）出口产品，而是借助于贸易中间商的途径间接出口。中国企业利用贸易中间商进行出口的比重不容忽视，例如在2000～2006年期间，中国贸易中间商数量占出口企业数的比例为15.3%，贸易中间商的出口额占企业出口总额的比重高达25.2%。在这当中，部分贸易中间商专门从事进出口业务，此外还有部分贸易中间商在从事进出口业务的同时自身也组织生产（钱学锋等，2013），不论是属于哪种类型，贸易中间商的行为不同于绝大多数的制造业企业。为了稳健起见，我们把贸易中间商从样本中剔除，对余下样本进行估计。我们将海关贸易数据库中的企业名称中包含“进出口”“经贸”“贸易”“科贸”“外经”“工贸”“商贸”“外贸”字样的企业归属为贸易中间商。对剔除贸易中间商之后样本的估计结果报告在表4－18第（7）和第（8）列。我们发现，在剔除贸易中间商之后，中间品进口种类和进口集中度的系数绝对值略有提升，但本章的研究结果并没有发生实质性改变，这再次表明中间品进口多样化对企业出口复杂度的提升具有积极影响。

表4－18　　不同行业类型企业和不同区域企业回归结果

变量	2SLS		ESI^{Tac}		HS 8 分位多样性指数		剔除贸易中间商	
	(1)	(2)	(3)	(4)	(5)	(6)	(7)	(8)
lnnumber	0.023*** (10.42)		0.013*** (14.83)		0.026*** (15.61)		0.023*** (15.54)	
hhi		−0.029*** (−2.82)		−0.031*** (−9.28)		−0.028*** (−4.73)		−0.032*** (−5.93)
tfp	0.057*** (23.77)	0.060*** (25.36)	0.018*** (15.03)	0.019*** (16.39)	0.049*** (24.73)	0.052*** (26.54)	0.048*** (25.74)	0.052*** (27.49)
klratio	0.019*** (9.11)	0.020*** (9.54)	0.007*** (10.28)	0.008*** (11.03)	0.017*** (11.61)	0.018*** (12.25)	0.018*** (12.09)	0.019*** (12.66)
age	−0.000 (−0.70)	−0.000 (−0.64)	−0.000 (−0.69)	−0.000 (−0.65)	−0.000 (−1.24)	−0.000 (−1.11)	−0.000 (−0.36)	−0.000 (−0.29)
finance	0.072*** (7.49)	0.071*** (7.45)	0.025*** (3.58)	0.025*** (3.57)	0.042*** (2.84)	0.042*** (2.83)	0.039*** (3.15)	0.038*** (3.13)
subsidy	0.008 (0.13)	0.007 (0.11)	0.050* (1.92)	0.048* (1.87)	0.006 (0.11)	0.005 (0.08)	0.026 (0.36)	0.024 (0.35)
size	0.072*** (31.15)	0.067*** (29.44)	0.028*** (24.88)	0.026*** (23.40)	0.071*** (38.33)	0.065*** (36.23)	0.072*** (40.00)	0.067*** (38.10)
soe	0.084*** (5.92)	0.082*** (5.81)	0.022*** (3.27)	0.021*** (3.13)	0.094*** (8.65)	0.092*** (8.48)	0.093*** (8.69)	0.091*** (8.52)

续表

变量	2SLS		ESI^{Tac}		HS 8 分位多样性指数		剔除贸易中间商	
	(1)	(2)	(3)	(4)	(5)	(6)	(7)	(8)
foreign	-0.043*** (-6.34)	-0.030*** (-4.41)	-0.009*** (-2.90)	-0.004 (-1.30)	-0.040*** (-7.90)	-0.024*** (-4.86)	-0.045*** (-9.15)	-0.032*** (-6.69)
Constant	-0.510*** (-20.92)	-0.513*** (-19.09)	9.417*** (705.51)	9.437*** (681.38)	-0.705*** (-35.37)	-0.702*** (-33.49)	-0.694*** (-35.82)	-0.687*** (-33.76)
行业效应	是	是	是	是	是	是	是	是
省份效应	是	是	是	是	是	是	是	是
年份效应	是	是	是	是	是	是	是	是
观测值	91156	91156	149312	149312	149312	149312	147148	147148
R - squared	0.642	0.641	0.527	0.526	0.645	0.644	0.638	0.637

注：***、**、*分别表示在1%、5%和10%的水平上具有显著性，括号中为纠正异方差后的t统计量。

三、影响机制检验

（一）基准回归分析

综合本书第二章第四节对中间品进口多样化与出口复杂度的影响机制探讨，我们发现无论企业是通过生产互补效应，还是通过成本节约效应和学习模仿效应，这三种渠道都会直接提高企业的生产率，生产率越高的企业更有能力支付相应的固定进入成本，从而生产和出口更为复杂的产品（Van Assche & Gangnes，2010；赵瑞丽、孙楚仁，2013）。由于缺乏生产互补和成本节约相关数据，因此，在这里，我们直接验证“中间品进口多样化—生产率—出口复杂度”这一渠道。估计结果列于表4-19中。

表4-19的第（1）和第（2）列，进口种类数目（lnnumber）的估计系数显著为正，进口种类集中度（hhi）的估计系数显著为负，说明进口种类数目越多，进口种类集中度越低，对企业全要素生产率的促进作用越大（tfp）。如表4-19第（3）列所示，全要素生产率（tfp）对出口复杂度（ESI）影响的估计系数显著为正，全要素生产率的上升提高了企业出口复杂度，这表明，企业全要素生产率是中间品进口多样化提升出口复杂度的重要渠道。为了稳健起见，我们还做了交互项检验，估计结果列于第（4）和第（5）列。从中可以看到，交互项lnnumber×tfp的估计系数在5%的水平上显著为正，而lnnumber的系数不再显著，交互项hhi×tfp的估计系数在1%的水平上显著为负，hhi的系数符号发生改变不再为负，这再次表明企业全要素生产率上升的确是中间品进口多样化提升企业出口复杂度的重要渠道。

此外，值得一提的是，第（1）和第（2）列回归中，我们发现国有企业

（soe）全要素生产率明显低于其他所有权类型的企业，表现最差，说明国有企业缺乏技术学习和创新的动力，在其有限的技术活动中效率低下（蒋殿春和张宇，2008），这与杨汝岱（2015）的研究结论一致。

表 4－19　　影响机制检验结果

变量	tfp	tfp	ESI	交互项检验	
	(1)	(2)	(3)	(4)	(5)
lnnumber	0.117*** (52.65)			0.007 (1.10)	
hhi		−0.240*** (−30.40)			0.059** (2.22)
tfp			0.052*** (27.98)	0.043*** (13.98)	0.060*** (19.64)
lnnumber × tfp				0.003** (2.39)	
hhi × tfp					−0.016*** (−3.41)
klratio	0.035*** (16.96)	0.043*** (18.06)	0.019*** (12.83)	0.017*** (12.04)	0.019*** (12.66)
age	0.000*** (3.72)	0.000*** (4.02)	−0.000 (−0.36)	−0.000 (−0.46)	−0.000 (−0.38)
finance	0.152*** (3.41)	0.156*** (3.43)	0.038*** (3.15)	0.038*** (3.17)	0.037*** (3.15)
subsidy	−0.290 (−1.36)	−0.305 (−1.38)	0.021 (0.32)	0.020 (0.30)	0.018 (0.28)
size	0.385*** (162.93)	0.413*** (179.60)	0.064*** (37.66)	0.071*** (39.81)	0.066*** (38.02)
soe	−0.339*** (−23.01)	−0.353*** (−23.70)	0.094*** (8.97)	0.095*** (9.09)	0.093*** (8.93)
foreign	−0.134*** (−19.89)	−0.083*** (−12.52)	−0.021*** (−4.43)	−0.038*** (−7.90)	−0.027*** (−5.56)
Constant	3.650*** (124.37)	3.832*** (123.31)	−0.736*** (−38.40)	−0.675*** (−27.88)	−0.749*** (−30.99)
行业效应	是	是	是	是	是
省份效应	是	是	是	是	是
年份效应	是	是	是	是	是
观测值	149312	149312	149312	149312	149312
R－squared	0.308	0.298	0.637	0.637	0.637

注：***、**、*分别表示在1%、5%和10%的水平下具有显著性，括号中为纠正异方差后的t统计量。

（二）稳健性检验

我们进一步通过使用 lnnumber（hhi）滞后项以及 lnnumber 滞后项 × tfp（hhi 滞后项 × tfp）做工具变量的两阶段最小二乘法、适合度法（Tacchella et al.，2013）测算企业出口复杂度指数、OP 半参数法（Olley & Pakes，1996）测算企业全要素生产率这三种视角重新检验中间品进口多样化对出口复杂度的影响机制，统计结果列于表 4-20。从中我们可以看出，lnnumber × tfp 的估计系数均显著为正，hhi × tfp 的估计系数均在 1% 的水平上显著为负，这再次表明，企业全要素生产率上升的确是中间品进口多样化促进企业出口复杂度提升的重要渠道。

表 4-20　　影响机制稳健性检验结果（交互项）

变量	2SLS		ESI^{Tac}		OP 法全要素生产率	
	(1)	(2)	(3)	(4)	(5)	(6)
lnnumber	0.002 (0.18)		0.015*** (11.04)		0.009 (1.55)	
hhi		0.120** (2.50)		0.033* (1.91)		0.043* (1.84)
tfp	0.049*** (11.18)	0.074*** (15.32)	0.017*** (12.87)	0.026*** (13.54)	0.037*** (9.79)	0.064*** (16.87)
lnnumber × tfp	0.004** (2.32)		0.002** (2.16)		0.005*** (3.29)	
hhi × tfp		-0.026*** (-3.17)		-0.011*** (-3.78)		-0.024*** (-3.99)
控制变量	是	是	是	是	是	是
Constant	-0.461*** (-13.94)	-0.588*** (-16.65)	9.413*** (697.42)	9.402*** (584.87)	-0.649*** (-25.50)	-0.716*** (-27.81)
行业效应	是	是	是	是	是	是
省份效应	是	是	是	是	是	是
年份效应	是	是	是	是	是	是
观测值	91156	91156	149312	149312	112145	112145
R-squared	0.642	0.641	0.527	0.526	0.636	0.635

注：***、**、* 分别表示在 1%、5% 和 10% 的水平下具有显著性，括号中为纠正异方差后的 t 统计量。第（1）和第（2）列为 lnnumber（hhi）滞后项以及 lnnumber 滞后项 × tfp（hhi 滞后项 × tfp）做工具变量的两阶段最小二乘法。第（3）和第（4）列为适合度法测算企业出口复杂度指数。第（5）和第（6）列为 OP 法测算企业全要素生产率，样本减少是因为剔除投资额为 0 的样本。

第五节 结论

本章首先通过 cepii-baci 双边贸易流量数据，采用豪斯曼和伊达尔戈（2010）创立的反射法测得 2000～2006 年 216 个国家出口的 5111 种 HS－6 分位产品出口复杂度指数。然后结合 2000～2006 年中国工业企业数据库和海关贸易数据库整理合并得到的微观企业数据，将产品出口复杂度指数以出口额为权重汇总至企业层面，描述了制造业企业出口复杂度变动情况。最后依据 BEC 分类标准筛选和测算企业中间品进口多样化指数，实证考察了中间品进口多样化与制造业企业出口复杂度之间的关系。归纳起来，本章主要得到如下研究结论：

第一，加入 WTO 后我国企业层面的出口复杂度增长速度明显上升，其中进口的企业出口复杂度增长速度明显高于未进口的企业，东部地区企业出口复杂度增长速度明显高于中部和西部地区企业，大部分高技术行业企业（通信设备计算机及其他电子设备制造业、仪器仪表文化办公用机械制造、电气机械及器材制造等）出口复杂度增长速度高于其他行业企业。

第二，中间品进口多样化对中国制造业企业出口复杂度的提升具有显著的促进作用，并且以不同方式构造中间品进口多样化指数、加入时变控制变量、处理潜在的内生性问题、选择企业出口复杂度的其他衡量指标以及剔除贸易中间商的样本之后，核心结论依然稳健。

第三，分样本检验上，中间品进口多样化对仅从发达国家进口企业、外资企业、一般贸易类型企业、资本及技术密集型企业和内陆地区企业出口复杂度的提升作用分别大于其他类型的企业。

第四，影响机制上，中间品进口多样化能显著促进企业生产率提升，而生产率对企业出口复杂度具有显著的促进作用，企业生产率是中间品进口多样化提升制造业企业出口复杂度的重要渠道。

以上的研究结论表明，长期以来“为出口而进口”的出口导向型贸易发展模式在贸易政策上严重低估了进口的作用，通过实施“以进口促出口”的战略，中国脆弱的出口导向型贸易发展模式可获取内生增长动力的新源泉。

根据以上结论，我们提出以下建议：

第一，继续深化进口贸易自由化改革。中国政府应当继续深化进口贸易自由化程度，加强双边、多边贸易关系建设作为对外贸易的指导政策。贸易自由化程度加深会促使企业愿意进口更多种类的中间产品，中间品进口多样化对出口复杂度提升具有显著促进作用，因而国家应大力推进贸易自由化的进程，加强双边、多边贸易关系，尤其是与发达国家贸易伙伴关系的建设，为我国企业搭建多样化的进口平台和渠道，不仅有利于改善长期以来我国贸易顺差境况，通过“以进口促出口”的模式对中国出口贸易竞争力的提升意义重大。

第二，培养企业自主研发创新能力。进口中间品不是最终目的，通过学习、吸收进口的中间品所附含的生产性知识和技术，提升企业自身生产水平。中间品进口多样化对企业生产行为产生的作用很大程度上也受到 R&D 投入、R&D 资本存量、人力资本状况等因素的影响。因此，要加强国内研发投入，最大限度地吸收国外先进技术，促进我国企业的技术进步。一方面，政府应完善创新制度，营造良好的创新环境，通过信贷保障、优惠贷款等多种途径，鼓励企业进行技术创新，降低创新风险；另一方面，企业不能完全依赖进口的中间品，应当充分挖掘进口的中间品所附含的技术成分，消化吸收为己所用，将技术的引进部门、研发部门和使用部门紧密地联系起来，使研发创新成果更好地服务于企业生产和出口。

第三，重视中西部进口发展，打造内陆开放新格局。结合产业优势，加强沿海地区与内陆地区的协作互助，对于相对偏远地区的企业给予政策和资金支持，增加先进技术设备和关键零部件进口，加强核心关键技术引进吸收。沿海企业参与国际贸易的数量远超内陆地区，这一现象源于区域整体地理位置的差异，但中间品进口多样化对西部地区企业出口复杂度影响更大。加强沿海地区与内陆地区的协作互助，是加强区域合作、实现共同富裕目标的可行路径。在这一过程中，国家在政策制定同时应该考虑各区域的资源禀赋和产业优势，力争做到优势互补，激发各地域企业活力进而提升出口竞争力。

第三篇　贸易强国助力中国经济稳定发展

第五章

出口复杂度提升能够抑制产出波动吗

第一节　引　　言

理解经济波动的来源一直是经济学追求的重要目标。长期以来经济波动的研究主要关注供给、需求、技术或劳动力的冲击。最近一些对经济波动来源的研究开始转向行业关联和转移（Acemoglu et al.，2012）、金融深化（邵传林、王莹莹，2013；王国静、田国强，2014）、政策影响（黄赜琳、朱保华，2015）和制度因素（袁申国等，2011）。这反映出对经济波动来源的研究出现从直接影响因素以及宏观视角开始向间接影响因素和微观视角转化的趋势。同时在2008年世界性金融危机的影响下，外部冲击对经济波动的影响开始再次受到重视，例如国际贸易（洪占卿、郭峰，2012）。

"十三五"时期，世界经济在深度调整中曲折复苏，国际经贸关系愈加复杂，我国经济发展进入新常态，传统比较优势削弱，外贸发展的国际环境和国内条件都发生深刻变化。"十三五"规划提出"调结构转动力，培育竞争新优势，推进贸易强国进程"以及"以供给侧结构性改革为主线，经济保持中高速增长"。因此，调结构、稳增长成为"新常态"下中国经济转型升级的艰巨任务。"新常态"之前，出口导向战略作为拉动我国经济增长的重要战略，"大进大出"的对外开放模式使我国工业难以摆脱全球价值链低端锁定困境。通过供给侧结构性改革，统筹产业转型升级和要素投入结构合理化，促进我国产业、产品迈向中高端，将稳定经济增长，减轻经济波动。

出口复杂度可以从特定方面度量产品和亚产品层面的出口技术含量，成为衡量经济体的出口贸易结构以及发展中国家的一个重要指标。在此背景下，本章将出口复杂度与经济波动联系起来，采用联合国商品贸易统计数据库（UN Comtrade）以及2002～2012年我国31个省份31个工业行业数据，测度我国各省份工业行业的出口复杂度以及产出波动，实证检验出口复杂度对产出波动的影响，并探究了出口复杂度抑制产出波动的机理及驱动因素，最后对维持各地区工业行业产出波动的稳定给出一定的建议。

伴随着出口贸易转型升级的客观需要，我国有学者逐渐将研究视角聚焦于出口复杂度。综合来看，目前围绕出口复杂度的研究主要聚焦于以下两个方面：第一个方面是对我国出口复杂度的测度或国际比较；第二个方面是对我国出口复杂度的影响因素的探究。

然而，在现有的关于出口复杂度的研究中，大多数的国内外学者测算出口复杂度的方法主要包括收入指标 EXPY（Rodrik，2006）、出口相似指标 ESI（Schott，2008）等，而关于出口复杂度测算的新的迭代方法（Hausamnn & Hidalgo，2010）目前还少有人关注和使用。同时，在考察出口复杂度对经济发展影响的现有文献中，学者们已经从国家、省际、城市以及行业层面考察了出口复杂度对经济增长的影响，研究表明，一国或地区、行业的出口复杂度越高，相应的经济增长就越快（Hausmann et al. ，2007；Jarreau & Poncet，2012；Poncet & Waldemar，2013；李小平等，2015；戴翔，2015；祝树金等，2015；蔡伟宏，2016；蒋雨桥等，2017）。但对于出口复杂度对经济波动影响方面的研究还比较欠缺。

鉴于此，本章的研究具有以下方面的理论意义：第一，采用豪斯曼和伊达尔戈（2010）提出的反射迭代法计算产品的出口复杂度，并在此基础上将产品层面的出口复杂度加总到各省份细分工业行业层面，这是对原有的出口复杂度测算方法的一大改进，在一定程度上克服了原有方法的缺陷，从而能够更加准确地反映各省份工业行业的出口复杂度。第二，针对前人在出口复杂度及经济波动研究领域的欠缺，对各省份工业行业的出口复杂度进行比较，找出差异并分析原因，实证研究各省份工业行业出口复杂度对产出波动的影响，并探究出口复杂度抑制产出波动的机理及驱动因素，为研究国家专业化对经济增长路径的稳定性作用提供一个新的视角和经验证据，是对现有出口复杂度和经济波动研究的深入和发展。

随着中国经济的高速增长，出口在我国经济发展中发挥着越来越重要的作用。研究出口与经济问题不能仅仅停留在出口与我国经济增长关系上面，应该更深层次地去研究我国的出口贸易结构对经济波动的影响。只有这样，我们才能更深入地去分析我国出口中存在的问题。通过研究各省份细分工业行业层面的出口复杂度对产出波动的影响，并进一步探究出口复杂度抑制产出波动的机理及驱动因素，将有利于政策制定者根据各省份工业行业出口复杂度与产出波动现状，因地制宜地出台有效政策来提高各省份出口复杂度，优化出口贸易结构，推进产业结构升级，减轻各省份工业行业的产出波动，降低产出波动的不良影响。

第二节　文献综述

一、出口复杂度研究

出口复杂度最早源于迈克尔（Michael，1984）提出的贸易专业化指标（trade specialization indicator，TSI）。该指标假定，一种出口产品的技术含量与该产品出口国的人均收入水平相关。因此，某出口产品的贸易专业化指标（TSI）等于其所有该产品出口国的人均收入的加权平均值，权重为各出口国出口该产品的总额占全世界该产品出口总额的比重。豪斯曼等（2007）在贸易专业化指标（TSI）的基础之上，对权重进行了改进，将贸易专业化指标（TSI）中的绝对比重替换为相对比重，由此提出了一种新的指标：出口复杂度（export sophistication）。出口复杂度被认为能够用来对出口产品、产业或出口国总出口的技术含量进行衡量，可以反映一个国家出口的商品结构。出口复杂度越高，则说明出口技术水平越高。

（一）出口复杂度的测算方法

从指标构建方式上，可以将出口复杂度的测算分为出口相似指标、收入指标和迭代方法。这三类指标分别从不同的角度、不同的计算方法测算国家和产品的出口复杂度，不断地发展和进步。

1. 出口相似指标 ESI

芬格和克雷宁（Finger & Kreinin，1979）最先开始构建产品层面的出口相似度指标，通过计算两个国家对第三方市场出口产品的相近程度，对一国的经济发展水平进行测度。肖特（2008）立足于芬格的 ESI 假设，对该指标进行了一定程度的修正，通过对一国出口产品集与发达国家出口产品集的相似度进行衡量，相似度越高，则说明该国的出口复杂度越高。

2. 收入指标 EXPY

收入指标 EXPY 是学者们在研究出口复杂度时使用的比较多的一种方法。

罗德里克和豪斯曼的 EXPY 收入指标认为，某产品的出口复杂度与该产品出口国的人均收入水平正相关，并以这种产品出口额在该国总出口额的比重作为权重，对所有出口该产品的国家的人均收入进行加权，从而得到该产品的出口复杂度。此后有部分学者从不同的研究需求出发，在上述指标的基础上做出了适当的改进，例如，许（2010）从产品质量出发，对产品技术复杂度进行了调整。杜修立等（2007）以产品的总生产在世界的分布替代产品的总出口在世界的分布作为权重，计算出口复杂度。姚洋（2008）则进一步区分了出口产品的国内技术含量问题等。

3. 反射迭代法

豪斯曼和伊达尔戈（2009）创立了基于能力理论的反射法（the method of reflection）来测算产品出口复杂度，用产品的普遍性来衡量产品出口复杂度，普遍性越低的产品出口复杂度越高，只有少数能力强的国家才能生产复杂度高的产品。产品的这种排他性可以理解为它的竞争优势，因此基于能力理论的反射法测算出的出口复杂度可以更好地用来分析出口贸易的竞争优势。本章采用的就是这种迭代方法。

（二）出口复杂度的影响因素

出口复杂度指标的构建，有利于对一国出口产品的所含的技术水平进行定量分析，能够更好地反映出一国出口产品的竞争力，从而为国际贸易研究提供了一种新的研究视角。进一步地，对于什么因素会对产品的出口复杂度产生影响同样引起了学术界的较大关注。

1. FDI 和 OFDI

许和路（2009）通过研究发现，我国产业出口复杂度与来自 OECD 国家的外资独资企业份额呈现出一种正相关关系。郭晶（2010）运用 1993 ~ 2007 年 SITC 三位数水平下的出口数据，对 46 个国家高技术产业的出口复杂度进行了测算。结果显示：FDI 与高技术产业出口复杂度具有长期协整关系，而发达国家以 FDI 提升高技术出口复杂度的能力相较于发展中国家而言要高。韩玉军等（2016）运用 2000 ~ 2013 年 OECD 31 个国家和中国的样本数据进行实证分析发现，服务业 FDI 的增加将会促进出口技术复杂度水平的上升，服务业 FDI 每增加 1%，出口复杂度将提高 0.08%。陈俊聪（2015）测度了 112 个经济体 2000 ~ 2012 年的服务业出口复杂度指数，实证检验了 OFDI 对服务业出口复杂度的影响，发现 OFDI 对发达国家服务出口技术复杂度的提升具有较高的解释力，但对发展中国家的促进作用比较有限。

2. 人力资本

罗德里克（2006）通过测算世界各国 1992 年的出口复杂度，发现对人均 GDP 进一步控制后，出口复杂度与人力资本之间存在较弱的正偏相关性。豪斯曼（2007）提出，人力资本的提高对出口复杂度的提高产生了显著的促进效应。王和魏（Wang & Wei，2008）分别从出口非相似性指数和出口产品单位值的角度出发，对中国不同城市的产品间和产品内的出口复杂度进行了测度，实证结果显示人力资本与出口复杂度之间的关系显著为正。郑展鹏（2017）使用中国省域面板数据，探究了人力资本对出口复杂度的影响，发现人力资本对我国各区域的出口技术复杂度均具有显著的促进作用。

3. 全球价值链

章韬等（2016）从需求侧“技术复杂度偏好”的角度出发，通过测度基于全球生产分工下的出口复杂度，以及价值链中要素供给侧上游度、产品需求侧下游度，研究价值链嵌入位置差异对一国出口产品复杂度所产生的影响。结果表明，供给侧以及需求侧嵌入位置均与出口产品复杂度呈显著的正相关关系。刘洪铎、陈和（2016）提出一国在全球供应链上分工地位的攀升，能够对该国技术吸收再创新效率的提高起到一定的积极作用，从而提升其服务贸易部门出口复杂度。蔡伟宏、李惠娟（2017）以国外中间服务品嵌入和国外制造品嵌入为研究视角，实证检验了全球价值链双重嵌入对我国服务业出口复杂度的影响。结果表明：国外中间服务品嵌入对中国服务业出口复杂度的提高具有明显的促进作用，但国外中间制造品嵌入却会抑制中国服务业出口复杂度的提升。

4. 其他因素

刘英基（2016）从知识资本及其与制度质量交互作用能促进制造业出口复杂度提升的理论假设出发，研究发现知识资本及其与制度质量交互项与我国制造业出口复杂度之间呈显著正相关。

齐俊妍、王晓燕（2016）从外商直接投资溢出效应和技术研发效率的角度，对金融发展影响出口净技术复杂度的机制进行了理论分析，指出融资规模及效率会随着金融水平的提高而提高，并同时促进了外商直接投资的技术外溢水平及技术研发效率的提升。金融发展水平与人力资本共同的共同作用会对出口净技术复杂度产生显著的正向影响。

董宇（2016）基于豪斯曼等（2007）的出口复杂度的测度指标，使用中国2002～2011年的省际面板数据，对各省份的出口复杂度进行了计算，实证检验物流发展对出口复杂度的影响。研究显示，物流发展能显著促进出口复杂度的提高。此外，R&D 支出、进口贸易和人均物质资本等因素对出口复杂度也有着显著的正向影响。

二、经济波动研究

经济波动是经济学界长期研究的一个话题。长期以来，在研究内容上，有关经济波动的文献，大多以封闭经济为条件，立足于需求、供给、技术冲击等视角进行研究，得出了有意义的结论。

从需求角度看，刘树成等（2005）综合分析了中国自 2002 年以来的新一轮经济周期，发现经济的长期增长和短期波动将会伴随着消费结构的提升；纪明、刘治彪（2014）基于动态的视角，通过构建需求结构合理化和需求结构高级化指标，并进一步使用中国 1998～2011 年的省际面板数据，实证检验了中国需求结构演进与经济增长及经济波动之间的关系，实证结果表明，适当减低需求结构合理化和需求结构高级化的水平均有利于促进经济增长，而推进需求结构合理化和需求结构高级化可以对经济波动产生有效的平抑作用。

从供给方面看，黄赜琳（2006）根据国内外经济波动的不同特征，从供给角度对技术冲击和中国经济波动之间的关系进行了研究，结果显示，技术冲击可以对中国经济波动的主要部分进行解释，但是劳动供给变动对经济波动产生的影响则比较小。

在技术冲击方面，徐舒等（2011）为探究技术扩散对中国经济波动的影响，从动态随机一般均衡模型（DSGE）出发，构建了一个内生 R&D 投入与技术转化模型，并发现该模型能够恰当地拟合现实经济波动，可以解释现实数据中 83.3% 的经济波动。

另外，也有一部分学者研究了产业结构对经济波动的影响。干春晖（2011）基于产业结构合理化和产业结构高级化的研究角度，实证分析这二者与经济波动的关系。实证结果表明：产业结构高级化能显著的加大经济波动，而产业结构合理化则能够对经济波动产生一定的抑制作用。彭冲等（2013）立足于面板向量自回归模型，通过使用我国 1978～2010 年的省际面板数据，探讨了产业结构变迁对经济波动所产生的动态影响。研究发现，产业结构的合理化对经济波动具有"熨平效应"。

同时，近年来对经济波动来源的研究也拓展到了金融深化，国际贸易方面。邵传林、王莹莹（2013）通过运用中国省级层面 1985～2011 年的数据进行分析，发现地区金融市场化的推进会先减轻经济波动，而当越过门槛值之后，会加剧地方经济波动。王国静、田国强（2014）通过研究发现：金融冲击是中国经济周期波动的最主要来源，它在解释投资增长、产出增长、债务增长、工资增长和就业的波动方面显示出十分重要的作用。马勇（2017）基于门槛面板回归模型，运用中国 232 个城市数据实证分析金融发展对经济波动的影响，得到了与邵传林，王莹莹（2013）刚好相反的结论。

在国际贸易方面，洪占卿、郭峰（2012）通过研究中国各省份的国际贸易开放以及对其他省份贸易开放和经济波动的关系，得出了国际贸易水平和省际贸易潜力的提升均对经济波动起到了显著减缓作用的结论。张少军（2013）从中国 2000～2009 年的省际面板数据出发，发现外包对经济波动的具有显著的正向影响，并且可以通过出口和进口两种渠道造成经济波动。黄漓江等（2017）基于中国省际面板数据，实证分析了贸易开放对中国经济波动的影响。实证结果表明：贸易开放所产生的外部风险加剧了经济增长的不稳定性，而贸易开放对经济波动则具有一定的抑制作用，其中出口贸易对经济波动具有显著的负向影响，进口贸易对经济波动的影响为负，但不显著。

三、出口复杂度与产出波动研究

目前，国内外关于出口复杂度与经济发展的研究主要侧重出口复杂度对经济增长的影响，而出口复杂度与经济波动的研究较少。

学者们已经从国家、省际、城市以及行业层面考察了出口复杂度对经济增长的影响，研究表明，一国或地区、行业的出口复杂度越高，相应的经济增长就越快（Hausmann et al.，2005；Jarreau & Poncet，2012；Poncet & Waldemar，2013；李小平等，2015；戴翔，2015；祝树金等，2015；蔡伟宏，2016；蒋雨桥等，2017）。而有关国际贸易与经济波动的研究主要从对外贸易量（Hedva et al.，2001；Buch，

Dopke et al.，2009；Vannoorenberghe，2012）和进出口多样化（黄汉民、易会文，2014；蒋银娟，2016；Vannoorenberghe et al.，2016）等方面展开分析。

少数文献尝试将出口复杂度和经济波动联系起来进行研究，得出了产品的出口复杂度的提升能够抑制经济波动的结论。克里希纳和列夫琴科（Krishna & Levchenko，2013）利用 NBER 生产力数据库的美国部门生产数据，计算了 1970～1997 年约 460 个 4 位数的 SIC87 部门的行业出口复杂度及产出波动。研究结果表明，发现复杂度越高的产品，其部门产出波动性越低；反之，则部门产出波动性越高。马焦尼等（2016）基于土耳其的企业微观数据，指出复杂程度较高的产品在生产过程中使用了多样化的技术，并且也验证了土耳其企业出口复杂度的提升能够减轻其企业产出的波动性。

而在研究产品复杂度影响经济波动的机理及驱动因素上，现有文献还很少。目前主要从市场因素和技术要素两个方面探究了这个问题。

市场因素又包括供给因素和需求因素。首先考虑市场供给因素，复杂度高的产品可能会产生更多的固定成本和沉没成本，由此形成市场进入壁垒，增加了市场集中度，从而稳定企业的产出销售。市场集中度由企业出口产品的平均赫芬达尔指数代表（Fernandes et al.，2015）。然后考虑市场需求因素，复杂度越高的产品普遍性越低，其需求和替代弹性就越小，受外部冲击的影响可能越小。豪斯曼和伊达尔戈（2010）提出的能力理论，为研究国际贸易在经济增长和波动中的作用提供了理论支撑。它认为不同国家拥有的能力数量不同，生产的产品中包含的能力数量也会有所区别。国家通过拥有不同的能力，创造出不同的产品结构，会对其经济增长和波动产生影响。

而在技术因素方面，以往文献认为产品复杂度的主要技术特征有两个，它们能够稳定产出波动。一个是复杂产品多样化的投入，复杂度高的产品需要更加多样化的投入，因而能够抵抗特殊的冲击，进而使企业的产出更加稳定（Krishna & Levchenko，2013）。另一个产品的技术特征是人力资本的作用。因为，只考虑到生产中所需的投入数量一定程度忽略了知识在生产高复杂度产品中的作用，生产中更多的投入通常需要更高的能力和技术知识来协调生产过程。生产复杂度高的产品会投入更多的人力资本，更高的人力资本强度使产品复杂度能发挥其稳定性作用，降低企业的产出波动（Krishna & Levchenko，2013）。

第三节　理论与数据

一、产品出口复杂度的测算

本章采用伊达尔戈和豪斯曼（2010）提出的反射迭代法计算产品的出口复杂

度，进而将产品层面的出口复杂度加总到中国省际层面，之后再进一步计算得到中国31个省份31个工业行业的出口复杂度，并对测算结果进行比较分析。

（一）指标的构建

按照“反射法”计算产品出口复杂度分为三个步骤：第一步，计算产品的显示性比较优势（RCA）。RCA衡量一个国家某种产品的贸易专业化程度。当一个国家出口某种产品的比重大于等于全世界出口这种产品的比重时这个国家的这种产品具有比较优势（Balassa，1965）。第二步，在产品比较优势的基础上计算国家复杂度和产品复杂度的初始值 $K_{c,0}$ 和 $K_{p,0}$。$K_{c,0}$ 是国家的多样性，指一个国家生产产品种类的数量；$K_{p,0}$ 是产品的普遍性，指能够生产某种产品的国家数量。第三步，通过反复迭代国家信息和产品信息确定更加准确的产品复杂度。计算公式如下：

$$RCA_{cp} = \frac{xval_{cp} / \sum xval_{cp}}{\sum_c xval_{cp} / \sum_p \sum_c xval_{cp}} \tag{5-1}$$

RCA_{cp} 是一个国家出口一种产品的显示性比较优势指数，其中，c 代表国家，p 代表产品，xval 代表出口价值。

$$K_{c,0} = \sum_p d_{RCA_{cp}} \tag{5-2}$$

$$K_{p,0} = \sum_c d_{RCA_{cp}} \tag{5-3}$$

$K_{c,0}$ 和 $K_{p,0}$ 分别代表初始状态下国家拥有产品的多样性和一种产品被生产的普遍性。$d_{RCA_{cp}}$ 是 RCA_{cp} 的虚拟值，如果 $RCA_{cp} \geqslant 1$，表示该国具有生产或者出口该产品的能力，则 $d_{RCA_{cp}} = 1$；否则，$d_{RCA_{cp}} = 0$。

$$K_{c,n} = \frac{1}{K_{c,0}} \sum_p d_{RCA_{cp}} \times K_{p,n-1} \tag{5-4}$$

$$K_{p,n} = \frac{1}{K_{p,0}} \sum_c d_{RCA_{cp}} \times K_{c,n-1} \tag{5-5}$$

初始状态下的“国家多样性” $K_{c,0}$ 和“产品普遍性” $K_{p,0}$ 经过 n 次迭代得到包含产品信息的“国家多样性” $K_{c,n}$ 和包含国家信息的“产品普遍性” $K_{p,n}$。通过计算第 n－1 次产品普遍性信息的平均值来校正“国家多样性”，类似的，通过计算第 n－1 次国家多样性信息的平均值来校正“产品普遍性”。当第 n 次迭代得不到更多信息，产品复杂度和国家复杂度的排名稳定时，停止迭代。对于 $K_{c,n}$，偶数迭代更加精确的度量了国家多样性，而奇数迭代衡量了国家生产或出口产品的平均普遍性。类似地，对于 $K_{p,n}$，偶数迭代更加精确的度量了产品普遍性，而奇数迭代精确的衡量了产品出口国的多样性。产品普遍性的值越小，产品出口国多样性的值越大，产品复杂度越高。

（二）数据说明

出口复杂度测算中所涉及的主要数据，即多个国家以时间为推进方式每年的国家复杂度与产品复杂度数据。但如前文所说，本章是采用反射迭代方法来测量，因此在数据量上必须全面，处理上必须合理。综上所述，本章选取了联合国商品贸易统计数据库（UN Comtrade）2002～2012 年 224 个国家和 1055 种工业产品的集合。产品是《商品名称及编码协调制度》（HS 2002）中 4 位数层面的 1055 种工业产品。具体国家的商品出口额都以 2009 年不变美元价格进行平减，得到不变价格，进而对 2002～2012 年 1055 种工业产品的出口复杂度进行了计算。$K_{p,15}^{std}$是经过迭代 15 次标准化后的产品复杂度。

$$K_{p,15}^{std} = \frac{K_{p,15} - K_{p,15}^{mean}}{K_{p,15}^{standard\ deviation}} \tag{5-6}$$

表 5－1 和表 5－2 分别列出了出口复杂度排名前十五名及排名后十五名的工业品。

表 5－1　　出口复杂度前十五名的十五类工业品

产品描述	HS 编码	平均出口复杂度
镍管及管子附件（例如，接头、肘管、管套）	7507	2.1795
金属切削加工中心、单工位及多工位组合机床	8457	2.1545
核酸及其盐；其他杂环化合物	2934	2.1042
未装配工具用金属陶瓷板、杆、刀头及类似品	8209	2.0579
本章未列名的具有独立功能的机器及机械器具	8479	2.0006
显微镜，但光学显微镜除外；衍射设备	9012	1.9986
金属等的磨削、研磨、抛光或其他精加工机床	8460	1.9705
润滑剂及纺织材料、皮革等材料的油脂处理剂	3403	1.9593
已曝光已冲洗的摄影硬片及软片	3705	1.9162
用激光等处理各种材料的特种加工机床	8456	1.9075
工业或实验室用电炉及电烘箱及热处理设备	8514	1.8958
化学纺织纤维挤压、拉伸、变形或切割机器	8444	1.8507
理化分析仪器及装置等；检镜切片机	9027	1.8471
复式光学显微镜	9011	1.8362
X 射线或 α 射线、β 射线、γ 射线的应用设备	9022	1.8327

资料来源：根据联合国商品贸易统计数据库数据计算得。

表 5－2　　出口复杂度后十五名的十五类工业品

产品描述	HS 编码	平均出口复杂度
提炼花生油所得的油渣饼及其他固体残渣	2305	－1.8975
经鞣制的其他不带毛动物皮及其坯革	4106	－1.9371
铝矿砂及其精矿	2606	－1.9430
其他纺织用植物纤维及其短纤、落麻及废料	5305	－1.9695
黄麻或 5303 的其他纺织韧皮纤维布	5310	－2.0067
石油原油及从沥青矿物提取的原油	2709	－2.0959
西沙尔麻等纺织龙舌兰类纤维及其短纤和废麻	5304	－2.1364
茶（不论是否加香料）	0902	－2.1404
椰子油、棕榈油或巴巴苏棕榈果油及其分离品	1513	－2.1600
黄麻等纺织用韧皮纤维及其短纤和废麻	5303	－2.1911
棕榈油及其分离品	1511	－2.1977
未梳的棉花	5201	－2.3240
可可荚、壳、皮及废料	1802	－2.3332
铀或钍矿砂及其精矿	2612	－2.6052
整颗或破碎的可可豆，生的或焙炒的	1801	－2.6767

资料来源：根据联合国商品贸易统计数据库数据计算得。

二、中国各省份工业出口复杂度的测算与分析

可以将产品层面的出口复杂度加总到省际层面，其计算公式如下：

$$Com_s = \sum_{p=1}^{m} r_{ps} Com_p \tag{5-7}$$

其中，Com_s 是 s 省的工业出口复杂度，m 表示该省份所有贸易的工业产品数，r_{ps} 是 s 省工业产品 p 出口值占 s 省所有工业产品总出口值的比重；Com_p 是工业产品 p 的出口复杂度。

根据以上测算方法来计算我国 31 个省份 2002～2012 年的工业出口复杂度（见本书附录 B），表 5－3 为 2002～2012 年各省份平均工业出口复杂度。

表 5-3　　2002～2012 年各省份平均工业出口复杂度

省份	出口复杂度	省份	出口复杂度
北京	0.5264	辽宁	0.0014
天津	0.4442	浙江	0.0008
江苏	0.4334	福建	-0.0604
上海	0.4173	山东	-0.1586
广东	0.3576	海南	-0.8566
河北	0.0040		
东部	0.1008		
山西	0.0941	河南	-0.0517
湖北	0.0715	吉林	-0.1194
湖南	0.0589	江西	-0.1885
安徽	-0.0041	黑龙江	-0.5024
中部	-0.0802		
重庆	0.3976	贵州	-0.3400
四川	0.2565	内蒙古	-0.3480
陕西	0.0830	云南	-0.3836
宁夏	-0.0231	青海	-0.6006
甘肃	-0.0779	西藏	-0.6245
广西	-0.2317	新疆	-0.7549
西部	-0.2206		
全国	-0.0703		

资料来源：根据联合国商品贸易统计数据库和国研网对外贸易数据库数据计算得。

从表 5-3 中可以得出以下结论：（1）2002～2012 年全国平均工业出口复杂度水平要比东部地区低，但高于中、西部水平。三大地区平均工业出口复杂度水平呈东、中、西递减的态势。东部地区沿海，具有明显的地理优势，经济发展程度和技术水平相对而言都要高于内陆，产业结构和布局都日渐趋于完善，工业出口复杂度普遍较高。而西部地区发展起步较晚，基础设施都比较薄弱，专业技术不够发达，其出口复杂度离全国平均水平尚有较大差距。（2）东部 11 个省份有 8 个省份平均工业出口复杂度大于 0，且平均工业出口复杂度排名最高的 5 个省份有 4 个省份处于东部，分别是北京、天津、江苏、上海。这 4 个省份又是我国的经济大省，这在一定程度上说明经济发展水平越高，出口的工业品技术含量较高，结构复杂，工业出口复杂度较高。（3）中部 8 个省份有 3 个省份平均工业出口复杂度大于 0，且 8 个省份分布比较平均，均处在 31 个省份平均工业出口复杂度中间水平。（4）西部 12

个省份有 3 个省份平均工业出口复杂度大于 0，从整体 31 个省份排名来看，该区域两极分化严重。平均工业出口复杂度最高的 10 个省份有 3 个省份处于西部，与此同时，排名最低的 10 个省份有 7 个省份处于西部。

图 5 - 1 展示了全国和三大区域历年工业出口复杂度的变化趋势。由该图可以发现，全国、东部、中部和西部工业出口复杂度的变动趋势大致相同，基本上呈现出上升趋势。再进一步细分为三个阶段：（1）2002 ~ 2007 年，全国和三大区域工业出口复杂度呈现出快速增长的趋势；（2）2008 年在受到金融危机的冲击之后，东部地区的工业出口复杂度的增长速度变缓，而全国及中、西部地区工业出口复杂度则呈现出一个微弱的下降；（3）金融危机之后，西部地区的工业出口复杂度仍以较快的速度增长，全国及中部地区工业出口复杂度的增长速度有所放缓，而东部地区则呈现出了下降的趋势。这一研究发现与陈晓华等（2011）的研究结论是一致的。特别值得注意的是，近年来，三个地区的工业出口复杂度之间的差距逐渐缩小，中部地区的工业出口复杂度在 2012 年甚至已经接近于中部地区，而随着内陆地区改革开放进程的不断推进，西部地区的工业出口复杂度也呈现出快速的提升，有赶超东部地区的趋势。

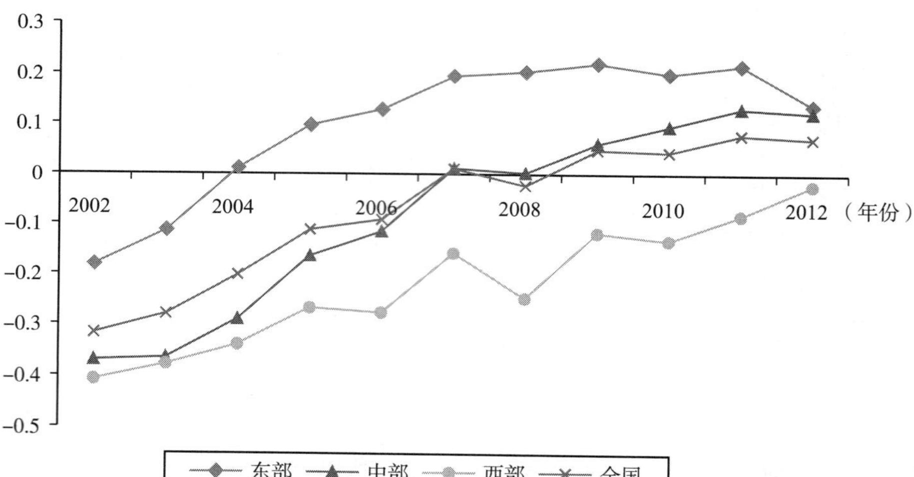

图 5 - 1　2002 ~ 2012 年各地区工业出口复杂度变动图

资料来源：根据联合国商品贸易统计数据库和国研网对外贸易数据库数据计算后整理绘制。

三、中国各省份细分工业行业出口复杂度的测算与分析

前文我们对我国各省份工业出口复杂度进行了测算和分析，然而我们更加需要深入工业内部，细致分析各省份工业细分行业的出口复杂度，进一步了解各省份工业的结构现状。

本章选取了中国 31 个省份 31 个工业行业 2002 ~ 2012 年的相关数据进行分析。在样本期间内，《中国统计年鉴》以及各省份统计年鉴依据《国民经济行业分类》

（GB/T 4754—2002）和《国民经济行业分类》（GB/T 4754—2011），出现了两个版本的工业行业分类。为了保证研究行业的一致性，我们对两个版本的工业行业分类进行了如下归并：

（1）采掘业中选取煤炭开采和洗选业、石油和天然气开采业、黑色金属矿采选业、有色金属矿采选业以及非金属矿采选业五个行业进行考察。

（2）将2002版本的“橡胶制品业”和“塑料制品业”两个行业合并为“橡胶和塑料制品业”，对应于2011版本的“橡胶和塑料制品业”，将2011版本的“汽车制造业”和“铁路、船舶、航空航天和其他运输设备制造业”合并为“交通运输设备制造业”对应于2002版本的“交通运输设备制造业”等；此外，本章采用了周申（2006）的做法，将“食品加工业”和“食品制造业”这两个行业合并为一个行业——“食品加工和制造业”加以考察。

（3）本章还假设两个版本的工业行业分类的一些名称是前后对应的，例如“饮料制造业”和“酒、饮料和精制茶制造业的对应”，“文教体育用品制造业”和“文教、工美、体育和娱乐用品制造业”的对应，“仪器仪表及文化、办公用机械制造业”和“仪器仪表制造业”的对应等。

（4）“煤气生产和供应业”“自来水生产和供应业”“电力及蒸汽热水生产和供应业”这三个自然垄断性行业贸易额非常小，可视为不可贸易品生产行业，研究不对这三个行业进行考察；2002版本中的“工艺品及其他制造业”和“废弃资源和废旧材料回收加工业”以及2011版本中的“其他制造业”“废弃资源综合利用业”“金属制品、机械和设备修理业”由于数值很小或者序列较短，本章也不予以考察。

这样本章研究中最终采用了中国31个省份31个工业行业11年间的面板数据。各行业的出口额是通过将《中国海关统计年鉴》上协调编码制（HS 2002）统计体系下的1055种工业品的出口数据按照工业行业分类标准重新集结加总得到，集结加总的转换关系如本书附录C所示。

根据附录C总结的中国工业行业与协调编码货号对应表，我们将产品层面的出口复杂度加总到各省份细分工业行业层面，从而得到各省份工业细分工业行业的出口复杂度。其计算公式如下：

$$\mathrm{Com}_{s,i} = \sum_{i}\left(\frac{\mathrm{EX}_{s,i}^{p}}{\mathrm{EX}_{s,i}} \times \mathrm{Com}_{i}\right) \tag{5-8}$$

其中，$\mathrm{Com}_{s,i}$表示s省份i行业的出口复杂度，$\frac{\mathrm{EX}_{s,i}^{p}}{\mathrm{EX}_{s,i}}$表示产品i出口额占所在行业j出口总额的比重，$\mathrm{Com}_{i}$表示产品i的复杂度。其中，选择产品i出口额占所在行业j出口总额的比重作为权重，反映了各省份工业行业产品的出口结构，能够更准确地测算出各省份各工业行业的出口复杂度。

我们根据上述公式计算出了2002～2012年我国31个省份31个工业行业的出口复杂度。为了便于分析，我们对31个工业行业进一步分类。目前，学术界最普遍的行业划分方法是以研发强度为依据将不同行业划分为高技术行业、中技术行业和低技术行业①。然而，考虑到出口商品种类的多样性和变动性，仅以研发强度为依据对中国业行业进行划分尚存在诸多不足之处。为此，本章将各省份 31 个工业行业进一步归类为资源型、低技术、中技术和高技术四种类型行业（见本书附录 D），并得出了相应的出口复杂度（见本书附录 E）。表 5－4 即为 2002～2012 年各省份资源型、低、中、高技术行业平均复杂度。图 5－2～图 5－5 进一步给出了分地区资源型、低技术、高技术行业 2002～2012 年出口复杂度变动图。

表 5－4　2002～2012 年各省份资源型、低、中、高技术行业平均复杂度

省份	资源型行业	低技术行业	中技术行业	高技术行业
北京	－1.0625	－0.4640	－0.0554	0.8453
天津	－1.0553	－0.4772	－0.0529	0.7091
河北	－0.7243	－0.4050	－0.0252	0.7364
辽宁	－0.8229	－0.4922	－0.0185	0.7234
上海	－0.9305	－0.4762	－0.0310	0.7790
江苏	－1.0331	－0.4260	0.0938	0.7806
浙江	－0.9817	－0.5935	0.0777	0.8229
福建	－0.7421	－0.5983	－0.1309	0.7333
山东	－0.9706	－0.4904	－0.1528	0.6657
广东	－1.0799	－0.5094	－0.0395	0.7269
海南	－0.7139	－0.4100	－0.1213	0.6327
东部	－0.9197	－0.4857	－0.0415	0.7414
山西	－0.5826	－0.3571	0.1681	0.8024
吉林	－0.7163	－0.4898	0.0326	0.8369
黑龙江	－0.8210	－0.4210	0.0988	0.6937
安徽	－0.5699	－0.6057	－0.0328	0.7607
江西	－0.3318	－0.5501	0.0093	0.7164
河南	－0.6028	－0.5293	0.0998	0.6961
湖北	－0.7192	－0.5776	0.0461	0.7141
湖南	－0.4356	－0.5273	0.0707	0.6705

① 例如，江剑和官建成（2008）即以样本期间各行业的平均研发强度为指标，使用聚类分析方法，得出了中国制造业高中低技术产业的相应范围。

续表

省份	资源型行业	低技术行业	中技术行业	高技术行业
中部	-0.5974	-0.5072	0.0616	0.7363
内蒙古	-0.6760	-0.3941	-0.0861	0.7218
广西	-0.9035	-0.5324	-0.2163	0.5392
重庆	-0.1631	-0.4195	-0.0540	0.7150
四川	-0.6907	-0.3681	0.0761	0.6701
贵州	-0.5013	-0.4522	-0.0471	0.7066
云南	-0.8852	-0.6044	-0.1462	0.5998
西藏	-0.2598	-0.3814	-0.0361	0.6349
陕西	-0.5780	-0.4145	0.0545	0.6459
甘肃	-0.4522	-0.4239	0.0260	0.7453
青海	-0.3975	-0.4867	-0.1358	0.7781
宁夏	-0.3755	-0.3956	-0.0086	0.7920
新疆	-0.8328	-0.4839	-0.0223	0.5923
西部	-0.5596	-0.4464	-0.0497	0.6784
全国	-0.6922	-0.4798	-0.0099	0.7187

资料来源：根据联合国商品贸易统计数据库和国研网对外贸易数据库数据计算得。

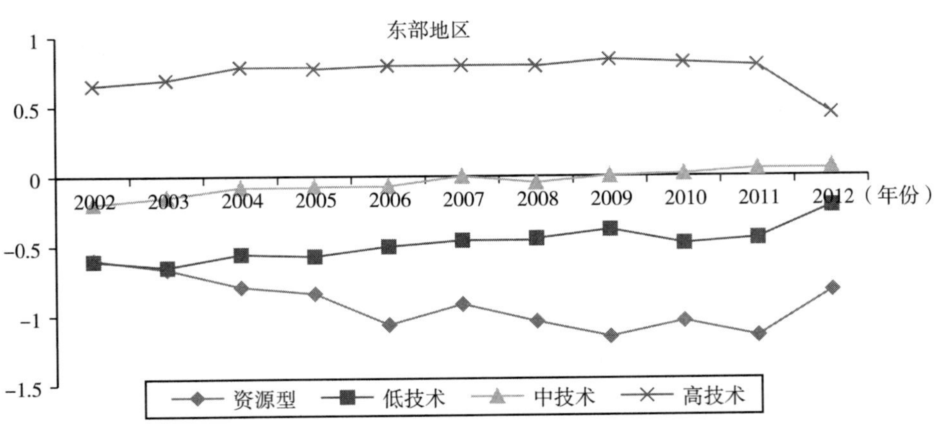

图 5-2　2002~2012 年东部地区资源型、低、中、高技术行业出口复杂度变动图

资料来源：根据联合国商品贸易统计数据库和国研网对外贸易数据库数据计算后整理绘制。

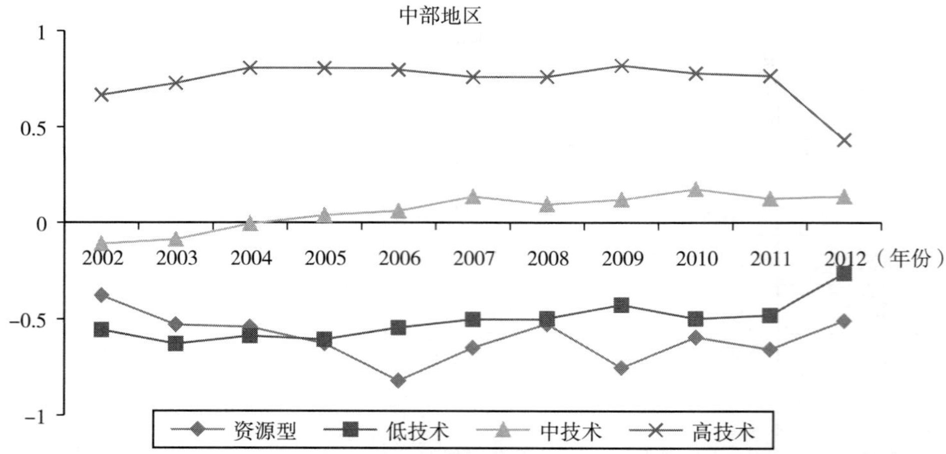

图 5-3　2002~2012 年中部地区资源型、低、中、高技术行业出口复杂度变动图

资料来源：根据联合国商品贸易统计数据库和国研网对外贸易数据库数据计算后整理绘制。

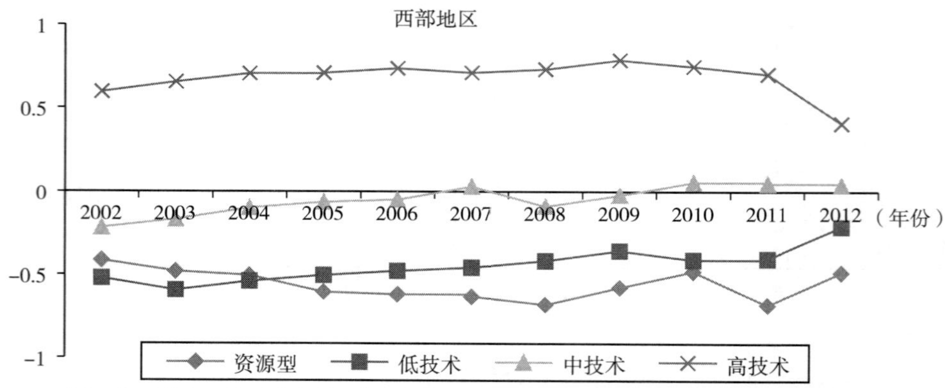

图 5-4　2002~2012 年西部地区资源型、低、中、高技术行业出口复杂度变动图

资料来源：根据联合国商品贸易统计数据库和国研网对外贸易数据库数据计算后整理绘制。

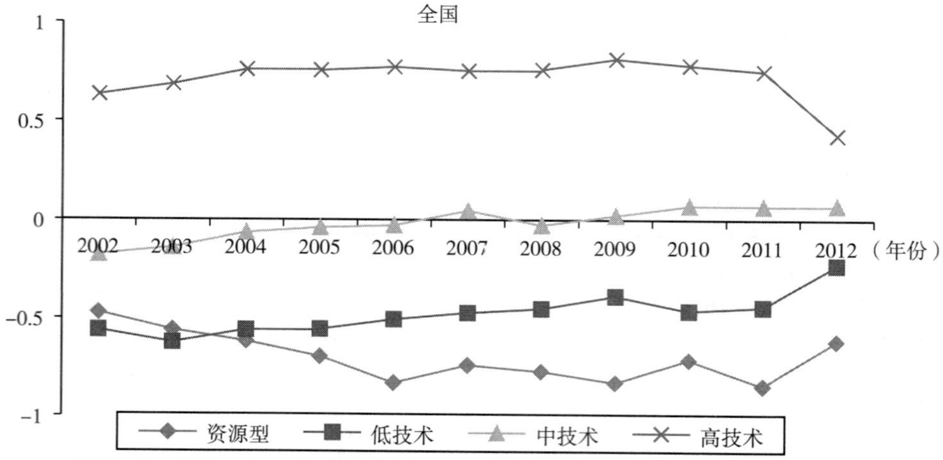

图 5-5　2002~2012 年全国资源型、低、中、高技术行业出口复杂度变动图

资料来源：根据联合国商品贸易统计数据库和国研网对外贸易数据库数据计算后整理绘制。

综合表5-4以及图5-2~图5-5，我们初步发现全国及三大区域的四类行业出口复杂度都表现为：高技术行业的出口复杂度最高，中技术行业出口复杂度其次，资源型行业的出口复杂度最低。就省份而言，全国31个省份中有25个省份都有上述相同的体现，除了重庆、西藏、江西、宁夏、青海、湖南6省份，资源型行业出口复杂度要高于低技术行业出口复杂度。此外，在样本期间全国及三大区域这四类行业的变动趋势都十分相似。下面将分别从这四类行业进行分析：

(1)在资源型行业出口复杂度上，西部地区最高，为-0.5596；中部地区其次，为-0.5974，两者分别高于东部地区的0.3601和0.3223，说明较东部地区而言，西部和中部地区在资源型行业上有较大的竞争优势，特别是西部地区，资源型行业出口复杂度最高的10个省份中有8个省份处于西部，分别是重庆、西藏、宁夏、青海、甘肃、贵州、陕西，其中排名第1的重庆高于第2名0.0967。全国水平低于西部和中部地区水平，高于东部水平。

而在变动趋势上，2002~2012年各地区资源型行业出口复杂度波动存在着大升大降的剧烈波动，说明该行业容易受到外部市场的冲击。此外，省份与省份之间该行业的出口复杂度相差较大，而且从本书附录E我们可以看到，样本期间各省份资源型行业复杂度偏低，仅有重庆在2010年时超过了0，并且不论是全国还是三大区域，资源型行业的出口复杂度并没有出现明显的上升趋势，这充分说明总体上中国各省份的基础资源型工业加工粗糙，技术含量较低，不具备明显的出口竞争力优势，其行业技术水平有待大力提升。

(2)低技术行业的出口复杂度普遍较低，从本书附录E我们可以看到2002~2012年间所有省份该行业的复杂度均在0以下。就三大区域而言，西部地区最高，分别高于东部地区的0.0393和0.0608。全国水平比西部地区要低，但高于中部和东部地区水平。在变动趋势上，全国及三大区域的出口复杂度波动幅度较小，而且整体呈现上升趋势。这种上升趋势在2010年后更加明显。

(3)在中技术行业出口复杂度上，三大区域中仅中部地区为正，东部和西部地区均为负，中部地区分别高于东部和中部地区的0.1031和0.1113，且中部8个省份除了安徽以外，其余7个省份的中技术行业出口复杂度都大于0，而东部和中部地区只有少数几个省份大于0。说明较东部和西部地区而言，中部地区在资源型行业上有比较大的竞争优势。全国水平比中部水平要低，但高于东部和西部水平。在变动趋势上，样本期间全国及三大区域的中技术行业出口复杂度均呈现出波动上升的态势。

低技术和中技术行业的出口复杂度总体上呈现出上升态势，究其原因，可能是中国本土企业的“干中学”效应，它是一种无意识的结果，伴随着产品生产技术水平提高而产生。在产品出口的过程中，国内生产者能通过采取一定措施，向发达国家学习先进的生产技术，并吸收相应的技术溢出效应，通过内部消化进而转化为现实的生产力，从而对出口复杂度的提高起到积极的推动作用。现有的很多研究都已经证实了“干中学”效应的存在性，而其在中国本土企业实践中也有诸多案例。例如，长江三角洲地区的纺织服装业，通过在加工贸易中不断积累技术能力和知识经验，逐渐走上了自主技术创新的道路。再者，在积极承接跨国公司外包、嵌入全球价值链的过程中，中国本土企业通常处在国际垂直专业化分工体系的某一生产环节，而跨国公司为了进一步扩大其产品在全球市场的竞争优势，也会有意愿在一定范围内主动帮助中国企业，提高产品生产技术。

(4)从本书附录 E 中我们发现，2002～2012 年各省份高技术行业的出口复杂度大多在 0.5～1.0 之间，总体上较高，省份与省份之间水平比较平均，差别并不大。就三大区域而言，东部地区高技术行业出口复杂度水平最高，说明较中西部地区而言，东部地区在高技术行业上竞争优势更大。这可能是因为东部沿海地区工业企业较多，实力雄厚，受改革开放的红利大，所建立的对外开放城市比较多，因此这些地区的企业对外开放度高，出口较多，并且比较优势在高技术行业。

在变动趋势上，样本期间全国及三大区域高技术行业出口复杂度趋势变动十分平缓，上升非常慢，基本没有明显的向上趋势，甚至在 2011～2012 年出现了一个明显的下降，反映出这些高技术行业令人担忧的发展前景。尽管以中国为代表的发展中国家期望能够更深度地嵌入高技术产业的全球价值链分工体系中来，并以此来促进本土企业的技术创新水平的提升，进而推动出口贸易结构的优化升级以及产业发展方式的转变。但是，中国现有的比较优势决定了其当前主要从事附加价值较低的加工组装环节，并需要从发达经济体大规模进口技术含量较高的中间投入品，经过劳动密集型的生产加工之后再将其大量出口到其他国家(姚洋和张晔，2008)。因此，中国虽然可以凭借其低廉的劳动力成本迅速将生产体系扩展到这些高技术行业，但由于其关键技术和核心技术并没有实现相应突破，新技术、新应用不多，没有重大的技术创新活动，技术水平还有待提升。

四、中国各省份工业产出波动现状分析

对于各省份工业产出波动的测量，我们借鉴卡尔德隆和施密特·赫伯(Calderón & Schmidt－Hebbel，2008)的方法，对各省份不变工业总产值的自然对数进行 HP 滤波(Hodrick & Prescott，1981)处理，再对滤波的残差项以 4 年为窗口期取标准差，得到各省份工业产出波动。

HP 滤波器由霍德里克和普雷斯科特(Hodrick & Prescott)于 1981 年设计，他们假定可观测的经济时间序列$\{Y_t\}_{t=1}^{T}$可以分解为非平稳的趋势成分$\{Y_t^T\}_{t=1}^{T}$和平稳的波动成分$\{Y_t^c\}_{t=1}^{T}$，即 $Y_t = Y_t^T + Y_t^c$，$t=(1, 2, 3, \cdots, T)$。趋势项和波动项都是不可观察的且波动项是平稳的。可以将时间序列 Y_t 视作趋势项 Y_t^T 受到干扰后的观测值，滤波就是将不可观测的趋势成分 Y_t^T 从 Y_t 中分离出来，从而得到周期波动序列 Y_t^c，而分离 Y_t^T 通常可以转化为如下损失函数最小问题：

$$\min \sum_{t=1}^{T} (Y_{st} - Y_{st}^T)^2 + \lambda \sum_{t=2}^{T-1} [(Y_{s,t+1}^T - Y_{s,t}^T) - (Y_{s,t}^T - Y_{s,t-1}^T)]^2 \tag{5-9}$$

其中，T 表示样本容量，λ 是滤波算子[①]，Y_{st}是 s 省不变工业总产值的自然对数。然后用原始序列 Y_{st}减去分离出来的趋势成分 Y_{st}^T，可得到周期性波动成分 Y_{st}^c。随后再对分离出来的周期性波动成分以 4 年的窗口期取标准差，从而得到各省份的工业产出波动：

$$\delta_{st}^{4}(y) = \left[\frac{1}{4}\sum_{\tau=0}^{3}(Y_{s,t+\tau}^{c} - \overline{Y}_{st}^{c})^2\right]^{\frac{1}{2}} \tag{5-10}$$

其中，$Y_{s,t+\tau}^c$为 s 省在 t 年的周期性波动成分，$\overline{Y}_{st}^c$为 s 省的 4 年窗口期的平均周期性波动，计算 $\delta_{st}^4(y)$ 所用的样本期为 t 至 t+3 年，$\delta_{st}^4(y)$ 的值越大，表示产出波动越大。表 5-5 为 2002~2012 年各省份平均工业产出波动。

表 5-5　2002~2012 年各省份平均工业产出波动

省份	产出波动	省份	产出波动
福建	0.2416	广东	0.1960
山东	0.2365	海南	0.1761
天津	0.2308	浙江	0.1710
河北	0.2232	北京	0.1668
江苏	0.2165	上海	0.1447
辽宁	0.2133		
东部	0.2015		
江西	0.3089	吉林	0.2484
安徽	0.2902	河南	0.2401
湖南	0.2760	山西	0.1747
湖北	0.2561	黑龙江	0.1358
中部	0.2413		
重庆	0.5295	贵州	0.2297
四川	0.2865	内蒙古	0.2276
陕西	0.2781	云南	0.1826
宁夏	0.2689	青海	0.1804

① 国内外经验研究大多遵循霍德里克和普雷斯科特对 λ 的经验设定，即对月度数据 λ 取 14400，对于季度数据 λ 取 1600，对于年度数据 λ 取 100。黄颐琳、朱保华（2009）对滤波算子取值进行了稳健性检验，证实了国内研究采用 λ=100 是经验可行的，故本章在滤波算子选取上与黄颐琳、朱保华（2009）的设定保持一致。

续表

省份	产出波动	省份	产出波动
甘肃	0.2667	西藏	0.1795
广西	0.2397	新疆	0.1722
西部	0.2534		
全国	0.2321		

资料来源：根据各省份统计年鉴数据计算得。

从表5-5中我们可以看出，（1）2002~2012年平均工业产出波动呈现西部、中部、东部递减的态势。产出波动最大的10个省份均处于中、西部地区。全国水平要高于东部水平，低于中部和西部水平。（2）中部地区中产出波动最大的省份为江西，平均波动为0.3089，产出波动最小的省份为黑龙江，平均波动为0.1358，两者相差近0.2；而西部地区产出波动最大的省份重庆年均波动0.5395，产出波动最小的省份新疆年均波动0.1722，两者之差达0.35，由此说明这两个地区间的产出波动差距仍然十分明显，特别是西部地区；而东部地区的省份总体上产出波动的差异较小，产出波动最大的福建平均波动为0.2416，产出波动最小的省份为上海，平均波动0.1447，两者之间相差0.1。

图5-6进一步显示了三大地区的工业产出波动趋势的具体情况，从图中可以看出：（1）2002~2012年，全国及三大区域的工业产出波动总体上都呈现出下降的趋势。（2）东部地区产出波动下降的趋势最为明显，从2002年的最高点0.29下降到2012年的0.1124，下降了近62%，说明东部地区在促进经济快速发展的同时也注重其增长的稳健性。（3）西部地区产出波动下降的趋势也比较明显，从2002~2012年下降了51.59%，可能的原因是，这些年来中国提倡产业转型升级，把部门劳动密集型产业以及资金密集度、科技含量相对而言较低的企业从东、中部地区转移到西部地区，与此同时，吸引外商直接投资进入西部地区，推动西部地区的对内经济和出口开放型经济的发展，从而有效地减缓了西部地区的产出波动。（4）中部地区的产出波动在样本期间下降的趋势相对较为平稳，2006年之前产出波动的变动十分微弱，2006年后下降的趋势有所变大。（5）全国总的工业产出波动与东部地区的产出波动的变化趋势很相近，这可能是因为由于东部地区经济发达，工业企业较多，所有企业的平均产出波动情况与东部地区企业的情况较为相似。

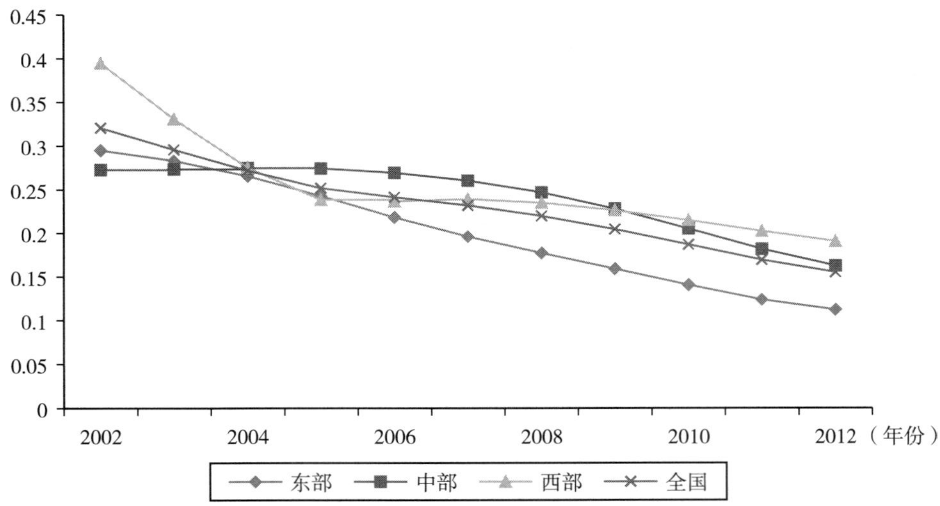

图 5－6　2002～2012 年各地区产出波动变化走势

资料来源：根据各省份统计年鉴数据计算后整理绘制。

五、中国各省份细分工业行业产出波动现状分析

进一步的，我们对 2002～2012 年中国 31 个省份 31 个工业行业的不变工业总产值的自然对数进行 HP 滤波（Hordick & Prescott，1981）处理，再对滤波的残差项以 4 年为窗口期取标准差，得到 31 个省份 31 个工业产出波动：

$$\min\sum_{t=1}^{T}(Y_{sit}-Y_{sit}^{T})^2+\lambda\sum_{t=2}^{T-1}[(Y_{si,t+1}^{T}-Y_{sit}^{T})-(Y_{sit}^{T}-Y_{si,t-1}^{T})]^2 \quad (5-11)$$

$$\delta_{sit}^{4}(y)=\left[\frac{1}{4}\sum_{\tau=0}^{3}(Y_{si,t+\tau}^{c}-\overline{Y}_{sit}^{c})^2\right]^{\frac{1}{2}} \quad (5-12)$$

其中，Y_{sit}是 s 省 i 行业不变工业总产值的自然对数。$Y_{s,t+\tau}^{c}$为 s 省 i 行业在 t 年的周期性波动成分，$\overline{Y}_{sit}^{c}$为 s 省的 4 年窗口期的平均周期性波动。

同样的，为了便于分析，我们对各省份 31 个工业行业进一步归类为资源型、低技术、中技术和高技术并得出了相应的行业产出波动（见本书附录 F）。表 5－6 即为 2002～2012 年各省份资源型、低、中、高技术行业平均产出波动。图 5－7 进一步给出了各地区资源型、低技术、高技术行业 2002～2012 年出口复杂度变动图。

表 5－6　　2002～2012 年各省份资源型、低、中、高技术行业平均产出波动

省份	资源型行业	低技术行业	中技术行业	高技术行业
北京	0. 3525	0. 1455	0. 1384	0. 1757
天津	0. 3635	0. 1645	0. 1936	0. 2321
河北	0. 1979	0. 2286	0. 1944	0. 2441

续表

省份	资源型行业	低技术行业	中技术行业	高技术行业
辽宁	0. 2298	0. 3240	0. 2427	0. 2492
上海	0. 1399	0. 1109	0. 0707	0. 1558
江苏	0. 1651	0. 2039	0. 1938	0. 2620
浙江	0. 1510	0. 1500	0. 1721	0. 1938
福建	0. 1875	0. 2517	0. 2469	0. 2153
山东	0. 1441	0. 2382	0. 2370	0. 2682
广东	0. 2291	0. 1755	0. 1761	0. 2110
海南	0. 1834	0. 2221	0. 2134	0. 2652
东部	0. 2131	0. 2014	0. 1890	0. 2248
山西	0. 2258	0. 2148	0. 1787	0. 2196
吉林	0. 2786	0. 3162	0. 2290	0. 2816
黑龙江	0. 2180	0. 2688	0. 2079	0. 1718
安徽	0. 2110	0. 3166	0. 2522	0. 3217
江西	0. 2218	0. 3580	0. 2626	0. 3422
河南	0. 2354	0. 3666	0. 2522	0. 2845
湖北	0. 2063	0. 2781	0. 2213	0. 2712
湖南	0. 2522	0. 3049	0. 2130	0. 3237
中部	0. 2311	0. 3030	0. 2271	0. 2770
内蒙古	0. 3489	0. 3039	0. 2969	0. 3353
广西	0. 2178	0. 3591	0. 3134	0. 2840
重庆	0. 2823	0. 3398	0. 2764	0. 2940
四川	0. 2799	0. 3046	0. 2615	0. 2687
贵州	0. 2750	0. 3441	0. 2533	0. 2204
云南	0. 2586	0. 3125	0. 2305	0. 1897
西藏	0. 1895	0. 2165	0. 2204	0. 1715
陕西	0. 2777	0. 2973	0. 3234	0. 2072
甘肃	0. 2106	0. 1852	0. 2323	0. 1694
青海	0. 2203	0. 3480	0. 2801	0. 2642
宁夏	0. 4576	0. 5452	0. 5336	0. 5258
新疆	0. 1929	0. 1692	0. 2728	0. 2892
西部	0. 2676	0. 3104	0. 2912	0. 2683
全国	0. 2388	0. 2698	0. 2384	0. 2551

资料来源：根据各省份统计年鉴数据计算得。

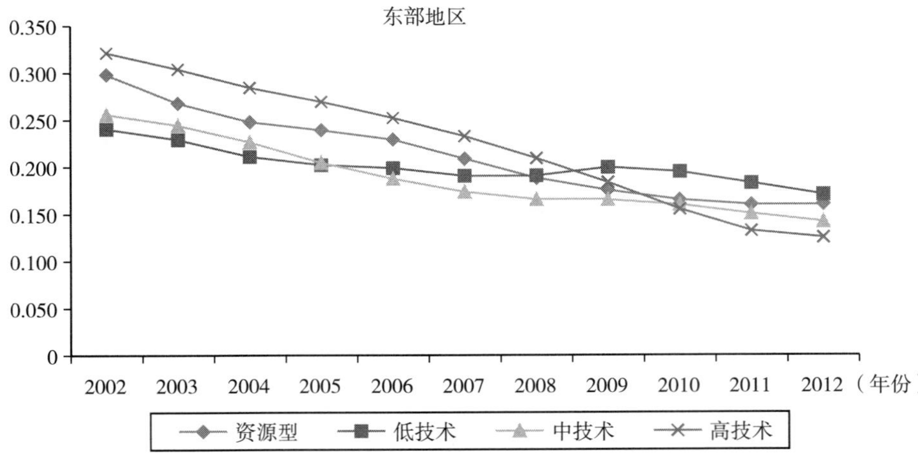
东部地区
0.350
0.300
0.250
0.200
0.150
0.100
0.050
0
2002 2003 2004 2005 2006 2007 2008 2009 2010 2011 2012（年份）
资源型
低技术
中技术
高技术

（a）

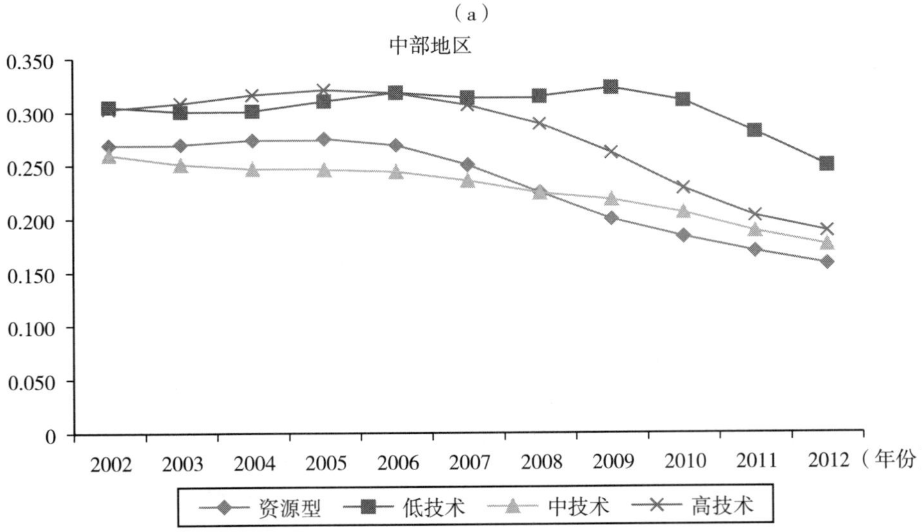
中部地区
0.350
0.300
0.250
0.200
0.150
0.100
0.050
0
2002 2003 2004 2005 2006 2007 2008 2009 2010 2011 2012（年份）
资源型
低技术
中技术
高技术

（b）

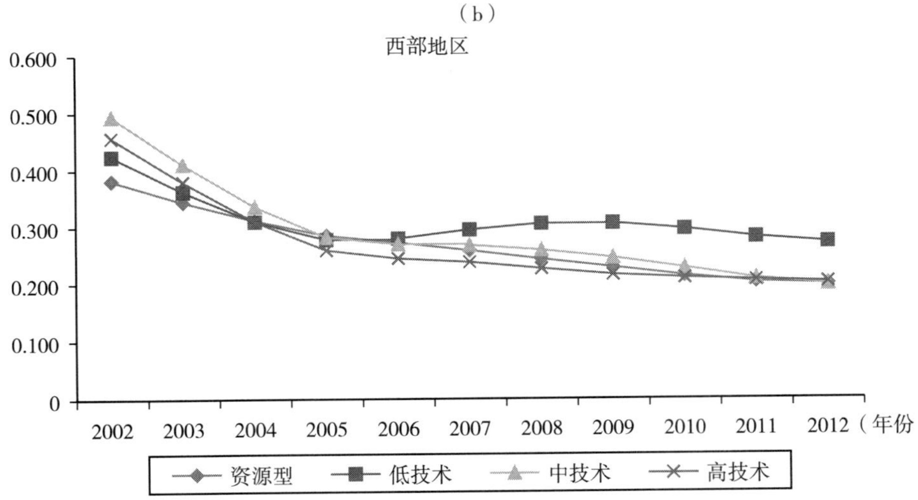
西部地区
0.600
0.500
0.400
0.300
0.200
0.100
0
2002 2003 2004 2005 2006 2007 2008 2009 2010 2011 2012（年份）
资源型
低技术
中技术
高技术

（c）

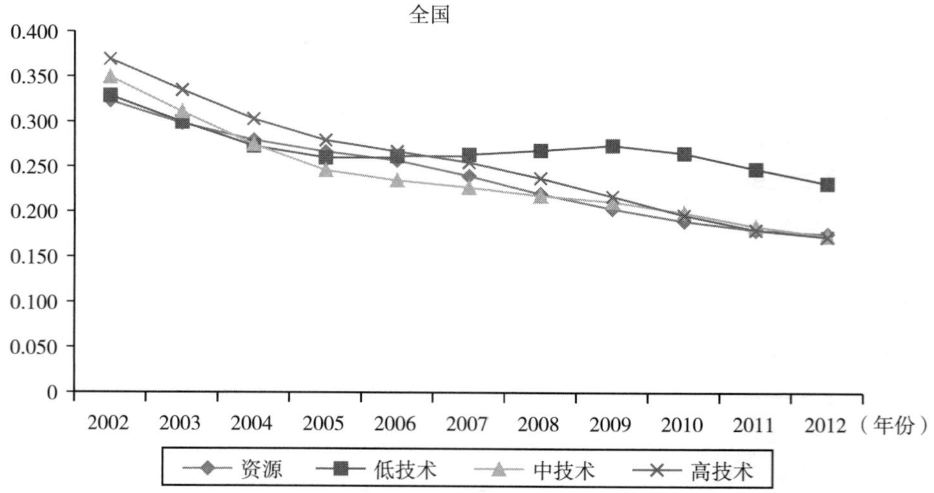

（d）

图 5-7　2002～2012 年各地区资源、低、中、高技术行业产出波动变动图

资料来源：根据各省份统计年鉴数据计算后整理绘制。

综合表 5-6 及图 5-7 中 2002～2012 中国工业四类行业产出波动的变动情况，我们可以得出以下结论：

（1）2002～2012 年内，各省份及各区域的四类行业平均产出波动水平高低排名都很不相同，东部地区高技术行业产出波动最高，中技术行业产出波动最低；中部和西部地区都是中技术行业产出波动最高，但中部地区低技术行业产出波动最低，而西部地区产出波动最低的是资源型行业；就全国总体水平而言，低技术行业产出波动最高，中技术行业产出波动最低。

（2）东部地区资源型、低、中、高技术四类行业的产出波动在样本期间总体呈现出下降的趋势，其中高技术行业下降的幅度最大，由最高点 2002 年的 0.298 下降到最低点 2012 年的 0.161，下降了近 46%；低技术和中技术行业在 2007 年之前缓慢下降，其中，中技术行业下降的幅度更大，两者在 2008～2009 年均有一个微弱的上升，之后再度转为下降的趋势；资源型行业的产出波动在 2010 年前呈下降趋势，2010 年后则维持在一个相对稳定的水平。

（3）中部地区的四类行业中，资源型行业与高技术行业的产出波动变化趋势十分接近，均是在 2005 年前有一个非常微弱的上升，在这之后开始快速下降；中技术行业在样本期间都体现出相对平稳的下降；而低技术行业的产出波动在2002～2009 年时而上升，时而下降，不过变动的幅度都比较小，2009 年之后则呈现出快速下降的趋势，但水平上仍然高于其他三个行业。

（4）就西部地区而言，资源型、中、高技术行业产出波动的变动趋势十分相似，在 2005 年之前三者下降的速度都比较快，2005 年之后下降的趋势逐步放缓，且三者之间的差距在逐步缩小，2011 年三类行业的产出波动已经十分接近；而低技术行业产出变动则大致可以分为三个阶段：2002～2005 年快速下降；2006～

2008 年呈现出上升的趋势；在 2008 年之后又转为下降，不过下降的速度要比之前缓慢很多。全国资源型、低、中、高技术行业的产出波动变动趋势与西部地区的情况十分相似。

第四节　出口复杂度对产出波动的影响分析

一、出口复杂度对产出波动影响的机制分析

目前现有文献主要从市场条件和技术要素两个方面探究这个问题。

一方面考虑市场因素，包括供给因素和需求因素。首先考虑市场供给因素，出口复杂度越高，表明生产的产品技术水平越高，可能会产生更多的固定成本和沉没成本，由此形成市场进入壁垒，越有可能避开低端竞争，增加了市场集中度，从而稳定企业的产出销售。然后考虑市场需求因素，复杂度越高的产品普遍性越低，其需求和替代弹性就越小，当面临需求冲击或成本冲击时，这些产品的可替代性低，从而可能有利于出口市场稳定，受外部冲击的影响可能越小。

另一方面的驱动因素是技术因素。复杂度高的产品通常需要更加多样化的投入，因而能够抵抗特殊的冲击，进而使企业的产出更加稳定（Krishna & Levchenko，2013）。更进一步的，生产中更多的投入则需要更高的能力和技术知识来协调生产过程。出口复杂度高低可以反映出人力资本密集度的高低。较高的出口复杂度能够通过学习先进的技术和知识的积累来促进人力资本的积聚。生产者把时间分配在现有的生产以及人力资本的形成上，而人力资本的形成又可以使其未来的生产力得到提高。出口复杂度越高，对劳动力的技能要求也就会越高。因此，生产者需要通过不断学习新知识，吸收先进的技术，积累生产经验，来掌握与岗位相匹配的技能。这个过程推动了劳动力的综合素质的提升，对人力资本的积累起到了积极的作用。而随着人力资本的积累，劳动者把知识转化为生产力的能力得到增强，进而减小了学习成本，推动生产效率的提升，并且能够对自身的生产进行灵活的调整，以此来应对外部冲击，从而可能有利于降低出口风险概率，减小产出波动。因此，出口复杂度的提高能够通过促进人力资本的积累，对产出波动起到一定的抑制作用。另外，人力资本的积累还可以加大创新出现的概率，推动生产技术水平进一步提高，从而促进整体的出口产品技术结构的提高。克里希纳和列夫琴科（2013）研究发现，生产复杂度高的产品会投入更多的人力资本，更高的人力资本强度使产品复杂度能发挥其稳定性作用，降低企业的产出波动。

下面我们在经验上验证出口复杂度与产出波动之间的这种关系。在图 5 - 8 中，对中国 31 个省份 31 个工业行业 2002 ~ 2012 年各省份细分工业的出口复杂度与行业产出波动之间进行了散点与拟合分析。通过拟合，我们可以看到在整体上，中国

各省份、各工业行业出口复杂度的提升和行业产出波动之间存在负相关关系，这初步表明行业出口复杂度的提升能够抑制行业的产出波动。

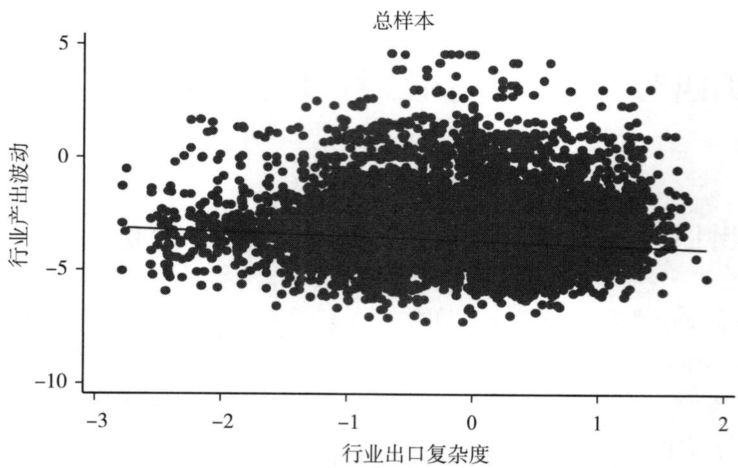

图5-8　出口复杂度和产出波动的关系散点分布

二、出口复杂度对产出波动影响的回归模型

为分析出口复杂度对经济波动的影响，借鉴克里希纳和列夫琴科（2013）比较优势、复杂度和波动性的研究，本章以产出波动作为解释变量，出口复杂度作为核心解释变量，同时以行业规模、劳动生产率、产出增长率、物资资本、国有资本比重、开放度作为控制变量，采用中国31个省份31个工业行业2002~2012年的数据，构建出口复杂度对经济波动的影响的计量模型。具体模型如下：

$$\ln Y_{sit} = \beta_0 + \beta_1 Complexity_{sit} + \beta_2 Contr_{sit} + \gamma_{si} + \upsilon_t + + \varepsilon_{sit} \quad (5-13)$$

其中，ln代表取对数；下标s表示省份，i表示行业，t表示年份；Y_{sit}表示t时期s省在i行业的产出波动，Complexity表示行业出口复杂度变量；Contr是控制变量，包括行业规模、劳动生产率、产出增长率、物资资本、国有资本比重、开放度等因素；γ_{si}、υ_t、ε_{sit}分别表示个体效应、时间效应与其他干扰项。

（一）行业的产出波动

对于行业产出波动的衡量，我们借鉴卡尔德隆和施密特·赫伯（2008）的做法，对行业实际总产出的自然对数进行HP滤波（Hordick & Prescott，1981）处理，再对滤波的残差项以4年为窗口期取标准差，得到行业产出波动，并对行业产出波动取对数处理。

行业的产出用各省份各工业行业的工业总产值衡量，用工业品出厂价格指数进行平减，得到不变价格工业总产值。这里需要说明的是，2005年以前我国没有分地区、分行业的价格指数，因此只能采用分行业的工业品出厂价格指数对分地区、分行业工业总产值数据进行平减。这样做暗含一个隐含条件即在各地区内各细分工业行业价格指数是一样的。由于现实中这一条件可能不能得到满足，因此运用分行业工业品出厂价格指数对分地区、分行业工业总产值数据进行平减存在一定的误差；2005～2012年，则利用分地区、分行业的工业品出厂价格指数对工业总产值进行平减。工业总产值数据来源于历年各省份统计年鉴，工业品出厂价格指数来源于《中国城市（镇）生活与价格年鉴》。

（二）行业的出口复杂度

各行业出口复杂度衡量了该行业具有不可交易的能力数量，出口复杂度的值越高意味着该行业拥有的能力数量越多，多样性的能力联合将会以指数的形式增加行业可用能力的数量，使行业能够生产或者出口普遍性低的产品，从而抑制行业的产出波动。借鉴伊达尔戈和豪斯曼（Hidalgo & Hausmann，2010）的反射迭代法，我们首先计算了2002～2012年《商品名称及编码协调制度》（HS 2002）中4位数层面的1055种工业产品，再进一步计算了2002～2012年中国31个省份31个工业行业的出口复杂度。具体国家和省份的商品出口额都以2009年不变美元价格进行平减，得到不变价格。历年HS 4位码下的1055种工业产品出口数据来源于联合国商品贸易统计数据库（UN Comtrade），2002～2012年各省份工业品出口数据来源于国研网对外贸易数据库。美国国内生产值平减指数来源于国际货币基金组织（IMF）。

（三）控制变量的设定和说明

1. 行业规模

新贸易理论认为，规模经济是经济增长的重要动力。行业的规模越大，其越可能获得规模经济的好处，以至于获得固定单位产出时需要更少的生产成本的优势，从而增强其盈利能力，减小产出波动。而且，地区规模较大的行业通常是当地历史比较悠久、发展成熟度比较高的行业，而这类行业的波动性较小（漆鑫等，2012）。因此，通常来说，行业规模越大，其在面对外部冲击的情况下抵抗能力可能更强。另外，小规模行业的灵活调整性又比大规模行业要强。综上所述，行业规模和产出波动之间的关系无法做出判断（陈蓉，2017）。本章以行业从业人员平均人数的对数来表示行业规模。历年行业从业人员平均人数数据来源于各省份统计年鉴及《中国工业统计年鉴》。

2. 物质资本强度

一般来说，资本密集型产业拥有更多的机器设备和更先进的技术水平。但是资本密集型产业越高是否就一定越好？产出波动就越小？林毅夫、张鹏飞（2006）提出了适宜技术的问题，他们认为一个国家最适宜（优）技术结构内生决定于这个国家的要素禀赋结构。我们以行业不变价固定资产平均余额与行业从业人员平均人数的比值的对数来表示物质资本强度，不变价固定资产平均余额由固定资产投资价格指数对当年价固定资产平均余额平减得到。历年行业固定资产平均余额来源于各省份统计年鉴，历年固定资产投资价格指数来源于国研网价格统计数据库。

3. 劳动生产率

行业劳动生产率用来测度技术进步，行业劳动生产率提升意味着行业生产效率的提高。真实商业周期学派认为，技术冲击是造成经济波动的主要原因。但行业层面劳动生产率提高对产出波动的影响是正向的还是负向的并不能确定。我们以行业不变工业增加值与行业从业人员平均人数的比值的对数来表示劳动生产率。由于2008年以后，许多省份的统计年鉴中都没有对工业增加值这一指标进行统计，我们需要依据其他指标进行估算。观察工业增加值与工业总产值的变化趋势发现，在整个样本区间，分行业的工业总产值和工业增加值比值比较稳定。因此，本章以2002～2007年工业增加值与工业总产值比值的平均值作为2008年之后的年份工业增加值与工业总产值的比值，根据该比值及之后年份的工业总产值估算其工业增加值。唐杰英（2015）也曾使用过该种做法。历年工业增加值数据来源于各省份统计年鉴。

4. 产出增长率

当前一些学者探究了产出增长与产出波动之间的关系，部分学者发现，产出增长与产出间存在正相关性（Fountas & Karanasos，2006）。本章以对数化行业不变工业总产值的增长率来衡量产出增长率。工业总产值数据来源于历年各省份统计年鉴，工业品出厂价格指数来源于《中国城市（镇）生活与价格年鉴》。

5. 国有企业比重

不同所有制企业的效率和利润水平可能会有所差别；通常认为，非国有企业相较于国有企业而言，其管理机制更加灵活，适应市场变化的能力更强，其产出波动就会更平缓。因此，行业中的国有企业比重越大，其产出波动可能就会越大。姚洋、章奇（2001）与张军等（2009）也发现非国有企业比国有企业的技术效率更高。但是，随着国有企业比重的增加，也会产生规模效应，从而对行业产出起到稳定作用。因此，该指标对行业产出波动的影响可能为正向，也可能为负向，主要取决于国有企业比重增加带来的规模效应等正效应与机制僵化、垄断等负效应的比较。本章以国有及国有控股工业总产值占国有及规模以上非国有工业总产值之比表示国有企业比重。国有及国有控股工业的工业总产值数据来源于历年各省份统计年鉴及《中国工业统计年鉴》。

6. 开放度

对于中国而言，开放度经常被作为一种促进国家的产品结构向高质量升级的有力工具而反复使用。因为外国投资企业生产的产品质量，一般意义而言，比东道国国内企业原来出口的产品质量要高。此外，外商投资企业与本土企业相比，除了通常提到的技术优势，还具有资金优势。这样看来，外资比重高的行业产出波动应该越小。然而，当行业中出口导向型外资企业比重越高时，其对于国际市场的依赖程度也会越高，该行业所面临外部市场冲击的风险也相应加大（陈蓉，2017）。可见，行业开放度对产出波动的影响同样无法判断。本章用工业中“三资企业”的工业总产值与其所属行业的工业总产值之比来表示该企业的开放度，表明“三资企业”参与工业的程度。“三资企业”工业总产值数据来源于历年各省份统计年鉴及《中国工业统计年鉴》。

出口复杂度对产出波动影响的主要变量描述性统计如表5－7～表5－9所示。

表5－7　　全国各变量描述性统计

变量	定义	样本	均值	标准差	最小值	最大值
lnVOL	行业产出波动的对数	10428	－3.0721	1.4083	－7.2544	4.5886
COM	行业出口复杂度	10571	－0.1007	0.7638	－2.7890	1.8642
lnSIZE	行业从业人员年平均数的对数	10046	0.7563	1.9184	－9.2103	5.8220
lnLP	行业劳动生产率的对数	9897	11.4515	1.0231	－0.4149	17.3969
lnA	行业产出平均增长率的对数	8403	－1.5453	1.2323	－8.6536	11.6382
lnK	人均资本的对数	8816	2.3110	0.9008	－2.8824	7.5893
GE	国有企业比重	6557	0.3239	0.2931	0.0000	1.0000
ZO	三资企业比重	5771	0.2335	0.2239	0.0000	0.9999

资料来源：笔者根据各省统计年鉴、《中国工业统计年鉴》、《中国城市（镇）生活与价格年鉴》、联合国商品贸易统计数据库、国研网对外贸易数据库中的数据计算整理得到。

表5－8　　东、中、西部地区各变量描述性统计

变量	定义	样本	均值	标准差	最小值	最大值
东部地区						
lnVOL	行业产出波动的对数	3718	－3.4300	1.2107	－7.2544	3.0107
COM	行业出口复杂度	3751	－0.1387	0.7959	－2.7890	1.6943
lnSIZE	行业从业人员年平均数的对数	3606	1.4868	1.8893	－6.2146	5.8220
lnLP	行业劳动生产率的对数	3512	11.6566	1.0357	5.7208	17.1220
lnA	行业产出平均增长率的对数	3064	－1.7316	1.0090	－7.9369	6.5570
lnK	人均资本的对数	3226	2.4503	0.9843	－2.7321	7.5893
GE	国有企业比重	2129	0.2228	0.2708	0.0000	1.0000
ZO	三资企业比重	2317	0.3590	0.2455	0.0002	0.9999
中部地区						
lnVOL	行业产出波动的对数	2706	－3.1972	1.1323	－7.0555	3.3993
COM	行业出口复杂度	2728	－0.0724	0.7700	－2.7888	1.7151
lnSIZE	行业从业人员年平均数的对数	2689	1.0597	1.4060	－6.3771	4.6346
lnLP	行业劳动生产率的对数	2686	11.3817	0.9048	－0.4149	14.9389

续表

变量	定义	样本	均值	标准差	最小值	最大值
中部地区						
lnA	行业产出平均增长率的对数	2317	-1.5093	0.9971	-6.8418	4.8043
lnK	人均资本的对数	2388	2.2197	0.7757	-1.2926	6.9897
GE	国有企业比重	1799	0.3482	0.2864	0.0003	1.0000
ZO	三资企业比重	1734	0.1500	0.1463	0.0001	0.9312
西部地区						
lnVOL	行业产出波动的对数	4004	-2.6551	1.6233	-6.5883	4.5886
COM	行业出口复杂度	4092	-0.0848	0.7276	-2.5038	1.8642
lnSIZE	行业从业人员年平均数的对数	3751	-0.1635	1.8933	-9.2103	3.6725
lnLP	行业劳动生产率的对数	3699	11.3074	1.0602	4.6325	17.3969
lnA	行业产出平均增长率的对数	3022	-1.3840	1.5384	-8.6536	11.6382
lnK	人均资本的对数	3202	2.2387	0.8825	-2.8824	7.3614
GE	国有企业比重	2629	0.3892	0.2931	0.0000	1.0000
ZO	三资企业比重	1720	0.1487	0.1732	0.0000	0.9999

资料来源：笔者根据各省统计年鉴、《中国工业统计年鉴》、《中国城市（镇）生活与价格年鉴》、联合国商品贸易统计数据库、国研网对外贸易数据库中的数据计算整理得到。

表 5-9　　资源型、低、中、高技术行业各变量描述性统计

变量	定义	样本	均值	标准差	最小值	最大值
资源型行业						
lnVOL	行业产出波动的对数	1617	-2.7600	1.4089	-7.1053	2.9094
COM	行业出口复杂度	1705	-0.6971	0.6622	-2.7890	0.9106
lnSIZE	行业从业人员年平均数的对数	1496	0.3076	1.8727	-6.2146	4.6346
lnLP	行业劳动生产率的对数	1471	11.2537	1.1222	5.7208	17.1220
lnA	行业产出平均增长率的对数	1140	-1.5337	1.3562	-7.7469	9.4296
lnK	人均资本的对数	1449	2.3571	1.1177	-1.5087	7.5893
GE	国有企业比重	942	0.4400	0.3190	0.0001	1.0000
ZO	三资企业比重	484	0.0816	0.1596	0.0000	0.9999
低技术行业						
lnVOL	行业产出波动的对数	3751	-3.0447	1.5149	-7.2544	4.5484
COM	行业出口复杂度	3751	-0.4760	0.6334	-2.5038	1.2931
lnSIZE	行业从业人员年平均数的对数	3589	0.3961	1.9942	-8.5172	4.8920
lnLP	行业劳动生产率的对数	3506	11.3754	1.1570	4.6563	16.4321

续表

变量	定义	样本	均值	标准差	最小值	最大值
			低技术行业			
lnA	行业产出平均增长率的对数	3019	-1.5629	1.2305	-6.8418	11.6382
lnK	人均资本的对数	2651	2.0354	0.9151	-2.6960	7.3614
GE	国有企业比重	2179	0.2291	0.2772	0.0000	1.0000
ZO	三资企业比重	2095	0.2822	0.2157	0.0000	0.9982
			中技术行业			
lnVOL	行业产出波动的对数	2354	-3.2419	1.3375	-6.9856	4.5886
COM	行业出口复杂度	2387	-0.0181	0.4773	-1.5637	1.2276
lnSIZE	行业从业人员年平均数的对数	2299	0.9891	1.7624	-9.2103	4.6948
lnLP	行业劳动生产率的对数	2266	11.5515	0.8593	5.1202	17.3969
lnA	行业产出平均增长率的对数	1925	-1.6128	1.2495	-7.9369	9.6695
lnK	人均资本的对数	2093	2.7504	0.8621	-2.8824	7.1885
GE	国有企业比重	1576	0.3620	0.2954	0.0000	0.9987
ZO	三资企业比重	1437	0.1801	0.2012	0.0000	0.9999
			高技术行业			
lnVOL	行业产出波动的对数	2706	-3.1487	1.2771	-6.8416	4.1694
COM	行业出口复杂度	2728	0.7157	0.3839	-1.1864	1.8642
lnSIZE	行业从业人员年平均数的对数	2662	1.2931	1.8041	-6.9078	5.8220
lnLP	行业劳动生产率的对数	2654	11.5762	0.8685	-0.4149	15.9304
lnA	行业产出平均增长率的对数	2319	-1.4721	1.1504	-8.6536	9.6371
lnK	人均资本的对数	2623	2.2134	0.5979	-2.7321	6.0757
GE	国有企业比重	1860	0.3440	0.2618	0.0000	0.9980
ZO	三资企业比重	1755	0.2611	0.2384	0.0000	0.9989

资料来源：笔者根据各省统计年鉴、《中国工业统计年鉴》、《中国城市（镇）生活与价格年鉴》、联合国商品贸易统计数据库、国研网对外贸易数据库中的数据计算整理得到。

在进行回归分析之前，我们首先对变量之间的相关性、共线性问题进行了检验。同时为了控制异方差可能导致建立在样本标准差基础上的假设检验有偏，我们在回归中全部采用了稳健性标准误回归。

从表 5 - 10 中，我们可以得到两个信息，第一被解释变量和解释变量之间存在显著相关性，这些解释变量可以用来解释被解释变量的变动。第二解释变量之间也存在显著相关性，lnLP 和 lnK 达到 0.633 的水平，这会不会形成严重共线性问题影响到实证结果的可靠性呢？

表 5 - 10　　主要变量相关性分析

变量	lnVOL	COM	lnSIZE	lnLP	lnA	lnK	GE	ZO
lnVOL	1							
COM	-0.068***	1						
lnSIZE	-0.390***	0.116***	1					
lnLP	-0.215***	0.0005	0.062***	1				
lnA	0.280***	0.053***	-0.135***	-0.056***	1			
lnK	-0.193***	-0.086***	-0.027**	0.633***	-0.135***	1		
GE	-0.025**	-0.043***	-0.212***	0.094***	-0.130***	0.337***	1	
ZO	-0.017***	0.053***	0.086***	0.145***	-0.053***	-0.0007	-0.376***	1

注：***、** 和 * 分别表示在 1%、5% 和 10% 的水平下具有显著性。

我们进一步考察了各自变量的膨胀因子 VIF 值。从表 5 - 11 中，我们可以看到样本中各自变量的膨胀因子 VIF 值都小于 3，说明自变量之间存在的共线性问题在控制范围以内①。

表 5 - 11　　各自变量的膨胀因子 VIF 值

变量	COM	lnSIZE	lnLP	lnA	lnK	GE	ZO
VIF 值	1.04	1.08	1.76	1.05	1.94	1.40	1.25

三、出口复杂度对产出波动影响的实证分析

（一）基准估计结果

在估计方法的选择上，本章选用基于豪斯曼检验的 Panel Data 估计方法，通过豪斯曼检验来选择采用固定效应（FE）模型还是随机效应（RE）模型。本章豪斯曼检验以 10% 作为显著性水平，即 p 值大于 10%，则接受原假设，选择随机效应模型；p 值小于 10%，则拒绝原假设，选择固定效应模型。回归结果中仅列出甄选后的检验结果。

表 5 - 12 报告了全国 31 个省份各工业行业出口复杂度对行业产出波动影响的回归结果。在模型（1）回归中只考虑行业出口复杂度，结果显示，行业出口复杂度的估计系数显著为负，而模型（2）~ 模型（4）在行业出口复杂度的基础上引入了其他相关控制变量，行业出口复杂度与行业产出波动之间仍呈现显著负相关，这

① 按照经验分析，如果最大的方差膨胀因子 $VIF = Max(VIF_1, VIF_2, \cdots, VIF_n) \leqslant 10$，则表明不存在严重共线性问题。

表明行业出口复杂度的提高能对行业产出波动起到抑制作用。

表 5-12　　出口复杂度对产出波动的影响估计结果

变量	(1) lnVOL	(2) lnVOL	(3) lnVOL	(4) lnVOL
COM	-0.0851** (-2.08)	-0.0418*** (-2.86)	-0.0616** (-2.02)	-0.0242** (-2.39)
lnSIZE		-0.4771*** (-8.48)	-0.4653*** (-6.92)	-0.6143*** (-9.18)
lnLP		-0.1337*** (-4.55)	-0.1386*** (-3.36)	-0.1986*** (-4.48)
lnA		0.0481*** (3.03)	0.0558*** (2.91)	0.0576*** (2.79)
lnK		-0.1464*** (-3.24)	-0.1138** (-2.01)	-0.1607** (-2.51)
GE			0.3001* (1.78)	
ZO				-0.4442** (-1.97)
_cons	-3.0804*** (-765.01)	-0.7633** (-2.34)	-0.8226* (-1.66)	0.3547 (0.78)
N	10428	7386	5197	4662
R^2	0.026	0.258	0.092	0.122
F	4.34	22.89	16.83	23.31
模型	FE	FE	FE	FE

注：***、** 和 * 分别表示在 1%、5% 和 10% 的水平下具有显著性；括号内数值为相应统计量的 t 值。

观察其他控制变量对行业产出波动的影响，研究发现：（1）特别值得注意的是，行业产出平均增长率的对数与行业产出波动的关系显著为正，说明中国各省份各工业行业在 2002～2012 年并不是又快又稳地发展，发展速度越快产出波动越大。（2）行业规模的估计系数为显著为负，说明行业规模越大，抵抗外部冲击的能力越强，产出波动越小。虽然当行业规模越来越大，享受规模效应好处和协同效应加深的同时，一些管理僵化、信息不畅、调整缓慢的弊端就会逐渐显现，但这些大规模运营的弊端并不足以对冲规模集聚带来的良好效应。（3）行业劳动生产率系数显著为负，说明随着劳动生产率的提高，行业的生产效率得到了提升，从而对维持行业的产出起到了一定的稳定作用。人均资本的对数的估计系数显著为负，说明尽管存在林毅夫和张鹏飞（2006）所提出的适宜技术问题以及技术潜力的滞后问题，但这里实证结果表明，就我国整体而言，行业人均资本的提高有利于平抑行业的产出波动。（4）工业行业的贸易开放度与国有企业比重是此消彼长的变量，如果一个行业中外商生产产品总值占全行业的比重越大，意味着该行业开放度越大，说明国有企业在这个行业中生产的产品总值比重越小。为了减少共线性的风险，我们不把这两个变量同时放入模型。因此，在模型（3）和模型（4）中，我们分别增加贸易开放度和国有企业比重变量。国有企业比重对行业产出波动的估计系数为正，产生这种结果的原因可能在于国有企业比重增加带来的规模效应要小于垄断、行业经营活力下降等负效应。贸易开放度显著为负，贸易开放度的提升增加了行业经营的活力，从而维持行业产出稳定。

（二）分类估计结果

1. 分地区回归结果

以上分析主要针对总体样本行业，事实上，由于中国是一个发展中的大国，国内东部、中部和西部地区由于历史原因、地理位置和国家政策等使得三大地区的经济发展不平衡，尤其对外开放水平差异较大，因此本章为了更加细致地分析行业出口复杂度对产出波动的影响，分别对东、中、西部地区进行了实证分析，结果报告于表 5－13 中。

表 5－13　　按东、中、西部地区分类回归结果

变量	(1) lnVOL	(2) lnVOL	(3) lnVOL	(4) lnVOL	(5) lnVOL	(6) lnVOL
COM	−0.159 ** (−2.01)	−0.050 * (−1.91)	−0.033 (−0.37)	−0.070 (−0.68)	−0.067 ** (−2.36)	−0.101 * (−1.82)
lnSIZE	−0.908 *** (−7.54)	−0.900 *** (−10.19)	−0.155 * (−1.87)	−0.207 ** (−2.00)	−0.387 *** (−4.00)	−0.525 *** (−4.27)
lnLP	−0.241 *** (−3.69)	−0.324 *** (−6.15)	−0.006 (−0.15)	−0.067 (−1.46)	−0.203 *** − (2.88)	−0.307 *** (−4.21)
lnA	0.220 *** (8.32)	0.222 *** (8.80)	0.054 * (1.71)	0.038 * (1.73)	0.018 *** (14.38)	0.040 *** (7.19)
lnK	−0.221 * (−1.78)	−0.345 ** (−3.51)	−0.228 *** (−2.86)	−0.152 * (−1.75)	0.023 (0.26)	0.089 (0.75)
GE	0.402 (1.12)		0.372 * (1.65)		0.096 (0.39)	
ZO		−0.401 (−1.28)		−0.421 (−1.29)		−0.558 (−1.51)
_cons	1.966 *** (2.68)	3.308 *** (5.69)	−2.601 *** (−4.72)	−1.788 *** (−3.54)	−0.546 (−0.67)	0.535 (0.74)

续表

变量	(1) lnVOL	(2) lnVOL	(3) lnVOL	(4) lnVOL	(5) lnVOL	(6) lnVOL
N	1683	1879	1430	1393	2084	1390
R^2	0. 281	0. 301	0. 040	0. 033	0. 070	0. 111
F 检验	27. 98	45. 37	3. 45	2. 60	6. 84	8. 51
模型	FE	FE	FE	FE	FE	FE
样本	东部地区		中部地区		西部地区	

注：*** 、** 和 * 分别表示在 1% 、5% 和 10% 的水平下具有显著性；括号内数值为相应统计量的 t 值。

研究发现：（1）东部地区和西部地区，行业出口复杂度对产出波动的影响显著为负，这说明在这两个地区，即随着行业出口复杂度的提高，能对减轻行业的产出波动。而中部地区行业出口复杂度对产出波动的影响为负，但不显著。这可能是因为东、西部地区在工业行业上竞争优势更为明显。（2）同全样本的估计结果一样，三个地区行业规模对产出波动的影响均为负且显著，说明行业规模越大，产出波动越小；三个地区的省份各工业行业产出平均增长率的对数与行业产出波动的关系均显著为正，且西部地区的该系数较其他两个地区而言更大，说明中国东、中、西部在 2002 ~ 2012 年工业行业产出波动均随着发展速度的加快而增大，呈现出“快而不稳”的特点，西部地区该特点更显突出。（3）东、中、部地区行业劳动生产率对产出波动的影响为负，但中部地区该估计系数不显著，说明对于中部地区而言，劳动生产率并不是维持行业的产出波动稳定的重要推动力量。（4）中部地区工业行业的国有企业比重对产出波动的回归结果显著为正，产生这种结果的原因可能在于，就中部地区而言，国有企业比重的增加带来的垄断、行业经营活力的下降等负效应要大于同时产生的规模效应，因此，国有企业比重越大，行业的产出越不平稳；东、西部地区工业行业的国有企业比重对行业产出波动的回归结果不显著，产生这种结果的原因可能在于国有比重增加带来的正负效应刚好抵消。（5）与全样本有所区别的是，虽然三个地区行业开放度的提高对产出波动具有稳定作用，但其回归结果均不显著。

2. 分行业回归结果

表 5 – 14 报告了按资源型、低技术、高技术行业划分行业的出口复杂度对产出波动影响的回归结果。其中，模型（1）~ 模型（2）是资源型行业回归结果，模型（3）~ 模型（4）是低技术行业回归结果，模型（5）~ 模型（6）是中技术行业回归结果，模型（7）~ 模型（8）为高技术行业回归结果。

表 5－14　　按资源型、低、中、高技术行业分类回归结果

变量	(1) lnVOL	(2) lnVOL	(3) lnVOL	(4) lnVOL	(5) lnVOL	(6) lnVOL	(7) lnVOL	(8) lnVOL
COM	-0.020 (-0.27)	-0.126 (-1.15)	-0.035 (-0.34)	-0.058 (-0.52)	-0.057** (-2.44)	-0.059** (-1.97)	-0.225 (-1.59)	-0.174 (-1.31)
lnSIZE	-0.399** (-2.02)	-0.080 (-0.42)	-0.461*** (-3.74)	-0.595*** (-4.88)	-0.559*** (-3.86)	-0.745*** (-5.34)	-0.408*** (-3.68)	-0.591*** (-5.31)
lnLP	-0.173** (-2.07)	-0.393*** (-4.21)	-0.036 (-0.53)	-0.046 (-0.63)	-0.222** (-2.24)	-0.139* (-1.82)	-0.171** (-2.10)	-0.250*** (-2.83)
lnA	0.081* (1.90)	0.062 (1.02)	0.019 (0.57)	0.019 (0.62)	0.062 (1.55)	0.052 (1.31)	0.063* (1.70)	0.095** (2.23)
lnK	-0.066 (-0.80)	0.022 (0.19)	-0.181* (-1.75)	-0.153 (-1.31)	-0.060 (-0.37)	-0.459*** (-3.20)	-0.109 (-1.09)	-0.136 (-1.22)
GE	-0.002 (-0.01)		-0.004 (-0.01)		0.876** (2.49)		0.343 (1.03)	
ZO		1.023 (1.25)		-0.172 (-0.47)		-0.764 (-1.35)		-1.333* (-1.75)
_cons	-0.452 (-0.45)	1.560 (1.60)	-2.092** (-2.49)	-1.798** (-2.14)	-0.023 (-0.02)	0.729 (-0.02)	-0.199 (-0.21)	0.729 (1.51)
N	759	399	1511	1493	1266	1189	1661	1581
R^2	0.102	0.120	0.046	0.072	0.145	0.179	0.105	0.161
F 检验	2.51	4.13	2.76	4.55	8.64	9.65	7.34	10.94
模型	FE	FE	FE	FE	FE	FE	FE	FE
样本	资源型行业		低技术行业		中技术行业		高技术行业	

注：***、** 和 * 分别表示在 1%、5% 和 10% 的水平下具有显著性；括号内数值为相应统计量的 t 值。

研究发现：(1) 资源型、低、中、高技术四类工业行业出口复杂度对产出波动的影响均为负，但只有中技术行业的估计系数是显著的。这与我国当前具有一定技术优势的制造行业的现实相吻合。它说明在我国工业行业中，资源型、低技术行业和高技术行业出口质量的竞争优势并不明显，即使一定程度上提升产品出口质量，也不会对行业竞争力产生重要影响，从而显著维持行业产出增长的稳定。在中等技术工业行业中，我国具有一定的竞争优势，提升产品出口复杂度会显著增强产品市场竞争力，从而平抑行业产出波动。(2) 同全样本的估计结果一样，四类工业行业的行业规模的系数均显著为负，行业规模越大，产出越不平稳。(3) 中技术行业国有企业比重的估计结果显著为正，说明就中技术行业而言，国有企业比重的增加带来的垄断、行业经营活力的下降等负效应要大于同时产生的规模效应，因此，国有企业比重越大，行业的产出波动越大；高技术行业开放度对产出波动的影

响显著为负，对该行业来说，提高行业的对外开放度能够显著平抑产出波动，维持产出平稳增长。

（三）内生性检验

考虑到可能存在的内生性问题，一个行业的出口复杂度会影响其产出增长的稳定性，反过来产出增长的稳定性又可以潜在地提升其出口复杂度，行业出口复杂度与产出波动之间的相互影响使得估计结果的测定可能存在偏误。具体的，选择出口复杂度的滞后一期和滞后二期作为工具变量，这是因为：出口复杂度的当期值可能与干扰项相关，但其滞后项不会与当期干扰项相关。然后进行两阶段最小二乘法（2SLS）估计。

我们首先采用豪斯曼检验对行业出口复杂度的内生性做严格的检验，得到其检验统计量为 37.04，伴随概率为 0.0000，表明在 1% 的水平上拒绝“行业出口复杂度是外生”的原假设，印证了前文对于行业出口复杂度内生性的存在性所做的判断。表 5 – 15 显示了全样本两阶段最小二乘法（2SLS）的估计结果。在模型（1）只考虑行业出口复杂度，而模型（2）~模型（4）在行业出口复杂度的基础上引入其他相关控制变量。从中可以看出，不论是否加入控制变量，行业出口复杂度与行业产出波动的估计系数依然显著为负，且系数相比较基准回归分析变得更大，这进一步表明出口复杂度显著地抑制了行业的产出波动，同时，在控制了内生性问题之后，行业出口复杂度系数变大说明上文基准回归对行业出口复杂度对行业产出波动的作用存在一定的低估。行业劳动生产率对产出波动的负向影响变显著且系数变得更大，这表明由于内生性问题的存在使得基准估计产生向下偏移，低估了行业劳动生产率对产出波动的平抑作用。其他控制变量与基准回归分析结果基本相符，其解释可以参考基准回归分析结果。

表 5 – 15　　全样本 2SLS 估计结果

变量	(1) lnVOL	(3) lnVOL	(3) lnVOL	(4) lnVOL
COM	–0.0965*** (–4.82)	–0.1303*** (–6.78)	–0.1327*** (–5.86)	–0.1181*** (–5.32)
lnSIZE		–0.2076*** (–19.60)	–0.2326*** (–17.84)	–0.2008*** (13.63)
lnLP		–1.1464*** (–6.94)	–1.1819*** (–6.87)	–1.1322*** (–4.18)
lnA		0.2090*** (14.70)	0.2126*** (12.30)	0.2415*** (13.20)

续表

变量	(1) lnVOL	(3) lnVOL	(3) lnVOL	(4) lnVOL
lnK		-0.1213*** (-5.07)	-0.0837*** (-2.67)	-0.1610*** (-5.21)
GE			0.1731** (2.55)	
ZO				-0.1879** (-2.36)
_cons	-3.0766*** (-201.67)	-0.7232*** (-3.33)	-0.2959 (-1.10)	-0.8183** (-2.56)
LM 统计量	3161.543 [0.000]	2282.721 [0.000]	1594.572 [0.000]	1427.548 [0.000]
沃尔德 F 统计量	1.2e+04 {19.93}	9265.219 {19.93}	7519.093 {19.93}	8437.551 {19.93}
HansenJ 统计量	0.548 [0.4590]	0.203 [0.6520]	1.975 [0.1599]	0.946 [0.3307]
R^2	0.829	0.909	0.911	0.914
N	8649	6016	4219	3753

注：***、** 和 * 分别表示在 1%、5% 和 10% 的水平下具有显著性。小括号内数值为相应统计量的 t 值，中括号内数值为相应统计量的 P 值，大括号内为 Stock - Yogo 检验 10% 水平上的临界值。LM 用来检验工具变量与内生变量的相关性，若拒绝零假设则说明选取的工具变量合理；沃尔德 F 用来检验工具变量是否为弱识别，若拒绝零假设则说明选取的工具变量合理；HansenJ用来检验工具变量是否存在过度识别，若无法拒绝零假设则说明选取的工具变量合理。

此外，为了保证工具变量的合理性，进一步做了以下检验：首先，采用 LM 统计量来检验未被包括的工具变量是否与内生变量相关，结果在 1% 的显著性水平上拒绝了“工具变量识别不足”的原假设；其次，沃尔德检验 F 统计量远远大于 Stock - Yogo 检验 10% 水平上的临界值 19.93，因此拒绝工具变量是弱识别的假定；Hansen J 统计量在 10% 的显著性水平上无法拒绝“工具变量不存在过度识别”的原假设，即工具变量不存在过度识别。上述统计检验都表明所选取的工具变量具有合理性。

表 5 - 16 报告了按东、中、西部地区分类的 2SLS 估计结果，工具变量都通过了检验，说明所选择的工具变量有效可靠。研究发现，东部地区和西部地区的行业出口复杂度对产出波动的影响显著为负，而中部地区行业出口复杂度与产出波动的关系不显著。其余控制变量回归结果的显著性与表 5 - 13 基本相同。

表 5－16　　按东、中、西部地区分类 2SLS 估计结果

变量	(1) lnVOL	(2) lnVOL	(3) lnVOL	(4) lnVOL	(5) lnVOL	(6) lnVOL
COM	－0.035** (－2.24)	－0.034** (－2.21)	－0.058 (－0.95)	－0.078 (－1.41)	－0.208*** (－4.83)	－0.130** (－2.56)
lnSIZE	－0.107*** (－5.51)	－0.120*** (－6.08)	－0.091*** (－4.26)	－0.131*** (－4.56)	－0.349*** (－15.75)	－0.365*** (－11.11)
lnLP	－1.133*** (－3.75)	－0.089** (－2.05)	－0.037 (－1.13)	－0.017** (－2.40)	－0.167*** (－3.85)	－0.085** (－2.27)
lnA	0.306*** (8.90)	0.380*** (11.28)	0.236*** (8.63)	0.206*** (6.78)	0.186*** (5.40)	0.221*** (5.26)
lnK	－0.080** (－2.09)	－0.018 (－0.50)	－0.214*** (－4.77)	－0.378*** (－7.17)	－0.153*** (－2.66)	－0.055*** (－3.79)
GE	0.114 (0.89)		0.576*** (5.59)		0.330*** (2.81)	
ZO		－0.356*** (－3.82)		－0.162 (－0.76)		－0.107 (－0.36)
_cons	－1.222*** (－3.28)	－1.802*** (－4.09)	－1.817*** (－5.25)	－2.209*** (－5.10)	－0.814* (－1.87)	－0.490** (－2.21)
LM 统计量	501.827 [0.000]	551.300 [0.000]	386.047 [0.000]	339.019 [0.000]	670.528 [0.000]	424.192 [0.000]
沃尔德 F 统计量	6531.016 {19.93}	8939.024 {19.93}	2461.581 {19.93}	4499.676 {19.93}	3762.719 {19.93}	2666.834 {19.93}
Hansen J 统计量	2.917 [0.876]	1.454 [0.2279]	0.028 [0.868]	0.120 [0.7293]	1.310 [0.252]	0.007 [0.7293]
R^2	0.960	0.954	0.948	0.939	0.868	0.935
N	1264	1352	1146	1059	1670	1052
样本	东部地区		中部地区		西部地区	

注：***、** 和 * 分别表示在 1%、5% 和 10% 的水平下具有显著性。小括号内数值为相应统计量的 t 值，中括号内数值为相应统计量的 P 值，大括号内为 Stock－Yogo 检验 10% 水平上的临界值。LM 用来检验工具变量与内生变量的相关性，若拒绝零假设则说明选取的工具变量合理；沃尔德 F 用来检验工具变量是否为弱识别，若拒绝零假设则说明选取的工具变量合理；HansenJ用来检验工具变量是否存在过度识别，若无法拒绝零假设则说明选取的工具变量合理。

表 5－17 报告了按资源型、低、中、高技术行业分类的 2SLS 估计结果，工具变量都通过了检验，说明所选择的工具变量有效可靠。研究发现，除了中技术行业的估计系数仍是显著为负以外，高技术行业的估计系数也变得显著了，并且行业出口复杂度系数变大，说明前文基准回归对于高技术行业出口复杂度对行业产出波动的作用存在一定的低估。资源型和高技术两类行业劳动生产率与产出波动之间的关

系变得不显著且系数变得更小，而低技术与高技术两类行业产出增长率对产出波动的影响变得显著，且估计系数有所变大。其余控制变量回归结果的显著性与表5－14基本相同。

表5－17　按资源型、低、中、高技术行业分类2SLS估计结果

变量	(1) lnVOL	(2) lnVOL	(3) lnVOL	(4) lnVOL	(5) lnVOL	(6) lnVOL	(7) lnVOL	(8) lnVOL
COM	-0.047 (-0.45)	-0.083 (-0.63)	-0.043 (-1.01)	-0.111 (-2.36)	-0.551*** (-4.84)	-0.351*** (-3.41)	-0.179* (-1.77)	-0.344*** (-3.91)
lnSIZE	-0.150*** (-5.51)	-0.220*** (-6.06)	-0.330*** (-13.10)	-0.269*** (-10.61)	-0.312*** (-10.33)	-0.219*** (-7.95)	-0.247*** (-9.62)	-0.143*** (-5.61)
lnLP	-0.060 (-1.21)	0.002 (0.02)	0.012 (0.27)	-0.102 (-1.64)	-0.268*** (-3.80)	-0.115** (-1.97)	-0.002 (-0.06)	-0.010 (-0.29)
lnA	0.225*** (6.07)	0.304*** (5.73)	0.202*** (5.02)	0.256*** (6.76)	0.278*** (7.13)	0.273*** (7.88)	0.283*** (7.38)	0.291*** (6.65)
lnK	0.084 (1.40)	0.0002 (0.01)	-0.275*** (-4.90)	-0.299*** (-4.47)	0.164** (2.06)	-0.017 (-0.27)	-0.059 (-1.24)	-0.117** (-2.00)
GE	-0.127 (-0.91)		-1.083*** (-4.57)		-0.370*** (-2.24)		0.0588 (0.47)	
ZO		0.050 (0.11)		0.260* (1.76)		-0.234 (-1.32)		0.314*** (2.61)
_cons	-2.096*** (-4.46)	-2.391*** (-3.10)	-2.053*** (-4.57)	-0.937 (-1.53)	-0.280*** (0.40)	-1.287*** (-2.19)	-2.490*** (-5.77)	-2.708*** (-6.91)
LM统计量	100.206 [0.000]	60.456 [0.000]	316.395 [0.000]	326.269 [0.000]	298.032 [0.000]	263.925 [0.000]	291.302 [0.000]	257.414 [0.000]
沃尔德F统计量	97.715 {19.93}	73.034 {19.93}	3341.395 {19.93}	2693.602 {19.93}	901.722 {19.93}	914.534 {19.93}	1212.493 {19.93}	1000.935 {19.93}
Hansen J统计量	1.636 [0.201]	0.317 [0.5737]	0.070 [0.7917]	0.031 [0.860]	1.884 [0.170]	0.266 [0.6059]	0.296 [0.586]	0.058 [0.8101]
R^2	0.921	0.921	0.933	0.919	0.920	0.938	0.916	0.932
N	616	331	1140	1070	1001	886	1323	1176
样本	资源型行业		低技术行业		中技术行业		高技术行业	

注：***、**和*分别表示在1%、5%和10%的水平下具有显著性。小括号内数值为相应统计量的t值，中括号内数值为相应统计量的P值，大括号内为Stock－Yogo检验10%水平上的临界值。LM用来检验工具变量与内生变量的相关性，若拒绝零假设则说明选取的工具变量合理；沃尔德F用来检验工具变量是否为弱识别，若拒绝零假设则说明选取的工具变量合理；HansenJ用来检验工具变量是否存在过度识别，若无法拒绝零假设则说明选取的工具变量合理。

四、出口复杂度和产出波动关系的驱动因素

前文的研究表明出口复杂度越高，产出波动越小，那么是什么因素驱动两者之间的这种负相关关系呢？本章将从市场条件和技术要素两个方面探究这个问题。

第一，我们考虑市场条件。市场条件包括需求和供给两方面。首先，考虑市场需求因素，复杂度越高的产品普遍性越低，其替代弹性就越小，受外部冲击的影响可能越小。因此，我们将估计产品的出口复杂度是否与其替代弹性相关，以及它是否是出口复杂度对行业产出增长稳定效应的驱动因素。各省份各工业行业的产品替代弹性计算公式如下：

$$\sigma_{si} = \log\left[\frac{\sum_{P=1}^{P_{si}} \sigma_p}{P_{si}}\right] \tag{5-14}$$

其中，σ_{si}是 s 省 i 行业的产品替代弹性，P_{si}代表 s 省 i 行业出口的产品，σ_p 代表产品 p 的替代弹性。

再考虑市场供给因素，生产复杂度高的产品可能需要更高的成本，进入市场难度更大，从而增加了市场集中度，因此，出口复杂度高的行业产出会更加稳定。市场集中度由行业出口产品的平均赫芬达尔指数代表。各省份各工业行业市场集中度的计算公式如下：

$$CT_{si} = \frac{\sum_{p=1}^{P_{si}} Herfindahl_p}{P_{si}} \tag{5-15}$$

其中，CT_{si}是 s 省 i 行业的市场集中度，$Herfindahl_p$ 是产品 p 的赫芬达尔指数，数据来源是世界银行的 EDD 数据库。

第二，我们考虑技术特征。在技术因素方面，克里希纳和列夫琴科（2013）研究发现生产复杂度高的产品会投入更多的人力资本，更高的人力资本强度使出口复杂度能发挥其稳定性作用，从而抑制产出波动。行业平均人力资本密集度的计算公式如下：

$$HC_{si} = \frac{\sum_{P=1}^{P_{si}} \text{Reveal Human Capital Intensity}_p^{std}}{P_{si}} \tag{5-16}$$

其中，HC_{si}是 s 省 i 行业的人力资本因素，用产品标准化的人力资本密集度指数衡量，$\text{Reveal Human Capital Intensity}_p^{std}$ 是产品 p 标准化的人力资本密集度指数。数据来源于《贸发会议公布的要素密集指数数据集》（Unctad Dataset of Revealed Factor Intensity Indices）。

以上分析了出口复杂度和产出波动负向关系的可能驱动因素，由于数据的可得性，这些驱动因素均测算的是 2002～2007 年的值。表 5－18 报告了出口复杂度驱

动因素的估计结果。第（1）列只考虑了替代弹性，即市场需求因素；第（2）列只考虑了市场集中度，即市场供给因素，第（3）列只考虑了人力资本密集度，即技术因素；第（4）列同时考虑了替代弹性、市场集中度和人力资本密集度，即市场因素和技术因素。结果显示，各省份工业行业产品替代弹性与出口复杂度显著负相关，市场集中度和人力资本密集度与出口复杂度显著正相关，结果与前文的预期一致，市场供求条件和技术特征都是出口复杂度的驱动因素。

表 5－18　　出口复杂度的驱动因素

变量	(1) COM	(2) COM	(3) COM	(4) COM
σ	－0. 0231 *** (－2. 91)			－0. 0261 ** (－2. 01)
CT		0. 2069 *** (3. 71)		0. 3383 *** (3. 19)
HC			0. 7836 *** (4. 17)	0. 7856 *** (4. 15)
lnSIZE	－0. 1188 *** (－5. 03)	－0. 1168 *** (－4. 84)	－0. 0730 *** (－2. 75)	－0. 0703 *** (－2. 57)
lnLP	0. 0719 *** (4. 57)	0. 0703 *** (4. 43)	0. 0234 (1. 27)	－0. 0204 (1. 08)
lnA	－0. 0103 * (－1. 92)	－0. 0103 * (－1. 90)	－0. 0076 (－1. 45)	－0. 0078 (－1. 49)
lnK	0. 0031 (0. 12)	0. 0014 (0. 06)	0. 0015 ** (－0. 06)	－0. 0005 (－0. 02)
GE	－0. 2305 *** (－3. 66)	－0. 2156 *** (－3. 38)	－0. 1842 *** (－3. 09)	－0. 1697 *** (－2. 81)
ZO	0. 0776 (0. 83)	0. 0702 (0. 76)	0. 0545 (0. 65)	0. 0560 (0. 67)
_cons	－0. 8849 *** (－4. 91)	－1. 0006 *** (－5. 00)	－1. 8367 *** (－6. 54)	－1. 9303 *** (－5. 81)
N	2577	2556	2577	2556
R^2	0. 081	0. 077	0. 123	0. 122
F	15. 35	14. 43	17. 55	13. 90
模型	FE	FE	FE	FE

注：*** 、** 和 * 分别表示在 1% 、5% 和 10% 的水平下具有显著性；小括号内数值为相应统计量的 t 值。

以上仅仅分析了出口复杂度的驱动因素，下面我们进一步考察我国各省份工业行业出口复杂度抑制产出波动的驱动因素。表 5－19 报告的估计结果说明了出口复杂度抑制产出波动的驱动因素。第（1）列和第（2）列只考虑了替代弹性，第（3）列和第（4）列只考虑了市场集中度，第（5）列和第（6）列只考虑了人力资本密集度，第（5）列和第（6）列同时考虑了替代弹性、市场集中度和人力资本密集度。第（1）列回归结果说明，我国各省份工业行业产出波动与市场因素中的企业产品替代弹性显著正相关，行业产品替代弹性越大，产出波动越大。第（2）列加入了出口复杂度，发现之前与产出波动显著正相关的行业产品替代弹性，在加入出口复杂度之后的估计系数不在显著。由此说明，出口复杂度吸收了替代弹性对产出波动的影响，替代弹性是行业产出波动与出口复杂度负相关系的驱动因素。第（3）列和第（4）列结果说明产出波动与市场集中度不相关。第（5）列结果说明，我国各省份工业行业产出波动与人力资本密集度显著负相关，行业人力资本密集度越大，产出波动越小。第（6）列加入出口复杂度，发现之前与产出波动显著负相关的人力资本密集度在加入出口复杂度后不再显著。表明出口复杂度吸收了人力资本密集度对产出波动的影响，人力资本密集度是行业产出波动与出口复杂度负向关系的驱动因素。第（7）列同时考虑替代弹性、市场集中度和人力资本密集度时，只有人力资本密集度与产出波动显著负相关。第（8）列在第（7）列的基础上加入了出口复杂度后，之前与产出波动显著负相关的人力资本密集度不再显著，说明当同时考虑市场条件和技术因素时，只有人力资本密集度是产出波动与出口复杂度负向关系的驱动因素，企业人力资本密集度越高出口复杂度越高，进而平抑了产出波动。这与之前马焦尼等（2016）对土耳其的研究结果相同，土耳其企业的产出波动与出口复杂度负向关系的驱动因素主要也是人力资本密集度。

表 5-19　　出口复杂度和产出波动关系的驱动因素

变量	(1) lnVOL	(2) lnVOL	(3) lnVOL	(4) lnVOL	(5) lnVOL	(6) lnVOL	(7) lnVOL	(8) lnVOL
COM		-0.057 *** (-3.60)		-0.058 *** (-3.79)		-0.052 *** (-3.54)		-0.045 *** (-3.47)
σ	0.048 * (1.68)	0.046 (0.67)					0.063 (0.86)	0.062 (0.85)
CT			-0.038 (-0.50)	0.029 (0.38)			0.050 (0.65)	0.042 (0.55)
HC					-0.095 *** (-2.28)	0.042 (0.56)	-0.090 ** (-2.40)	0.025 (0.89)
lnSIZE	-0.993 *** (-10.84)	-0.986 *** (-10.54)	-0.969 *** (-10.60)	-0.963 *** (-10.31)	-0.983 *** (-10.32)	-0.979 *** (-10.16)	-0.958 *** (-10.01)	-0.955 *** (-9.86)
lnLP	-0.533 *** (-8.70)	-0.529 *** (-8.59)	-0.523 *** (-8.51)	-0.519 *** (-8.42)	-0.523 *** (-8.09)	-0.522 *** (-8.06)	-0.509 *** (-7.90)	-0.508 *** (-7.88)
lnA	0.011 (0.39)	0.010 (0.36)	0.008 (0.29)	0.007 (0.26)	0.010 (0.36)	0.009 (0.34)	0.007 (0.27)	0.007 (0.25)

续表

变量	(1) lnVOL	(2) lnVOL	(3) lnVOL	(4) lnVOL	(5) lnVOL	(6) lnVOL	(7) lnVOL	(8) lnVOL
lnK	-0.199 ** (-2.25)	-0.199 *** (-2.25)	-0.203 ** (-2.25)	-0.202 ** (-2.26)	-0.199 ** (-2.26)	-0.199 ** (-2.26)	-0.202 ** (-2.25)	-0.202 ** (-2.25)
GE	0.151 (0.73)	0.138 (0.66)	0.152 (0.73)	0.139 (0.67)	0.138 (0.66)	0.128 (0.62)	0.143 (0.68)	0.135 (0.65)
ZO	0.027 (0.08)	0.031 (0.10)	-0.006 (0.10)	-0.002 (-0.01)	0.039 (0.12)	0.041 (0.13)	-0.012 (-0.04)	-0.009 (-0.055)
_cons	4.371 *** (6.11)	4.320 *** (5.94)	5.210 *** (6.79)	5.152 *** (6.63)	4.642 *** (5.91)	4.547 *** (5.68)	5.380 *** (6.41)	5.293 *** (6.22)
N	2577	2577	2556	2556	2577	2577	2556	2556
R^2	0.235	0.235	0.241	0.241	0.235	0.235	0.242	0.242
F	38.96	34.44	39.62	35.01	39.91	34.95	31.97	28.79
模型	FE	FE	FE	FE	FE	FE	FE	FE

注：***、**和*分别表示在1%、5%和10%的水平下具有显著性；小括号内数值为相应统计量的t值。

表5-18和表5-19的估计结果说明了三个主要结论：（1）替代弹性与出口复杂度显著负相关，而市场集中度和人力资本密集度与出口复杂度显著正相关，市场供求条件和技术因素都是我国各省份工业行业出口复杂度的驱动因素。（2）当分别考虑替代弹性、市场集中度和人力资本密集度三种因素时，产出波动主要受替代弹性和人力资本密集度的影响，行业产品替代弹性越大产出波动越大，人力资本密集度越大产出波动越小。（3）当同时考虑市场供求条件和技术因素时，只有人力资本密集度是产出波动与出口复杂度负向关系的驱动因素，人力资本密集度越高出口复杂度越高，进而平抑了产出波动，人力资本因素通过促进出口复杂度的提高对产出的稳定增长产生积极的作用。

第五节　结　　论

本章重点研究出口复杂度对产出波动的影响。首先选取了2002～2012年联合国商品贸易统计数据库（UN Comtrade）中HS 2002版本4位码层面1055种工业产品的出口数据，采用以伊达尔戈和豪斯曼（2010）的反射迭代法，计算了1055种工业品的出口复杂度。然后将根据我国2002～2012年各省份的工业品出口数据，将产品层面的出口复杂度加总到省际以及各省份细分工业行业层面，分析各省份、各省份细分工业行业之间出口复杂度情况。最后将样本分成全样本，东、中、西部地区和资源型、低技术、中技术、高技术行业，分别讨论出口复杂度对产出波动的影响，在计量模型中引入行业规模、劳动生产率、产出增长率、物资资本、国有资本比重、外资比重等变量并且讨论了它们对产出波动的显著关系。

通过计算各省份的出口复杂度，2002～2012年全国平均工业出口复杂度水平要比东部地区低，但高于中、西部水平。三大地区平均工业出口复杂度水平呈东、中、西递减的态势。但近年来，三大区域的工业出口复杂度之间的差距逐渐缩小，中部地区的工业出口复杂度在2012年甚至已经接近于中部地区，而随着内陆地区改革开放进程的不断推进，西部地区的工业出口复杂度也呈现出快速的提升，有赶超东部地区的趋势。通过计算各省份细分工业行业的出口复杂度，并将各省份31个工业行业进一步归类为资源型、低技术、中技术和高技术四种类型行业，并得出了相应的出口复杂度，初步分析发现，全国及三大区域的四类行业出口复杂度都表现为高、中、低、资源型行业依次递减。西部地区在资源型和低技术行业上的出口复杂度较大，相较于中、东部地区而言，具有更大的竞争优势；中部地区在中技术行业上的出口复杂度比其他两个地区大；而东部地区则在高技术行业上的出口复杂度更大，优势更为明显。

通过计算各省份的产出波动，发现2002～2012年全国及三大区域的工业产出波动总体上都呈现出下降的趋势，东部地区产出波动下降的趋势最为明显，西部地区次之，中部地区的产出波动在样本期间减小的趋势相对较为平稳。通过计算各省份细分工业行业产出波动，研究发现，四类行业产出波动在全国及三大区域的平均水平排名情况各不相同，四类行业在样本期间总体上都呈现出下降的趋势。

探究出口复杂度对产出波动的影响，通过实证分析发现：（1）在全样本下各省份各工业行业的出口复杂度对行业产出波动的影响显著为负。分样本估计结果表明，东部地区和西部地区行业出口复杂度对产出波动的影响显著为负，而中部地区行业出口复杂度与产出波动的关系为负但不显著；资源型、低、中、高技术四类工业行业出口复杂度对产出波动的影响均为负，但只有中技术行业的估计系数是显著的。（2）行业规模对行业产出波动有明显的负向影响，说明行业规模越大，在面对抵抗外部冲击时的抵抗能力就会越强，产出波动越小。（3）产出平均增长率对全样本、东中西分地区样本以及资源型、高技术行业样本的行业产出波动有较为显著的正向影响，说明中国各省份各工业行业在2002～2012年并不是又快又稳地发展，发展速度越快，产出波动越大。（4）总体说来，行业的劳动生产率、开放度对产出波动的影响显著为负，提高行业劳动生产率及对外开放水平，有利于平抑行业的产出波动。考虑到模型可能存在的内生性问题，本章进一步使用两阶段最小二乘法（2SLS）对模型进行估计，得到了与基准分析一致的结果，即在全样本下各省份各工业行业的出口复杂度对行业产出波动的影响显著为负；分地区样本下，东部地区和西部地区行业出口复杂度对产出波动的影响显著为负；分行业样本下只有中技术行业的估计系数是显著为负的。

通过探究出口复杂度抑制产出波动的驱动因素发现：（1）替代弹性与出口复杂度之间的关系显著为负，而市场集中度和人力资本密集度与出口复杂度显著正相关，市场供求条件和技术因素都是我国各省份工业行业出口复杂度的驱动因素。（2）当分别考虑替代弹性、市场集中地和人力资本密集度三种因素时，产出波动主要受替代弹性和人力资本密集度的影响，行业产品替代弹性越大产出波动越大，人力资本密集度越大产出波动越小。（3）当同时考虑市场供求条件和技术因素时，只有人力资本密集度是产出波动与出口复杂度负向关系的驱动因素，人力资本密集度越高出口复杂度越高，进而平抑了产出波动，人力资本因素通过促进出口复杂度的提高对产出的稳定增长产生积极的作用。

根据本章结论我们有针对性地提出了以下几点意见：

1. 增强自主创新能力，促进技术进步

中国虽然可以凭借其低廉的劳动力成本迅速将生产体系扩展到高技术产业，但由于其关键技术和核心技术并没有实现相应突破，新技术、新应用不多，没有重大的技术创新活动，技术水平还有待提升。因此，我国应加大高技术行业的国内创新程度，引导企业加强自主创新能力，掌握核心技术，提升出口产品的技术附加值，从而提高出口产品的复杂度，实现技术追随国向技术领先国的转变，防止出现“贫困化增长”，促进产出的稳定增长。

2. 因地制宜，采取不同的发展策略维持地区工业产出稳定

中国幅员辽阔，各个地区之间的资源禀赋、产业结构、经济发展差异巨大，导致各地区出口复杂度也呈现出明显差异。在国际贸易和经济发展进程中，政府必须因地制宜，充分了解各地区工业行业规模、产出增长等特点，采取相应的解决措施。对于出口复杂度较低的中西部地区，增加其资金与技术投入，给予政策上的支持，一方面维持这两个地区在资源型、低中技术行业上的竞争优势；另一方面也促进它们在高技术行业出口复杂度上的提高，从而维持产出波动的稳定。

3. 加强对外贸易发展，提升国际贸易水平

在对外贸易的过程中，国内生产者能通过采取一定措施，向发达国家学习先进的生产技术，并吸收相应的技术溢出效应，通过内部消化进而转化为现实的生产力，从而对出口复杂度的提高起到积极的推动作用。中国现阶段除少数沿海经济发达省份外，其余省份的国际贸易水平还有待进一步加强。我国应继续加强发展对外贸易，并切实提高我国的国际贸易水平，在对外贸易的过程中学习先进的技术和管理方法，进而提高我国的科学技术水平和综合国力。

4. 增强教育投入，提高人力资本

科教兴国，人才强国。当今社会的竞争，主要是人才的竞争，教育的竞争。人才是具有特定专业技能的劳动力，而教育是人力资本形成和积累的本源。通过增加教育投入，能够显著地促进人力资本的提高，增强企业间技术溢出的效果，推动出口复杂度的提升，进而抑制行业的产出波动。因此，各地区政府应该加大对教育的投入，与此同时，也要注意平衡调控和分配教育资源。

第六章

出口质量提升与企业产出波动

第一节 引 言

在中国的出口为导向型经济背景下，单单依赖“量”上的增加已经无法满足市场的需求及长期的竞争。现在随着GDP的增加，市场对于“质”的需求也随之上升，只有将“质”作为出口产品的提升方向，提升产品出口质量，才能使我国的产品在国际上具备核心竞争力。2015年，国务院《政府工作报告》指出，要深化改革和扩大对外开放、促进经济平稳增长和产业结构优化，主要目标是GDP增长达到7%，进出口增长达到6%左右。[①] 经济的稳定发展能够带来持久的增长动力，更有利于我国的长期稳定发展，我国经济增长的重要部分则是工业产出的增加，主要出口产品是工业产品，因此工业产品的出口对产出增长的波动问题成为我们关注的焦点。在当今高度开放的市场格局中，特别是像我国这种长期处于高度开放，坚持“以出口为导向”，正在努力推动“一带一路”和自贸区建设的国家，对外出口对宏观经济波动可能带来不可忽略的影响，因此，对此问题进行研究有重要意义。

伴随着出口贸易转型升级的客观需要，我国的一些学者开始将研究重点放在出口质量上来。总体而言，目前对出口质量的研究主要集中在以下两个方向：第一个方向是对我国出口质量的测度以及国际比较，已有的文献主要利用基于单位价格水平的测算指标和出口相似指标来测度出口质量。第二个方向是探讨影响中国出口质量的各方面因素。

从理论上讲，真正促进一个国家经济增长的不是“量”有多大，而是出口的“质”有多高，即出口产品的质量和技术结构（Rodrik，2006）。出口对于一个国家的经济发展以及福利都有着重要的影响，发展中国家必须促进低品质出口向高品

① 中华人民共和国中央人民政府网站，http：//www. gov. cn/guowuyuan/2015 - 03/16/content _ 2835101. htm。

质出口转变，才能持续发展本国的经济。但是出口产品的质量并不是唯一能够衡量一个国经济增长的指标，近年来，越来越多的研究集中于从技术含量和出口品质来研究一国的经济增长和贸易增长。但是，出口质量作为一个模糊概念，仍然缺乏有效的测量方式，至今为止也没有公认的统一标准来进行出口质量的测量。过去的学者通常采用价格或者平均价值来作为衡量产品质量的代理变量。然而，仅仅以价格来衡量产品质量是存在缺陷的，首先价格中隐含各项税收以及成本加成，这些对产品的价格有明显的影响却对产品的质量没有影响。其次生产成本、运输成本，以及汇率等导致价格与质量之间存在很大的差异。因此，我们需要研究新的产品质量的测量方法。

由于难以建立产品质量指标，难以获得细分的贸易数据，国外学者更加倾向于理论研究。林德（Linder，1961）最早创立了重叠需求理论，他认为人均收入水平的相似程度对两国产业间的贸易规模起决定性因素。弗兰姆和赫尔普曼（Flam & Helpman，1986）建立的南北贸易模型则提出技术的进步将提高产品质量。格罗斯曼和赫尔普曼（1991）通过分析高收入与低收入之间的差异，构建了质量阶梯内生增长模型，并形成了产品的质量梯度，技术的创新能力以及产品的模仿能力直接决定质量梯度的长短。坎德尔瓦尔（2010）在南北贸易模型框架的基础下构造了质量阶梯模型，并得出结论：对于质量梯级较短的产品，产品的单位价值无法准确衡量其质量水平；在价格相差不大时，质量更好的产品将获得更大的市场份额。还有学者（Baldwin & Harrigan，2011）在对异质性企业模型的分析框架下加入产品质量因素，研究产品质量的决定因素或产品质量对贸易模式、福利效应等产生的影响。

从近几十年来看，我国总体的出口产品质量得到了巨大的提升（景光正、李平，2016；Schott，2008），但也有少部分学者认为我国的产品质量的增长在不同时期存在较大的差异（张杰等，2014）。那么中国出口质量的变化是如何影响中国经济的发展呢？国外学者对此的探究可以追溯到林德（1961）的需求偏好相似说。在此后，有部分学者提出出口的质量是否会影响出口的数量，并对此展开了研究。在中国的“十二五”规划中，政府明确提出中国的对外贸易的发展要向高质量高效益的战略转变，而且其中的可行性与必要性将成为目前国内学者研究的重要方向。

鉴于以上研究，本章将采用坎德尔瓦尔（2010）的基本思想并使用需求函数求残差的方法测量我国出口质量，从《中国海关数据库》获得 31 个省份的 40 多万个企业数据，来进行我国出口质量的测算，克服了数据难以统计的缺陷，能更准确地反映中国整体企业的出口质量。

随着中国经济的快速发展，对外出口在中国经济发展中的地位和作用变得更加重要。研究出口对经济的影响不能仅停留在出口与我国经济增长关系上面，应该更深层次地去探究我国出口质量对经济波动的影响。现有研究大多数集中在宏观经济波动，对微观也的产出波动则较少研究。其实微观企业层面波动也是值得广大学者深入探讨的重要问题。首先，微观企业的波动是宏观经济波动的表现之一，微观波动问题大多会出现在行业内的企业层面上。企业层面的产出波动一般与市场的竞争程度以及行业劳动力因素的变化有关。其次，企业层面产出波动是形成整体层面产出波动的重要原因（Gabaix，2011；Giovanni et al.，2014）。因此，微观企业层面波动可以更加具体细致地体现宏观经济波动，更加深入地分析经济波动的内在机制。

只有这样，我们才能更深入地去分析我国出口中存在的问题。通过从微观企业层面研究各工业行业出口质量对经济增长的影响，将有利于政策制定者根据各省份工业行业出口质量与经济增长现状，采取有效的政策，提高各省份的出口质量，减缓产业和企业的产出波动，减少经济波动带来的负面影响，对中国外贸的稳定快速发展做出贡献。

第二节　文献综述

一、出口质量研究

由于产品质量是一个难以在贸易中能够直接观察与衡量的抽象因素，因此目前国内外学者多用宏观的贸易指标或者以微观的企业特征指标代替产品质量这一抽象概念。虽然这类数据具有搜集相对容易的优点，但其研究的现实意义以及与实际没有紧密的联系，并且也不能准确反映出微观企业的产品质量问题。而通常的微观企业使用的指标则包括企业经营过程中企业聘请的白领、蓝领的综合素质，企业是否已经通过 ISO 质量认证体系等特征指标。但微观指标也存在数据确实难以获取的缺点。为了使微观企业层面的出口质量研究更加顺利，首先要选取准确可靠的测量方法，下面将介绍几种目前被大多数学者所使用的测算方法。

（一）出口质量的测算方法

1. 代理变量法

使用代理变量法衡量出口产品质量时，通常以单位价值量作为衡量质量的指标。最早研究该方法的是肖特（2004），他对比了美国与其他国家出口产品单位价值，研究分析后，认为一国的出口产品的单位价值可以近似地替代出口产品质量。李坤望等（2012）也采取代理变量法以发展趋势、跨国比较等视角来研究中国的出口产品质量。然而使用代理变量法有其缺点：产品质量只是决定价格/价值量的因素之一。在实际研究中以价值量作为代理变量，则测算的结果与实际情况会存在偏差。

除此之外，有学者采用了其他的代理变量来衡量出口产品质量。埃里克弗霍根（2008）根据企业是否有 ISO 900 标准认证来划定产品质量的高低。库格勒和埃里克弗霍根（2012）则使用了行业研发创新、广告投入在销售额中的比例这一指标。但是同样的，使用这些指标进行研究也存在一些缺陷，例如埃里克弗霍根（2008）、库格勒和埃里克弗霍根（2012）并没有全面、具体地测算出企业的出口产品质量，而只是简单地划分了高产品质量和低产品质量两种类型。

2. 单位价格法

单位价格法与代理变量法相似，即将产品单价指标作为判定产品质量高低的替代变量，胡梅尔斯和克伦诺（2005）认为一件产品的单价是由产品的质量决定的。但是，将产品单位价格作为质量的衡量指标存在以下三个问题：第一，在相同的产品分类下（例如低分位下的 HS、SITC 编码产品类），由于不同国家所生产的细分产品类别不同，测算出来的产品单位价格更多的体现的是产品构成的差异而非产品质量的差异；第二，单位价格不仅仅由质量决定，还由产品的生产成本、劳动力成本，以及市场势力等决定；第三，产品单位价格的变化有可能受到市场需求与市场供给的影响，而质量因素在这并不能起任何决定性作用。

3. 需求函数法

由于以上两种方法存在较多的缺陷，出口产品质量测量的学术研究不再局限于使用其他指标来近似代替产品质量的假设，目前对于产品质量的研究更多的趋向于质量本身的衡量，其中需求函数法被大多数的学者认可，也是使用率较高的一种方法。

在坎德尔瓦尔（2010）的文章中，根据如下调整后的方程，利用 1989 ~ 2001 年美国的产品层面进口数据进行实证研究：

$$\ln(S_{cht}) - \ln(S_{0t}) = \lambda_{1ch} + \lambda_{2t} + \alpha_{pch} + \sigma\ln(ns_{cht}) + \gamma\ln pop_{ct} + \lambda_{3cht} \tag{6-1}$$

其中 c、h、t 分别表示出口国、产品、时间，S_{cht}表示在 t 时期 c 国出口 h 产品的市场占比，S_{0t}则表示该产品在进口国的产品替代率，pch 为国家—产品—时间层面价格，pop_{ct}表示 c 国在 t 时期的国内人口总量，λ_{1ch}、λ_{2t}分别表示控制国家—产品固定效应和时间固定效应，λ_{3cht}为残差。而在 t 时期 c 国 h 品种的质量表达式如下：

$$\lambda_{cht} = \hat{\lambda}_{1cht} + \hat{\lambda}_{2t} + \hat{\lambda}_{3cht} \tag{6-2}$$

如果某一产品可以在减少市场份额的前提下提升价格，则表示其质量上升。坎德尔瓦尔等（2013）也采用了一种比较典型的构造需求函数回归测算产品质量的方法，以 CES 效用函数为基础，对以下方程进行估计，并得到内含质量的残差：

$$\ln q_{fcht} + a\ln p_{fcht} = \alpha_h + \alpha_{ct} + \varepsilon_{fcht} \tag{6-3}$$

式（6-3）中的 f、h、c、t 分别代表企业、产品、国家、时间，q 代表出口数量，p 是指出口价格，α_h、α_{ct}分别控制产品固定效应和国家—年份固定效应，α 表示替代弹性，文中设定为 5。产品质量表达式为：

$$\hat{\lambda} = \hat{\varepsilon}_{fcht}/(\sigma - 1) \tag{6-4}$$

（二）出口质量的影响因素

新贸易理论中，法尔维（Falvey）认为产业包含垂直差异化产品形成的产品链，该产品链根据产品质量的优劣顺序排列而成，进一步地，法尔维和基尔佐夫斯基（Falvey & Kierzkowski）建立 F - K 模型，阐述了不同的国家垂直型产业内贸易取决于对收入分配、技术水平和要素禀赋的依赖程度。作为垂直差异化的重要体现，产品质量受收入分配、技术水平和要素禀赋等因素的影响。另外，经济系统内的其他要素也会对质量水平产生影响，如竞争程度、外商直接投资、贸易成本、加工贸易、贸易伙伴国的市场规模等。

1. 要素禀赋

产品质量随要素禀赋（资本、人力资本）的上升而上升。肖特（2004）采用 1972 ~ 1994 年美国进口产品的贸易数据测算产品的单位价值，通过研究发现，在资本充裕的国家与劳动力丰富的国家的进口产品数量同时在美国上升，但进口产品的单位价格与出口国资本密集度、技术密集度、出口国生产技术相关，资本和技术禀赋充裕的国家进口的产品的单位价格比从劳动力要素充裕的国家要高，从生产技术更高的出口国进口的产品单位价格更高，他认为这种现象产生的原因是由于产品内专业化分工（within - product specialization）造成的。资本密集度与技术密集度高的国家生产的产品其质量要优于劳动力密集型国家的产品，出口国利用其产品具有垂直专业化的优势，将价格定得更高。而劳动力丰裕的国家生产的产品技术含量低，其品质较低，定价也相对低廉。同时，肖特通过实证验证了产品的单位价格与出口国资本丰裕度以及技术密集度、出口国生产技术呈现显著的正向相关的事实。王明益（2014）利用中国 1998 ~ 2008 年 HS 10 分位的产品层面的数据进行研究，实证结果得出，中国的人力资本对出口产品质量有明显的提升，同时实证结果还得到人力资本对资本密集和技术密集型行业的促进效应要大于劳动密集型行业。

2. 竞争程度

竞争对于产品质量升级有着促进的影响。阿米蒂和坎德尔瓦尔（2013）利用 1990 ~ 2005 年美国进口的贸易数据，将关税作为衡量竞争的替代指标，通过对实证结果分析发现，关税对产品质量的影响与产品的技术含量有关。产品内含的技术水平越高，关税越高，竞争程度越激烈，产品质量升级越快，产品内含的技术水平越低，关税越低，竞争程度越低，产品质量升级越慢。OECD 国家对关税变化的反应更大。邹俊毅、周星（2011）运用 1996 ~ 2005 年和 2007 年的 HS 10 分位产品层面的数据，对中美实际有效汇率对出口产品质量的影响作用进行了实证检验，实证结果显示，汇率的上升能够刺激劳动力密集型行业产品的质量升级，而对于资本密集度和技术密集度的行业而言，汇率的上升会抑制产品质量升级。同时从实证结果还可以得到，降低关税可提高明显中国出口产品的质量，即竞争水平的提升可以显著的促进产品质量的上升。

3. 贸易开放

加工贸易的发展是否能够加快产品质量的升级？刘伟丽和陈勇（2012）利用 2000 ~ 2008 年 HS 8 分位的产品层面的行业数据以及 29 个细分行业的产品质量来分析加工贸易是否影响我国的产品质量。通过比较得出结论，我国进口的中间品的质量要低于最终产品质量，对此给出以下两种解释：若我国进口低质量的中间品，即使经过国内的组装加工，最终产品质量仍然较低；若我国进口的中间品质量偏低，则在国内进行组装加工之后产品质量有所提高。这表明加工贸易对我国的产品质量的作用尚未被证实。与此不同的是，施炳展等（2013）在测算产品质量时，将加工贸易加入实证中。在对企业的资本密集度、研发投入和福利这几个因素后进行控制后，只有外资企业的加工贸易对产品质量的影响是显著的，结果说明“中国制造”仍然以数量的增加来取胜，而不是依靠质量的提升，中国出口产品质量有较大升级的空间。

距离（或贸易成本）、目的国的市场规模（人均收入）对产品质量的上升均有正向效应。殷德生（2011）利用2002～2008年32个发达国家SITC4分位的贸易数据来探究贸易成本、贸易规模和目的国市场规模等要素对中国出口产品质量的影响，同时将企业异质性和产品质量综合加入理论模型中，通过实证结果得到贸易成本能够加快我国出口产品质量的提升，市场规模越大的国家其出口产品的质量也越高，然而若该国的进口规模扩大却反过来显著中国产品质量。施炳展（2011）利用中国与209个国家HS 6分位的产品贸易数据进行研究，根据研究得到的结果，两国的距离与出口到该国的产品的平均价格呈负相关。这表明中国仍处于低成本、大规模竞争的阶段。弗兰姆和赫尔普曼（1986）构建了一个基于垂直产品差异化的南北贸易模型，模型解释了为什么发达国家出口的产品质量要高于发展中国家出口的产品质量。殷德生等（2011）将企业异质性、产品质量升级和国际贸易纳入实证中，构建了一系列理论模型，详细推导了影响出口产品质量的规模经济、技术溢出效应和贸易成本的理论机制。

外商直接投资对出口产品质量有着正向促进作用。李坤望、王有鑫（2013）从理论机制上分别从三个方面介绍了FDI促进出口质量升级的渠道，分别是直接作用、间接作用和乘数作用。并利用1999～2007年8年间30个行业的贸易数据进行实证分析，测算出了外商直接投资对出口产品质量的影响。根据得到的实证结果，FDI对出口产品质量升级有明显的正向效应。此外，企业研发投入和人均工资也能加速中国产品质量的升级。

4. 政策因素

除此之外，国家的政策也是影响产品质量升级的重要因素。王永进、施炳展（2014）利用2000～2006年31个行业的贸易数据实证分析了上游垄断对企业产品质量升级的影响，从实证结果分析，上游企业的垄断能够加快下游企业的产品质量升级，然而因政府的保护政策而形成的上游垄断企业则会抑制下游企业的产品质量的升级。李秀芳、施炳展（2013）通过研究出口补贴对企业出口产品的质量的作用来解释政府行为对贸易的影响，他们利用2000～2006年142606个企业的HS 8分位的贸易数据进行实证研究，实证结果表明，补贴对于出口产品质量的提升有正向影响，同时能够与劳动生产率、企业研发投入、人力资本等交互作用共同提升产品质量。

二、经济波动研究

经济波动的影响因素及其传导机制长期以来一直是学术研究的热点。在研究方法上，现在对经济波动的研究主要采用 RBC 或 DSGE 方法，模拟分析货币政策（许伟、陈斌开，2009）、财政政策（王文甫、王子成，2012）、技术冲击（王君斌、王文甫，2010）和开放经济（黄志刚，2011）对经济波动产生的影响。

从研究内容来看，大多数关于中国经济波动的文献都是基于封闭条件，从需求、供给等方面进行探究，得出的结论有实际的指导意义。从需求角度看，纪明、刘治彪（2014）构建了需求结构合理化以及需求结构高级化的两个指标，从动态的角度来衡量需求结构的转变，并利用中国 31 个地区 1998 ~ 2011 年平衡面板数据，解释了中国需求结构的转变对经济增长及短期的经济波动带来的影响，研究结论发现需求结构水平和需求结构高级化的降低可以有效地提升经济增长率，同时需求结构合理化和需求结构高级化的推进可以促进经济平稳增长。

从供给方面看，黄赜琳（2006）根据国内外经济波动的不同，构建了适用于探究中国经济波动的可分劳动 RBC 模型，从供给角度研究了技术冲击造成经济波动，并在 RBC 模型框架下进一步分析技术进步会如何影响中国的劳动力市场。研究发现，首先，在固定劳动和可分劳动 RBC 模型下，技术冲击带来的经济波动是中国经济波动的主要原因；其次，可分劳动 RBC 模型的实证结果表明，劳动供给的变化对经济波动的影响可以忽略。徐舒等（2011）基于动态随机一般均衡模型（DSGE）的理论框架构建了一个内生 R&D 投入与技术转化模型，用以探究技术的扩散会如何影响我国的解决波动，研究结论得出了该模型能较好地反映现实经济波动，能够较好地解释现实中的经济波动的产生原因。魏巍贤等（2012）构建了一个三部门的动态随机一般均衡（DSGE），主要用于研究国际能源冲击造成的中国经济的波动。该模型分别引用了五种不同的冲击：劳动力供给、政府采购、货币政策、技术以及能源价格冲击，其中能源冲击对宏观经济的作用最大；若使用国际能源价格于冲击试验，则我国经济波动被进一步放大。

此外，也有一部分学者对产业结构如何影响经济波动进行了研究。干春晖等（2011）在基于产业结构合理化和产业结构高级化的基础上，探究了两者对经济波动的影响。研究结果表明，产业结构合理化和产业结构高级化对经济波动的影响机制完全不同。产业结构高级化是产生经济波动的一个重要因素，而产业结构合理化则有利于经济波动趋于平稳。从总体上来看，当前我国产业结构合理化对经济发展的贡献要远大于产业结构高级化。彭冲等（2013）利用 1978 ~ 2010 年省际面板数据，运用面板向量自回归模型，对产业结构变化对经济波动的影响进行实证检验。结论表明，从短期来看，产业结构合理化的冲击具有逆周期性；从长期来看，经济波动程度变大可以促进产业结构的合理化调整，而产业结构的合理化调整可以抑制经济波动；而高级化冲击无论是短期还是长期均具有显著的正向效应，短期影响更加明显。

同时，近年来对经济波动来源的研究也拓展到了金融深化、国际贸易方面。邵传林、王莹莹（2013）采用中国省级层面 1985 ~ 2011 年的数据，探究了金融市场化对宏观经济波动的影响。研究结果表明，各省份的金融市场化初期对经济波动有显著的负向效应，随着各地区金融市场化的推进会先抑制经济波动，当越过门槛值后，则金融市场化加剧经济波动。王国静、田国强（2014）则通过研究发现：金融冲击是造成中国经济周期波动的最主要因素，其主要体现在加剧企业产出增长、投资增长、债务增长、工资增长和就业的波动。

在国际贸易方面，洪占卿、郭峰（2012）探讨了中国各省份的国际贸易开放程度和对其他省市省际贸易开放程度对经济波动的影响。研究发现，国际贸易水平和省际贸易潜力的增加显著抑制了经济波动，且国际贸易开放程度和省际贸易开放程度之间相互促进共同加剧了经济波动。另外，如果省际贸易程度较低，国际贸易开放程度的扩大可能会促进经济波动。张少军（2013）采用中国 2000 ~ 2009 年 10 间的省级面板数据，在进行稳健性回归之后，其结论显示外包对经济波动有明显的促进作用。进一步研究发现大企业、国有企业、民营企业、高技术技术行业的占比越高，外包造成的经济波动就越小。

第三节　出口质量与企业产出波动的测算与分析

一、产品出口质量的测算

我们在这一章中使用残差法来计算企业层面的出口质量，之后再将企业层面的出口质量加总到产品层面，并对测算结果进行比较分析。

（一）指标的构建

本章参考坎德尔瓦尔（2010）、施炳展（2013），构建企业出口产品质量测算模型。假设消费者在某一 HS 6 分位产品的效应函数为：$\chi_{js}(1) = q_{js}(1)^{\varepsilon-1} p_{js}(1)^{-\varepsilon} Y_{js}/P_{js}^{1-\varepsilon}$，对其两边分别取自然对数得到以下的式子：

$$\ln \chi_{mkit} + \varepsilon \ln p_{mkit} = \text{Ø}_{it} + \text{Ø}_{k} + \delta_{mkit} \qquad (6-5)$$

其中，χ_{mkit}是 t 年 j 国企业 m 的 k 产品出口到 i 国的数量，p_{mkit}是 t 年 j 国企业 m 的 k 产品出口到 i 国的价格。由于考虑到产品质量和产品价格产生的内生性问题，将企业在除 i 国以外的出口产品平均价格作为p_{mkit}的工具变量，以消除内生性问题。Ø_{it}、Ø_{k}分别是指出口目的地—时间固定效应（控制各年出口目的地的收入水平和价格指数）和产品固定效应。$\delta_{mkit} = (\varepsilon-1)\ln q_{mkit}$是指包含了出口产品质量信息的残差项。

相应地，企业—产品—出口目的国—年份四个层次所定义的出口产品质量可以通过估计残差值来计算获得。出口产品质量的对数估计如下：

$$quality_{mkit} = \ln \hat{q} = \hat{\delta}_{mkit}/(\varepsilon - 1) = (\ln \chi_{mkit} - \ln \hat{\chi}_{mkit})/(\varepsilon - 1) \tag{6-6}$$

其中 ε 为弹性系数，按照坎德尔瓦尔等（2013）的做法将其设定为 5。

然后，将产品层面的质量标准化，使数值保持在［0，1］之间，以便进行加总分析和比较分析：

$$newquality_{mkit} = \frac{quality_{mkit} - minquality_{mkit}}{maxquality_{mkit} - minquality_{mkit}} \tag{6-7}$$

最后将其加总到企业层面形成企业层面的出口产品质量：

$$TQ = \frac{v_{mkit}}{\sum v_{mkit}} \sum newquality_{mkit} \tag{6-8}$$

其中，quality 的数值越大，则企业 m 在 t 年的总的出口产品质量就越高。

（二）出口质量测算数据来源处理

本章测算出口质量的数据来源：企业出口数据主要来源于中国海关进出口数据（1998～2013 年），企业的生产数据及企业层面各项指标等主要来源于中国工业企业数据库（1998～2013 年）。考虑到工业企业数据库自 2007 年后存在诸如折旧、工业增加值、从业人数，产品销售额等指标的缺失问题，为了确保原始数据质量和实证研究效果，本章主要使用 2000～2006 年数据进行出口产品质量的测算和后续的实证研究。

本章出口产品质量是基于 2000～2006 年中国海关出口贸易数据计算得到。首先，为了确保数据的可信度，本章对中国海关出口贸易数据进行了加总，对加总后的出口贸易数据进行了初步处理，最终得到 1996 版 HS 4 位码下 2000～2006 年的制造业出口贸易数据。具体处理方法为：第一步，删除样本数据中关键指标为缺失值的观测值；第二步，删除加总后样本数据中出口额小于 50 美元，或者出口量小于 1 的观测值；第三步，将所有 HS 8 位码转换为 1996 版，然后转换为 HS 4 位码；第四步，删掉总体样本量不超过 50 的 HS 4 位码的样本数据。经过处理后得到的 2000～2006 年海关制造业出口数据共有 9777337 条观测值，包括 209289 个企业向 239 个国家或地区出口的 HS 4 位码下 1222 类产品。表 6－1展示了 2000～2006 年中国出口额、出口企业数、出口目的国数和出口产品种类的变动情况，可以看到样本数据呈现的中国出口贸易无论是从出口额还是出口竞争性、多样性来看都在持续稳健提升，经本章处理后得到的出口总额增长达 3.8 倍。与此同时，中国一直与多数国家和地区保持着友好贸易关系，这与中国 2000～2006 年出口贸易的实际情况相符，能够应用于研究中国出口贸易的实际发展现状。

表 6-1　　2000~2006 年中国出口额、出口企业、目的国及出口产品种类变动情况

年份	出口额（万美元）	出口企业（家）	目的国（个）
2000	24166414	56250	220
2001	25774758	61476	222
2002	31420726	68966	224
2003	42320116	82111	228
2004	56859039	100038	224
2005	69423541	106745	228
2006	92068178	147010	232

资料来源：笔者根据海关数据库整理所得。

（三）出口质量的测算与分析

1. 微观层面

按照本章所选取的方法，先测算出企业产品层面的出口质量，再将其加总到企业层面得到 2000~2006 年中国工业企业层面的出口质量，表 6-2 是中国 2000~2006 年的出口质量的基本情况。

表 6-2　　2000~2006 年出口质量的基本情况表

年份	观测数值	均值	中位数	标准差	最小值	最大值
2000	56250	0.4306	0.5081	0.0296	0.2041	0.7623
2001	61476	0.4366	0.5264	0.0296	0.2014	0.8364
2002	68966	0.4417	0.5088	0.0291	0.1955	0.8648
2003	82111	0.4434	0.5104	0.0302	0.1957	0.8634
2004	100038	0.4440	0.5102	0.0317	0.2066	0.8445
2005	106745	0.4547	0.5116	0.0322	0.2118	0.8851
2006	147010	0.4557	0.5122	0.0328	0.1408	0.9234

资料来源：笔者根据海关数据库整理所得。

从表 6-2 可以看出，我国企业层面出口产品质量平均值在 2000~2006 年呈现递增的趋势，从 0.4306 上升到 0.4557；中位数在总体上也逐年增加，与预期相符。从总体的趋势上看，随着时间的递增，各个企业的出口产品质量都在都在向更高的水平聚集，说明了我国的企业的出口质量在逐年上升。然而从 2000~2006 年，我国企业层面出口产品质量阶梯（出口产品质量最大值与最小值之间的差）从 0.4528 扩大到了 0.6254，除了 2002~2003 年有所减少以及 2005~2006 年先增加后减少。此外，企业出口产品质量的标准差也从 2000 年的 0.0296 增加到 2006 年的 0.0337，表明每年不同的企业之间的出口产品质量的差距也越来越大。总的来

说，中国企业的出口质量得到了明显的提升。

图 6－1 反映了 2000～2006 年出口质量的核密度估计，可以看出总体上中国出口企业的标准化主要集中在 0.35～0.55 之间。

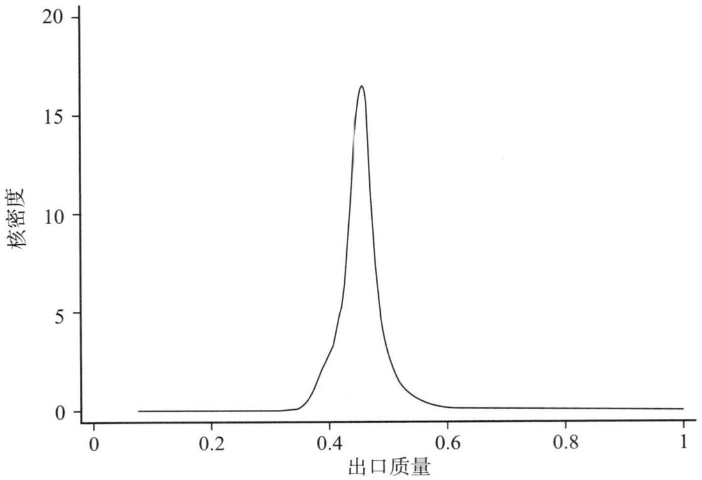

图 6－1　2000～2006 年出口质量的核密度估计

资料来源：笔者计算整理后绘制。

从表 6－3 中可以看出除了 2002 年以外，出口质量上升的企业比例都要高于出口质量下降的企业比例，这是由于 2001 年中国刚加入世贸组织（WTO），导致中国从 2001 年的 0.3730 上升到了 2006 年的 0.4177，并且随着时间的变化，两者之间的差值也在不断扩大。这是由于 2001 年中国刚加入世贸组织，遵循最惠国原则，中国享受最惠国关税使得国内企业以更低税率进口更多的优质原料，从而使得产品质量的上升。从总体上来看，尽管有企业退出的情况和企业出口产品的质量下降的情况，但是随着时间的递增，越来越多的企业能够提升产品的出口质量，并且提升效果比较显著。

表 6－3　　各年企业出口质量变化情况

年份	出口质量上升企业比例	出口质量下降企业比例	数据缺失的企业比例	上升绝对量均值	下降绝对量均值
2001	0.3730	0.3431	0.2820	0.0128	－0.0119
2002	0.3701	0.3724	0.2573	0.0123	－0.0117
2003	0.4141	0.3251	0.2606	0.0124	－0.0112
2004	0.3028	0.2906	0.4066	0.0122	－0.0115
2005	0.4174	0.3890	0.1936	0.0127	－0.0120
2006	0.4177	0.3791	0.2032	0.0125	－0.0115

注：由于存在企业推出的情况，各年的出口质量上升的企业与出口质量下降的企业的比例总和要小于 1。
资料来源：笔者计算整理。

2. 中观层面

由于中国独特的体制，使得所有权属性是影响中国企业绩效表现的重要因素之一，因此，有必要考察不同所有权类型企业出口质量的变动情况。参考杨汝岱（2015）的做法，将样本中的出口企业按照工业企业调查的“登记注册类型”和“实收资本”划分为国有企业、民营企业、外资企业这三类子样本。

表6－4刻画了样本期内不同所有制企业出口质量的均值和中位数的不同情况。可以看到，国有企业出口质量均值最高（0.4654），其次是外资企业（0.4642）和民营企业（0.4612），但外资企业与国有企业的差别较小。对此可能的解释为：样本期内，国有企业具有特殊的地位，承担着一定的社会责任，大量的资源和生产设备倾注到国有企业，使得国有企业拥有较大的规模和较多的能力生产出一定技术水平的产品；民营企业由于政策方面（如融资、补贴等）受到较多的约束，自身发展受到限制，规模往往更小，因此生产能力有限；外资企业拥有较为先进的技术以及丰裕的资金，再加上利用我国的优质廉价的劳动力能够生产出一批较高技术水平的产品。

表6－4　　不同所有制类型企业出口质量情况（2000～2006年）

所有制类型	样本量（家）	均值	标准差	最小值	最大值
国有企业	14195	0.4654	0.634	0.1627	0.8272
民营企业	109056	0.4612	0.554	0.1627	0.8274
外资企业	107752	0.4642	0.559	0.1992	0.8249

资料来源：笔者根据海关数据库整理所得。

与此同时，我们注意到国有企业的标准差（0.6340）较民营企业（0.0554）和外资企业（0.0559）要高，说明国有企业的出口产品质量的差异化较其他两种企业的要大，分部较为离散。从质量阶梯来看，外资企业的质量阶梯（0.6257）最小，国有企业（0.6355）和民营企业（0.6353）相较差距不大。

从企业的所有制角度来看，根据图6－2展示的信息我们可以看到，国有企业的出口质量一直持续在0.4555～0.4722，明显一直高于民营企业的出口质量（0.4491～0.4688），但民营企业的出口质量的增长趋势比较平稳，7年间一直保持稳定逐步增长，而国有企业的增长波动较大，从2000～2003年的出口质量增长较快，在2003～2006年增长较慢，故和上面描述的国有企业的标准差较大，出口质量差异化明显基本吻合。而外资企业的出口质量增长趋势（0.4533～0.4742）与国有企业较为相似，在2000～2004年一直低于国有企业，而在2005～2006超过国有企业，但一直与民营企业保持较为明显的差距。

对于上述结果，合理的判断是，国有企业一直拥有比较优惠的政策以及来自国家的资金支持，故其生产率较高，生产的产品质量也较高。民营企业由于其国模较小，拥有的技术也较为落后，所以生产的出口产品的质量也相较低，但由于国家大力鼓励民营企业出口，为民营企业出口创造有利条件，给予民营企业的出口有政策优惠，所以使得民营企业的出口有较为稳定的增长。外资企业由于具备充裕的资金已经先进的生产技术，使得其出口的产品质量也较高。

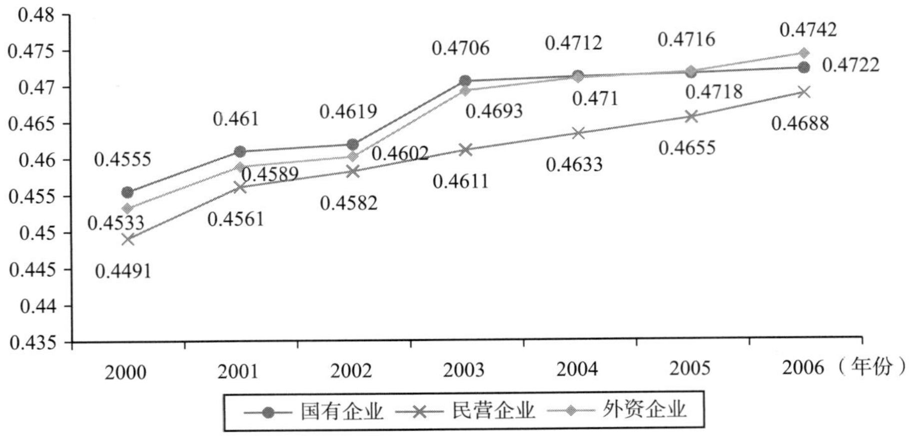

图 6－2　不同所有制出口企业产品质量的变化趋势

资料来源：笔者计算整理后绘制。

二、企业产出波动分析

（一）企业产出波动的总体分析

本章借鉴科明和慕拉尼（Comin & Mulani，2009）使用的通过计算选取指标在一定的时间段内的标准差来体现产出波动。通过对工业企业数据库的筛选，最终从 2000～2006 年间 262012 家企业中筛选出 43981 家连续 7 年都存在并且出口的企业样本来测量产出波动。用销售收入增长率测出的标准差测得中国工业企业 2000～2006 年的波动情况如表 6－5 所示。从表 6－5 可以看出，2000～2006 年的总体的波动均值较大，说明存在较多企业有较大的波动情况，而从产出波动标准差和最大值与最小值的差可以看出，不同的企业的波动情况存在很大的差异，分布比较离散，至于企业总体的产出是增加还是减少我们可以通过下面的 2000～2006 年工业产出增长率来进一步分析。

表 6－5　　2000～2006 年的工业企业的产出波动情况

项目	观测样本量（家）	均值	标准差	最小值	最大值
企业产出波动	43208	0. 5115	3. 81548	0. 003	105. 72

资料来源：笔者根据海关数据库整理所得。

图 6－3 直观地描绘了工业企业总体的产出变化情况。从 2000～2004 年企业总体产出增长率情况处于上升的趋势，说明中国工业企业的产出在持续的增加，从增幅来看，这 5 年的增长波动也较大，增长了 11 个百分点，在 2004 年达到了最大，企业的产出增长持续的上升，而在 2004～2005 年的增长率从 0. 24 下降到了 0. 19，下降了 5 个百分点，其波动依然较大。在经历了 2004～2005 年增长率下降的波动后，2005～2006 年的企业增长率上升了 2 个百分点，其波动较小，说明 2005 年企业总体的产出得到了较为稳定的增长。总的来看，2000～2006 年我国大多数的企业的工业产出保持着较高的增长率，虽然在 2005 年出现下降的情况，但总体趋势在保持增长。

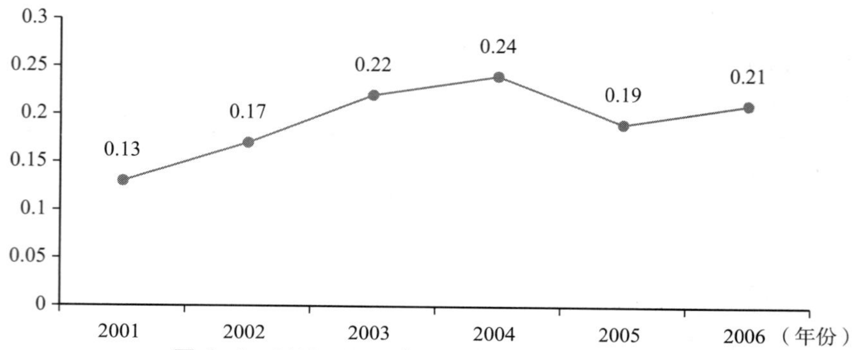

图 6－3　2000～2006 年工业企业产出增长率趋势

资料来源：笔者计算整理后绘制。

（二）不同所有制企业产出波动情况

由于本书后续会有不同所有制工业企业的出口质量对产出波动影响探究的实证分析，所以接下来会对不同所有制企业的产出波动情况进行分析。

进一步的文章根据不同所有制企业的产出波动将样本分为国有企业、民营企业和外资企业，并分别得到其企业产出波动的情况，表 6－6 是国有企业、民营企业、外资企业 2000～2006 年的产出波动统计表。

表 6－6　不同所有制企业的产出波动统计

企业所有制	观测样本量（家）	均值	标准差	最小值	最大值
国有企业	9919	0. 4921	4. 917	0. 0047	105. 33
民营企业	20522	0. 5264	3. 6522	0. 0034	104. 32
外资企业	14991	0. 4273	3. 1741	0. 0034	105. 72

资料来源：笔者根据海关数据库整理所得。

从表 6－6 中可以看出，外资企业的均值最小，说明其企业产出波动最小，产品的增长较为稳定，并且标准差也最小，企业的产出差异化较小，进一步说明了外资企业的抗波动能力大。国有企业的产出波动大于外资企业单小于民营企业，但其标准差最大表明国有企业的差异化较大。而民营企业均值最大抗波动能力较弱。

由前文对不同所有制企业的产出波动事实分析，我们可以得到以下结论：（1）外资企业由于其高技术的企业比例较高以及资本丰裕，出口竞争力强，其抗波动能力相对较强。（2）国有企业拥有的国家资本金支撑，但是由于我国大多数的国有工业企业都是非高科技企业其产品竞争力不如外资企业，故其产出波动相较于外资企业要低。（3）民营企业由于资金不够充裕，又没有高科技企业做支撑，其抗波动能力最低，但好在国家大力支持民营企业出口，给予政策上的优惠，使民营企业的产出增长率在稳步增加。

综上所述，企业出口的增加有助于扩大市场规模，增加就业、为国内市场注入更多资金、提升企业在国际上竞争力。企业的出口质量与产出波动相关，在某些条件下可能成为决定后者关键的因素。但是目前国内外学者关于出口质量对企业产出波动的影响效应研究并没有在理论上形成统一的定论，本章的第四节将结合上面对出口质量以及企业产出波动的测度和分析，来进行中国工业企业的出口质量对产出波动的实证检验。

第四节　出口质量对企业产出波动的影响分析

一、影响的机制分析

目前尚未出现企业出口质量对产出波动影响探究的相关文献，因此我们主要从现有出口质量的研究文献以及研究企业产出波动相关文献中得到一些关于出口质量提升可能提高企业抗波动能力的经验支持。本书主要从技术要素和市场条件两个方面探究这个问题。

（一）技术要素

考虑技术因素，产品出口质量的主要技术特征有三个，这三个特征使它们能够稳定产出波动。

（1）产品的生产过程中需要多样化的投入，这些投入品包括各种有形的自然资源和无形的投入品（如人力资本、技术、管理等），而高质量的产品需要更加多样化的投入，而产品多样化投入有利于降低贸易集中度，从而减缓贸易条件波动，宏观经济波动减小反过来会使得微观企业的波动减小，使生产企业能够抵抗特殊的冲击，进而使企业的产出更加稳定。

（2）因为，只考虑到生产中所需的投入数量，一定程度上忽略了知识在生产高质量产品中的作用，生产中更多的投入通常需要更高的能力和技术知识来协调生产过程。生产质量程度高的产品会需要公司投入更多的人力资本，更高的人力资本意味着企业生产的产品质量要更高，其产品的稳定性也更高，所以说更高的人力资本强度使产品质量能发挥其稳定性作用，降低企业的产出波动。

（3）产品的研发投入也是一个有效抑制产出波动的因素。生产高质量的产品，需要企业更多的研发投入，而企业的研发投入可以沿着质量阶梯升级来逐步地实现企业技术进步，企业技术进步进一步增加企业生产率从而来抑制企业的产出波动。另外，企业在出口产品质量升级对研发投入的需求上升时，也进一步促进了企业技术种类的扩展，发展技术种类多样化，技术种类多样化使得企业的生产率保持平稳，进一步降低了企业产出波动。

（二）市场因素

（1）首先考虑市场需求因素，质量越高的产品在市场的普遍性越低，其需求弹性和可替代弹性就越小，受到外部冲击的影响概率也越小。质量高的产品的需求弹性能够稳定企业的产出波动。另外，质量越高的产品其收入弹性越大。这些高质量产品可能更多地被富裕国家的高收入群体消费，而大多数情况下这类消费者的收入波动较小。

（2）然后考虑市场供给因素，生产质量较高的产品可能会产生更多的固定成本和沉没成本，由此形成了市场进入壁垒，增加了市场集中度，从而稳定企业的产出销售。

综合上述分析，本书认为出口质量越高，代表这个经济体集中的市场生产能力越强，对市场的掌控也越强，企业的产出能力平稳，促进生产平滑性，产生的波动就会降低，其面对各种风险时的调节能力越强，经济大幅波动的可能性越小；反之，则这个经济体中包含的能力弱，不同能力之间替代可能性降低，质量阶梯的变化就可能产生较大的波动，经济大幅波动的可能性越大。因此，按照理论预期，出口质量与产出波动之间存在负相关。

二、出口质量企业产出波动影响的回归模型

（一）数据说明

本章所使用工业企业层面的生产数据来源于国家统计局 1998 ~ 2007 年的规模以上工业企业调查。此调查涵盖了所有国有企业和“规模以上”（即主营业务收入超过 500 万元）的非国有企业，并详细记录了企业基本信息以及生产和财务方面的数据，共 100 多个会计变量。平均而言，这些企业的生产总值占《中国统计年鉴》所公布的工业生产总值约 95%。借鉴布兰特等（2012）和杨汝岱（2015）的跨期匹配思路，对该套数据的处理包括构建面板、价格平减、资本变量等过程。首

先，我们利用法人代码信息识别企业，如果法人代码匹配不上或者法人代码重复，则开始使用企业名称匹配，如果企业名称依然匹配不上或者企业名称重复，则使用其他企业信息进行匹配。在匹配成为10年非平衡面板后，保留了制造业样本（行业2位码13～42，16除外），同时参照谢千里等（2008）的做法，删除记录数据中不符合会计准则的观测值：（1）职工人数少于8人或缺失；（2）总资产小于流动资产，总资产小于固定资产净值；（3）工业总产值、公司规模、工业销售产值、企业开工时期、从业人数、产品销售收入、固定资产净值、实收资本以及平均工资任一项为负或缺失；（4）出口数量小于50，出口总额小于500的企业。另外，中国在2003年调整“国民经济行业分类”（GB/T4754—2002），导致行业代码在2003年前后有所差异，根据仔细对比过后对行业代码进行统一。进出口产品层面的数据来自中国海关总署的2000～2006年高度细分的进出口贸易数据。这套数据详细记录了每种产品（HS-4分位）交易的月度信息，包括交易金额、交易数量、运输方式、目的国（起运国）以及出口（进口）企业名称在内的7个企业基本信息。与既有文献做法相一致，我们首先将海关数据库分为进口数据库和出口数据库，并剔除进出口产品数量小于1以及进口来源国为中国的无用信息，然后将月度数据汇总成年度数据。

本章的研究对象是工业企业中的出口企业，所以需要将上述两个大型数据库合并起来。由于这两套数据使用了不同的编码系统，同一企业在两套数据中的代码并不一致，因此合并这两套数据具有一定难度。为了保证数据匹配的质量，我们使用以下方法进行匹配：（1）按照企业名称匹配；（2）按照企业电话号码后七位和邮政编码合并的13位码进行匹配，并对匹配上的企业按照名称进行模糊筛选，剔除名称差异较大的匹配企业；（3）按照企业联系人和邮政编码进行匹配，并对匹配上的企业按照名称进行模糊筛选，剔除名称差异较大的匹配企业；（4）按照企业联系人和电话号码后七位进行匹配，并对匹配上的企业按照名称进行模糊筛选，剔除名称差异较大的匹配企业。

同时由于测量企业产出波动需要连续的数据，故将企业年份不连续的样本剔除，保留了连续7年存在的样本量。通过海关数据库和工业企业数据库的匹配后，最后，获得了2000～2006年的工业—海关制造业出口匹配数据。该样本数据共994590条观测值，记录了2000～2006年中国40122个企业向229个国家或地区出口的HS 4位码1116类产品的出口贸易信息。与未匹配之前的中国海关制造业出口数据相比，数据损失了89.83%，但数据样本仍然较大，连续存在的公司数目为6283，总的观测样本量为43981。因此研究结果仍然具备一定的经济意义。

（二）回归模型的建立

分析出口质量对企事业产出波动的影响，本章参照蒋银娟（2016）的相关研究，建立以下计量模型，来对出口质量对企业产出波动的考察。

$$vol(volatility) = \alpha + \beta_1 \times quality_i + \beta_2 quality_i^2 + \beta_3 \times X_i + \varepsilon_1 \quad (6-9)$$

式（6-9）中的 vol 是测算出来的企业产出的对数形式，产出波动是通过计算工业企业 2000～2006 年连续 7 年的销售收入增长率的标准差来得到的 quality 是核心解释变量企业出口质量。通过借鉴坎德尔瓦尔（2010）需求函数求残差的方法，利用海关数据库测得，同时计入出口质量的二次项，来分析不同阶段的出口质量对企业产出波动的影响。X 表示相关控制变量，ε_1是随机误差项。

相关控制变量的选取：

为了确保测量结果的准确性，本章选取了企业规模、资产负债率、盈利能力、要素密度、劳动生产率作为相关控制变量：

（1）企业规模（size），不同规模的企业之间在资源、资本以及政府的支持等方面存在差异，而这些因素会影响企业的产出状况，企业规模越大，企业拥有的资源越多，资本的投入越大，产出更加稳定。与此同时，大的企业对风险的把控能力也越大，其产出波动也可能越小。企业规模越小，受宏观经济的波动的影响越大。本章采用企业总资产的对数来进行衡量企业规模。

（2）资产负债率（debt），以企业的总负债与总资产的比值来衡量，本章取资产负债率的对数来进行计算。企业的资产负债率越高，企业在长期的发展中资金的投入越不稳定，进而影响产出的稳定。同时随着整体的经济下行，企业融资难度加大，对风险的把控能力也随之减弱。本章取资产负债率的对数来进行计算。

（3）盈利能力（roa），盈利是一个企业经营的最终目的，也是一个企业持续生存的关键。盈利能力的强弱体现了一个企业的生存是否具有长期性。本章选取总资产报酬率来反映企业资产的综合利用效果，即息税前利润总额/资产总额，息税前利润总额 = 利润总额 + 利息支出。

（4）劳动生产率（lp），生产率用来测量企业技术进步，企业生产率的提高则企业的效率也得到提升。真实商业周期学派认为，从宏观层面来看，一个国家的经济波动产生的主要原因在于技术冲击。但对于微观企业来说，企业的劳动生产率提高对企业波动会产生怎样的影响却无法做出判断。我们以企业不变工业增加值与企业从业人员平均人数的比值的对数来表示劳动生产率。由于 2000～2006 年工业企业数据库中工业增加值这一数据缺失严重，故我们将用其他的指标来衡量这一变量，本章采用年产总值与从业人数来衡量企业劳动生产率。

（5）要素密度（fac），一般来说，企业的资本越丰裕，其研发投入越大，所拥有的技术水平就越高，拥有的机器设备也越先进，同时，正如上述理论分析中提到的，资本越丰裕的企业对产品多样化投入也较大，而产品多样化投入有利于降低贸易集中度，从而减缓贸易条件波动，宏观经济波动减小反过来会使得微观企业的波动减小。但是否资本越丰裕的企业就越小？产出波动就越小？林毅夫、张鹏飞（2006）做出了适宜技术问题的假设，他们提出一个国家的要素禀赋结构由这个国家最适宜技术结构的内生性决定。发达国家的资本密集型产业大多数采用发达国家的最适宜技术。本章采用固定资产平均余额与企业从业人员平均人数的比值的对数来表示物质资本强度。历年企业固定资产平均余额来源于《中国工业企业数据库》。

出口质量对产出波动影响的主要变量描述性统计如表6－7～表6－10所示。

表6－7　　全国各变量描述性统计表

变量	定义	样本量	均值	标准差	最小值	最大值
lnvol	产出波动	43981	－0.688	1.989	－7.981	7.2346
quality	企业出口质量	43981	0.465	0.057	0.1627	0.9274
lnsize	企业规模	43721	10.90	1.448	4.941	17.770
lndebt	资产负债率	43715	－0.768	0.693	－11.61	3.4390
roa	盈利能力	43781	0.0537	0.286	－2.185	55.043
lnfac	要素密度	43759	4.593	1.150	－6.551	11.503
lp	劳动生产率	43707	2.628	0.639	－3.367	9.4001

资料来源：笔者根据中国工业企业数据库、中国海关数据库中数据整理后得到。

表6－8　　国有企业各变量统计表

变量	定义	样本量	均值	标准差	最小值	最大值
lnvol	产出波动	9919	－0.102	2.139	－7.662	7.2346
quality	企业出口质量	9913	0.465	0.057	0.162	0.9274
lnsize	企业规模	9907	11.82	1.448	7.409	17.770
lndebt	资产负债率	9919	－0.709	0.693	－6.571	3.4390
roa	盈利能力	9907	0.0537	0.286	－1.372	2.675
lnfac	要素密度	9085	5.064	1.150	－6.551	10.201
lp	劳动生产率	9079	2.777	0.639	－3.367	9.151

资料来源：笔者根据中国工业企业数据库、中国海关数据库中数据整理后得到。

表6－9　　民营企业各变量统计表

变量	定义	样本量	均值	标准差	最小值	最大值
lnvol	产出波动	20569	－0.577	1.996	－7.981	6.965
quality	企业出口质量	20533	0.4612	0.055	0.1627	0.927
lnsize	企业规模	20253	10.950	1.499	6.375	15.72
lndebt	资产负债率	20157	－0.6937	0.615	－11.61	2.675
roa	盈利能力	20253	0.0560	0.104	－1.528	1.803
lnfac	要素密度	20569	4.6302	1.136	－4.129	10.902
lp	劳动生产率	20207	2.6082	0.648	－2.403	9.4001

资料来源：笔者根据中国工业企业数据库、中国海关数据库中数据整理后得到。

表 6-10　　外资企业各变量统计表

变量	定义	样本量	均值	标准差	最小值	最大值
lnvol	产出波动	14991	-0.792	1.976	-7.61	7.2346
quality	企业出口质量	14991	0.4643	0.056	0.199	0.9249
lnsize	企业规模	14933	10.811	1.385	4.941	16.92
lndebt	资产负债率	14737	-0.8167	0.739	-11.61	1.934
roa	盈利能力	14831	0.0502	0.412	-2.185	55.043
lnfac	要素密度	14983	4.541	1.145	-2.816	10.433
lp	劳动生产率	14969	2.619	0.599	-2.772	8.773

资料来源：笔者根据中国工业企业数据库、中国海关数据库中数据整理后得到。

三、出口质量对企业产出波动影响的实证分析

进行回归分析之前，我们考虑到一个变量之间是否共线的问题，如果多个变量相互之间存在共线，那么会对接下来的回归造成较大的影响，所以接下来我们对所有变量是否存在共线性进行检测。

根据表 6-11 所示，变量之间的相关系数最大不超过 0.571，大部分的变量之间的相关系数都在 0.1 左右，故可以认为所有变量之间不存在共线性。并且我们可以看到解释变量和被解释变量之间在 5% 以下呈负相关，也就是说企业产品出口质量的增长会抑制产出波动，与前述理论一致。同时要素密集度对企业产出波动的影响也是负相关，要素密度一定程度上反映的是企业的生产能力，增加企业技术种类进而提高产品质量，根据理论，要素密度对出口质量的影响，一定程度上也反映到对产出波动的抑制上。

表 6-11　　所有变量相关性分析统计

变量	lnvol	Quality	lnsize	lndebt	Roa	lnfac	Lp
lnvol	1.000						
quality	-0.0895**	1.000					
lnsize	0.5714**	0.1275**	1.000				
lndebt	0.0900***	-0.0782**	0.0743**	1.000			
roa	0.0378***	0.0211***	-0.003**	-0.071***	1.000		
lnfac	-0.256***	0.0614**	0.5318**	-0.003***	0.0152***	1.000	
lp	0.1627*	0.1588**	0.3080***	-0.107**	0.0711***	0.5070**	1.000

注：***、***、*分别表示在 1%、5%、10% 的水平下显著。

表6－12是对各变量是否共线进行进一步考察，文章采用的是测算各变量之间的膨胀因子值，从表6－12可以看到，vif值最大不超过1.71，vif的平均值为1.27，故进一步可以认为各变量之间不存在多重共线性。

表6－12　各自变量膨胀因子vif值

变量	Vif值
quality	1.04
lnsize	1.43
lndebt	1.03
roa	1.01
lnfac	1.71
lp	1.40
mean vif	1.27

（一）对总体样本回归的基本估计结果

利用匹配后的2000～2006年全样本的面板数据，首先经过豪斯曼检验的Panel Data估计方法，通过检验来选择采用固定效应模型还是随机效应模型。通过检验文章选择采用固定效应模型。并且本章通过逐一添加变量进行回归，让回归结果的可信度增加，同时也可以体现各变量的加入使得出口质量对产出波动的影响的变化。

如表6－13所示，本章根据豪斯曼检验的结果，使用固定效应模型来进行回归分析，回归后得到各变量的作用系数并记录作为接下来分析的基础。从回归结果我们可以看到，出口质量的回归系数显著为负，这与上文影响机制分析的预期相符，表明出口质量越高，则企业产出波动越小。同时在回归模型中引入了出口质量的二次项，回归结果显示二次项系数为正，对此的解释是出口质量随着时间的增加对产出波动的作用程度也增加，意味着出口质量越高，促进企业生产的平滑性的能力越强，使得企业的产出稳定，波动更小。同时我们观察到出口质量的系数和出口质量的系数都较大，说明这个变化过程是较快的，这可能与我国在2001年加入了WTO，出口加大，使得企业出口质量也在加快升级，对企业的产出稳定性提高。

表 6-13　　出口质量对产出波动逐步回归结果表

变量	(1) lnvol	(2) lnovl	(3) lnvol	(4) lnvol	(5) lnvol	(6) lnvol
quality	-1.851 **	-3.413 ***	-2.965 ***	-3.041 ***	-2.677 **	-2.806 **
$quality^2$	5.069 ***	3.886 ***	3.595 ***	3.6457 ***	3.285 ***	3.284 ***
lnsize		0.793 ***	0.7876 ***	0.7876 ***	0.831 ***	0.829 ***
lndebt			0.1370 ***	0.1455 ***	0.1384 ***	0.1467 ***
roa				0.2965 ***	0.3015 ***	0.2893 ***
lnfac					-0.1031 **	-0.1269 **
lp						0.1246 ***
_cons	-0.939 ***	-10.40 ***	-10.96 ***	-10.21 ***	-10.14 ***	-10.22 ***
R^2	0.0083	0.3268	0.3292	0.3311	0.3341	0.3340
F	28.11	46.64	45.07	44.80	40.38	45.99
模型	固定效应	固定效应	固定效应	固定效应	固定效应	固定效应

注：***、***、*分别表示在1%、5%、10%的水平下显著。

其他控制变量体现如下特点：

（1）企业规模（size）：根据回归结果来看，企业规模越大其产出波动越大，这不符合预期的猜想。对此的解释是，考虑到我国规模体量较大的企业，大多集中在传统行业，尤其是央企和国企，而这些行业主要集中在电力、能源、金属制造业等中上游产业。这些企业的负担重，资产负债率较高，1998 年国有企业负债率只有43.8%，而到2015 达到了91.8%。这种高负债的经营，可能会使企业随时面临资金断裂问题，大大增加了企业的风险。同时，企业越大，其出口的产品的数量和种类也越多，受到宏观经济波动的影响也越大。所以对于这些公司来说，资产规模越大，产出波动的可能性越大，同时一旦出现波动，就会比较剧烈。

（2）资产负债率（debt）：企业资产负债率，是体现企业进行资金运转的有效手段，企业获得的资本越多，则企业的运作能力越强，越有利于企业扩大经营规模，但是随着借入的资金越多，企业的杠杆越高，风险也相应提高，融资成本相应提高，一旦资金链断裂，企业很可能面临破产的危机，从而会引起巨大的波动，因此资产负债率对于企业产出波动是正向作用。

（3）要素密度（fac）：从回归结果来看要素密度对产出波动的影响为显著为负，要素密度体现的是一个企业的隐性的生产能力，在人力和资本相同的条件下，要素密度越高，企业整体生产能力越趋于稳定。另外，企业拥有的生产能力越强，其生产的产品质量也就越高，使得企业的产品在市场同期要领先其他企业，当市场该产品受到某种波动时，高质量的产品的产出受到的波动也相对要小。所以说要素密度对企业的产出波动是抑制的。

（4）盈利能力：盈利能力越高，企业产出越大，其波动也越大，正如回归结果显所示，企业盈利能力的系数为负，说明企业的盈利能力对企业的产出波动是正向的。

（5）劳动生产率：从企业劳动生产率的指标来看，对产出波动的影响是正向的。对此的解释是，劳动生产率的上升，说明一方面是企业正在从劳动力密集型转向技术密集型，而技术的升级会增加企业的产出，这导致了企业的产出波动。另一方面企业劳动生产率体现的是企业的营收状况，劳动生产率的上升意味着企业收入增加，商品的产出增加，这也意味着受到波动的因素增加。综上两点说明了企业劳动生产率对企业的产出波动是促进的。

（二）分企业所有制对样本回归

前文主要针对总体样本进行回归，但是，由于中国是一个发展中的大国，出口企业总体的量很大，企业也分为不同的性质，其中包括国有企业、民营企业、外资企业。现在就有个疑问，正如本书第二章提到的，不同所有制的企业在出口质量和产出波动上的均值，标准差上都有所不同。并且不同所有制的企业之间贸易水平差异较大，不同所有制的企业的样本量也存在差异，所以就会考虑到是否所有制不同的企业，其企业出口质量对产出波动的影响。为了更加细致地分析出口质量对产出波动的影响，于是对不同所有制的企业样本做了筛选，分别对国有企业、民营企业、外资企业进行了实证分析。表 6 – 14 是不同所有制企业的回归结果统计。

表 6 – 14　　　　不同所有制企业回归结果统计表

变量	(1) lnvol	(2) lnvol	(3) lnvol
quality	–2. 3768	–3. 6316 ***	–1. 282
$quality^2$	3. 9682 ***	4. 4076 **	2. 1756
lnsize	0. 8490 ***	0. 8203 ***	0. 8682 ***
lndebt	0. 2112 **	0. 2177 ***	0. 0893 ***
roa	1. 8414 ***	2. 3371 ***	0. 1971 ***
lnfac	–0. 010 *	–0. 1105 ***	–0. 1673 ***
lp	0. 0992 ***	0. 0468 ***	0. 1158 ***
_cons	–11. 621 ***	–10. 40 ***	–10. 3832 ***
样本量	9919	28569	18991

续表

变量	(1) lnvol	(2) lnvol	(3) lnvol
R^2	0.0212	0.0539	0.0966
F	6.55	35.88	16.35
模型	固定效应	固定效应	固定效应
样本	国有企业	民营企业	外资企业

注：***、***、*分别表示在1%、5%、10%的水平下显著。

对表6－14结果进行分析可得：（1）国有企业、民营企业、外资企业这三类企业的出口质量对产出波动的影响为负，与总体样本的回归结果保持一致。但发现只有民企的结果是显著的，对此的解释是，国有企业与外资企业在已经具有较高的技术上，其出口的产品在国际上已经形成一定的优势，即使一定程度上提升产品出口质量，但不会对行业竞争力产生重要影响，从而显著维持行业产出增长的稳定。而对于民营企业，其具备的生产技术和出口量不如国有企业和外资企业，所以在提升产品的质量后，会使得民营企业的产品竞争力增加，这样带来的就是产出的增加，自然会带来企业产出的波动。（2）企业规模、盈利能力要素密度以及劳动生产率分所有制的估计结果同全样本的估计出入不大，说明这几个变量对企业的产出波动的影响是趋于相同的，企业规模越大，产出波动越大；盈利能力越强，企业产出越大，波动也越大；要素增多，产出越稳定，波动越小；劳动生产率越高，企业收入增加产出增加，波动越大。（3）资产负债率是唯一一个对三种不同企业产出波动的影响存在差异的变量，从表6－14的估计结果可以看到，国有企业和民营企业的系数非常接近，说明资产负债率对这两种企业的产出波动的影响大小是相同，而外资企业的资产负债率系数明显要小于国有企业和民营企业，对此的解释是，正如前文提到的，央企的负债率从1998年的43.8%上升到2015年的91.8%，而民营企业的负债率也非常高，高额的负债率势必会增大企业的风险，比较容易受到宏观政策的影响造成产出的波动大。而外资企业的自己本来就相对丰裕，并且国外的金融环境相较国内要完善，其出现债务风险时，解决起来也比国内要容易，所以说资产负债率对外资企业的产出波动的影响要比国内企业的要小。

（三）稳健性检验

考虑到实证结果还不具备足够的说服力，本章节将对各变量进行稳健性检验。本章稳健性检验的方法是采用OLS最小二乘法对总体样本和分样本进行回归，回归结果纪录于表6－15。分析该结果可以发现：核心解释变量通过OLS回归后，总体样本和分所有制样本的系数符号与保持一致，系数大小和显著性也非常一致，回归结果没有实质性差别；其他变量在通过 OLS 回归后总体样本和分所有制样本的系数符号，显著性都保持一致，系数大小也比较接近，故可以认为基础回归的结果偏差小，核心变量具有一定的稳健性。

表 6-15 最小二乘法回归结果统计

变量	(1) lnvol	(2) lnvol	(3) lnvol	(4) lnvol
quality	-2.606**	-2.313	-3.449***	-1.144
quality^2	3.1907***	3.9690**	4.3305***	2.117*
lnsize	0.8234***	0.8496***	0.8145***	0.8622***
lndebt	0.1465***	0.2441***	0.2135***	0.0930***
roa	0.2994***	1.8925***	2.3691***	0.1040***
lnfac	-10.121**	-0.0105***	-0.1068***	-0.1605***
lp	0.0428***	0.0579***	-0.0040***	0.0589***
_con	-10.039***	-11.531***	-10.230***	-10.200***
样本量	43135	9919	28569	18991
R^2	0.334	0.423	0.355	0.330
企业类型	全样本	国有企业	民营企业	外资企业

注：***、**、*分别表示在1%、5%、10%的水平下显著。

第五节 结 论

本章研究的是出口质量对产出波动的影响。首先选取了 2000~2006 年的海关数据库中 31 个省份 40 万个出口企业，并删除了存在无效数据的企业，采用坎德尔瓦尔需求函数求残差的方法测量我国工业企业的出口质量。然后将总体样本根据所有制的不同，将样本分为国有企业、民营企业、外资企业，分别得到不同所有制企业的出口质量情况。接下来本章利用 2000~2006 年的工业企业数据库测算了 20 万个工业企业 7 年间的产出波动，然后将两个数据库进行匹配，其样本量为 43718。本章接下来构建出口质量对产出波动的影响的计量模型、引入行业规模、资产负债率、盈利能力、要素密度以及劳动生产率作为控制变量。最后，本章对总体样本、分样本分别进行了回归，并且讨论了不同样本之间出口质量对产出波动的影响。

通过测算全国总体的出口质量，发现中国企业的出口质量从 2000 起不断升级，并且升级速度在加快，不同企业间的差异化也越来越明显。样本期内，国有企业具有特殊的地位，承担着一定的社会责任，大量的资源和生产设备倾注到国有企业，使得国有企业拥有较大的规模和较多的能力生产出一定技术水平的产品；民营企业由于政策方面（如融资、补贴等）受到较多的约束，自身发展受到限制，规模往往更小，因此生产能力有限；外资企业拥有较为先进的技术以及丰裕的资金，再加上利用我国的优质廉价的劳动力能够生产出一批较高技术水平的产品。

通过计算产出波动，发现2000~2006年全国企业以及三类不同所有制企业的产出都在逐年增加，但产出波动呈现下降的趋势，其中民营企业的产出波动最大，外资企业的产出波动最小，但总体的产出波动都在趋于平稳。

在探究出口质量对产出波动的影响时，通过实证分析发现：（1）在全样本下，全国工业企业的出口质量对企业产出波动的影响显著为负，说明出口质量提升对企业产出波动有着明显的抑制作用。（2）分企业所有制回归发现，只有民营企业的出口质量对企业产出波动是明显的影响且为负，国有企业和外资企业的出口质量对企业产出波动的影响为负，但不显著。（3）控制变量中，企业规模，盈利能力，资产负债率以及劳动生产率对企业的产出波动有着显著的正向影响，说明这些变量的增加会促进企业的产出波动。而要素密度对企业产出波动的影响为负且显著。最后用OLS对全样本和分样本再次进行回归来验证基础回归是否具有稳健性，结果发现OLS回归结果与基础回归结果的差别很小，故认为实证具有稳健性。

本章根据研究结论提出如下三点政策建议：

（1）创造有利的政策条件，鼓励企业出口。宏观上，首先，国家要积极为企业出口创造有利的政策条件，鼓励企业出口。以提高出口质量为主要方向，提升出口产品的竞争力。继续扩大自贸区的建设，为企业的出口贸易创造有利条件；另外，努力推动“一带一路”的进程，倡导中国企业走出去。企业要紧跟世界发展潮流，不断吸收海外先进技术，同时也要提升自己的创新能力，提升出口产品质量。其次，利用要建立海外分公司或者与海外同胞合作，拓展海外出口渠道，不断提高自己的出口竞争力，努力扩大出口，使企业能够真正借助国际市场减少产出波动。

（2）提升自己的产品竞争力，扩大出口市场。我国中小规模的企业数量繁多，然而这类企业并不具备强劲的实力，再加上出口规模较小，这些企业想要获得较为持久的竞争力，只能通过提升产品质量，从而才能抢占更大的市场。要完善金融市场体系，使企业的融资更加容易，以出口资本密集型产品为主。本章实证分析显示，资本密集程度越高，产品质量越高，企业的波动就越小。而且，当前中国企业正在由劳动密集型向依靠产品质量、自主研发能力提升的资本密集型的动态转移过程，毫不夸张地说资本的投入决定着中国企业转型是否成功。

（3）重视国有企业和民营企业的发展，推进技术创新。从战略高度重视国有企业和民营企业的发展，持续推进技术创新能力的提升。从实证结果可以看到民营企业的出口的产出波动更低。而国有企业的出口产品质量更高，其稳定产出波动的效果更显著。国有企业作为国家经济发展的重要推动力，中国企业在参与到全球经济分工时，要更多地往高技术行业上靠拢，这有助于提升国家总层面的出口质量。重视国有企业的发展，重视技术产品的生产和出口，以此作为提高我国在国际分工中的地位。国家可以给予国有企业优惠政策，推动其建立科技产业园，培养科技型人才。与此同时国有企业要持续吸收国外先进技术和提升自我创新能力，提升自己的出口产品的质量，这样国有企业的出口竞争力也就越高，出口获得的利润反过来又能帮助企业不断地从国外汲取先进的技术，形成良性循环，从而提高企业的整体实力，提升国际竞争力。

第七章

出口产品多元化对我国企业出口持续时间的影响研究

第一节 引　言

自改革开放以来，尤其是“入世”之后，中国经济发展取得了耀眼的成就。根据 WTO 发布的 2016 年全球贸易统计报告①，中国保持了最大出口国地位，出口总额达 2.1 万亿美元，占全球份额的 13.2%。由此，中国已连续 8 年保持了其作为最大商品贸易出口国的地位。中国作为世界出口大国的地位毋庸置疑，但是出口贸易总量规模的上升，依然无法掩盖反复波动的出口增速。凭借出口导向型经济增长模式，依托不断扩张的国际市场空间，中国长期国际收支保持“双顺差”，经济发展迅速，对外贸易对 GDP 的贡献越来越大；另外，也使得中国对国际市场需求的依赖程度不断加深，特别是金融危机以来，外部需求的变化给中国出口增长带来了极大的波动。图 7－1 是我国自“入世”以来出口贸易总额与出口贸易增长率的发展情况，可以看到中国出口总额基本持续扩大，但是出口增速受外部风险影响，近些年来有不断下滑的趋势。

出口在为中国带来巨大外需的同时，也增加了不少的外部风险。国际市场上不确定因素较多，经济因素和非经济因素相互交织，对外部市场的依赖性导致中国出口与外部风险高度相关。出口贸易稳定发展是出口转型升级、出口结构优化的基础，“稳出口”成为政府工作报告中的要点②，如何促进中国出口贸易的稳定健康发展已成为亟待解决的问题。在微观层面上体现为如何促进出口企业在国际市场上持续

① 数据来源于 WTO《World Trade Statistica Review 2016》，网址：https：//www.wto.org/english/res_e/statis_e/wts2016_e/wts 16_toc_e.htm。

② 2018 年 7 月 31 日，中共中央政治局会议首次提出六稳：稳就业、稳金融、稳外贸、稳外资、稳投资、稳预期。

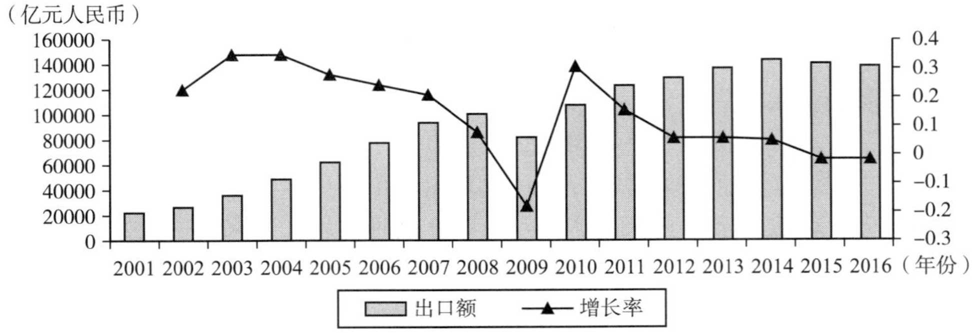

图 7－1　中国 2001～2016 年出口总额和出口增长率变化

资料来源：根据国家统计局公布的出口数据整理计算得到。

发展的问题，即从企业出口持续时间角度进行研究。比塞德斯和普鲁萨（Besedeš & Prusa，2007）表示，如果发展中国家可以增加其贸易关系持续时间，将会带来更高的出口增长。此外，也有相关文献表明出口贸易持续时间的延长有利企业从出口中学习，提高企业生产率并增强外贸竞争优势，促进出口稳定增长（陈勇兵等，2012；赵春明、文磊，2016）。中国企业的出口持续时间很短，大多数贸易关系只持续了 1～3 年（陈勇兵等，2012），企业在国际市场上的短期存在不利于出口贸易的稳定发展，稳定的供需关系可以促进出口贸易的长期发展。将鸡蛋放在不同的篮子里似乎是分散风险的一个很好的选择。所以，本章试图研究多元化的产品出口是否可以作为企业在开放经济环境中分散风险的一种策略，并探讨产品多元化与企业在出口市场上的生存风险之间的关系。

出口到国外市场会使企业面临特定的风险，如汇率波动风险、贸易政策变化风险等。同时，对于国外市场信息了解的不对称也会使出口企业面临一定的冲击，如成本冲击、需求冲击等。因此，在已有研究基础上，基于企业在出口市场上的动态决策理论，从贸易持续视角探讨出口产品多元化是否可以作为降低出口生存风险的一个策略对我国出口贸易的良性发展具有重要的理论意义和现实意义。

在促进出口贸易稳定发展的研究方面，国内外学者逐渐将研究视角放在贸易持续时间的研究。很多现有文献发现国际市场上存在大量的短暂贸易关系，然而，目前并没有完整的理论模型可以解释什么因素决定了一段贸易关系持续时间的长度。所以，国内外现有研究大多聚焦于分析探索什么因素可以解释贸易持续时间或者企业在出口市场的生存率，主要是从企业特征变量、产品特征变量、目的国家异质性等角度展开。

出口产品多元化是马科维兹－托宾（Markowitz－Tobin）组合理论在国际贸易中的应用，它与传统贸易理论强调的专业化相反，强调出口结构的多样化。根据组合理论，出口企业可以通过出口不同种类的产品来一定程度上分散外部需求冲击，降低企业的生存风险概率，这有利于企业的长期稳定发展，增加其在出口市场上的贸易持续时间。关于出口多元化与经济发展之间的关系学术界进行了广泛探讨。国内外不少学者从经济增长和经济波动视角分析了出口产品多元化对经济活动的影响，但所得结论并不统一。此外，已有关于分析贸易持续时间的影响因素的文献中，很多学者直接用出口产品种类数作为控制变量，得到二者之间存在正向关系，证实了出口产品种类越多，越有利于企业在出口市场生存，这些发现表明了扩大出口产品种类可以分散企业在出口市场的风险。然而，考虑到企业出口种类多，但出口集中在个别产品及出口产品种类增加带来的高成本风险，出口产品多元化与企业出口持续之间的关系可能是非线性的。再者，出口产品多元化对企业出口持续时间的影响也会存在企业异质性的可能。因此，有必要直接探讨二者之间的关系。

本章根据罗伯茨和蒂布特（Roberts & Tybout，1997）企业出口动态决策模型及伊尔马库纳斯和努尔米（Ilmakunnas & Nurmi，2010）的出口收益和成本函数，构建了出口企业从出口市场退出的条件，通过产品多元化对退出条件影响的分析，提出研究假设，并进一步探讨了出口产品多元化对企业出口贸易持续时间的影响，同时考虑了在地区差异、所有制差异及生产率差异下，企业出口产品多元化的行为与企业出口生存风险率之间的关系。这可以为该领域的研究提供充分的理论分析和经验证据，也为微观层面出口多元化与经济活动的研究提供了补充。

首先，我国对外贸易的快速发展得益于出口导向的外向型经济发展模式，长期以来，中国依靠廉价劳动力和自然资源进行粗放型扩张，成为“世界工厂”。随着“人口红利”减退，我国廉价劳动力的比较优势逐渐丧失，出口贸易结构调整、转型升级等问题日益凸显。另外，出口导向型经济发展模式使得我国出口极度依赖国外市场，汇率波动、政策变化、需求冲击等风险导致出口贸易极易波动。稳定持续的出口，既是实现出口转型升级、结构优化的基础，也是中国经济平稳发展的关键。研究出口贸易持续时间的影响因素，对当前对外贸易健康发展和中国经济整体发展具有很重要的现实意义。

其次，出口产品多元化反映了我国出口产品结构问题，也是对外贸易健康发展和转型升级的要求。一方面，一直以来，我国出口产品种类相对单一，集中大规模出口到国外市场，容易面临贸易摩擦，相对多元化的出口有利于缓解贸易摩擦；另一方面，出口产品多元化既可以应对外部需求变化、经济波动等风险，又可以避免我国大规模生产同一产品造成价值链低端锁定状态。研究出口产品多元化问题对我国目前的出口产品结构调整有政策参考意义。

最后，企业作为宏观经济的微观主体，从企业层面将出口产品多元化与贸易持续时间结合起来进行分析，可以很好地认识微观主体的出口活动，辨析如何促进企业出口贸易持续，进而促进宏观出口贸易的平稳发展。分析目前企业的出口产品多元化水平及出口持续时间，探讨企业采取多元化的策略是否可以降低企业的出口风险率，延长企业的出口持续时间，并对不同地区、不同所有制、不同生产率的企业进行深入分析，这对不同类型的企业出口行为具有针对性的指导意义。

第二节　文献综述

一、关于出口贸易持续时间的研究

最近几年，出现了一系列关于国际贸易持续时间的研究文献，关于这方面的国内外文献主要是集中在企业层面。最早开始于比塞德斯和普鲁萨的研究，比塞德斯和普鲁萨（2006a）使用美国1972～1988年的数据进行K－M估计，结果表明美国进口贸易持续时间很短；比塞德斯和普鲁萨（2006b）采用Cox比例风险函数模型研究其影响因素，发现产品异质性和初始贸易规模可以延长贸易的持续时间。随后，关于“哪种因素决定了国际贸易持续时间”这一问题得到了广泛关注。关于这方面的研究提出较晚，目前并没有完整的理论模型可以解释什么因素决定了贸易持续时间的长度。所以，国内外现有研究多聚焦于实证分析什么因素可以解释贸易持续时间或者企业在出口市场的生存率。

（一）贸易持续时间的定义及研究方法

贸易持续时间（duration of trade）指的是一段贸易关系从开始到结束没有中断所经历的时间长度。出口贸易的持续时间通常是指出口企业从进入目标市场到退出不曾中断的时间长度。关于该领域的研究方法比较统一，使用的是久期分析方法（duration analysis），也称为生存分析方法（survival analysis）。该方法可以估计某一事件持续的时间长度并分析引起事件终止的原因，被广泛应用在医学、保险、经济学、生物学等方面。包括非参数法（K－M估计）和半参数法（Cox比例风险模型、离散时间Cloglog模型等）。K－M乘积极限法即生存函数（survival function）估计，可以估计出某一期处在风险状态下的持续时间段中成功生存的时间段的比例，即生存率。半参数法则可以用来实证分析影响个体生存时间终止的原因，如果某一因素可以降低观测事件的生存风险，便认为其有利于延长事件的持续时间。在贸易持续时间研究方面，早期文献大多采用Cox比例风险模型，但是赫斯和佩尔森（Hess & Persson，2010）提出离散时间模型（Cloglog、Probit、Logit）可以弥补Cox模型的不足之处，更适合研究贸易持续时间问题。离散时间模型具有三个优点：第一，二元离散时间模型可以处理持续时间节点处的系数估计偏差；第二，二元离散时间模型可以更好地控制未观察到的异质性；第三，二元离散时间模型打破了比例风险模型的假设。因此，二元离散时间模型是目前国内外研究贸易持续时间的主要方法。

（二）出口贸易持续时间的影响因素

比塞德斯和普鲁萨（2007）表示如果发展中国家可以增加其贸易关系的持续时间，将会带来更高的出口增长。此外，也有相关文献表明出口贸易持续时间的延长有利于企业从出口中学习，提高企业生产率并增强外贸竞争优势，对促进出口稳定增长具有重要意义（陈勇兵等，2012；赵春明、文磊，2016）。目前，已有文献研究表明企业出口贸易持续时间较短（邵军，2011；陈勇兵等，2012；Esteve－Pérez et al.，2013）。综合国内外文献，影响国外市场出口企业持续时间的因素主要分为以下四类：

（1）企业特征变量。企业的规模、年龄、生产力水平和初始贸易规模会对出口贸易持续时间产生积极影响。伊尔马库纳斯和努尔米（2010）采用离散持续时间模型解释芬兰制造业新企业开始出口需要经历的时间和从进入出口市场到退出所经历的时间，研究发现规模越大、年龄越小、生产率越高且资本密集度高的企业会更早进入出口市场且在出口市场持续时间更久。对于人力资本较低的小型企业，外资所有权将增加企业进入出口市场的机会；对于规模更大、生产效率更高的公司，其出口失败的风险将会降低。陈勇兵等（2012）在研究中证实了企业规模和初始贸易规模越大，越有利于其在出口市场生存。贝克斯和穆拉克斯（Békés & Muraközy，2012）发现，企业生产率越高，出口持久的可能性会提高。

（2）产品特征变量。异质性产品出口、产品价格，以及产品复杂度对企业贸易持续时间有正向作用。陈勇兵（2015）使用2000～2006年的中国海关和工业企业数据库，应用离散时间生存分析模型检验了多产品出口企业的异质产品与出口持续时间之间的关系，结果显示企业异质产品的出口行为存在差异，核心产品的出口持续时间更长。赵瑞丽等（2017）使用2000～2006年中国工业企业与海关数据库的匹配数据，考察了出口复杂度对企业在出口市场贸易持续时间的影响，研究表明企业出口复杂度的提升，有利于企业抵御外部冲击和规避低端竞争，从而降低企业在出口市场的生存风险率，延长企业在出口市场的贸易时间。

（3）目的国家异质性。目的国家异质性是企业出口贸易持续时间的一个重要影响因素。邵军（2011）采用1995～2007年研究产品—目的地（HS－6位码）的出口贸易持续时间，结果表明目的国家的GDP规模、人均GDP水平与出口贸易生存率呈正相关。陈勇兵等（2012）使用2000～2005年的中国海关和工业企业数据库研究发现中国出口企业贸易持续时间均值不到2年，进一步应用离散时间生存分析模型对出口持续时间的影响因素进行探讨，结果发现出口的目的市场经济规模大、沿海、双方有共同边境或语言等会延长双方的贸易持续时间，而出口到高风险的市场则更容易使贸易中断，同时，企业的出口市场数目、产品种类数、初始贸易规模、外资参与度、企业规模等与出口贸易持续时间呈正相关。埃斯特夫－佩雷斯等（Esteve－Pérez et al.，2013）采用生存分析方法对1997～2006年的西班牙企业与出口目的国家的贸易持续时间进行探讨，结果表明企业异质性与目的地异质性是解释企业在出口市场中生存的重要因素，尤其是国家的政治风险将严重影响贸易关系时间，同时，信息披露是提高与高风险国家贸易关系可持续性的重要途径。

（4）其他因素。除此之外，贸易自由化、汇率、最低工资、企业融资能力等也会对企业在出口市场持续时间有重要的影响。毛其淋（2013）采用生存分析法研究了贸易自由化与企业进入出口市场的时间之间的关系，研究结果表明，降低产出关税对企业进入出口市场的时间和在出口市场的持续时间没有显著影响，而投入品关税减少有助于缩短企业进入出口市场的时间，同时，可以延长企业在出口市场的持续时间。阳佳余、徐敏（2015）采用2000～2007年中国微观企业数据，探讨了企业融资能力在持续出口、新出口、间接出口与非出口等不同出口模式下的差异影响，结果表明，企业融资能力的提高不仅有助于企业进入出口市场，而且有助于企业出口模式的可持续性。佟家栋等（2016）基于2000～2007年工业企业数据库，研究了人民币实际有效汇率对企业出口行为的影响，在其扩展研究中发现人民币有效汇率升值明显缩短了企业出口的持续时间。赵瑞丽等（2016）基于1998～2007年中国工业企业数据库，探讨了最低工资对中国企业出口持续时间的影响，研究发现在控制企业和城市层面特征变量后，最低工资对企业出口持续时间有积极的影响，同时，他们通过机制检验，发现这种影响的重要渠道是通过提高企业生产率来实现的。

二、关于出口产品多元化的研究

（一）出口产品多元化思想的提出

出口产品多元化可以认为是一国现有出口产品的组合。在第一次世界大战前，国际贸易的运作是由古典和新古典经济理论激励的，贸易关系是以国际贸易中国家的专业化、无阻碍自由贸易和比较优势为基础的。第二次世界大战后，出口多元化问题已成为经济利益的前沿问题。辛格（Singer，1950）首次在工作论文中提出发展中国家是否应该增加其出口篮子的问题，原因是发展中国家出口过分依赖少数商品或少数贸易伙伴，易使国家面临商品冲击、价格波动、贸易条件恶化、低需求收入弹性等风险，这会对国家宏观经济稳定产生负面影响。而新贸易理论的发展则为国家出口多元化的贸易政策提供了支持。克鲁格曼（1979，1980）运用D－S模型提出规模经济理论，引入差异产品假定，提出制造商可以扩大产品销售市场，并从其他国家进口差异性产品以满足消费者需求。赫尔普曼（1981）、格罗斯曼（1991）、罗默（Romer，1987）提出的新经济增长理论以及21世纪初的异质性企业模型，从生产者角度对国际贸易、产品多元化与生产力之间的关系展开了研究，进一步扩展了产品多元化和国际贸易收益的理论基础。

（二）出口产品多元化的测度

很多方法可以测算出口产品多元化，其中，使用较多的是直接计数、出口集中度指数（HHI 指数、GHI 指数和 Thiel 指数三种最为频繁）和广延边际这三种方法（Cadot et al.，2011；Parteka & Tamberi，2011；周飞等，2012；祝树金等，2015；Mubeen & Ahmad，2016；Argüello，R.，2017）。直接计数是直接将出口产品种类数作为出口多元化的衡量，这种方法简单易行，但是容易夸大出口产品多元化的程度。出口集中度指数则是从集中度方面反映出口产品多元化水平，出口越集中则多元化水平越低。相较直接计数，其考虑了不同出口产品的比重分布，但是，通常当出口非常集中且主要出口个别产品时，GHI 指数会接近 1，变化不大，Theil 和 HHI 指数则会更具辨识性（Cadot et al.，2011）。出口扩展边际强调的是新产品对贸易增长的贡献，来源于异质性企业贸易理论，根据梅利兹（Melitz，2003）可将一国的贸易增长分解为集约边际与扩展边际。集约边际指的是现有产品数量的增加，而扩展边际指的是产品种类的增加（即产品的多样性），大多使用的是胡梅尔斯和克伦诺（2005）的方法进行扩展边际和集约边际的测度。

（三）出口产品多元化对经济活动的影响

1. 出口产品多元化对经济增长的影响

国内外不少学者通过数据实证检验了宏观层面出口产品多元化对经济增长具有促进作用。芬克和鲁韦德尔（Funke & Ruhwedel，2001）发现出口多元化可以提高 OECD 国家的 TFP 和人均 GDP 水平。豪斯曼等（2009）指出由于知识溢出的存在，出口产品多元化会对增长有重要的影响。韩剑（2009）在新古典主义框架下，将“干中学”效应和“知识外溢”效应纳入其中，建立出口多样化促进经济增长的理论模型，采用赫芬达尔指数测量 1985～2006 年的行业出口多样化程度，DOLS 估计结果表明出口多样化对经济长期增长做出了重要贡献。周飞等（2012）基于赫芬达尔指数测量了我国出口行业多样化水平，对 1980～2009 年间多样化趋势与经济增长的关系做了研究，实证结果表明，二者之间确实存在正向关系，一方面，更多新产品的出现体现了技术创新水平的提高；另一方面，产品种类的扩大促进了外部市场的扩大，带来了更多的学习空间。祝树金等（2015）采用熵指数测度 2002～2011 年我国省际层面出口产品多样化程度，结果表明出口多样化能显著促进地区经济增长。

然而也有不少研究结果显示出口专业化会更有利于经济增长。瓦格纳（Wagner，2014）探讨了德国出口企业出口多元化和盈利能力之间的联系，多元化包括了产品层面和目的市场层面，实证研究发现，产品多样化程度较低的公司盈利能力较强，与之相反的是出口目的地多样化程度越高的企业盈利性越强，但是作者强调这只是一个实证问题，多样化和盈利性之间的关系可能存在不确定性。

还有一些研究表明多元化与经济之间存在“U”型关系。阿迪亚和阿查里亚

Aditya & Acharyya，2011）对外国样本研究表明出口多元化与经济增长之间存在倒“U”型的关系。同时，出口的扩展边际主导多元化活动，出口集约边际主导出口增长。

2. 出口产品多元化对经济波动的影响

最近，研究较多的另外一系列文献是出口多元化对经济波动的影响。多元化的出口可以在一定程度上分散贸易开放产生的外部风险。

宏观层面。乔瓦尼和列夫琴科（Giovanni & Levchenko，2009）采用61个国家28个制造业行业30年的数据，对开放程度与产出波动之间的关系进行了研究，从行业层面证实了出口往往面临更高的波动性。哈达德等（Haddad et al.，2013）检验了贸易开放下出口多样化对增长波动的影响，根据1976～2005年77个发达国家和发展中国家的面板数据，实证结果显示产品多样化可以平抑全球冲击带来的增长波动。张明志等（2013）对中国出口波动的影响因素做了研究，发现出口产品集中度越高，出口波动会加剧。陈蓉（2017）基于中国制造业数据实证检验发现进口产品多样化对制造业产出波动存在门槛效应，而出口产品多样化暂未达到缓解贸易开放对制造业产出波动的效果，因此，有必要提高出口产品多样化的质量和效益。

微观层面。随着微观数据的出现，近年来许多学者研究了企业层面出口多元化对经济波动的影响。较多关注的是出口多元化与企业层面出口波动的关系。范努伦贝格（Vannoorenberghe，2012）将出口企业的销售额波动分解为来自国内市场和来自国外市场两个部分，发现出口比重越大的企业其销售波动越大，从企业层面证实了出口企业面临更高的波动性。乔瓦尼等（2014）把企业出口增长率的冲击分为企业、行业和宏观经济因素三个层面，其中来自企业层面的因素可以解释绝大部分的出口增长波动，而企业—市场异质性则是企业层因素的主要来源。

三、关于出口产品多元化与出口持续时间关系的研究

目前，直接探讨出口产品多元化水平对出口贸易持续时间的影响的文献很少。沃尔佩和卡巴罗（Volpe & Carballo，2008）对秘鲁2000～2006年新出口企业进行分析，发现其在出口市场存活时间均值为1年。随后，他们探讨了出口市场新出口企业的生存率是否取决于其多样化程度，研究发现地理和产品层面的多样化均能增加企业在出口市场的生存率，并且地理多样化相较产品多样化更能提高企业在出口市场的存活概率。除此之外，在研究出口贸易持续影响因素的文献中，不少学者将出口产品种类数作为企业层面的特征变量，研究发现多元化的出口有利于贸易持续时间的延长（靳玉英等，2017；杜运苏等，2017）。

第三节　理论分析、研究假设与数据处理

本章研究的是企业出口产品多元化程度对企业出口持续时间的影响，当企业退出出口市场，即持续时间中断。继而，我们将关注点放在样本期内的新出口企业产品多元化水平对其在出口市场的退出决策的影响。为了捕捉企业出口决定的动态过程，我们选用罗伯茨和蒂布特（1997）的模型作为本章的理论基础①。由于本章选取的是2001~2006年新出口企业样本，所以为了简化，不再考虑企业过去的出口经历。在此基础上，将罗伯茨和蒂布特（1997）模型进行简化。

一、企业退出决策

每个企业i会面临两个外生的特征变量，出口市场特征 p_i（如市场需求、汇率等）和企业特征变量 s_{it}（企业资本存量、地理位置等）。$\pi_{it}(pi, s_{it})$ 则是企业在t期选择出口的利润函数。Y_{it}表示企业当期的出口决定，出口为1，否则为0；E_t 代表企业t期的预期收益；δ是贴现率；X_{it}是企业从出口市场退出的成本，也就是说，如果企业当期选择不出口，则会面临一个 $-X_{it}$的出口利润。生存分析关注的是企业在出口市场的退出决策，即企业上期出口，当期退出市场的风险概率。换句话说，即企业已经在出口市场了，所以说明企业进入市场沉没成本是可以被覆盖的。所以，可以得到企业当期是否退出市场的条件为：

$$\pi_{it}(p_i, s_{it}) + \delta[E_t(V_{i,t+1} \mid Y_{it}=1) - E_t(V_{i.t+1} \mid Y_{it}=0)] < -X_{it} \quad (7-1)$$

当企业当期出口利润和预期出口收益之和比企业从市场退出的收益 $-X_{it}$还要低时，企业会选择退出市场。可以看到企业的退出决策受市场特征、企业特征、企业预期收益及退出成本的影响。通过整理，可以得到企业当期是否退出出口市场的动态选择过程如下。其中，$\prod_{it}(\cdot)$ 是企业当前的预期出口利润，X_{it}是企业当前面临的退出成本。fail为1，企业退出市场；fail为0，企业继续出口。

$$fail_{it} = \begin{cases} 1，如果 \prod_{it}(\cdot) + X_{it} < 0 \\ 0，如果 \prod_{it}(\cdot) + X_{it} \geq 0 \end{cases} \quad (7-2)$$

二、企业的出口收益与生产成本

通过上述分析可以看到，企业退出出口市场决策与退出成本和预期出口利润有关，对企业出口收益和成本的不利冲击可能会导致企业退出市场。由于退出成本无

① 伊尔马库纳斯和努尔米（2010）采用这种方法研究企业进入退出市场决策。

法衡量，所以这里仅考虑企业的预期出口利润，即企业的出口收益与生产成本。参考伊尔马库纳斯和努尔米（2010）的研究，假设出口企业在出口市场的收益函数是 $R(X_t, z_t^X, t)$，其中，X_t 表示企业在出口市场的出口额，z_t^X 表示企业可能面临的需求冲击，t 表示随着出口时间的增加，企业会在出口市场获得“需求发现”和“学习”效应。接下来考虑企业的生产成本函数 $C(X_t, z_t^C, t)$，z_t^C 是企业可能面临的投入要素价格变化，t 表示随着时间增加企业会获得一个生产学习效应，可以使企业降低生产成本。所以，企业 t 期的出口利润可以表示为如下形式：

$$\pi_t = R(X_t, z_t^X, t) - C(X_t, z_t^C, t) \tag{7-3}$$

从式（7－3）可以看到，企业的出口利润与企业的收益呈正相关，与成本呈负相关。收益函数受到企业出口额、需求、出口时间的影响，企业出口额越高、需求越大、出口时间越长，收益越高；成本函数受到企业出口额、投入要素价格、出口时间的影响，企业出口额越高、投入要素价格越高、出口时间越短，成本越高。

三、研究假设

企业退出市场决策与其出口利润挂钩。如果企业的出口利润不佳进而退出市场，则出口持续时间中断。所以，基于式（7－3）的出口利润函数分析，我们从收益与成本两方面分析了出口产品多元化对企业长期绩效——出口持续时间的影响（图 7－2 表现了研究假设分析的整体框架）。

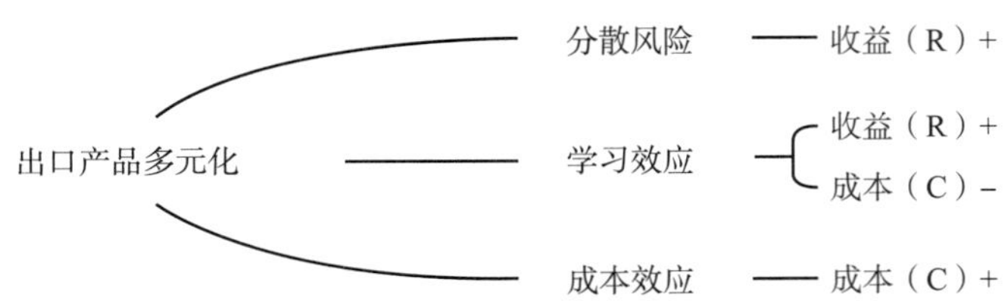

图 7－2　研究假设分析

首先，出口产品多元化可以分散市场的需求冲击进而稳定出口收益。国际市场不确定因素较多，过度集中于少数产品的出口会使企业面临需求冲击、价格波动、贸易条件恶化等外部风险。现代资产组合理论（modern portfolio theory）指出组合资产的收益与风险之间存在一定的关系。单个项目可能是有风险的，但是与其他项目的组合会降低组合的整体风险。企业出口产品多元化可以分散单一产品造成的冲击，降低企业在出口市场的风险。赫希和巴鲁克·列夫（Hirsch & Baruch Lev，1971）基于组合理论构造了一个假设：出口市场多元化趋向于稳定企业销售，选用了丹麦、新西兰和爱尔兰的 500 家企业为样本，从微观层面证实了企业出口到国外市场的范围越大，销售越稳定。哈达德等（2013）检验了贸易开放下出口多样化对增长波动的影响，根据 1976～2005 年 77 个发达国家和发展中国家的面板数据，实证结果显示产品多样化可以平抑全球冲击带来的增长波动。所以，出口多元化可以视为一种稳定战略来稳定企业销售（Hirsch & Baruch Lev，1971）、减少企业收入波动，从而促进企业在出口市场持续的活跃度，增加企业在出口市场的贸易持续时间。因此，我们提出研究假设1。

研究假设1：出口产品多元化可以降低企业在出口市场的风险率。

其次，随着出口时间的增加，出口产品多元化可以给企业带来“出口学习”效应。一方面，企业为了满足国外市场的不同需求，需要生产新产品来满足消费者，在这个过程中可以促使企业学习新技术，获得新能力，改善企业生产活动；另一方面，出口多元化的企业可以获得更多国外市场出口的信息，包括国外消费者偏好、市场环境等，可以提高企业的出口绩效，也会增加企业在出口市场的持续时间。所以，提出研究假设2。

研究假设2：企业在出口市场的风险率存在负的时间依赖性。

然而，当企业出口产品多元化水平提高到一定程度后，会加重企业的生产成本以及在出口市场的沉没成本，可能就会抹去企业从多元化出口中获得的好处，从而对企业活动形成抑制作用（聂菁等，2016）。诺克和耶普尔（Nocke & Yeaple，2007）也表明对于生产多产品的企业而言，其生产成本会随着产品生产范围的扩大而增加，企业利润最大化时存在一个最佳生产范围。除此之外，随着产品种类的增加，企业不仅面临生产活动的组织压力，还会面临更复杂的营销管理以及新产品在出口市场的不确定性。从出口产品多样化带来的成本角度考虑，我们提出研究假设3。

研究假设3：出口产品多元化与企业在出口市场的风险率之间存在“U”型关系。

另外，出口产品多元化作为企业的一项贸易行为选择，还与企业的自身能力挂钩。即企业的生产成本与企业能力之间是负相关的（Bernard et al.，2006；Nocke & Yeaple，2007）。也就是说，相较低生产率企业，高生产率企业可以更好地应对多元化的生产。除此之外，由于企业所在的外部环境不同，会影响企业的出口活动。不同地区的经济发展水平不一，东部地区整体经济环境相对较好，基础设施、市场条件等可以吸引更多的高技能劳动和外来企业，而西部相对发展靠后，如果多元化生产反而会加重企业负担。同时，企业不同的隶属关系也会影响企业的出口表现。基于此，本章提出研究假设4。

研究假设4：出口产品多元化对企业在出口市场的生存风险影响存在地区、所有制及生产率异质性。

四、企业出口产品多元化测算与出口生存函数估计

（一）数据处理

1. 数据来源及处理

本章的研究主要使用了两个数据库。第一个是2000～2010年中国工业企业数

据库[①]，该数据库来自国家统计局，它涵盖了所有中国国有工业企业及“规模以上”（主营业务收入大于500万）非国有企业的基本信息、财务状况、生产情况等，也是当前国内可获取的最大型的微观企业数据库。第二个是2000～2010年中国海关贸易数据库，来自中国海关总署，记录了企业基本信息及每年各月度每一种产品（HS 8位码）的进出口交易信息，包括出口数量、单价、金额、交易方式、贸易类型、目的地或来源国等。为了研究需要，我们要先将海关月度数据汇总到各年。

本章研究的是企业出口产品多元化水平对出口持续时间的影响，需要使用海关数据库的产品交易信息。因此，首先必须将工业企业数据库与海关数据库相匹配。这里，我们借鉴余（2015）的方法对这两套数据库进行匹配合并。此外，由于合并的样本中缺少2004年“工业增加值”数据，可以基于以下会计准则估算：工业增加值＝工业总产值－工业中间投入＋应缴增值税。同时，考虑到合并样本中某些关键指标的原始数据的统计缺漏或错误记录，我们参考聂辉华等（2012）的做法，对数据进行以下筛选：（1）删除出口额为缺漏值或负值的企业样本；（2）删除雇员人数小于8的企业样本；（3）删除工业增加值、中间投入额、从业人员年平均人数、固定资产净值年平均余额中存在的该项为缺漏值、零值或负值的企业样本；（4）删除企业年龄小于0的企业样本。

2. 生存数据转换

本章采用生存分析方法进行研究，而生存分析的关键是将样本数据转换为可以进行生存分析的生存资料。所以，需要定义本次分析的失败事件。与赵瑞丽等（2016）等的研究相似，本章定义企业出口贸易持续时间为企业从进入出口市场到退出出口市场（不曾间断）所经历的时间。如果我们能在样本期间观察到企业退出出口市场，那么，定义该事件为失败事件（failure）。这里需要说明四个问题：（1）我们将两个数据库合并后的样本分为两个时间段，2001～2006年作为本章的基准回归，而2006～2010年涉及金融危机期间的样本则对基准回归的结果进行检验[②]。（2）数据左侧缺失。我们注意到样本期为2000～2006年，对于2000存在出口行为的企业，无法识别其是否是第一次出口或者究竟从何时开始出口，所以不能判断其出口持续时间。如果忽略这个问题，则会低估持续时间。因此，我们选择2000～2006年间新出口的企业（即2000年没有出口而在2001～2006年有出口行为）作为研究对象，即删除左侧缺观测值。这样，本章企业的最长出口时间为6年。（3）数据右侧缺失。对于2006年之后还在出口的企业，我们知道这个持续时

① 这里保留2000年微观数据，主要是为了识别出新出口企业样本，实证数据从2001年开始。

② 选择2001～2006年作为本章的基准分析样本，一方面，因为这段时期是中国对外贸易蓬勃发展的时期，市场环境相对平稳，当前研究出口持续时间的文章也少有涵盖金融危机时期；另一方面，本章涉及生产率异质性的检验，采用了lp法对生产率进行测算，而2008～2010年缺失相关数据，只能用其他方法进行近似替代，所以我们选择用2006～2010年涵盖危机期间的新出口企业样本作为拓展分析。同时，为了保证数据前后一致性，我们在2000～2010年的整个合并数据中对2006～2010年的新出口企业进行筛选，即把2005年之前有过出口行为的企业都做了删除。

间的起始数据而且其至少存活到2006年，但是我们无法观测到该时间段会持续多久。使用生存分析方法可以有效解决数据右侧缺失问题①。（4）多个持续时间段。我们注意到样本期内，有的企业频繁进入退出出口市场，所以一些企业会存在2个及以上的持续时间段。对于这个问题，我们参考比塞德斯和普鲁萨（2006b）将企业多个出口持续时间段视为独立，采用全样本数据，避免数据减损造成的偏误。同时，为了稳健起见，本章选取企业第一个出口持续时间段样本及仅有一个持续时间段的企业样本来检验结果。

经过筛选后，共得到2001～2006年58279家新出口企业，其中，93.44%家企业仅有1个持续时间段，6.56%家企业有2～3个持续时间段。表7－1是对新出口企业的第一个持续时间段的统计结果，可以看到，超过一半的企业在2年内退出出口市场，出口持续时间在4年以上的仅占9.87%。这与现有文献研究结果一致，大部分企业的出口持续时间都较短。

表7－1　　2001～2006年新出口企业的第一个持续时间段统计情况

贸易持续时间（年）	观测值	百分比	累计百分比
1	22263	38.20	38.20
2	12359	21.21	59.41
3	13250	22.74	82.14
4	4654	7.99	90.13
5	2940	5.04	95.17
6	2813	4.83	100.00
企业总数	58279	100.00	

资料来源：笔者根据中国工业企业数据库整理得到。

（二）企业出口产品多元化的测算

本章从产品维度衡量企业出口多元化水平，即企业现有的出口产品组合。类似行业集中度测算，参考韩剑（2009）、范努伦贝格等（2016）的研究，选取HHI指数从HS 8位码水平测度企业出口产品多元化水平。产品多元化指标测算如下：

$$HHI = \sum_{s=1}^{s=N} \frac{X_{ist}^2}{X_{it}} \tag{7-4}$$

其中，x_{ist}是企业i在t年出口s产品的出口额，X_{it}是企业i在t年总的出口额，N表示企业i出口产品总数。HHI指数在0和1之间变动，越接近1意味着出口集中于

① 为了保证结果的准确性，我们将在样本观测期最后一年进入样本的企业做了删除。

少数几种产品，越接近0则出口产品多元化水平越高。如果企业只出口一种产品，则HHI指数为1，出口多元化水平最低。

从计算方法可以看出，企业出口产品多元化水平与某一种产品占总出口额的份额有关，企业越是集中于少数产品，则多元化程度越低，较高的多元化水平一方面需要企业增加新产品的数目，另一方面需要企业分散现有产品的出口额。新产品的生产可以提高企业的创新研发能力，满足国外消费者更多元化的需求；降低过于集中的产品出口额，可以分散企业的外部风险。图7-3是我国企业2001~2006年间出口产品年均HHI指数的变化趋势图，可以看出我国企业出口多元化水平有一个明显上升的趋势，但是整体HHI指数在0.68以上，还是处于出口过于集中的阶段。

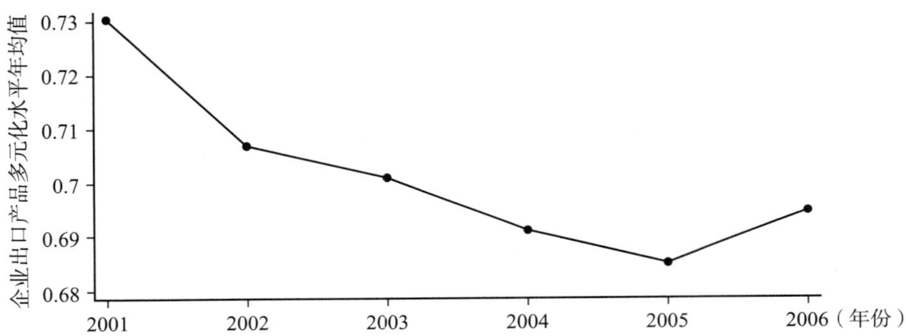

图7-3 2001~2006年企业出口产品年均HHI指数的变化趋势图

资料来源：根据2001~2006年海关数据库HS 8位码水平整理计算得出。

（三）企业出口持续时间生存函数估计

1. 估计方法

本章研究的是出口企业出口持续时间，即出口企业持续出口直到退出出口市场，中间不曾间断所经历的时间，因此，相应的生存函数（survival function）是企业出口贸易持续时间超过j年的概率，即：

$$S_i(j) = Pr(T_i > j) = \prod_{k=1}^{j}(1 - h_{ik}) \quad (7-5)$$

其中，T_i是一个连续的非负随机变量，代表企业出口贸易的持续时间长度，i表示一个出口贸易持续时间段，h_{ik}是风险函数，形式如下：

$$h_i(j) = Pr(j-1 < T_i \leq j \mid T_i > j-1) = Pr(j-1 < T_i \leq j)/Pr(T_i > j-1) \quad (7-6)$$

其中，h_{ik}表示企业在出口市场j-1期存活的条件下，j期停止出口的概率。进一步地，生存函数由非参数K-M乘积极限法估计给出：

$$\hat{S}(j) = \prod_{k=1}^{j}\left[\frac{n_k - d_k}{n_k}\right] \quad (7-7)$$

其中，n_k是在k期中处于风险状态中的持续时间段的个数，d_k是同一时期观察到的“失败”对象的个数即退出出口市场的企业个数。风险函数估计形式如下：

$$\hat{h}(j) = \frac{d_k}{n_k} \tag{7-8}$$

2. 估计结果

本章分样本、分地区、分所有制[①]估计了出口企业在出口市场的生存时间（见表7-2）。总的来说，类似于很多研究出口企业生存的文献结果（陈勇兵等，2012；蒋灵多等，2015；赵瑞丽等，2017），出口企业中位生存时间约为2年，持续时间普遍较短。具体来看，全样本生存时间均值为2.30年，低于第一个持续时间段样本和仅有一个持续时间段的样本结果，说明如果忽略了企业多个持续时间段问题，会高估企业的出口生存时间。图7-4是对全样本的K-M生存估计曲线，可以看出企业在出口市场持续1~2年的生存率相对较高，结合出口企业生存中位时间约为2年，说明大部分企业在出口市场持续时间较短。全样本风险函数估计图显示随着持续时间的推移，风险率有一个下降的趋势，初步表明出口企业在出口市场风险率存在负的时间依赖性。

表7-2　整体估计结果值

样本划分	进一步样本划分	生存时间均值	中位生存时间	贸易时间段	观测值	失败次数
总体估计	多持续时间段（全样本）	2.30	2	143170	62187	22021
	第一个持续时间段	2.35	2	136925	58279	21124
	仅有一个持续时间段	2.76	2	94088	43641	17476
分地区估计	东部地区	2.32	2	129308	56341	19260
	中部地区	2.14	2	8939	3539	1759
	西部地区	2.13	2	4923	2307	1002
分所有制估计	国有	2.29	2	2279	1207	691
	民营	2.21	2	57348	27150	8477
	外资	2.47	2	44264	19777	6666
	港澳台	2.54	2	39279	17123	6187

资料来源：根据转换为生存数据后的样本数据统计得到。

① 参考杨汝岱（2015）对工业企业数据库中企业隶属关系代码的划分。

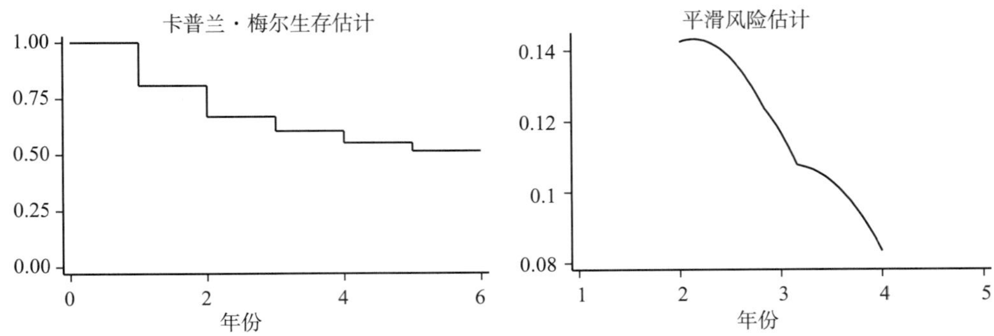

图 7-4　全样本出口企业生存函数与风险函数估计曲线

资料来源：根据转换为生存数据后的样本数据进行 K-M 估计得到。

分地区来看（见图 7-5 左），东部地区企业在出口市场的表现明显好于中西部地区，K-M 估计也表明东部地区企业在出口市场的生存率更高些，这与赵瑞丽等（2016）、陈勇兵等（2012）的研究结果一致。可能原因是，东部地区多是沿海地区，有利于海上贸易发展，同时，东部地区也是最先实施对外开放，所以对外贸易比中西部地区要更有经验。分所有制来看，生存时间均值显示港澳台投资企业在出口市场表现最好，其次是外资企业。同时根据图 7-5 右，K-M 估计结果显示民营企业在出口市场的生存曲线也处在较高位置，说明民营企业在出口市场的生存表现极佳，与外资、港澳台投资企业相差不多。这可能与民营企业机制灵活，对市场反应更加灵敏有关。国有企业在出口市场的生存曲线位置最低，但是其生存时间均值并不低，可能是国有企业样本较少会有偏误，也有可能是国有企业虽然在出口市场生存率低，但是生存下来的企业持续时间较长。从分地区、分所有制的初步估计结果表明企业在出口市场的表现确实与其所在地区和隶属关系有关系，所以接下来在实证中需要控制地区、所有制效应。

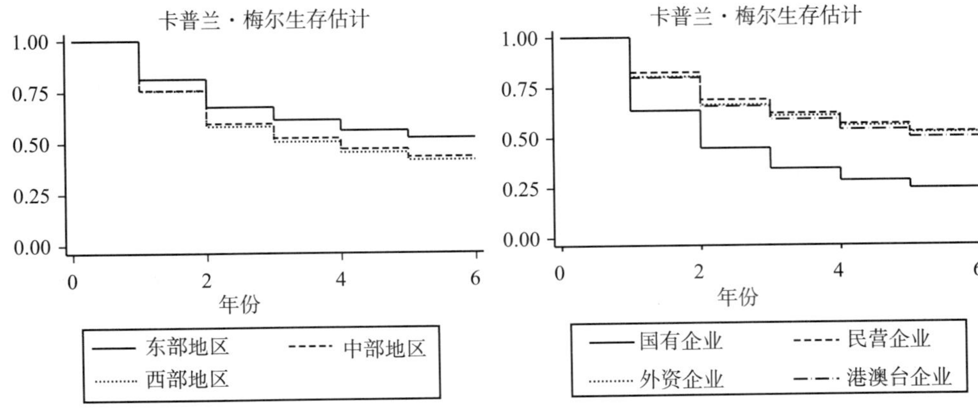

图 7-5　不同地区、不同所有制出口企业生存函数估计曲线

资料来源：根据转换为生存数据后的样本数据进行 K-M 估计得到。

之后按照不同的出口产品多元化程度进行估计。我们按 HHI 指数把企业分为仅出口一种产品和出口多种产品两种情形，图 7－6 为 K－M 生存估计结果。可以发现拥有多种出口产品的企业在出口市场的生存曲线处在偏高的位置，同时风险率曲线处在偏低的位置，可以初步推断企业出口产品多元化可以降低企业出口风险，延长企业出口持续时间。

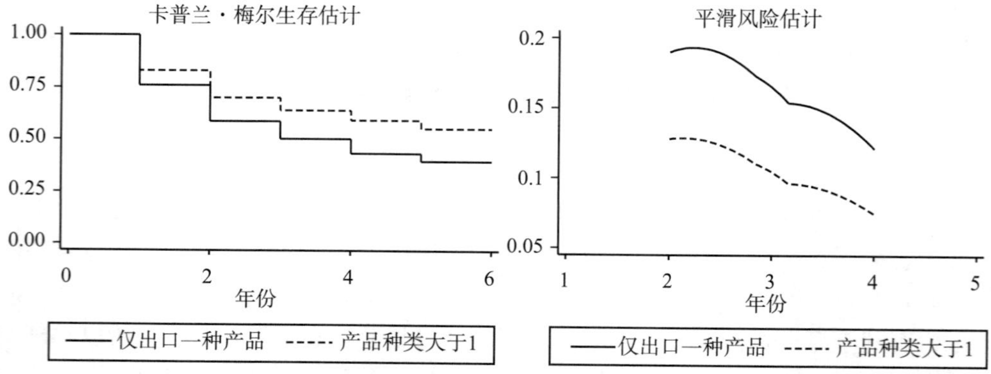

图 7－6　单一产品出口和多产品出口企业生存函数和风险函数估计曲线

资料来源：根据转换为生存数据后的样本数据进行 K－M 估计得到。

为了进一步探究企业出口产品多元化程度是不是越高越有利于企业出口存活，还是与企业生存风险存在“U”型关系，存在一个最佳多元化水平。我们参考韩剑（2009）、周飞等（2012）将 HHI 指数划分为 3 个区间。HHI 指数小于 0.1，表明企业出口多元化程度高，HHI 指数大于 0.4，则企业出口相对集中。从表 7－3 可以看出，相对来说，集中度水平较高的企业贸易持续时间在 2 年以内中断的比例最高，而 HHI 指数在 0.1～0.4 之间的企业出口持续时间在 5 年及以上的占比最高，为 10.14%。图 7－7 的 K－M 估计结果也显示，企业产品多元化程度过高或过低时，生存率不是最高的，仅当企业多元化处于中间水平（0.1＜HHI＜0.4）时，企业在出口市场的生存率最高，生存率差别在出口时间超过 4 年以上时更加凸显。另外，分区间的风险函数估计也可以看出，拥有中间水平的产品多元化企业在出口市场的风险率最低，同时可以注意到集中度水平较高的企业在出口 3 年以后的生存风险率比多元化水平较高的企业还要大。初步说明企业出口产品多元化水平与企业出口生存风险率之间可能存在“U”型关系，但是由于 K－M 估计和风险函数估计并未考虑到其他因素的影响，所以结果还需进一步验证。接下来，我们会将控制变量纳入 cloglog 模型中，实证检验出口产品多元化是否与企业生存风险之间存在“U”型关系。

表 7 – 3　　　　不同出口产品多元化程度下企业出口持续时间统计

贸易持续时间（年）	HHI 指数≤0.1		0.1 < HHI 指数 < 0.4		HHI 指数≥0.4	
	观测值	百分比	观测值	百分比	观测值	百分比
1	133	33.67	3652	34.94	20722	40.36
2	91	23.04	2331	22.30	11059	21.54
3	97	24.56	2576	24.64	10988	21.40
4	37	9.37	834	7.98	3914	7.62
5	20	5.06	543	5.19	2377	4.63
6	17	4.30	517	4.95	2279	4.44
企业总数	395	100.00	10453	100.00	51339	100.00

资料来源：根据转换为生存数据后的样本数据统计得到。

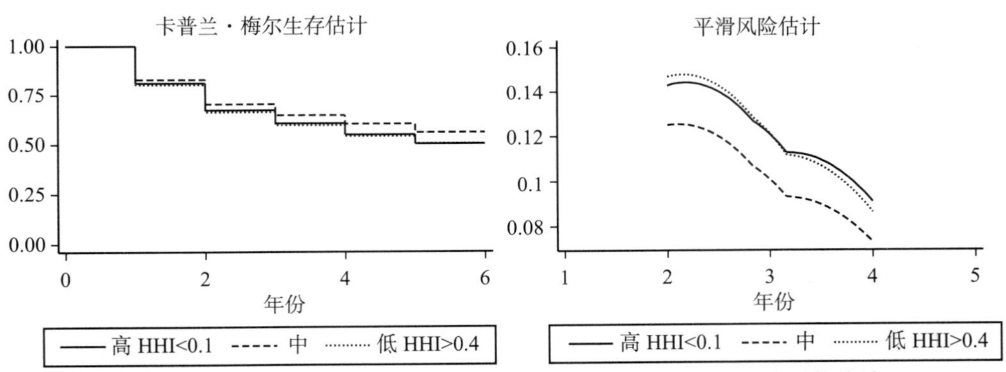

图 7 – 7　不同出口产品多元化程度下出口企业生存函数和风险函数估计

资料来源：根据转换为生存数据后的样本数据进行 K – M 估计得到。

第四节　出口产品多元化对企业出口持续时间影响的实证分析

一、计量模型设定

由于本章采用的数据是通过工业企业和海关数据库匹配出来的，将其转换为生存数据之后不再连续，同时，为了避免很多企业拥有相同生存时间带来的偏误，所以选择生存分析中的离散时间模型。首先，引入一个二元变量 y_{ik}，表述企业 i 在 k 期的状态，如果个体的生存时间在样本期间是缺失的（censored），则 $y_{ik} = 0$，如果个体生存时间在样本期间是非缺失的（not censored），个体持续时间在 k 期终止，

$y_{ik}=1$（$K=T_i$）；否则 $y_{ik}=0$（$K=1, 2, \cdots T_{i-1}$）。根据艾利森（Allison，1984）和詹金斯（Jenkins，1995，2005），有对数似然函数如下：

$$\log L = \sum_{i=1}^{n}\sum_{k=1}^{j}[y_{ik}\log h_{ik} + (1-y_{ik})\log(1-h_{ik})] \tag{7-9}$$

这样，离散时间风险模型就可以用二元因变量方法来估计。借鉴伊尔马库纳斯（2010）、陈勇兵等（2012）和埃斯特夫－佩雷斯等（2013）的做法，假设离散风险函数 hik 遵循一个余对数—对数分布（Prentice & Gloeckler，1978），并且允许存在未观测到的个体异质性，建立 cloglog 离散时间生存分析模型：

$$\text{cloglog}[h(j, X)] = \beta X + \gamma_j + u \tag{7-10}$$

其中，$h=\Pr(T_i<j+1 | T_i \geq j, X)=1-\exp[-\exp(\beta X+\gamma_j)]$ 表示离散时间风险率，如果被解释变量 clog log（hj）越大，表明企业在出口市场风险率越高或者生存率越低，越不利于企业在出口市场持续存活；γ_j 表示基准风险率，有两种假定：一是基准风险率会随时间变化，可以通过控制时间区间实现；二是假定其服从 Weibull 分布。本章选用第一种假定，并用 Weibull 分布作为稳健性检验，预期其系数为负，即随着时间的推移，企业在出口市场的风险率会下降；X 为影响企业出口贸易持续时间的解释变量，包括核心解释变量和控制变量；u 为个体随机效应，即未观测到的企业异质性（企业的管理能力、文化等），$u=\log(\nu)$，ν 服从正态分布。

二、指标选取与说明

除了核心解释变量外，我们还需要考虑企业层面的特征变量对企业出口生存风险的影响，结合已有出口企业生存分析文献，这里主要选取了如下企业特征作为控制变量：

企业全要素生产率（TFP）：生产率是决定企业生存率的一个重要因素（Stefano Costa，2014），本章采用 LP 法估算全要素生产率（Levinsohn & Petrin，2003）。很多研究生存分析的文献表明企业生产率水平与企业在出口市场的风险率负相关（陈勇兵等，2012；赵瑞丽等，2016），生产率高的企业，抵御出口风险的能力较强。

企业年龄（age）：采用企业当前年份减去成立年份加 1 再取对数来表示。一般来说，企业成立时间越长，相对拥有的资源和经验较多，更容易适应外部环境变化。然而，随着企业年龄的增加，企业的硬件设施等会出现老化，就中国企业而言，年龄大的企业还会面临一些历史遗留债务及人员等问题，在遇到不利冲击时，很难进行迅速调整（毛其淋等，2013）。

企业规模（size）：采用企业年均从业人员的对数衡量。很多经验研究表明企业从出口市场退出的风险率会随着企业规模的增加而降低。理论上说，组织生态学认为小规模企业存在“小的劣势”，小规模企业更易受外部冲击的影响，同时，在竞争高素质员工中不占优势，而且管理能力也相对较低。另外，企业规模越大，可以更好地发挥规模效应。所以，预期企业规模与企业在出口市场的风险率负相关。

企业平均工资（wage）：本章参考毛其淋等（2013）的做法，采用应付工资与应付福利额总和与企业年均从业人员之比的对数来衡量，并用2000为基期的居民消费物价指数对金额做了平减，以期消除通胀因素，使数据具有可比性。平均工资的高低可以反映一个企业的员工质量，工资水平高，更能吸引高质量的劳动力，有利于促进企业生产率的提高，可以降低企业的出口风险。

企业初始出口额（initial export）：采用企业首次出口年份的出口总额的对数来表示，先将出口美元按当年汇率折算为人民币，消除汇率波动对金额带来的影响，再用2000为基期的工业生产者出厂价格指数对出口额做平减，使数据具有可比性。一般认为，企业初始出口额越大，说明与交易方之间的信任度更高，越倾向于长期贸易往来（Besedeš & Prusa，2006b，Esteve - Pérez et al.，2013）。

企业是否有进口行为（m）：设置二元虚拟变量，有进口行为企业则为1，否则为0。进口中间品种类的增加也有助于提高企业生产效率，进口商可以通过使用更高质量的外国投入或通过提取进口中间产品和资本品中的技术来提高生产率。所以，具有双向贸易流的企业生产率水平会更高，相对抵御外部风险的能力越强，可以降低企业在出口市场的退出率。

除此之外，本章还控制了企业未观测到的个体特征和时间、地区、所有制、行业效应。由于不同时间区间的基准风险率不同，所以在回归中控制了时间效应，引入了时间虚拟变量；而不同地区、不同所有制、不同行业的企业出口持续时间有差异，所以在回归中也引入了东中西部、所有制及行业虚拟变量，同时还对企业未观测到的能力、文化背景等特征进行了控制。表7 - 4是主要变量的描述统计结果。

表7 - 4　　主要变量的描述统计

变量名称	变量的中文含义	观测值	均值	标准差	最小值	最大值
fail	企业是否退出出口市场	143170	0.154	0.361	0	1
HHI	产品多元化	143170	0.695	0.285	0.009	1
TFP	全要素生产率（LP法）	143170	5.584	1.041	-3.373	11.890
lnage	企业年龄对数	143170	1.906	0.774	0	7.604
Size	企业规模	143170	5.161	1.088	2.079	11.790
lnwage	企业平均工资对数	143091	2.617	0.594	-5.297	8.391
lnexp	企业初始出口额对数	143170	15.161	2.079	2.029	24.913
m	企业是否有进口行为	143170	0.586	0.493	0	1

资料来源：2001～2006年中国工业企业库和海关数据库匹配出的新出口企业。

三、实证研究结果

（一）多重共线性检验

本章首先就各自变量之间的多重共线性问题做了检验，各自变量的方差膨胀因子如表7-5所示。膨胀因子均值小于2，最大值远低于10，说明自变量之间的多重共线性在可控制范围内。

表7-5　各自变量的膨胀因子VIF值

变量	HHI	TFP	lnage	Size	lnwage	lnexp	m	Mean
VIF值	1.05	1.31	1.09	1.39	1.17	1.16	1.11	1.18

资料来源：笔者计算得到。

（二）基准回归

本章主要研究的是企业出口产品多元化水平对企业在出口市场持续时间的影响，采用cloglog离散时间模型进行分析。如果解释变量系数小于0，说明HHI指数的提高（即产品集中度水平提高）可以降低企业在出口市场的风险，有利于企业延长出口持续时间；如果系数大于0，则说明HHI指数的降低（即产品多元化水平的提高）会降低企业退出出口市场的概率，有助于延长企业出口的持续时间。表7-6给出了基本的回归结果。

表7-6　企业出口产品多元化对出口生存风险的影响

变量	未控制不可观测异质性				控制不可观测异质性		
	(1)	(2)	(3)	(4)	(5)	(6)	(7)
HHI	0.5580*** (20.28)	0.4005*** (14.51)	-0.5064*** (-3.36)	-0.5450*** (-3.58)	-0.5088*** (-2.71)	-0.5743*** (-3.44)	
HHI^2			0.8144*** (7.12)	0.7224*** (6.28)	0.7369*** (5.22)	0.7119*** (5.67)	
HHI_lag							-0.8777*** (-3.38)
HHI_lag^2							0.7927*** (4.03)
TFP		-0.0574*** (-7.11)		-0.0583*** (-7.17)	-0.0717*** (-7.73)	-0.0804*** (-9.48)	-0.1039*** (7.54)

续表

变量	未控制不可观测异质性				控制不可观测异质性		
	(1)	(2)	(3)	(4)	(5)	(6)	(7)
lnage		0.0569*** (6.03)		0.0569*** (6.04)	0.1687*** (12.55)	0.1562*** (13.74)	0.2032*** (9.87)
Size		-0.0959*** (-11.36)		-0.0955*** (-11.32)	-0.1083*** (-10.60)	-0.0703*** (-7.73)	-0.1170*** (-8.05)
lnwage		-0.0262* (-1.90)		-0.0260* (-1.89)	-0.0106 (-0.66)	-0.1713*** (-12.10)	-0.0467** (-1.96)
lnexp		-0.0866*** (-22.60)		-0.0859*** (-22.45)	-0.1223*** (-24.35)	-0.0984*** (-20.39)	-0.0303*** (-4.18)
m		-0.0487*** (-3.02)		-0.0491*** (-3.05)	-0.0457** (-2.25)	0.0384** (2.16)	-0.1488*** (-5.20)
lnj						-0.3169*** (-6.84)	
常数项	-1.4112*** (-22.61)	0.7180*** (7.02)	-1.1292*** (-15.42)	0.9590*** (8.78)	0.9712*** (5.76)	1.0214*** (8.94)	-0.0514 (-0.26)
地区	Yes	Yes	Yes	Yes	Yes	Yes	Yes
行业	Yes	Yes	Yes	Yes	Yes	Yes	Yes
所有权	Yes	Yes	Yes	Yes	Yes	Yes	Yes
年份	Yes	Yes	Yes	Yes	Yes	No	Yes
ρ					0.4692*** (0.000)	0.3120*** (0.000)	0.4495*** (0.000)
观测值	103004	102925	103004	102925	102925	143091	80965

注：***、**、*分别表示参数的估计值在1%、5%、10%的统计水平下显著，括号内数值为参数估计值的t值；Yes表示控制了地区、行业、所有权、年份效应；ρ表示未观测到的异质性方差占总误差方差的比例，ρ系数对应括号内系数为p值；回归结果报告的是系数的对数形式。

首先，为了验证假设1，表7-6第（1）列在控制地区、行业、所有权、年份效应基础上，加入了出口产品多元化指标，结果显示其系数在1%的水平上显著为正，说明企业出口产品集中度越高，风险越大。在此基础上，在回归中加入了其他控制变量，结果如表7-6第（2）列所示，HHI的系数依然显著，表明企业出口产品多元化水平的提高可以降低企业在出口市场的风险。接下来，我们想验证是否多元化程度与企业出口风险率之间存在非线性关系。所以在第（1）、第（2）列的回归基础上分别加入了企业出口产品多元化二次项。结果显示一次项系数在1%的水平上显著为负，二次项在1%的水平上显著为正，说明二者之间确实存在非线性关系。控制了企业未观测到的异质性之后，非线性关系依然显著。证实了假设3提出的企业出口产品多元化水平与企业出口生存风险率之间存在“U”型关系，过高的产品多元化水平和过于集中的产品出口都不利于企业在出口市场的贸易存续，因为过高的产品多元化容易增加企业的成本负担，过低的多元化又容易使企业受到外部风险冲击，适度的多元化既可以分散企业的外部风险，同时还可以使企业发挥规模经济效应。通过对第（5）列一次项、二次项系数的计算[-0.5088/(-2 ×0.7369)]，可以得到企业最佳的出口产品多元化 HHI 指数为 0.345。第（6）列是在控制未观测异质性下，假设基准风险率为 Weibull 分布得到的回归结果，可以看到核心解释变量系数依然显著，除此之外，持续时间对数 lnj 的系数为负并通过了 1% 水平显著性检验，说明随着企业在出口市场的持续时间增加，企业学习效应会发挥作用，使得企业在出口市场的风险率存在负时间依存性，证实了研究假设 2。

除此之外，可以从基准回归结果中看出，生产率越高、规模越大、初始出口额越高的企业在出口市场的风险率越低，而企业年龄则与企业的生存风险正相关，这与陈勇兵等（2012）、毛其淋等（2013）、赵瑞丽等（2016）研究结果一致，也许是年龄大的企业在面对外部冲击时，由于历史遗留问题很难进行迅速调整。同时，平均工资系数的显著性虽然不稳定，但是符号为负，说明平均工资越高的企业，出口生存风险越低。而企业是否有进口行为与企业生存风险之间的关系不确定。

四、稳健性分析

（一）内生性问题处理

在前面的基准回归中，除了核心解释变量外，我们尽可能地控制了企业层面的特征变量以及其他固定效应和企业个体特征。但是，企业当期的出口产品多元化水平可能会受到当期出口市场的需求变动等影响，从而反作用于企业，使企业提高了出口产品多元化水平来分散风险。所以，模型可能存在内生性问题。为了避免内生性的影响，我们选择企业出口产品多元化水平滞后一期作为原指标的工具变量，滞后一期的多元化水平与当期的多元化水平相关，但是与当期的企业生存风险无关，满足工具变量与扰动项无关的假定。参考赵瑞丽等（2016）对生存分析中内生性问题的处理，将滞后一期的出口多元化 HHI 指数直接代入模型中回归。重新回归的结果见表 7 -6 第（7）列，在控制企业不可观测异质性与其他固定效应后，滞后一期的出口产品多元化 HHI 指数与企业在出口市场的生存风险依然显著呈“U”型关系，其他控制变量的系数也与之前回归结果类似，说明我们得到的回归结果是稳健的。

（二）基于不同样本的稳健性检验

之前的回归结果都是采用全样本进行分析的，将企业的多个持续时间段视为独立。为了保证结果的稳健性，我们对第一个持续时间段的出口企业样本和仅有一个持续时间段的出口企业样本分别进行了实证分析。另外，考虑到贸易中间商多是代理行为，生产成本负担小，会有自己考虑出口行为选择的方式，易使结果产生偏差，所以将其从全样本中剔除①。结果如表7-7所示，第（1）、第（3）、第（5）列是未控制不可观测异质性的结果，第（2）、第（4）、第（6）列是控制企业个体特征的结果。可以看到，不考虑企业多个持续时间段的情况下，估计结果与表7-6第（4）、第（5）列类似。同时，采用剔除贸易中间商后的样本实证结果显示，企业出口产品多元化水平与出口生存风险率之间的"U"型关系依然显著。说明本章的基准回归结果不会因为样本的选取方法不同而产生异样，结果是稳健的。

表7-7　企业出口产品多元化对出口生存风险的影响——基于不同样本

变量	第一个持续时间段		仅有一个持续时间段		剔除贸易中间商	
	(1)	(2)	(3)	(4)	(5)	(6)
HHI	-0.5543*** (-3.57)	-0.5148*** (-2.69)	-0.6466*** (-3.82)	-0.6384*** (-2.90)	-0.5303*** (-3.47)	-0.4981** (-2.81)
HHI^2	0.7324*** (6.24)	0.7485*** (5.19)	0.8235*** (6.43)	0.8900*** (5.37)	0.7195*** (6.22)	0.7217*** (5.41)
TFP	-0.0570*** (-6.92)	-0.0704*** (-7.42)	-0.0775*** (-8.55)	-0.1004*** (-9.14)	-0.0588*** (-7.25)	-0.0688*** (-7.86)
lnage	0.0535*** (5.55)	0.1736*** (12.48)	0.0692*** (6.58)	0.2193*** (12.94)	0.0586*** (6.17)	0.1200*** (10.07)
Size	-0.1022*** (-11.87)	-0.1163*** (-11.11)	-0.1252*** (-13.06)	-0.1586*** (-12.86)	-0.0927*** (-10.87)	-0.1037*** (-10.85)
lnwage	-0.0325** (-2.33)	-0.0178 (-1.09)	-0.0448*** (-2.83)	-0.0351* (-1.83)	-0.0310** (-2.24)	-0.0237 (-01.57)
lnexp	-0.0853*** (-21.75)	-0.1214*** (-23.51)	-0.0879*** (-20.29)	-0.1308*** (-21.14)	-0.0863*** (-22.43)	-0.1155*** (-25.19)
m	-0.0483*** (-2.94)	-0.0435** (-2.09)	-0.0706*** (-3.94)	-0.0784*** (-3.27)	-0.0486** (-3.00)	-0.0458** (-2.40)
常数项	1.0005*** (8.95)	0.9838*** (7.08)	1.1067*** (8.88)	1.1135*** (6.81)	0.9600*** (8.74)	1.1178*** (8.89)
地区	Yes	Yes	Yes	Yes	Yes	Yes
行业	Yes	Yes	Yes	Yes	Yes	Yes
所有权	Yes	Yes	Yes	Yes	Yes	Yes

① 贸易中间商的剔除综合考虑了安德等（Ahn et al.，2011）、阿米蒂等（Amiti et al.，2012）的做法，将数据库中企业名称中含有"进出口""贸易""经贸""物流""工贸""科贸""外经"字样的企业从全样本中删除。

续表

变量	第一个持续时间段		仅有一个持续时间段		剔除贸易中间商	
	(1)	(2)	(3)	(4)	(5)	(6)
年份	Yes	Yes	Yes	Yes	Yes	Yes
ρ		0.4713 *** (0.000)		0.5571 *** (0.000)		0.3689 *** (0.000)
观测值	99695	99695	94022	94022	102107	102107

注：***、**、* 分别表示参数的估计值在1%、5%、10%的统计水平下显著，括号内数值为参数估计值的t值；Yes表示控制了地区、行业、所有权、年份效应；ρ表示未观测到的异质性方差占总误差方差的比例，ρ系数对应括号内系数为p值；回归结果报告的是系数的对数形式。

（三）基于不同测算方法的稳健性检验

考虑到之前的产品多元化水平HHI指数是基于海关HS 8位码进行计算的，可能会过分夸大企业出口多元化水平。所以，这里再次选择从HS 4位码水平重新对企业出口产品多元化HHI指数进行测算，作为稳健性检验；同时，参考祝树金等（2015）的研究，采用目前使用较多的另外一种测算多元化的方法——熵指数，测度企业出口产品多元化水平。用熵指数度量的出口产品多元化公式如下：

$$E = \sum_{s=1}^{N} p_s \ln\left(\frac{1}{p_s}\right) \tag{7-11}$$

其中，p_s 表示企业出口 s 产品占企业总出口的比重，N 是企业出口产品种类数。与HHI指数相反，熵值越大，企业出口多元化水平越高。如果企业只出口一种产品，则熵值为0，出口多元化水平最低。回归结果见表7-8，其中第（1）、第（2）列是HS 4位码下的出口多元化水平，第（3）、第（4）列是用熵指数衡量出口多元化水平，表7-8的回归结果与表7-6的回归结果相似。说明基准回归的结果不会因出口产品多元化测度方法的选取而改变，得到的实证结论是可靠的。

表7-8　企业出口产品多元化对企业出口生存风险的影响——基于不同测算方法

变量	HHI指数-HS 4位码		熵指数	
	(1)	(2)	(3)	(4)
E/HHI（4）	-0.3366 * (-1.90)	-0.3862 * (-1.94)	-0.4194 *** (-15.57)	-0.4732 *** (-14.00)
E^2/HHI^2（4）	0.5596 *** (4.29)	0.6060 *** (4.14)	0.1245 *** (9.99)	0.1385 *** (8.83)
TFP	-0.0562 *** (-6.96)	-0.0659 *** (-7.58)	-0.0577 *** (-7.16)	-0.0716 *** (-7.73)

续表

变量	HHI 指数 - HS 4 位码		熵指数	
	(1)	(2)	(3)	(4)
lnage	0.0565 *** (5.99)	0.1168 *** (9.89)	0.0574 *** (6.09)	0.1688 *** (12.58)
Size	-0.0973 *** (-11.52)	-0.1094 *** (-11.54)	-0.0951 *** (-11.27)	-0.1079 *** (-10.56)
lnwage	-0.0250 * (-1.82)	-0.0176 (-1.17)	-0.0258 * (-1.88)	-0.0104 (-0.65)
lnexp	-0.0859 *** (-22.40)	-0.1150 *** (-25.25)	-0.0841 *** (-21.93)	-0.1199 *** (-23.79)
m	-0.0495 *** (-3.08)	-0.0472 ** (-2.49)	-0.0474 *** (-2.94)	-0.0437 ** (-2.15)
常数项	0.8889 *** (7.87)	1.0862 *** (8.48)	1.1116 *** (11.36)	1.1690 *** (9.68)
地区	Yes	Yes	Yes	Yes
行业	Yes	Yes	Yes	Yes
所有权	Yes	Yes	Yes	Yes
年份	Yes	Yes	Yes	Yes
ρ		0.3646 *** (0.000)		0.4678 *** (0.000)
观测值	102925	102925	102925	102925

注：***、**、* 分别表示参数的估计值在 1%、5%、10% 的统计水平下显著，括号内数值为参数估计值的 t 值；Yes 表示控制了地区、行业、所有权、年份效应；ρ 表示未观测到的异质性方差占总误差方差的比例，ρ 系数对应括号内系数为 p 值；回归结果报告的是系数的对数形式。

五、异质性分析

（一）基于企业地区异质性的回归

为了验证假设 4，首先对不同地区的出口企业样本，考察了出口产品多元化与企业出口生存风险之间的关系。从表 7-9 中第（1）、第（3）、第（5）列可以看出，对于东中西部地区来说，降低出口产品集中度都可以显著地提高企业出口生存率。在回归中引入二次项后，只有东、中部地区系数显著，而对西部地区来说，二元关系并不成立，只有线性关系显著，可能是因为西部地区企业出口产品多元化水平整体偏低，出口过于集中，所以无法呈现非线性关系。这也说明对西部地区企业来说，提高其出口产品多元化水平对企业在出口市场的持续生存促进作用更大。通过计算可以发现，东部地区和中部地区的最佳出口产品多元化水平分别是0.327、0.523，东部地区的最佳多元化程度要比中部地区高。可能因为东部地区整体经济环境较好，出口企业整体实力较强，所以能适应更高水平的多元化。

表7-9　　企业出口产品多元化对出口生存风险的影响——基于不同地区

变量	东部		中部		西部	
	(1)	(2)	(3)	(4)	(5)	(6)
HHI	0.4612*** (12.44)	-0.4634** (-2.32)	0.4013*** (3.30)	-1.4271** (-2.06)	0.5915*** (3.76)	0.3286 (0.33)
HHI^2		0.7090*** (4.70)		1.3648*** (2.67)		0.1934 (0.27)
TFP	-0.0681*** (-6.75)	-0.0686*** (-6.81)	-0.0528* (-1.73)	-0.0526* (-1.73)	-0.1407*** (-3.70)	-0.1407*** (-3.70)
lnage	0.1868*** (12.23)	0.1859*** (12.20)	0.1029*** (3.00)	0.1027*** (3.00)	0.0787* (1.75)	0.0786* (1.75)
Size	-0.1287*** (-11.43)	-0.1283*** (-11.41)	-0.0160 (-0.50)	-0.0169 (-0.53)	0.0090 (0.23)	0.0092 (0.24)
lnwage	-0.0096 (-055)	-0.0097 (-056)	-0.0305 (-0.52)	-0.0277 (-0.52)	-0.0302 (-0.44)	-0.0304 (-0.44)
lnexp	-0.1239*** (-22.63)	-0.1228*** (-22.46)	-0.1224*** (-7.15)	-0.1226*** (-7.19)	-0.1287*** (-6.17)	-0.1286*** (-6.61)
m	-0.0339 (-1.54)	-0.0350 (-1.59)	-0.1674** (-2.39)	-0.1600** (-2.29)	-0.0260 (-0.29)	-0.0250 (-0.28)
常数项	0.8918*** (6.11)	1.1234*** (7.30)	0.5979 (1.61)	1.0955*** (2.65)	0.5097 (0.95)	0.5097 (0.95)
行业	Yes	Yes	Yes	Yes	Yes	Yes
所有权	Yes	Yes	Yes	Yes	Yes	Yes
年份	Yes	Yes	Yes	Yes	Yes	Yes
ρ	0.4907*** (0.000)	0.4887*** (0.000)	0.3565*** (0.000)	0.3523*** (0.000)	0.2624*** (0.000)	0.2619*** (0.000)
观测值	129236	129236	8935	8935	4920	4920

注：***、**、*分别表示参数的估计值在1%、5%、10%的统计水平下显著，括号内数值为参数估计值的t值；Yes表示控制了地区、行业、所有权、年份效应；ρ表示未观测到的异质性方差占总误差方差的比例，ρ系数对应括号内系数为p值；回归结果报告的是系数的对数形式。

（二）基于企业所有制异质性的回归

企业不同的隶属关系也会影响企业的出口表现，所以本章对不同所有制出口企业样本分别进行回归。从表7－10中可以看到，对不同的所有制企业，出口产品多元化的提高都可以降低其在出口市场的风险。接下来，考虑引入产品多元化的二次项模型，可以看到只有民营企业与港澳台企业出口产品多元化水平与企业出口生存风险之间的“U”型关系是显著的。所以，对民营企业和港澳台企业来说，提高企业出口产品多元化水平时，应该考虑适度的多元化水平，通过计算可以得到民营企业和港澳台企业的最佳多元化HHI指数分别为0.475和0.400。需要注意的是，这两类企业在2001～2006年整体出口产品HHI指数均处在“U”型曲线的右侧，所以都应该积极采取多元化策略。外资企业的二次关系不显著，这里认为可能是由于外资企业出口中加工贸易占比较多，而中国加工贸易深度不高，出口产品多集中于初级产品和劳动密集型产品，进而只能呈现线性关系的结果，这说明，加工贸易外资企业需要提高技术创新能力和加工深度，增加自己新产品的研发能力。国有企业也只有线性关系是显著的，这也与之前生存估计结果一致，国有企业出口产品整体集中度最高为0.731，在出口市场的风险率较大，因此，出口产品多元化对国有企业的促进作用会更明显。

表7－10　企业出口产品多元化对出口生存风险的影响——基于不同所有制

变量	国有企业		民营企业		外资企业		港澳台资企业	
	(1)	(2)	(3)	(4)	(5)	(6)	(7)	(8)
HHI	0.7211*** (3.76)	−0.7624 (−0.74)	0.4121*** (7.85)	−1.0695*** (−3.64)	0.4621*** (6.98)	0.5350 (1.49)	0.4757*** (7.28)	−0.7619** (−2.21)
HHI^2		1.1188 (1.46)		1.1257*** (5.11)		−0.0558 (−0.21)		0.9517*** (3.64)
TFP	−0.1773*** (−3.82)	−0.1770*** (−3.81)	0.0104 (0.67)	0.0096 (0.62)	−0.1293*** (−7.69)	−0.1293*** (−7.69)	−0.0958*** (−5.59)	−0.0966*** (−5.65)
lnage	−0.0061 (−0.11)	−0.0043 (−0.08)	0.0813*** (4.50)	0.0804*** (4.47)	0.1842*** (6.29)	0.1844*** (6.29)	0.2586*** (9.35)	0.2581*** (9.35)
Size	0.0704 (1.39)	0.0693 (1.36)	−0.0553*** (−3.48)	−0.0549*** (−3.47)	−0.1427*** (−7.28)	−0.1428*** (−7.28)	−0.1723*** (−8.55)	−0.1715*** (−8.52)
lnwage	−0.2608*** (−2.97)	−0.2613*** (−2.97)	−0.1248*** (−4.63)	−0.1245*** (−4.63)	0.0962*** (3.39)	0.0962*** (3.39)	−0.0041 (−0.14)	−0.0053 (−0.17)
lnexp	−0.0761*** (−3.12)	−0.0768*** (−3.14)	−0.1096*** (−13.82)	−0.1084*** (−13.71)	−0.1276*** (−13.62)	−0.1277*** (−13.61)	−0.1339*** (−13.98)	−0.1323*** (−13.84)
m	0.0570 (0.54)	0.0631 (0.59)	−0.0452 (−1.51)	−0.0481 (−1.61)	−0.0296 (−0.70)	−0.0296 (−0.70)	−0.1484*** (−3.85)	−0.1497*** (−3.89)

续表

变量	国有企业		民营企业		外资企业		港澳台资企业	
	(1)	(2)	(3)	(4)	(5)	(6)	(7)	(8)
常数项	1.0110* (1.93)	1.4162** (2.39)	−0.3801** (−2.19)	0.0069 (0.04)	0.1775 (0.88)	0.1591 (0.72)	0.4802** (2.22)	0.7917*** (3.41)
行业		Yes		Yes		Yes		Yes
所有权		Yes		Yes		Yes		Yes
年份		Yes		Yes		Yes		Yes
ρ	0.2561*** (0.000)	0.2568*** (0.000)	0.4087*** (0.000)	0.4045*** (0.000)	0.5416*** (0.000)	0.5418*** (0.000)	0.4589*** (0.000)	0.4571*** (0.000)
观测值	2278	2278	57323	57323	44239	44239	38251	39251

注：***、**、*分别表示参数的估计值在1%、5%、10%的统计水平下显著，括号内数值为参数估计值的t值；Yes表示控制了地区、行业、所有权、年份效应；ρ表示未观测到的异质性方差占总误差方差的比例，ρ系数对应括号内系数为p值；回归结果报告的是系数的对数形式。

（三）基于企业生产率异质性的回归

从前文回归中可以看到，生产率水平的高低显著影响了企业在出口市场的表现。考虑到多元化策略是企业自身的一项贸易行为选择，容易受到企业自身能力的影响，所以本章检验了企业出口产品多元化对出口生存的影响是否存在生产率异质性。由于对全样本而言，"U"型关系的存在不便考察异质性的影响，所以为了方便起见，本章将全样本分为两部分。从表7－5第（5）列产品多元化系数可以计算出企业最佳产品多元化指数为0.345，以0.345为分界线，将样本分为"U"型曲线左侧和右侧两部分，左侧是产品多元化水平较高的企业样本，右侧是产品集中度水平较高的企业样本。分别检测生产率异质性对这两组企业的影响。回归结果见表7－11。首先，可以看到，对于出口产品多元化水平较高的企业，多元化水平越高，企业出口生存风险也越高；而对于出口产品多元化水平较低的企业，集中度水平越高，企业出口生存风险越高，结果再次证实了出口产品多元化与企业出口生存风险之间"U"型关系的存在。其次，我们在模型中加入了生产率与企业多元化水平的交叉项（TFP×HHI），结果发现，对于出口产品多元化水平较高的企业，生产率越高，抵抗多元化带来的风险的能力越强，所以相对而言，生产率低的企业选择降低产品多元化水平，对企业在出口市场持续时间的促进作用会更大；对于出口产品多元化水平较低的企业，生产率越高，集中出口带来的风险相对较小，生产率低的企业则需要适度提高多元化水平。验证了之前提出的假设4，即生产率高的企业，可以更好地应对出口产品过于集中或过于分散的风险，而对于生产率低的企业，则要根据自己实际情况调整出口产品多元化程度来降低其在出口市场的生存风险。所以，企业出口产品多元化对出口生存的影响存在生产率异质性。

表7－11　　企业出口产品多元化对出口生存风险的影响——基于生产率异质性

变量	出口产品多元化水平较高企业样本（“U”型曲线左侧）		出口产品多元化水平较低企业样本（“U”型曲线右侧）	
	(1)	(2)	(3)	(4)
HHI	－3.9758*** (－2.60)	－4.3207** (－2.54)	0.6026*** (3.01)	0.8840*** (4.19)
TFP	－0.3040*** (－4.45)	－0.3287*** (－4.30)	－0.0219 (－0.17)	－0.0066 (－0.21)
TFP×HHI	0.7513*** (2.72)	0.7406** (2.44)	－0.0341 (－0.94)	－0.0690* (－1.83)
lnage	0.0205 (0.77)	0.0883** (2.46)	0.0614*** (6.09)	0.1655*** (11.79)
Size	－0.1389*** (－5.96)	－0.1684*** (－6.06)	－0.0919*** (－10.17)	－0.1034*** (－9.56)
lnwage	－0.0022 (－0.05)	0.0100 (0.22)	－0.0323** (－2.21)	－0.0158 (－0.93)
lnexp	0.0038 (0.26)	0.0114 (0.68)	－0.0936*** (－23.64)	－0.1296*** (－25.03)
m	0.0328 (0.72)	0.0466 (0.83)	－0.0661*** (－3.83)	－0.0691*** (－3.20)
常数项	1.0965** (2.27)	0.7577 (1.36)	05747*** (2.96)	0.4060* (1.92)
地区	Yes	Yes	Yes	Yes
行业	Yes	Yes	Yes	Yes
所有权	Yes	Yes	Yes	Yes
年份	Yes	Yes	Yes	Yes
ρ		0.4883*** (0.000)		0.4560*** (0.000)
观测值	15528	15528	87397	87397

注：***、**、*分别表示参数的估计值在1%、5%、10%的统计水平下显著，括号内数值为参数估计值的t值；Yes表示控制了地区、行业、所有权、年份效应；ρ表示未观测到的异质性方差占总误差方差的比例，ρ系数对应括号内系数为p值；回归结果报告的是系数的对数形式。

六、拓展性分析

在前述分析的基础上，我们接着观测了金融危机期间2008～2009年出口企业的生存数据，统计结果显示见表7－12，2009年企业的退出率整体都非常高，其中，出口产品多元化程度 HHI 指数处在中间位置的企业退出率相对较低，多元化程度过高或过低的企业退出率都相对较高。进而，我们对这部分涵盖金融危机期间的数据进行了实证检验，在 2000 ~ 2010 年匹配数据中共筛选出 2006 ~ 2010 年全样本新出口企业 44265 家企业①、96766 条观测值。限于数据，控制变量生产率测算我们选择用劳动生产率 Q/L 来代替，最后回归结果如表 7 - 13 所示，核心解释变量的回归结果与前文相符，也与 2008 年前后的实际生存观测数据结果相符，说明企业出口产品多元化程度与企业在出口市场的生存风险之间的"U"型关系是成立的。但是，企业的出口生存风险不再具有负的时间依赖性，这可能是由于金融危机期间有大量的企业退出出口市场，导致企业的生存风险随着时间的延长统计上表现为风险率的增加。

表 7 - 12　2008 ~ 2009 年出口企业在出口市场的退出率统计

年份	HHI 指数≤0.1		0.1 < HHI 指数 < 0.4		HHI 指数≥0.4	
	处在风险时间企业数目	退出率	处在风险时间企业数目	退出率	处在风险时间企业数目	退出率
2008	201	0.2637	5383	0.2601	26006	0.3017
2009	175	0.6343	5050	0.5899	23764	0.6277

表 7 - 13　出口产品多元化对企业出口生存风险的影响——基于金融危机期间数据分析

变量	未控制不可观测异质性				控制不可观测异质性	
	(1)	(2)	(3)	(4)	(5)	(6)
HHI	0.3833*** (16.64)	0.2463*** (11.23)	-0.5236*** (-3.93)	-0.4915*** (-3.95)	-0.4915*** (-3.70)	-0.4222*** (-3.30)
HHI^2			0.6860*** (6.90)	0.5585*** (5.98)	0.5585*** (5.64)	0.4956*** (5.18)
lnQ/L		-0.0645*** (-9.89)		-0.0640*** (-9.82)	-0.0640*** (-9.64)	-0.0977*** (-15.40)
lnage		-0.0566*** (-6.49)		-0.0569*** (-6.50)	-0.0567*** (-6.10)	0.1328*** (16.09)
Size		-0.0832*** (-13.51)		-0.0842*** (-13.66)	-0.0842*** (-13.36)	-0.1089*** (-18.24)

① 在 2001 ~ 2006 年的样本中 2006 年的数据是右删失的，所以我们将其纳入第二个样本观测期。

续表

变量	未控制不可观测异质性				控制不可观测异质性	
	（1）	（2）	（3）	（4）	（5）	（6）
lnwage		-0.4001*** (-68.63)		-0.3997*** (-68.55)	-0.3997*** (-72.49)	-0.4293*** (-86.07)
lnexp		-0.0214*** (-22.60)		-0.0204*** (-6.79)	-0.0202*** (-6.94)	-0.0172*** (-6.08)
m		0.3691*** (8.98)		0.3688*** (8.97)	0.3688** (9.31)	0.6203*** (19.89)
lnj						0.0391*** (2.96)
常数项	-1.3090*** (-14.21)	0.3631*** (3.00)	-1.0683*** (-10.84)	0.5484*** (4.40)	0.5485*** (4.65)	-0.1760 (-1.58)
地区	Yes	Yes	Yes	Yes	Yes	Yes
行业	Yes	Yes	Yes	Yes	Yes	Yes
所有权	Yes	Yes	Yes	Yes	Yes	Yes
年份	Yes	Yes	Yes	Yes	Yes	No
ρ					0.0011*** (0.000)	0.0037*** (0.000)
观测值	85784	85784	85784	85784	96323	96323

注：***、**、*分别表示参数的估计值在1%、5%、10%的统计水平下显著，括号内数值为参数估计值的t值；Yes表示控制了地区、行业、所有权、年份效应；ρ表示未观测到的异质性方差占总误差方差的比例，ρ系数对应括号内系数为p值；回归结果报告的是系数的对数形式。

第五节　结　　论

企业在国际市场的短期存在不利于出口贸易的稳定发展，稳定的供需关系更能促进出口贸易的长期发展。然而，中国企业出口产品集中度过高，对特定产品的依赖会导致出口与外部风险高度相关。本章根据罗伯茨和蒂布特（1997）的模型及伊尔马库纳斯和努尔米（2010）的出口收益和成本函数，构建了出口企业从出口市场退出的条件，在分析产品多元化对退出条件影响的基础上，提出研究假设。并通过中国工业企业数据库及海关数据库匹配出的2001～2006年新出口企业样本，采用HHI指数从水平维度测量产品层面的多元化水平，运用生存分析模型实证检验了出口产品多元化对企业出口贸易持续时间的影响。得到的结论与研究假设基本一致。主要有以下几点：

第一，出口产品多元化会影响企业在出口市场的生存表现。出口产品过于集中会使企业面临汇率、需求变动等外部风险，提高出口产品多元化程度可以降低企业在出口市场的风险，使得出口持续时间延长。但是多元化水平并不是越高越好，过高的多元化水平容易增加企业的组织生产和管理等成本负担，反而会对企业产生影响，不利于企业出口贸易关系的继续。所以企业出口产品多元化水平与企业在出口市场的风险率之间是“U”型关系，与企业在出口市场的持续时间呈倒“U”型关系。企业存在一个最佳的产品多元化水平。这个结果在考虑到内生性问题、不同的样本、不同的测算方法后依然稳健。

第二，企业在出口市场的生存风险存在负的时间依赖性。随着企业在出口市场的不断发展，企业将更多地了解市场信息并积累更多的出口经验，通过出口学习效应，促使企业提高抵御外部风险的能力，从而降低企业退出市场的可能性。

第三，企业出口产品多元化对出口生存时间的影响存在地区差异和所有制差异。分地区来看，我国东中部地区出口产品多元化与企业出口生存风险存在显著的“U”型关系，而西部地区只有线性关系显著，主要是因为西部地区出口企业整体产品集中度水平过高，所以需要提高其多元化水平来降低风险，增加其出口持续时间。分所有制来看，民营企业和港澳台投资企业出口产品多元化与企业出口生存风险之间的“U”型关系显著，但是对国有企业和外资企业仅线性关系显著，说明相对而言，国有企业和外资企业降低出口产品集中度更有利于其在出口市场生存率的提高。

第四，企业出口产品多元化对企业在出口市场的生存风险存在生产率异质性。生产率高的企业，抵御冲击能力较强，可以更好地应对出口产品过于集中或过于分散的风险。而对于生产率低的企业，则要根据自己实际情况调整出口产品多元化程度来降低其在出口市场的生存风险。如果其多元化水平过高，则需要降低多元化水平；如果集中度水平过高，则需要提高多元化水平；否则，容易退出出口市场。

第五，企业特征对企业在出口市场的生存风险的影响。生产率越高、规模越大、年龄越小、初始出口额越高的企业，退出出口市场的可能性越低，持续时间相对更长。

根据以上研究，我们对政府与企业双方都有针对性地提出了一些意见。

1. **政府层面**

（1）坚持贸易自由化和经济全球化。经济全球化浪潮下的利益分配不平衡，导致美国、英国等发达经济体开始担心贸易自由化给自己带来的不利影响，贸易保护主义和反全球化的势力正在逐步上升。自2008年金融危机后，世界经济一直处于放缓状态，随着各经济体对贸易自由化持更加谨慎的态度，国家参与国际贸易面临更加严峻的挑战，全球贸易秩序也面临新的大调整。中国作为发展中的大国，在面临巨大的外部压力下，更应该更加坚定地朝着正确的发展道路前进。从本章的实证结果中可以看到，一方面，出口机会可以为企业带来学习效应，使企业学习新技术、获得新能力、改善生产过程；另一方面，进口机会可以促使企业使用更高质量的外国投入或通过进口中间产品和资本品提取的技术来提高生产率，这都是受益于贸易自由化的国际市场环境。所以，作为贸易自由化和经济全球化的坚定支持者，中国政府应该坚持深化开放，要加强与其他国家的贸易互联性，积极推进国际经济新秩序建设，为企业创造一个良好的低贸易成本环境。

（2）形成科技创新的“开放观”。一直以来，我国的出口产品结构较为单一，以劳动密集型产品和低附加值产品为主，出口产品结构的调整需要重视。在开放经济环境背景下，国际市场充斥着各种风险因素，例如汇率波动、贸易摩擦、贸易政策变化、消费偏好变化等，出口产品结构越单一集中，越是容易受到外部风险的影响。优化出口商品结构，转向高附加值产品和高技术产品，这意味必须扩大出口“篮子”，增加新的出口产品，也要注重出口产品的质量，提高出口产品的核心竞争力。创新则是核心驱动力，是我们需要坚持的方向。习近平总书记在把握全球经济科技发展趋势的基础上，提出了“以全球视野谋划和推动创新”“积极融入全球创新网络”等重要论断，这些重要建议对深化推进科技创新开放发展提出了新要求，即要形成科技创新的“开放观”。这是习近平关于科技创新论述的重要内容。在新时代的条件下中国要加强全球创新资源互联互通、在更高起点上推进创新。政府应该切实把握开放合作，推进科技创新，鼓励大型央企和民企设立研发中心，鼓励中小企业研发新产品，对自主研发、自主创新的企业给予补贴，也要为企业引进新的高质量的中间品、新的技术等有利于创新的途径提供保障。

2. 企业层面

（1）适度多元化出口产品。从本章的实证结果可以看出，出口产品多元化可以分散企业的出口风险，促进企业在出口市场的稳定持续发展，但这并不意味着企业要盲目地拓展扩展边际，增加出口产品种类。不同地区、不同所有制企业发展情况不同，需要有针对性地进行出口产品结构调整。西部地区及国有企业集中度水平较高，整体在出口市场的生存率也较低，需要积极在出口市场中学习，把握新产品出口的溢出效应。同时，生产率较低的企业，要在自己的能力范围内组织生产和出口。对于当前多元化水平较高的企业，在享受出口规模扩张收益的同时，要注意培养自己核心产品竞争力，改进自己具有比较优势的产品，逐渐向高出口质量的发展模式转变，扩大自己的核心产品范围，而不是盲目地扩展自己的边缘产品。所以说，不同的企业自身情况不同，在选择多元化策略时，要考虑自身的生产能力、组织管理能力等，否则，过高水平的多元化反而容易使企业在遭受外部冲击时面临更大的风险。

（2）充分发挥区位优势。不同地区的企业所处的环境不同，经济政策背景有所差异，企业要善于把握自己独特的区位优势。东部地区多为沿海地区，国家设立了自由贸易实验区、自由贸易港口等，同时还出台了相关的优惠贸易政策，这些地区的企业拥有高水平的开放平台，所以要利用地理位置优势，把握发展新契机，通过高水平的开放推动企业高质量的发展。中西部属于内陆地区，基础条件不利于企业发展，从本章数据整理中也可以看到，中西部地区企业在出口市场的表现明显弱于东部企业。然而，从 2013 年开始，“一带一路”发展倡议的提出为中西部地区企业带来了福音，“一带一路”快车给中西部地区企业带来了出口新机遇。中西部地区要紧抓对外交流的新窗口，加强与“一带一路”沿线国家的合作，充分挖掘外贸发展潜力。

（3）把握国际市场机遇。已有很多文献表明企业在出口市场的贸易持续时间存在负的时间依赖性，主要是由在出口市场的学习效应引起的。所以对我国企业来说，要把握大开放机遇，尝试积极主动参与全球贸易，借助贸易投资便利化自由化的条件，迈向企业国际化。企业“走出去”“引进来”，可以通过在国际市场上学习如何让产品更符合国外消费者偏好，还可以借鉴国外优秀企业的组织管理经验；同时，企业还可以在国际市场上学习新的生产技术，可以改进生产流程，降低企业的生产成本。走过 40 多年改革开放历程的中国，正处在对外开放的新起点上，全面开放的新格局为企业创造了良好的对外交流环境。把握机遇，充分积累国际经验，将会有助于企业更好更快地发展。

附录

A　KSW 法理论框架

首先考虑消费者，设定消费者的效用函数 U 为以下形式：

$$U = [\sum_g (z_{ijgt} p_{ijgt})^{\frac{\sigma-1}{\sigma}}]^{\frac{\sigma}{\sigma-1}} \tag{1}$$

其中，z_{ijgt}表示第 t 年企业 i 出口到 j 国 g 商品的质量，p_{ijgt}表示第 t 年企业 i 出口到 j 国 g 商品的价格，$\sigma>1$ 为不同产品的替代弹性。对于每一 HS 编码下的产品种类来说，对应的需求函数如下：

$$q_{ijt} = z_{ijt}^{\sigma-1} p_{ijt}^{-\sigma} \frac{E_{jt}}{P_{jt}} \tag{2}$$

其中，E_{jt}为第 t 年 j 国消费每一类型商品的总支出，P_{jt}是第 t 年进口国的价格指数，对式（2）两边取对数可以得到式（3），如下：

$$\ln(q_{ijt}) = \ln E_{jt} + \ln P_{jt} - \sigma \ln p_{ijt} + (\sigma - 1)\ln z_{ijt} \tag{3}$$

其中，$\ln E_{jt} + \ln P_{jt}$为进口国—时间虚拟变量，随时间和进口国变化而变化。p_{ijt}表示第 t 年企业 i 向 j 国出口的每一种产品的价格，$(\sigma-1)\ln z_{ijt}$为想要测算的第 t 年企业 i 向 j 国出口每一种商品的产品质量，作为残差项处理。于是质量可以用以下式子进行表示：

$$quality_{ijt} = \ln\hat{z}_{ijt} = \frac{\ln q_{ijt} - \ln\hat{q}_{ijt}}{\sigma - 1} \tag{4}$$

B　2002～2012年中国31个省份工业出口复杂度情况

地区	2002年	2003年	2004年	2005年	2006年	2007年	2008年	2009年	2010年	2011年	2012年
北京	0. 237	0. 292	0. 414	0. 491	0. 494	0. 773	0. 718	0. 685	0. 714	0. 592	0. 379
天津	0. 245	0. 273	0. 484	0. 490	0. 436	0. 546	0. 545	0. 508	0. 532	0. 525	0. 302
河北	-0. 302	-0. 328	-0. 319	-0. 193	0. 027	0. 148	0. 209	0. 206	0. 232	0. 218	0. 146
辽宁	-0. 217	-0. 144	-0. 060	-0. 078	0. 004	0. 058	0. 138	0. 104	0. 067	0. 061	0. 084
上海	0. 012	0. 186	0. 360	0. 466	0. 528	0. 479	0. 533	0. 578	0. 548	0. 574	0. 327
江苏	0. 056	0. 217	0. 417	0. 554	0. 603	0. 520	0. 519	0. 575	0. 519	0. 491	0. 297
浙江	-0. 334	-0. 282	-0. 120	-0. 051	0. 035	0. 142	0. 166	0. 151	0. 093	0. 110	0. 097
福建	-0. 338	-0. 308	-0. 156	-0. 033	0. 016	0. 040	0. 057	0. 100	-0. 003	-0. 002	-0. 016
山东	-0. 555	-0. 508	-0. 364	-0. 286	-0. 187	-0. 046	0. 044	0. 073	0. 034	0. 029	0. 023
广东	0. 043	0. 142	0. 310	0. 419	0. 382	0. 398	0. 452	0. 550	0. 471	0. 468	0. 299
海南	-0. 844	-0. 784	-0. 836	-0. 720	-0. 942	-0. 915	-1. 138	-1. 112	-1. 018	-0. 666	-0. 447
东部	-0. 182	-0. 113	0. 012	0. 096	0. 127	0. 195	0. 204	0. 220	0. 199	0. 216	0. 136
山西	-0. 036	-0. 060	-0. 195	-0. 071	-0. 057	0. 240	0. 015	0. 308	0. 288	0. 278	0. 325
吉林	-0. 297	-0. 283	-0. 204	-0. 016	-0. 195	-0. 118	-0. 231	-0. 182	0. 040	0. 076	0. 097
黑龙江	-0. 715	-0. 906	-0. 661	-0. 667	-0. 550	-0. 557	-0. 530	-0. 217	-0. 276	-0. 226	-0. 223
安徽	-0. 293	-0. 242	-0. 125	-0. 096	-0. 036	0. 128	0. 166	0. 064	0. 122	0. 156	0. 111
江西	-0. 637	-0. 631	-0. 808	-0. 280	-0. 155	0. 050	0. 137	0. 077	0. 129	0. 043	0. 000
河南	-0. 334	-0. 296	-0. 197	-0. 186	-0. 171	0. 001	0. 053	0. 026	-0. 003	0. 238	0. 301
湖北	-0. 376	-0. 277	-0. 082	0. 000	0. 211	0. 211	0. 230	0. 233	0. 219	0. 236	0. 183
湖南	-0. 269	-0. 221	-0. 049	0. 008	0. 034	0. 137	0. 181	0. 176	0. 235	0. 237	0. 178
中部	-0. 370	-0. 364	-0. 290	-0. 164	-0. 115	0. 011	0. 003	0. 061	0. 094	0. 130	0. 121
内蒙古	-0. 669	-0. 650	-0. 606	-0. 318	-0. 353	-0. 194	-0. 222	-0. 339	-0. 227	-0. 138	-0. 111
广西	-0. 499	-0. 447	-0. 359	-0. 263	-0. 205	-0. 136	-0. 296	-0. 192	-0. 084	-0. 038	-0. 030
重庆	0. 366	0. 440	0. 389	0. 319	0. 477	0. 480	0. 424	0. 401	0. 327	0. 455	0. 296
四川	-0. 025	-0. 066	-0. 014	0. 109	0. 232	0. 289	0. 382	0. 464	0. 465	0. 632	0. 352

续表

地区	2002 年	2003 年	2004 年	2005 年	2006 年	2007 年	2008 年	2009 年	2010 年	2011 年	2012 年
贵州	-0.524	-0.477	-0.353	-0.337	-0.320	-0.327	-0.602	-0.078	-0.283	-0.320	-0.120
云南	-0.478	-0.498	-0.499	-0.397	-0.412	-0.358	-0.337	-0.368	-0.340	-0.373	-0.160
西藏	-0.536	-0.711	-0.734	-0.642	-0.624	-0.553	-0.651	-0.515	-0.736	-0.748	-0.418
陕西	-0.071	-0.034	-0.134	-0.109	-0.088	-0.018	0.113	0.209	0.422	0.370	0.253
甘肃	-0.459	-0.310	-0.254	-0.145	-0.171	0.038	-0.122	0.065	0.170	0.254	0.078
青海	-0.671	-0.676	-0.579	-0.647	-0.911	-0.423	-0.728	-0.544	-0.679	-0.557	-0.193
宁夏	-0.129	-0.125	-0.019	-0.039	-0.188	-0.051	-0.177	0.106	0.077	0.170	0.119
新疆	-1.193	-0.969	-0.904	-0.744	-0.761	-0.639	-0.752	-0.616	-0.698	-0.696	-0.332
西部	-0.407	-0.377	-0.339	-0.268	-0.277	-0.158	-0.247	-0.117	-0.132	-0.083	-0.022
全国	-0.317	-0.280	-0.202	-0.112	-0.092	0.011	-0.023	0.048	0.044	0.078	0.071

资料来源：本书第五章计算所得。

C　中国工业行业与协调编码货号对应表

工业行业	协调编码货号
煤炭开采和洗选业	2701，2702，2703
石油和天然气开采业	2709，2711，2714
黑色金属矿采选业	2601，2602，2610
有色金属矿采选业	2603，2604，2605，2606，2607，2608，2609，2611，2612，2613，2614，2615，2616，2617，2620
非金属矿采选业	2502，2503，2504，2505，2506，2507，2508，2509，2510，2511，2512，2513，2514，2515，2516，2517，2518，2519，2520，2521，2522，2523，2524，2525，2526，2528，2529，2530
食品加工和制造业	0201，0202，0203，0204，0205，0206，0207，0208，0209，0210，0303，0304，0305，0306，0401，0402，0403，0404，0405，0406，0407，0408，0710，0711，0712，0811，0812，0814，0901，1006，1501，1502，1503，1504，1505，1506，1507，1508，1509，1510，1511，1512，1513，1514，1515，1516，1517，1518，1520，1521，1522，1601，1602，1603，1604，1605，1701，1702，1703，1704，1801，1802，1803，1804，1805，1806，1901，1902，1903，1904，1905，2001，2002，2003，2004，2005，2006，2007，2008，2009，2101，2102，2103，2104，2105，2106，2209，2301，2302，2303，2304，2305，2306，2307，2308，2309
饮料制造业	0902，2201，2202，2203，2204，2205，2206，2207，2208
烟草加工业	2402，2403
纺织业	5001，5002，5003，5004，5005，5006，5007，5101，5102，5103，5104，5105，5106，5107，5108，5109，5110，5111，5112，5113，5201，5202，5203，5204，5205，5206，5207，5208，5209，5210，5211，5212，5301，5302，5303，5304，5305，5306，5307，5308，5309，5310，5311，5601，5602，5603，5604，5605，5606，5607，5608，5609，5701，5702，5703，5704，5705，5801，5802，5803，5804，5805，5806，5807，5808，5809，5810，5811，5901，5902，5903，5904，5905，5906，5907，5908，5909，5910，5911，6001，6002，6003，6004，6005，6006，6101，6102，6103，6104，6105，6106，6107，6108，6109，6110，6111，6112，6113，6114，6115，6116，6117，6301，6302，6303，6304，6305，6306，6307，6308，6309，6310
服装及其他纤维制品业	6201，6202，6203，6204，6205，6206，6207，6208，6209，6210，6211，6212，6213，6214，6215，6216，6217，6501，6502，6503，6504，6505，6506，6507
皮革毛皮羽绒及其制品	4104，4105，4106，4107，4112，4113，4114，4115，4201，4202，4203，4204，4205，4206，4302，4303，4304，6401，6402，6403，6404，6405，6406，6701，6703，6704，9404
木材加工及竹藤棕草制造业	4404，4405，4406，4407，4408，4409，4410，4411，4412，4413，4414，4415，4416，4417，4418，4419，4420，4421，4503，4504，4601，4602

续表

工业行业	协调编码货号
家具制造业	9401，9402，9403
造纸及纸制品业	4701，4702，4703，4704，4705，4706，4707，4801，4802，4803，4804，4805，4806，4807，4808，4809，4810，4811，4812，4813，4814，4815，4816，4817，4818，4819，4821，4822，4823
印刷业记录媒介的复制	4901，4902，4903，4904，4905，4906，4907，4908，4909，4910，4911
文教体育用品制造业	4820，9201，9202，9203，9204，9205，9206，9207，9208，9209，9506
石油加工与炼焦业	2704，2706，2707，2708，2710，2712，2713，2715
化学原料及化学制品制造业	1518，1520，2801，2802，2803，2804，2805，2806，2807，2808，2809，2810，2811，2812，2813，2814，2815，2816，2817，2818，2819，2820，2821，2822，2823，2824，2825，2826，2827，2828，2829，2830，2831，2832，2833，2834，2835，2836，2837，2838，2839，2840，2841，2842，2843，2844，2845，2846，2847，2848，2849，2850，2851，2901，2902，2903，2904，2905，2906，2907，2908，2909，2910，2911，2912，2913，2914，2915，2916，2917，2918，2919，2920，2921，2922，2923，2924，2925，2926，2927，2928，2929，2930，2931，2932，2933，2934，2935，2936，2937，2938，2939，2940，2941，2942，3101，3102，3103，3104，3105，3201，3202，3203，3204，3205，3206，3207，3208，3209，3210，3211，3212，3213，3214，3215，3301，3302，3303，3304，3305，3306，3307，3401，3402，3403，3404，3405，3406，3407，3501，3502，3503，3504，3505，3506，3507，3601，3602，3603，3604，3605，3606，3701，3702，3703，3704，3705，3706，3707，3801，3802，3803，3804，3805，3806，3807，3808，3809，3810，3811，3812，3813，3814，3815，3816，3817，3818，3819，3820，3821，3822，3823，3824，3825，3901，4002
医药制造业	3001，3002，3003，3004，3005，3006
化学纤维制造业	5401，5402，5403，5404，5405，5406，5407，5408，5501，5502，5503，5504，5505，5506，5507，5508，5509，5510，5511，5512，5513，5514，5515，5516
橡胶和塑料制品业	4003，4004，4005，4006，4007，4008，4009，4010，4011，4012，4013，4014，4015，4016，4017，3902
非金属矿物制品业	6801，6802，6803，6804，6805，6806，6807，6808，6809，6810，6811，6812，6813，6814，6815，6901，6902，6903，6904，6905，6906，6907，6908，6909，6910，6911，6912，6913，6914，7001，7002，7003，7004，7005，7006，7007，7008，7009，7010，7011，7012，7013，7014，7015，7016，7017，7018，7019，7020，9003，9004
黑色金属冶炼及压延加工业	2618，2619，7201，7202，7203，7204，7205，7206，7207，7208，7209，7210，7211，7212，7213，7214，7215，7216，7217，7218，7219，7220，7221，7222，7223，7224，7225，7226，7227，7228，7229，8111

续表

工业行业	协调编码货号
有色金属冶炼及压延加工业	7401，7402，7403，7404，7405，7406，7407，7408，7409，7410，7501，7502，7503，7504，7505，7506，7601，7602，7603，7604，7605，7606，7607，7801，7802，7803，7804，7901，7902，7903，7904，7905，8001，8002，8003，8004，8005，8101，8102，8103，8104，8105，8106，8107，8108，8109，8110，8112，8113
金属制品业	6601，7301，7302，7303，7304，7305，7306，7307，7308，7309，7310，7311，7312，7313，7314，7315，7316，7317，7318，7319，7320，7321，7322，7323，7324，7325，7326，7411，7412，7413，7414，7415，7416，7417，7418，7419，7507，7508，8201，8202，8203，8204，8205，8206，8207，8208，8209，8210，8211，8212，8213，8214，8215，8301，8302，8303，8304，8305，8306，8307，8308，8309，8310，8311，7608，7609，7610，7611，7612，7613，7614，7615，7616，7805，7806，7906，7907，8006，8007，9406
普通机械制造业	8401，8402，8403，8404，8405，8406，8407，8408，8409，8410，8411，8412，8413，8414，8416，8418，8419，8420，8452，8456，8457，8458，8459，8460，8461，8462，8463，8464，8465，8466，8467，8468，8480，8481，8482，8483，8484，8485
专业设备制造业	8417，8421，8422，8424，8425，8426，8427，8428，8429，8430，8431，8432，8433，8434，8435，8436，8437，8438，8439，8440，8441，8442，8443，8444，8445，8446，8447，8448，8449，8451，8453，8454，8455，8474，8475，8476，8477，8478，8479，9018，9019，9020，9021，9022
交通运输设备制造业	8601，8602，8603，8604，8605，8606，8607，8608，8609，8701，8702，8703，8704，8705，8706，8707，8708，8709，8710，8711，8712，8713，8714，8715，8716，8801，8802，8803，8804，8805，8901，8902，8903，8904，8905，8906，8907，8908
电器机械及器材制造业	8415，8450，8501，8502，8503，8504，8505，8506，8507，8509，8510，8511，8512，8513，8514，8515，8516，8530，8531，8532，8533，8534，8535，8536，8537，8538，8539，8544，8545，8546，8547，8548，9405
电子及通信设备制造业	8470，8471，8517，8518，8519，8520，8521，8522，8523，8524，8525，8526，8527，8528，8529，8540，8541，8542，8543
仪器仪表及文化办公用器械	8423，8469，8472，8473，9001，9002，9005，9006，9007，9008，9009，9010，9011，9012，9013，9014，9015，9016，9017，9023，9024，9025，9026，9027，9028，9029，9030，9031，9032，9033，9101，9102，9103，9104，9105，9106，9107，9108，9109，9110，9111，9112，9113，9114

资料来源：盛斌（2002）。

D　资源型、低、中、高技术行业分类

资源型行业	
有色金属矿采选业	黑色金属矿采选业
煤炭开采和洗选业	石油和天然气开采业
非金属矿采选业	
低技术行业	
文教体育用品制造业	纺织服装、鞋、帽制造业
造纸及纸制品业	食品加工和制造业
印刷业、记录媒介的复制	木材加工及木、竹、藤、棕、草制品业
皮革、毛皮、羽毛（绒）及其制品业	饮料制造业
家具制造业	烟草制品业
纺织业	
中技术行业	
非金属矿物制品业	金属制品业
黑色金属冶炼及压延加工业	橡胶和塑料制品业
有色金属冶炼及压延加工业	石油加工、炼焦及核燃料加工业
化学纤维制造业	
高技术行业	
仪器仪表及文化、办公用机械制造业	化学原料及化学制品制造业
通信设备、计算机及其他电子设备制造业	医药制造业
专用设备制造业	电气机械及器材制造业
通用设备制造业	交通运输设备制造业

资料来源：笔者以各行业研发强度为划分基础进一步整理得到。

E 2002～2012年中国31个省份四类工业行业出口复杂度

省份①	行业②	2002年	2003年	2004年	2005年	2006年	2007年	2008年	2009年	2010年	2011年	2012年
1	1	−0.744	−0.793	−0.946	−1.056	−1.050	−0.937	−1.310	−1.349	−1.486	−1.328	−0.690
1	2	−0.639	−0.677	−0.530	−0.542	−0.412	−0.400	−0.400	−0.388	−0.469	−0.444	−0.204
1	3	−0.144	−0.096	−0.060	−0.095	−0.134	−0.019	−0.018	−0.032	−0.005	−0.051	0.045
1	4	0.775	0.846	0.846	0.894	0.886	0.935	0.911	0.917	0.900	0.866	0.523
2	1	−0.791	−0.821	−1.054	−0.871	−1.170	−1.003	−1.255	−1.329	−1.171	−1.241	−0.901
2	2	−0.525	−0.636	−0.514	−0.599	−0.527	−0.477	−0.441	−0.369	−0.478	−0.464	−0.218
2	3	−0.103	−0.115	−0.052	−0.066	−0.042	−0.047	−0.085	−0.059	−0.028	−0.015	0.029
2	4	0.612	0.632	0.786	0.739	0.712	0.752	0.783	0.827	0.768	0.782	0.406
3	1	−0.374	−0.756	−0.743	−0.758	−1.029	−0.834	−0.842	−1.073	−0.369	−0.600	−0.589
3	2	−0.689	−0.516	−0.454	−0.499	−0.397	−0.465	−0.332	−0.259	−0.388	−0.317	−0.140
3	3	−0.119	−0.181	−0.118	−0.081	0.033	0.067	−0.006	−0.049	0.013	0.082	0.082
3	4	0.674	0.728	0.777	0.754	0.816	0.794	0.810	0.795	0.833	0.725	0.396
4	1	−0.596	−0.553	−0.931	−0.742	−0.235	−0.515	−0.645	−0.718	−0.561	−0.613	−0.300
4	2	−0.407	−0.428	−0.459	−0.449	−0.354	−0.341	−0.366	−0.343	−0.318	−0.291	−0.171
4	3	0.056	0.112	0.265	0.162	0.129	0.236	0.158	0.273	0.220	0.056	0.182
4	4	0.740	0.848	0.939	0.856	0.887	0.920	0.823	0.808	0.763	0.821	0.421
5	1	−0.542	−0.753	−0.532	−0.591	−0.839	−0.902	−0.620	−0.649	−0.520	−0.824	−0.666
5	2	−0.503	−0.469	−0.494	−0.497	−0.421	−0.426	−0.322	−0.291	−0.362	−0.366	−0.185
5	3	−0.373	−0.226	−0.254	−0.206	−0.123	0.070	−0.055	0.048	0.025	0.064	0.082
5	4	0.509	0.735	0.875	0.799	0.911	0.844	0.725	0.751	0.743	0.675	0.372
6	1	−0.784	−0.680	−0.722	−0.637	−0.779	−0.758	−1.063	−1.009	−0.879	−0.926	−0.815
6	2	−0.509	−0.605	−0.561	−0.567	−0.514	−0.469	−0.466	−0.429	−0.532	−0.495	−0.266
6	3	−0.237	−0.124	−0.081	−0.089	−0.072	−0.023	0.081	0.018	0.079	0.115	0.129

① 附录E省份代号1～31说明：1北京，2天津，3河北，4山西，5内蒙古，6辽宁，7吉林，8黑龙江，9上海，10江苏，11浙江，12安徽，13福建，14江西，15山东，16河南，17湖北，18湖南，19广东，20广西，21海南，22重庆，23四川，24贵州，25云南，26西藏，27陕西，28甘肃，29青海，30宁夏，31新疆。

② 附录E行业代号1～4说明：1资源型行业，2低技术行业，3中技术行业，4高技术行业。

续表

省份	行业	2002 年	2003 年	2004 年	2005 年	2006 年	2007 年	2008 年	2009 年	2010 年	2011 年	2012 年
6	4	0. 637	0. 681	0. 778	0. 793	0. 828	0. 788	0. 777	0. 851	0. 743	0. 671	0. 412
7	1	-0. 605	-0. 210	-0. 778	-1. 084	-1. 158	-0. 828	-0. 506	-0. 656	-0. 737	-0. 658	-0. 660
7	2	-0. 445	-0. 642	-0. 653	-0. 633	-0. 519	-0. 522	-0. 464	-0. 398	-0. 482	-0. 405	-0. 223
7	3	-0. 293	-0. 100	-0. 088	0. 122	0. 062	0. 064	-0. 012	0. 117	0. 198	0. 112	0. 175
7	4	0. 713	0. 884	0. 952	0. 943	0. 890	0. 840	0. 812	0. 930	0. 934	0. 866	0. 443
8	1	-0. 492	-0. 767	-0. 794	-0. 719	-1. 274	-0. 596	-0. 711	-1. 061	-0. 640	-1. 064	-0. 914
8	2	-0. 317	-0. 517	-0. 506	-0. 583	-0. 522	-0. 463	-0. 389	-0. 351	-0. 436	-0. 376	-0. 172
8	3	-0. 119	0. 050	0. 098	0. 025	0. 092	0. 140	0. 063	0. 122	0. 179	0. 251	0. 185
8	4	0. 627	0. 702	0. 705	0. 826	0. 732	0. 674	0. 739	0. 848	0. 706	0. 680	0. 391
9	1	-0. 585	-0. 663	-0. 857	-0. 972	-1. 018	-1. 011	-1. 158	-1. 167	-0. 881	-1. 207	-0. 717
9	2	-0. 589	-0. 609	-0. 563	-0. 562	-0. 499	-0. 441	-0. 441	-0. 395	-0. 471	-0. 457	-0. 213
9	3	-0. 130	-0. 108	-0. 076	-0. 072	-0. 054	0. 017	-0. 026	-0. 008	0. 037	0. 039	0. 039
9	4	0. 696	0. 730	0. 796	0. 787	0. 834	0. 816	0. 861	0. 879	0. 847	0. 839	0. 483
10	1	-0. 742	-0. 773	-0. 793	-0. 962	-1. 146	-1. 251	-1. 380	-1. 067	-1. 152	-1. 240	-0. 859
10	2	-0. 459	-0. 567	-0. 505	-0. 515	-0. 467	-0. 399	-0. 407	-0. 326	-0. 440	-0. 412	-0. 190
10	3	0. 000	-0. 011	0. 055	0. 112	0. 114	0. 161	0. 102	0. 104	0. 111	0. 144	0. 140
10	4	0. 665	0. 701	0. 827	0. 810	0. 853	0. 810	0. 817	0. 895	0. 878	0. 842	0. 489
11	1	-0. 542	-0. 741	-0. 635	-0. 792	-1. 286	-0. 992	-0. 840	-1. 411	-1. 313	-1. 282	-0. 966
11	2	-0. 714	-0. 745	-0. 712	-0. 687	-0. 631	-0. 562	-0. 555	-0. 491	-0. 580	-0. 559	-0. 292
11	3	-0. 115	-0. 074	0. 078	0. 120	0. 076	0. 163	0. 078	0. 154	0. 112	0. 150	0. 114
11	4	0. 716	0. 757	0. 849	0. 815	0. 866	0. 885	0. 896	0. 942	0. 914	0. 898	0. 514
12	1	-0. 364	-0. 775	-0. 577	-0. 691	-0. 595	-0. 529	-0. 509	-0. 723	-0. 726	-0. 545	-0. 235
12	2	-0. 639	-0. 677	-0. 691	-0. 676	-0. 635	-0. 617	-0. 617	-0. 554	-0. 598	-0. 609	-0. 349
12	3	-0. 126	-0. 231	-0. 180	-0. 162	-0. 162	0. 052	0. 095	0. 117	0. 126	-0. 013	0. 122
12	4	0. 662	0. 632	0. 758	0. 815	0. 845	0. 775	0. 818	0. 812	0. 876	0. 887	0. 488
13	1	-0. 243	-0. 149	-0. 401	-0. 567	-0. 902	-0. 656	-0. 839	-0. 848	-1. 070	-1. 462	-1. 026
13	2	-0. 766	-0. 802	-0. 738	-0. 695	-0. 627	-0. 536	-0. 535	-0. 482	-0. 587	-0. 533	-0. 280

续表

省份	行业	2002 年	2003 年	2004 年	2005 年	2006 年	2007 年	2008 年	2009 年	2010 年	2011 年	2012 年
13	3	-0. 302	-0. 247	-0. 121	-0. 141	-0. 217	-0. 073	-0. 146	-0. 062	-0. 121	-0. 039	0. 029
13	4	0. 549	0. 694	0. 762	0. 805	0. 847	0. 788	0. 767	0. 863	0. 807	0. 772	0. 414
14	1	-0. 321	-0. 396	-0. 167	-0. 167	-0. 728	-0. 406	-0. 108	-0. 576	-0. 326	-0. 078	-0. 376
14	2	-0. 711	-0. 811	-0. 695	-0. 669	-0. 575	-0. 458	-0. 555	-0. 381	-0. 449	-0. 468	-0. 279
14	3	-0. 233	-0. 336	-0. 178	-0. 021	0. 052	0. 234	0. 190	0. 157	0. 135	0. 104	-0. 003
14	4	0. 590	0. 617	0. 769	0. 770	0. 790	0. 775	0. 791	0. 784	0. 790	0. 739	0. 466
15	1	-0. 508	-0. 705	-0. 983	-1. 012	-1. 178	-0. 991	-0. 912	-1. 240	-1. 018	-1. 101	-1. 030
15	2	-0. 579	-0. 654	-0. 533	-0. 567	-0. 515	-0. 451	-0. 441	-0. 408	-0. 498	-0. 494	-0. 256
15	3	-0. 276	-0. 314	-0. 257	-0. 239	-0. 256	-0. 129	-0. 139	-0. 050	-0. 075	0. 014	0. 040
15	4	0. 519	0. 549	0. 697	0. 689	0. 706	0. 744	0. 744	0. 760	0. 728	0. 757	0. 429
16	1	-0. 334	-0. 917	-0. 537	-0. 402	-0. 798	-0. 729	-0. 245	-0. 924	-0. 653	-0. 643	-0. 451
16	2	-0. 579	-0. 638	-0. 463	-0. 508	-0. 580	-0. 518	-0. 544	-0. 510	-0. 581	-0. 575	-0. 326
16	3	0. 022	-0. 002	0. 050	0. 056	0. 027	0. 127	0. 128	0. 076	0. 219	0. 197	0. 199
16	4	0. 621	0. 681	0. 727	0. 731	0. 737	0. 704	0. 712	0. 812	0. 761	0. 730	0. 441
17	1	-0. 236	-0. 580	-0. 496	-0. 701	-1. 237	-0. 759	-1. 155	-0. 504	-0. 780	-0. 795	-0. 669
17	2	-0. 728	-0. 686	-0. 644	-0. 695	-0. 600	-0. 555	-0. 528	-0. 450	-0. 569	-0. 589	-0. 309
17	3	-0. 203	-0. 221	-0. 157	0. 047	0. 160	0. 158	0. 154	0. 089	0. 186	0. 167	0. 128
17	4	0. 781	0. 806	0. 860	0. 775	0. 812	0. 681	0. 688	0. 734	0. 662	0. 650	0. 406
18	1	-0. 081	-0. 037	-0. 045	-0. 510	-0. 523	-0. 820	-0. 316	-0. 847	-0. 318	-0. 848	-0. 446
18	2	-0. 625	-0. 630	-0. 586	-0. 627	-0. 564	-0. 531	-0. 504	-0. 416	-0. 536	-0. 516	-0. 266
18	3	0. 006	0. 029	0. 140	0. 078	0. 121	0. 069	-0. 021	0. 003	0. 130	0. 122	0. 100
18	4	0. 591	0. 640	0. 730	0. 714	0. 665	0. 692	0. 683	0. 805	0. 720	0. 733	0. 400
19	1	-0. 931	-0. 925	-1. 021	-0. 939	-1. 184	-0. 962	-1. 007	-1. 264	-1. 387	-1. 420	-0. 838
19	2	-0. 591	-0. 675	-0. 559	-0. 578	-0. 528	-0. 506	-0. 499	-0. 408	-0. 517	-0. 496	-0. 246
19	3	-0. 218	-0. 150	-0. 103	-0. 101	-0. 065	0. 011	-0. 040	0. 016	0. 028	0. 101	0. 086
19	4	0. 528	0. 597	0. 751	0. 749	0. 756	0. 776	0. 777	0. 858	0. 839	0. 843	0. 521
20	1	-0. 682	-0. 389	-1. 056	-0. 823	-0. 851	-1. 148	-1. 015	-1. 074	-0. 889	-1. 276	-0. 734

续表

省份	行业	2002 年	2003 年	2004 年	2005 年	2006 年	2007 年	2008 年	2009 年	2010 年	2011 年	2012 年
20	2	-0.639	-0.665	-0.678	-0.605	-0.512	-0.414	-0.476	-0.429	-0.608	-0.546	-0.284
20	3	-0.513	-0.348	-0.205	-0.131	-0.178	-0.176	-0.352	-0.224	-0.126	-0.092	-0.033
20	4	0.459	0.526	0.614	0.572	0.629	0.604	0.495	0.573	0.522	0.601	0.336
21	1	-0.328	-0.320	-0.585	-0.704	-0.996	-0.734	-0.906	-0.964	-0.767	-0.878	-0.672
21	2	-0.596	-0.675	-0.486	-0.502	-0.432	-0.380	-0.420	-0.286	-0.383	-0.267	-0.082
21	3	-0.316	-0.202	-0.124	-0.140	-0.146	-0.129	-0.304	-0.015	0.033	0.030	-0.020
21	4	0.776	0.671	0.728	0.624	0.610	0.649	0.525	0.598	0.702	0.715	0.362
22	1	-0.301	-0.091	-0.116	-0.240	-0.126	-0.083	-0.380	-0.160	0.027	-0.205	-0.119
22	2	-0.559	-0.533	-0.457	-0.527	-0.371	-0.346	-0.370	-0.379	-0.394	-0.416	-0.263
22	3	-0.189	-0.060	0.021	-0.008	-0.004	-0.098	-0.189	-0.160	0.077	0.019	-0.004
22	4	0.702	0.765	0.694	0.693	0.765	0.786	0.823	0.773	0.653	0.709	0.502
23	1	-0.374	-0.557	-0.771	-0.648	-0.795	-0.689	-0.810	-1.036	-0.878	-0.653	-0.387
23	2	-0.357	-0.615	-0.391	-0.381	-0.328	-0.283	-0.281	-0.325	-0.434	-0.407	-0.246
23	3	-0.093	-0.029	0.000	0.005	0.060	0.136	0.004	0.060	0.270	0.233	0.190
23	4	0.595	0.555	0.614	0.638	0.702	0.666	0.684	0.817	0.869	0.794	0.437
24	1	-0.513	-0.465	-0.551	-0.718	-0.748	-0.524	-0.372	-0.413	-0.295	-0.368	-0.547
24	2	-0.425	-0.539	-0.634	-0.473	-0.517	-0.385	-0.472	-0.377	-0.527	-0.389	-0.237
24	3	-0.258	-0.300	-0.186	-0.197	-0.053	0.110	-0.066	0.095	0.186	0.132	0.018
24	4	0.594	0.687	0.593	0.647	0.700	0.725	0.873	0.918	0.829	0.746	0.461
25	1	-0.752	-0.915	-0.846	-0.911	-0.980	-1.071	-0.973	-0.958	-0.736	-1.103	-0.493
25	2	-0.627	-0.690	-0.626	-0.636	-0.751	-0.667	-0.671	-0.560	-0.579	-0.556	-0.286
25	3	-0.264	-0.167	-0.111	-0.066	-0.174	-0.114	-0.277	-0.170	-0.150	-0.131	0.013
25	4	0.614	0.659	0.600	0.586	0.629	0.694	0.683	0.669	0.592	0.534	0.337
26	1	-0.133	-0.123	-0.114	-0.419	-0.216	-0.815	-0.506	-0.099	-0.232	-0.173	-0.029
26	2	-0.361	-0.542	-0.550	-0.324	-0.442	-0.455	-0.401	-0.246	-0.271	-0.477	-0.126
26	3	-0.214	-0.385	-0.205	-0.095	0.103	-0.005	0.031	0.080	0.131	0.092	0.072
26	4	0.489	0.539	0.685	0.651	0.730	0.673	0.624	0.800	0.649	0.701	0.443

续表

省份	行业	2002 年	2003 年	2004 年	2005 年	2006 年	2007 年	2008 年	2009 年	2010 年	2011 年	2012 年
27	1	-0.568	-0.561	-0.375	-0.604	-0.806	-0.957	-0.773	-0.334	-0.274	-0.587	-0.519
27	2	-0.448	-0.424	-0.402	-0.398	-0.522	-0.572	-0.355	-0.469	-0.399	-0.356	-0.214
27	3	-0.026	-0.008	0.012	0.042	-0.015	0.083	-0.051	0.060	0.225	0.160	0.118
27	4	0.509	0.600	0.679	0.788	0.739	0.622	0.654	0.698	0.749	0.642	0.424
28	1	-0.384	-0.505	-0.267	-0.429	-0.253	-0.216	-0.809	-0.607	-0.450	-0.607	-0.447
28	2	-0.521	-0.631	-0.521	-0.479	-0.371	-0.446	-0.352	-0.394	-0.403	-0.370	-0.176
28	3	-0.244	0.017	0.083	0.084	0.097	0.281	-0.011	-0.099	0.028	0.117	-0.069
28	4	0.617	0.787	0.703	0.767	0.789	0.715	0.770	0.975	0.862	0.737	0.475
29	1	-0.077	-0.418	-0.384	-0.519	-0.238	-0.145	-0.419	-0.652	-0.206	-0.620	-0.695
29	2	-0.532	-0.708	-0.626	-0.733	-0.651	-0.728	-0.366	-0.320	-0.265	-0.243	-0.181
29	3	-0.130	-0.311	-0.199	-0.223	-0.252	-0.039	-0.065	-0.293	-0.062	-0.002	0.082
29	4	0.807	0.709	1.021	0.907	0.741	0.750	0.874	0.844	0.869	0.810	0.228
30	1	-0.127	-0.267	-0.287	-0.255	-0.266	-0.162	-0.582	-0.355	-0.618	-0.731	-0.481
30	2	-0.539	-0.563	-0.483	-0.520	-0.396	-0.425	-0.550	-0.224	-0.302	-0.235	-0.114
30	3	-0.196	-0.118	0.018	0.013	-0.009	0.093	-0.030	0.224	0.008	-0.047	-0.051
30	4	0.814	0.816	0.881	0.831	0.815	0.720	0.872	0.851	0.896	0.752	0.464
31	1	-0.551	-0.727	-0.759	-1.087	-1.293	-0.848	-0.888	-0.566	-0.701	-1.018	-0.724
31	2	-0.755	-0.733	-0.616	-0.481	-0.460	-0.356	-0.412	-0.302	-0.414	-0.526	-0.268
31	3	-0.168	-0.126	-0.086	-0.005	-0.058	0.024	-0.046	0.101	0.048	0.014	0.057
31	4	0.427	0.467	0.486	0.600	0.663	0.695	0.669	0.745	0.708	0.680	0.376

资料来源：本书第五章计算所得。

F　2002~2012年中国31个省份四类工业行业产出波动①

省份	行业	2002年	2003年	2004年	2005年	2006年	2007年	2008年	2009年	2010年	2011年	2012年
1	1	0.458	0.407	0.353	0.296	0.247	0.222	0.245	0.313	0.386	0.448	0.502
1	2	0.157	0.153	0.136	0.108	0.097	0.115	0.149	0.179	0.185	0.169	0.153
1	3	0.202	0.180	0.132	0.084	0.077	0.092	0.119	0.148	0.167	0.171	0.152
1	4	0.303	0.278	0.248	0.219	0.190	0.164	0.141	0.120	0.103	0.089	0.078
2	1	0.365	0.289	0.332	0.409	0.466	0.483	0.457	0.389	0.310	0.260	0.239
2	2	0.074	0.079	0.093	0.112	0.129	0.160	0.200	0.229	0.236	0.243	0.254
2	3	0.222	0.212	0.197	0.186	0.191	0.196	0.193	0.189	0.184	0.180	0.178
2	4	0.325	0.313	0.296	0.273	0.244	0.214	0.193	0.192	0.186	0.169	0.148
3	1	0.206	0.205	0.206	0.249	0.287	0.290	0.253	0.191	0.128	0.088	0.073
3	2	0.234	0.239	0.241	0.240	0.238	0.239	0.241	0.239	0.225	0.202	0.177
3	3	0.244	0.234	0.220	0.208	0.201	0.197	0.193	0.185	0.170	0.152	0.135
3	4	0.291	0.293	0.294	0.292	0.284	0.270	0.248	0.217	0.186	0.162	0.148
4	1	0.220	0.216	0.234	0.274	0.293	0.282	0.246	0.210	0.193	0.172	0.144
4	2	0.267	0.227	0.196	0.188	0.206	0.228	0.250	0.252	0.224	0.181	0.143
4	3	0.208	0.184	0.169	0.176	0.199	0.228	0.241	0.219	0.162	0.097	0.082
4	4	0.298	0.292	0.280	0.262	0.239	0.222	0.207	0.187	0.158	0.139	0.131
5	1	0.503	0.479	0.443	0.401	0.360	0.328	0.305	0.288	0.268	0.243	0.220
5	2	0.414	0.405	0.386	0.363	0.339	0.312	0.284	0.258	0.227	0.193	0.162
5	3	0.377	0.370	0.368	0.370	0.370	0.349	0.303	0.249	0.208	0.169	0.132
5	4	0.575	0.521	0.469	0.419	0.378	0.333	0.280	0.228	0.183	0.156	0.146
6	1	0.248	0.263	0.285	0.305	0.314	0.301	0.261	0.208	0.156	0.104	0.082
6	2	0.293	0.255	0.225	0.286	0.331	0.286	0.320	0.443	0.460	0.371	0.292
6	3	0.275	0.260	0.270	0.284	0.289	0.254	0.230	0.258	0.242	0.178	0.131
6	4	0.308	0.331	0.356	0.365	0.346	0.307	0.255	0.193	0.126	0.077	0.078

①　附录F省份代号和行业代号与附录E相同。

续表

省份	行业	2002年	2003年	2004年	2005年	2006年	2007年	2008年	2009年	2010年	2011年	2012年
7	1	0.314	0.349	0.380	0.391	0.372	0.328	0.278	0.223	0.170	0.135	0.125
7	2	0.339	0.349	0.360	0.366	0.362	0.350	0.331	0.304	0.271	0.237	0.208
7	3	0.201	0.218	0.241	0.261	0.269	0.262	0.247	0.230	0.214	0.198	0.178
7	4	0.229	0.252	0.293	0.337	0.366	0.368	0.343	0.297	0.245	0.199	0.167
8	1	0.251	0.231	0.229	0.236	0.240	0.233	0.220	0.214	0.198	0.183	0.162
8	2	0.405	0.342	0.288	0.254	0.240	0.237	0.237	0.239	0.244	0.242	0.229
8	3	0.306	0.270	0.242	0.228	0.226	0.227	0.211	0.181	0.147	0.129	0.118
8	4	0.349	0.307	0.260	0.211	0.162	0.121	0.106	0.101	0.086	0.085	0.101
9	1	0.239	0.228	0.227	0.216	0.186	0.146	0.104	0.069	0.045	0.039	0.039
9	2	0.173	0.161	0.141	0.116	0.095	0.083	0.082	0.091	0.096	0.093	0.087
9	3	0.164	0.144	0.116	0.089	0.068	0.053	0.040	0.031	0.026	0.024	0.023
9	4	0.282	0.263	0.238	0.209	0.179	0.150	0.122	0.095	0.071	0.055	0.050
10	1	0.119	0.122	0.126	0.121	0.120	0.123	0.139	0.179	0.232	0.266	0.269
10	2	0.239	0.238	0.231	0.217	0.200	0.183	0.172	0.180	0.192	0.200	0.191
10	3	0.290	0.275	0.252	0.223	0.194	0.170	0.153	0.145	0.143	0.143	0.144
10	4	0.344	0.327	0.305	0.303	0.309	0.300	0.270	0.225	0.183	0.163	0.153
11	1	0.408	0.283	0.164	0.093	0.067	0.063	0.073	0.097	0.124	0.141	0.150
11	2	0.253	0.235	0.211	0.182	0.152	0.127	0.110	0.102	0.097	0.093	0.088
11	3	0.323	0.289	0.245	0.200	0.163	0.137	0.121	0.111	0.105	0.101	0.097
11	4	0.335	0.312	0.279	0.239	0.200	0.169	0.146	0.129	0.115	0.106	0.102
12	1	0.184	0.208	0.235	0.256	0.265	0.257	0.236	0.207	0.177	0.154	0.140
12	2	0.259	0.286	0.319	0.349	0.368	0.372	0.363	0.340	0.307	0.273	0.245
12	3	0.291	0.279	0.268	0.262	0.260	0.258	0.252	0.242	0.230	0.220	0.213
12	4	0.304	0.318	0.338	0.357	0.369	0.370	0.358	0.330	0.294	0.261	0.239
13	1	0.318	0.307	0.290	0.269	0.238	0.197	0.148	0.100	0.074	0.063	0.058
13	2	0.294	0.286	0.275	0.265	0.255	0.248	0.244	0.242	0.234	0.221	0.205
13	3	0.267	0.267	0.263	0.255	0.247	0.242	0.237	0.233	0.231	0.234	0.239

续表

省份	行业	2002 年	2003 年	2004 年	2005 年	2006 年	2007 年	2008 年	2009 年	2010 年	2011 年	2012 年
13	4	0. 317	0. 290	0. 265	0. 245	0. 229	0. 215	0. 198	0. 176	0. 155	0. 142	0. 135
14	1	0. 433	0. 394	0. 340	0. 280	0. 220	0. 167	0. 128	0. 110	0. 112	0. 123	0. 133
14	2	0. 426	0. 431	0. 426	0. 412	0. 391	0. 365	0. 340	0. 318	0. 297	0. 277	0. 256
14	3	0. 380	0. 362	0. 330	0. 286	0. 238	0. 197	0. 178	0. 192	0. 224	0. 248	0. 252
14	4	0. 348	0. 363	0. 380	0. 391	0. 394	0. 385	0. 365	0. 333	0. 297	0. 265	0. 244
15	1	0. 241	0. 222	0. 197	0. 169	0. 142	0. 120	0. 103	0. 095	0. 095	0. 099	0. 101
15	2	0. 362	0. 341	0. 312	0. 278	0. 246	0. 220	0. 201	0. 187	0. 174	0. 157	0. 142
15	3	0. 327	0. 310	0. 283	0. 251	0. 228	0. 214	0. 210	0. 209	0. 203	0. 192	0. 180
15	4	0. 402	0. 386	0. 359	0. 324	0. 285	0. 249	0. 219	0. 198	0. 185	0. 176	0. 167
16	1	0. 347	0. 324	0. 283	0. 237	0. 225	0. 215	0. 190	0. 192	0. 202	0. 193	0. 181
16	2	0. 288	0. 262	0. 253	0. 297	0. 325	0. 280	0. 323	0. 487	0. 559	0. 515	0. 442
16	3	0. 303	0. 280	0. 281	0. 288	0. 273	0. 215	0. 174	0. 220	0. 256	0. 250	0. 234
16	4	0. 366	0. 365	0. 357	0. 339	0. 312	0. 283	0. 257	0. 233	0. 214	0. 204	0. 200
17	1	0. 126	0. 152	0. 200	0. 240	0. 255	0. 249	0. 251	0. 243	0. 219	0. 182	0. 150
17	2	0. 127	0. 161	0. 210	0. 257	0. 299	0. 335	0. 359	0. 362	0. 344	0. 315	0. 290
17	3	0. 147	0. 172	0. 201	0. 230	0. 253	0. 269	0. 272	0. 262	0. 238	0. 208	0. 182
17	4	0. 219	0. 249	0. 279	0. 299	0. 310	0. 311	0. 300	0. 281	0. 261	0. 244	0. 230
18	1	0. 272	0. 280	0. 285	0. 284	0. 279	0. 273	0. 254	0. 203	0. 197	0. 216	0. 231
18	2	0. 330	0. 347	0. 359	0. 363	0. 359	0. 345	0. 321	0. 286	0. 247	0. 212	0. 187
18	3	0. 239	0. 242	0. 242	0. 239	0. 236	0. 232	0. 223	0. 204	0. 180	0. 159	0. 147
18	4	0. 310	0. 323	0. 346	0. 374	0. 395	0. 398	0. 377	0. 332	0. 278	0. 229	0. 198
19	1	0. 150	0. 196	0. 246	0. 310	0. 334	0. 267	0. 217	0. 224	0. 207	0. 187	0. 182
19	2	0. 226	0. 223	0. 219	0. 210	0. 198	0. 182	0. 165	0. 147	0. 130	0. 119	0. 112
19	3	0. 274	0. 274	0. 261	0. 230	0. 190	0. 151	0. 126	0. 114	0. 108	0. 105	0. 103
19	4	0. 338	0. 319	0. 291	0. 254	0. 216	0. 194	0. 177	0. 158	0. 138	0. 121	0. 115
20	1	0. 160	0. 171	0. 184	0. 197	0. 198	0. 202	0. 220	0. 244	0. 268	0. 279	0. 272
20	2	0. 358	0. 389	0. 419	0. 433	0. 429	0. 413	0. 389	0. 352	0. 303	0. 252	0. 214

续表

省份	行业	2002 年	2003 年	2004 年	2005 年	2006 年	2007 年	2008 年	2009 年	2010 年	2011 年	2012 年
20	3	0. 339	0. 335	0. 320	0. 301	0. 299	0. 331	0. 356	0. 351	0. 316	0. 265	0. 233
20	4	0. 281	0. 265	0. 273	0. 287	0. 304	0. 317	0. 316	0. 301	0. 280	0. 259	0. 241
21	1	0. 525	0. 425	0. 304	0. 197	0. 124	0. 089	0. 075	0. 066	0. 065	0. 070	0. 078
21	2	0. 341	0. 312	0. 239	0. 212	0. 250	0. 257	0. 220	0. 161	0. 120	0. 149	0. 182
21	3	0. 227	0. 244	0. 255	0. 243	0. 218	0. 207	0. 203	0. 198	0. 185	0. 180	0. 186
21	4	0. 288	0. 231	0. 198	0. 243	0. 296	0. 333	0. 337	0. 321	0. 264	0. 200	0. 207
22	1	0. 241	0. 275	0. 397	0. 480	0. 479	0. 394	0. 272	0. 185	0. 127	0. 111	0. 143
22	2	0. 316	0. 307	0. 308	0. 342	0. 378	0. 399	0. 398	0. 376	0. 340	0. 302	0. 273
22	3	0. 298	0. 284	0. 303	0. 312	0. 310	0. 298	0. 276	0. 250	0. 234	0. 234	0. 243
22	4	0. 344	0. 317	0. 301	0. 299	0. 305	0. 311	0. 306	0. 290	0. 269	0. 252	0. 242
23	1	0. 327	0. 351	0. 378	0. 391	0. 377	0. 333	0. 284	0. 234	0. 176	0. 125	0. 103
23	2	0. 348	0. 363	0. 378	0. 384	0. 377	0. 354	0. 319	0. 271	0. 221	0. 180	0. 154
23	3	0. 360	0. 353	0. 343	0. 327	0. 302	0. 270	0. 235	0. 201	0. 175	0. 159	0. 151
23	4	0. 347	0. 351	0. 354	0. 345	0. 322	0. 287	0. 248	0. 209	0. 181	0. 162	0. 148
24	1	0. 249	0. 239	0. 219	0. 200	0. 218	0. 249	0. 287	0. 319	0. 341	0. 352	0. 355
24	2	0. 271	0. 259	0. 235	0. 234	0. 269	0. 320	0. 375	0. 422	0. 454	0. 470	0. 476
24	3	0. 302	0. 278	0. 251	0. 219	0. 206	0. 224	0. 244	0. 257	0. 265	0. 270	0. 270
24	4	0. 246	0. 230	0. 210	0. 195	0. 189	0. 190	0. 198	0. 209	0. 227	0. 253	0. 277
25	1	0. 288	0. 300	0. 311	0. 325	0. 337	0. 332	0. 300	0. 246	0. 187	0. 131	0. 087
25	2	0. 190	0. 220	0. 251	0. 270	0. 280	0. 327	0. 381	0. 408	0. 402	0. 371	0. 337
25	3	0. 356	0. 341	0. 311	0. 273	0. 238	0. 210	0. 190	0. 177	0. 163	0. 145	0. 130
25	4	0. 221	0. 228	0. 230	0. 225	0. 209	0. 187	0. 166	0. 154	0. 151	0. 154	0. 162
26	1	0. 244	0. 269	0. 284	0. 264	0. 222	0. 176	0. 130	0. 099	0. 106	0. 134	0. 158
26	2	0. 276	0. 266	0. 250	0. 218	0. 182	0. 182	0. 204	0. 217	0. 210	0. 190	0. 189
26	3	0. 538	0. 448	0. 332	0. 222	0. 136	0. 076	0. 077	0. 124	0. 151	0. 153	0. 168
26	4	0. 216	0. 256	0. 275	0. 225	0. 163	0. 124	0. 094	0. 090	0. 118	0. 150	0. 176
27	1	0. 298	0. 281	0. 270	0. 259	0. 250	0. 256	0. 268	0. 280	0. 291	0. 299	0. 302

续表

省份	行业	2002 年	2003 年	2004 年	2005 年	2006 年	2007 年	2008 年	2009 年	2010 年	2011 年	2012 年
27	2	0. 210	0. 238	0. 266	0. 290	0. 312	0. 325	0. 331	0. 330	0. 328	0. 324	0. 317
27	3	0. 310	0. 337	0. 360	0. 376	0. 385	0. 379	0. 358	0. 324	0. 283	0. 240	0. 205
27	4	0. 241	0. 243	0. 242	0. 236	0. 226	0. 216	0. 205	0. 190	0. 171	0. 154	0. 154
28	1	0. 187	0. 176	0. 163	0. 175	0. 189	0. 203	0. 224	0. 249	0. 262	0. 256	0. 234
28	2	0. 190	0. 172	0. 146	0. 121	0. 114	0. 149	0. 192	0. 219	0. 236	0. 249	0. 250
28	3	0. 352	0. 300	0. 241	0. 197	0. 184	0. 211	0. 225	0. 221	0. 212	0. 206	0. 206
28	4	0. 158	0. 157	0. 159	0. 170	0. 180	0. 189	0. 190	0. 181	0. 168	0. 157	0. 155
29	1	0. 243	0. 246	0. 249	0. 251	0. 248	0. 242	0. 248	0. 234	0. 178	0. 136	0. 149
29	2	0. 378	0. 329	0. 333	0. 331	0. 340	0. 348	0. 359	0. 382	0. 373	0. 333	0. 320
29	3	0. 358	0. 324	0. 328	0. 339	0. 331	0. 303	0. 269	0. 237	0. 205	0. 183	0. 204
29	4	0. 419	0. 363	0. 305	0. 247	0. 201	0. 180	0. 184	0. 210	0. 244	0. 270	0. 281
30	1	1. 579	1. 082	0. 590	0. 254	0. 185	0. 190	0. 191	0. 201	0. 228	0. 258	0. 276
30	2	1. 874	1. 176	0. 563	0. 209	0. 230	0. 317	0. 329	0. 312	0. 301	0. 325	0. 361
30	3	2. 048	1. 275	0. 603	0. 187	0. 218	0. 310	0. 319	0. 287	0. 245	0. 205	0. 173
30	4	2. 028	1. 260	0. 591	0. 199	0. 228	0. 318	0. 323	0. 283	0. 228	0. 179	0. 146
31	1	0. 261	0. 263	0. 253	0. 231	0. 212	0. 205	0. 193	0. 170	0. 138	0. 107	0. 087
31	2	0. 269	0. 228	0. 184	0. 144	0. 113	0. 100	0. 112	0. 134	0. 163	0. 195	0. 220
31	3	0. 291	0. 287	0. 277	0. 268	0. 262	0. 259	0. 261	0. 273	0. 279	0. 278	0. 265
31	4	0. 408	0. 366	0. 312	0. 269	0. 235	0. 209	0. 210	0. 247	0. 301	0. 325	0. 300

资料来源：本书第五章计算所得。

参考文献

[1] 白重恩、钱震杰、武康平：《中国工业部门要素分配份额决定因素研究》，载于《经济研究》2008 年第 8 期。

[2] 包群、叶宁华、邵敏：《出口学习、异质性匹配与企业生产率的动态变化》，载于《世界经济》2014 年第 4 期。

[3] 蔡庆丰、田霖、郭俊峰：《民营企业家的影响力与企业的异地并购——基于中小板企业实际控制人政治关联层级的实证发现》，载于《中国工业经济》2017 年第 3 期。

[4] 曾铖、李元旭：《试论企业家精神驱动经济增长方式转变——基于我国省级面板数据的实证研究》，载于《上海经济研究》2017 年第 10 期。

[5] 陈刚：《管制与创业——来自中国的微观证据》，载于《管理世界》2015 年第 5 期。

[6] 陈欢、王燕：《国际贸易与中国技术进步方向——基于制造业行业的经验研究》，载于《经济评论》2015 年第 3 期。

[7] 陈俊聪：《对外直接投资对服务出口技术复杂度的影响——基于跨国动态面板数据模型的实证研究》，载于《国际贸易问题》2015 年第 12 期。

[8] 陈蓉：《进出口产品多样化对产出波动的影响——基于中国制造业的经验研究》，载于《财经理论研究》2017 年第 2 期。

[9] 陈诗一：《中国工业分行业统计数据估算：1980 - 2008》，载于《经济学》（季刊）2011 年第 3 期。

[10] 陈维涛、王永进、毛劲松：《出口技术复杂度、劳动力市场分割与中国的人力资本投资》，载于《管理世界》2014 年第 2 期。

[11] 陈晓玲、连玉君：《资本—劳动替代弹性与地区经济增长——德拉格兰德维尔假说的检验》，载于《经济学》（季刊）2013 年第 1 期。

[12] 陈晓玲、徐舒、连玉君：《要素替代弹性、有偏技术进步对我国工业能源强度的影响》，载于《数量经济技术经济研究》2015 年第 3 期。

[13] 陈勇兵、李伟、蒋灵多：《中国出口产品的相对质量在提高吗？——来自欧盟 HS - 6 位数进口产品的证据》，载于《世界经济文汇》2012 年第 4 期。

[14] 陈勇兵、李燕、周世民：《中国企业出口持续时间及其决定因素》，载于《经济研究》2012 年第 7 期。

[15] 陈勇兵、李燕：《贸易关系持续时间的研究进展》，载于《国际贸易问

题》2012 年第 10 期。

［16］陈仲常、张泽东：《我国不同所有制工业企业全要素生产率比较研究——基于 Malmquist 指数的实证分析》，载于《工业技术经济》2011 年第 1 期。

［17］程俊杰：《制度变迁、企业家精神与民营经济发展》，载于《经济管理》2016 年第 8 期。

［18］代明、郑闽：《企业家创业、创新精神与全要素生产率增长——基于中国省际面板数据的实证分析》，载于《科技管理研究》2018 年第 1 期。

［19］戴觅、余淼杰、Madhura Maitra：《中国出口企业生产率之谜：加工贸易的作用》，载于《经济学》（季刊）2014 年第 2 期。

［20］戴天仕、徐现祥：《中国的技术进步方向》，载于《世界经济》2010 年第 11 期。

［21］戴翔、金碚：《产品内分工、制度质量与出口技术复杂度》，载于《经济研究》2014 年第 7 期。

［22］戴翔：《服务出口复杂度是否影响服务出口增长?》，载于《经济学动态》2015 年第 9 期。

［23］邓明：《人口年龄结构与中国省际技术进步方向》，载于《经济研究》2014 年第 3 期。

［24］丁小义、胡双丹：《基于国内增值的中国出口复杂度测度分析——兼论“Rodrik 悖论”》，载于《国际贸易问题》2013 年第 4 期。

［25］董宇、杨晶晶：《物流发展对出口技术复杂度的影响——基于我国省际面板数据的研究》，载于《国际商务》2016 年第 2 期。

［26］董直庆、陈锐：《技术进步偏向性变动对全要素生产率增长的影响》，载于《管理学报》2014 年第 8 期。

［27］董直庆、戴杰、陈锐：《技术进步方向及其劳动收入分配效应检验》，载于《上海财经大学学报》2013 年第 5 期。

［28］杜威剑、李梦洁：《对外直接投资会提高企业出口产品质量吗——基于倾向得分匹配的变权估计》，载于《国际贸易问题》2015 年第 8 期。

［29］杜修立、王维国：《中国出口贸易的技术结构及其变迁：1980 ~ 2003》，载于《经济研究》2007 年第 7 期。

［30］杜运苏、彭冬冬、孙华平：《开拓“一带一路”沿线国家市场：基于贸易关系视角》，载于《国际经贸探索》2017 年第 8 期。

［31］方红生、李琪：《贸易开放对产出波动的影响：来自我国省级层面的经验证据》，载于《国际贸易问题》2010 年第 2 期。

［32］付明辉、祁春节：《要素禀赋、技术进步偏向与农业全要素生产率增长——基于 28 个国家的比较分析》，载于《中国农村经济》2016 年第 12 期。

［33］干春晖、郑若谷、余典范：《中国产业结构变迁对经济增长和波动的影响》，载于《经济研究》2011 年第 5 期。

［34］郭晶、杨艳：《经济增长、技术创新与我国高技术制造业出口复杂度研究》，载于《国际贸易问题》2010 年第 12 期。

［35］郭晶：《FDI 对高技术产业出口复杂度的影响》，载于《管理世界》2010 年第 7 期。

［36］国家计委投资研究所、中国人民大学区域所课题组：《我国地区比较优势研究》，载于《管理世界》2001 年第 2 期。

［37］韩剑：《出口多样化与经济增长：理论及对中国的经验研究》，载于《国际贸易问题》2009 年第 8 期。

［38］韩玉军、王丽、撒莉：《服务业 FDI 对出口技术复杂度的影响研究——基于 OECD 国家和中国的经验数据考察》，载于《国际商务》2016 年第 3 期。

［39］郝枫：《超越对数函数要素替代弹性公式修正与估计方法比较》，载于《数量经济技术经济研究》2015 年第 4 期。

［40］何轩、马骏、李胜文：《报酬结构、税收制度与企业家精神配置》，载于《科研管理》2017 年第 2 期。

［41］何有良、陆文香：《企业家精神与中国制造业企业出口持续时间》，载于《国际商务》2018 年第 4 期。

［42］洪占卿、郭峰：《国际贸易水平、省际贸易潜力和经济波动》，载于《世界经济》2012 年第 10 期。

［43］胡金焱、张博：《社会网络、民间融资与家庭创业——基于中国城乡差异的实证分析》，载于《金融研究》2014 年第 10 期。

［44］胡永刚、石崇：《扭曲、企业家精神与中国经济增长》，载于《经济研究》2016 年第 7 期。

［45］黄漓江、桑百川、郭桂霞：《贸易开放、贸易市场多样化与经济波动——基于中国省级面板数据的实证分析》，载于《国际贸易问题》2017 年第 8 期。

［46］黄声兰、张明志：《中国出口多样化的演进及其影响因素》，载于《现代财经》2015 年第 7 期。

［47］黄先海、徐圣：《中国劳动收入比重下降成因分析——基于劳动节约型技术进步的视角》，载于《经济研究》2009 年第 7 期。

［48］黄赜琳：《技术冲击和劳动供给对经济波动的影响分析——基于可分劳动 RBC 模型的实证检验》，载于《财经研究》2006 年第 6 期。

［49］黄志刚：《货币政策与贸易不平衡的调整》，载于《经济研究》2011 年第 3 期。

［50］纪明、刘志彪：《中国需求结构演进对经济增长及经济波动的影响》，载于《经济科学》2014 年第 1 期。

［51］蒋殿春、张宇：《经济转型与外商直接投资技术溢出效应》，载于《经济研究》2008 年第 7 期。

［52］蒋冠宏、蒋殿春：《中国企业对外直接投资的“出口效应”》，载于《经

济研究》2014 年第 5 期。

［53］蒋含明、李非：《企业家精神、生产性公共支出与经济增长》，载于《经济管理》2013 年第 1 期。

［54］蒋灵多、陈勇兵：《出口企业的产品异质性与出口持续时间》，载于《世界经济》2015 年第 7 期。

［55］蒋银娟：《国际贸易是否抑制了企业层面产出波动——基于进口中间品多样化角度》，载于《财贸研究》2016 年第 5 期。

［56］蒋银娟：《研发投入能否降低企业产出波动》，载于《南方经济》2016 年第 2 期。

［57］靳卫东，刘敬富，何丽：《创新创业的心理动因：理论机制与经验证据》，载于《上海财经大学学报》2018 年第 6 期。

［58］靳玉英、胡贝贝：《出口退税政策对出口贸易的持续影响效应研究——来自异质性企业出口生存率的证据》，载于《财经研究》2017 年第 6 期。

［59］景光正、李平：《OFDI 是否提升了中国的出口产品质量》，载于《国际贸易问题》2016 年第 8 期。

［60］雷钦礼：《偏向性技术进步的测算与分析》，载于《统计研究》2013 年第 4 期。

［61］李春顶：《中国出口企业是否存在“生产率悖论”：基于中国制造业企业数据的检验》，载于《世界经济》2010 年第 7 期。

［62］李方静：《制度会影响出口质量吗？——基于跨国面板数据的经验分析》，载于《当代财经》2016 年第 12 期。

［63］李方静：《中间产品进口与企业出口质量》，载于《世界经济研究》2016 年第 10 期。

［64］李宏彬、李杏、姚先国、张海峰、张俊森：《企业家的创业与创新精神对中国经济增长的影响》，载于《经济研究》2009 年第 10 期。

［65］李惠娟、蔡伟宏：《全球价值链嵌入对中国服务业出口技术复杂度影响》，载于《国际贸易问题》2017 年第 1 期。

［66］李坤望、蒋为、宋立刚：《中国出口产品品质变动之谜：基于市场进入的微观解释》，载于《中国社会科学》2014 年第 3 期。

［67］李坤望、王有鑫：《FDI 促进了中国出口产品质量升级吗？——基于动态面板系统 GMM 方法的研究》，载于《世界经济研究》2013 年第 5 期。

［68］李尚骜：《跨国合资的技术偏向性与经济增长》，载于《财经研究》2010 年第 5 期。

［69］李小平、李小克：《企业家精神与地区出口比较优势》，载于《经济管理》2017 年第 9 期。

［70］李小平、卢现祥、陶小琴：《环境规制强度是否影响了中国工业行业的贸易比较优势》，载于《世界经济》2012 年第 4 期。

[71] 李小平、卢现祥、朱钟棣：《国际贸易、技术进步和中国工业行业的生产率增长》，载于《经济学（季刊）》2008 年第 2 期。

[72] 李小平、周记顺、卢现祥、胡久凯：《出口的“质”影响了出口的“量”吗?》，载于《经济研究》2015 年第 8 期。

[73] 李小平、周记顺、王树柏：《中国制造业出口复杂度的提升和制造业增长》，载于《世界经济》2015 年第 2 期。

[74] 李小平、朱钟棣：《国际贸易、R&D 溢出和生产率增长》，载于《经济研究》2006 年第 2 期。

[75] 李新春：《企业家过程与国有企业的准企业家模型》，载于《经济研究》2000 年第 6 期。

[76] 李秀芳、施炳展：《补贴是否提升了企业出口产品质量?》，载于《中南财经政法大学学报》2013 年第 4 期。

[77] 李秀芳、施炳展：《中间品进口多元化与中国企业出口产品质量》，载于《国际贸易问题》2016 年第 3 期。

[78] 李占风、刘晓歌：《企业家精神对经济增长的影响》，载于《统计与决策》2017 年第 12 期。

[79] 林毅夫、张鹏飞：《适宜技术、技术选择和发展中国家的经济增长》，载于《经济学（季刊）》2006 年第 3 期。

[80] 刘国晖、张如庆、陈清萍：《有偏技术进步抑制中国劳动就业了吗?》，载于《经济问题》2016 年第 9 期。

[81] 刘洪铎、陈和：《全球供应链分工地位如何影响——国服务贸易部门的出口技术复杂度》，载于《国际贸易问题》2016 年第 9 期。

[82] 刘慧：《制造业出口技术复杂度赶超对弱势群体就业的影响分析》，载于《国际贸易问题》2016 年第 12 期。

[83] 刘胜：《要素市场扭曲、出口技术复杂度与地区环境污染——基于中国省际面板数据的实证研究》，载于《经济问题探索》2015 年第 9 期。

[84] 刘伟丽、袁畅、曾冬林：《中国制造业出口质量升级的多维研究》，载于《世界经济研究》2015 年第 2 期。

[85] 刘现伟：《培育企业家精神 激发创新创业活力》，载于《宏观经济管理》2017 年第 3 期。

[86] 刘英基：《知识资本对制造业出口技术复杂度影响的实证分析》，载于《世界经济研究》2016 年第 3 期。

[87] 刘竹青、佟家栋：《要素市场扭曲、异质性因素与中国企业的出口—生产率关系》，载于《世界经济》2017 年第 12 期。

[88] 陆雪琴、文雁兵：《偏向型技术进步、技能结构与溢价逆转——基于中国省级面板数据的经验研究》，载于《中国工业经济》2013 年第 10 期。

[89] 陆雪琴、章上峰：《技术进步偏向定义及其测度》，载于《数量经济技术

经济研究》2013 年第 8 期。

[90] 罗来军、王雨剑、杨连星:《出口的技术反推机制存在吗——来自中国的证据》,载于《财贸经济》2016 年第 12 期。

[91] 罗勇、曾涛:《我国中间品进口商品结构对技术创新的影响》,载于《国际贸易问题》2017 年第 9 期。

[92] 吕大国、沈坤荣、简泽:《"出口学习效应"的再检验:基于贸易类型的实证分析》,载于《经济评论》2016 年第 2 期。

[93] 吕相伟:《政策不确定性与企业家活动配置》,载于《经济管理》2018 年第 3 期。

[94] 马天明、吴昌南:《要素价格扭曲对企业家精神影响的实证分析》,载于《统计与决策》2017 年第 12 期。

[95] 毛其淋、盛斌:《贸易自由化、企业异质性与出口动态——来自中国微观企业数据的证据》,载于《管理世界》2013 年第 3 期。

[96] 毛其淋、许家云:《中国对外直接投资促进抑或抑制了企业出口?》,载于《数量经济技术经济研究》2014 年第 9 期。

[97] 聂辉华、江艇、杨汝岱:《中国工业企业数据库的使用现状和潜在问题》,载于《世界经济》2012 年第 5 期。

[98] 潘士远:《贸易自由化、有偏的学习效应与发展中国家的工资差异》,载于《经济研究》2007 年第 6 期。

[99] 潘士远:《最优专利制度、技术进步方向与工资不平等》,载于《经济研究》2008 年第 1 期。

[100] 潘文卿、吴天颖、胡晓:《中国技术进步方向的空间扩散效应》,载于《中国工业经济》2017 年第 4 期。

[101] 彭冲、李春风、李玉双:《产业结构变迁对经济波动的动态影响研究》,载于《产业经济研究》2013 年第 3 期。

[102] 漆鑫、张亮、李磊:《金融市场发展、流动性需求与行业产出波动》,载于《南方经济》2012 年第 9 期。

[103] 齐俊妍、王晓燕:《金融发展对出口净技术复杂度的影响——基于行业外部金融依赖的实证分析》,载于《世界经济研究》2016 年第 2 期。

[104] 齐俊妍、王永进、施炳展、盛丹:《金融发展与出口技术复杂度》,载于《世界经济》2011 年第 7 期。

[105] 钱学锋、王胜、陈勇兵:《中国的多产品出口企业及其产品范围:事实与解释》,载于《管理世界》2013 年第 1 期。

[106] 邱斌、叶龙凤、孙少勤:《参与全球生产网络对我国制造业价值链提升影响的实证研究——基于出口复杂度的分析》,载于《中国工业经济》2012 年第 1 期。

[107] 单豪杰:《中国资本存量 K 的再估算:1952~2006 年》,载于《数量经济技术经济研究》2008 年第 10 期。

［108］邵传林、王莹莹：《金融市场化对地区经济波动的非线性平抑效应研究——来自省级层面的经验证据》，载于《经济科学》2013 年第 5 期。

［109］邵军：《中国出口贸易联系持续期及影响因素分析——出口贸易稳定发展的新视角》，载于《管理世界》2011 年第 6 期。

［110］邵敏、刘重力：《出口贸易、技术进步的偏向性与我国工资不平等》，载于《经济评论》2010 年第 4 期。

［111］施炳展、曾祥菲：《中国企业进口产品质量测算与事实》，载于《世界经济》2015 年第 3 期。

［112］施炳展、邵文波：《中国企业出口产品质量测算及其决定因素——培育出口竞争新优势的微观视角》，载于《管理世界》2014 年第 9 期。

［113］施炳展、王有鑫、李坤望：《中国出口产品品质测度及其决定因素》，载于《世界经济》2013 年第 9 期。

［114］施炳展：《FDI 是否提升了本土企业出口产品质量》，载于《国际商务研究》2015 年第 2 期。

［115］施炳展：《中国企业出口产品质量异质性：测度与事实》，载于《经济学》（季刊）2013 年第 1 期。

［116］宋冬林、王林辉、董直庆：《技能偏向型技术进步存在吗？——来自中国的经验证据》，载于《经济研究》2010 年第 5 期。

［117］苏丹妮、盛斌、邵朝对：《产业集聚与企业出口产品质量升级》，载于《中国工业经济》2018 年第 11 期。

［118］孙灵燕、李荣林：《融资约束限制中国企业出口参与吗?》，载于《经济学（季刊）》2012 年第 1 期。

［119］唐杰英：《要素价格扭曲对出口的影响——来自中国制造业的实证分析》，载于《世界经济研究》2015 年第 6 期。

［120］陶攀，刘青，洪俊杰：《贸易方式与企业出口决定》，载于《国际贸易问题》2014 年第 4 期。

［121］田毕飞、陈紫若：《创业与全球价值链分工地位：效应与机理》，载于《中国工业经济》2017 年第 6 期。

［122］田巍、余淼杰：《企业出口强度与进口中间品贸易自由化：来自中国企业的实证研究》，载于《管理世界》2013 年第 1 期。

［123］佟家栋、许家云、毛其淋：《人民币汇率、企业出口边际与出口动态》，载于《世界经济研究》2016 年第 3 期。

［124］涂正革、肖耿：《中国的工业生产力革命——用随机前沿生产模型对中国大中型工业企业全要素生产率增长的分解及分析》，载于《经济研究》2005 年第 3 期。

［125］汪建新、黄鹏：《信贷约束、资本配置和企业出口产品质量》，载于《财贸经济》2015 年第 5 期。

［126］王班班、齐绍洲：《有偏技术进步、要素替代与中国工业能源强度》，载于《经济研究》2014 年第 2 期。

［127］王班班、齐绍洲：《中国工业技术进步的偏向是否节约能源》，载于《中国人口·资源与环境》2015 年第 7 期。

［128］王兵、张技辉、张华：《环境约束下中国省际全要素能源效率实证研究》，载于《经济评论》2011 年第 4 期。

［129］王春超、冯大威：《企业家创业行为研究新进展》，载于《经济学动态》2016 年第 8 期。

［130］王国静、田国强：《金融冲击和中国经济波动》，载于《经济研究》2014 年第 3 期。

［131］王杰、刘斌：《环境规制与企业全要素生产率——基于中国工业企业数据的经验分析》，载于《中国工业经济》2014 年第 3 期。

［132］王君斌、王文甫：《非完全竞争市场、技术冲击和中国劳动就业——动态新凯恩斯主义视角》，载于《管理世界》2010 年第 1 期。

［133］王林辉、袁礼、郭凌：《技术进步偏向性会引导投资结构吗?》，载于《学海》2012 年第 3 期。

［134］王林辉、袁礼：《要素丰裕度、技术进步偏向性与中国农业部门要素收入分配结构》，载于《东北师大学报》（哲学社会科学版）2015 年第 1 期。

［135］王明益：《内外资技术差距与中国出口产品质量升级研究——基于中国 7 个制造业行业数据的经验研究》，载于《经济评论》2013 年第 6 期。

［136］王明益：《中国出口产品质量提高了吗》，载于《统计研究》2014 年第 5 期。

［137］王树柏、李小平：《提高碳生产率有助于出口质量提升吗——基于 166 个经济体跨国面板数据的分析》，载于《国际贸易问题》2017 年第 1 期。

［138］王文甫、王子成：《积极财政政策与净出口：挤入还是挤出？——基于中国的经验与解释》，载于《管理世界》2012 年第 10 期。

［139］王小鲁、樊纲、余静文：《中国分省份市场化指数报告（2016）》，社会科学文献出版社 2017 年版

［140］王燕、陈欢：《技术进步偏向、政府税收与中国劳动收入份额》，载于《财贸研究》2015 年第 1 期。

［141］王永进、盛丹、施炳展、李坤望：《基础设施如何提升了出口技术复杂度?》，载于《经济研究》2010 年第 7 期。

［142］王永进、施炳展：《上游垄断与中国企业产品质量升级》，载于《经济研究》2014 年第 4 期。

［143］魏巍贤、高中元、彭翔宇：《能源冲击与中国经济波动——基于动态随机一般均衡模型的分析》，载于《金融研究》2012 年第 1 期。

［144］魏玮、周晓博：《1993 ~2012 年中国省际技术进步方向与工业生产节能

减排》，载于《资源科学》2016 年第 2 期。

[145] 吴国锋、谢建国：《对外贸易与中国劳动者的收入份额——基于 1978 ~ 2012 年中国省际面板数据的研究》，载于《国际贸易问题》2015 年第 4 期。

[146] 夏飞、王业斌、唐红祥、王四春：《基于创新创业视角的文化与经济研究——第二届文化与经济论坛（2016）综述》，载于《经济研究》2016 年第 12 期。

[147] 谢千里、罗斯基、张轶凡：《中国工业生产率的增长与收敛》，载于《经济学（季刊）》2008 年第 3 期。

[148] 徐舒、左萌、姜凌：《技术扩散、内生技术转化与中国经济波动——一个动态随机一般均衡模型》，载于《管理世界》2011 年第 3 期。

[149] 许家云、毛其淋、胡鞍钢：《中间品进口与企业出口产品质量升级：基于中国证据的研究》，载于《世界经济》2017 年第 3 期。

[150] 许明、邓敏：《产品质量与中国出口企业加成率——来自中国制造业企业的证据》，载于《国际贸易问题》2016 年第 10 期。

[151] 许明：《市场竞争、融资约束与中国企业出口产品质量提升》，载于《数量经济技术经济研究》2016 年第 9 期。

[152] 许明：《提高劳动报酬有利于企业出口产品质量提升吗?》，载于《经济评论》2016 年第 5 期。

[153] 许伟、陈斌开：《银行信贷与中国经济波动：1993 ~ 2005》，载于《经济学（季刊）》2009 年第 3 期。

[154] 许祥云：《中国出口多样化影响因素的实证分析——基于中国对美出口的分析》，载于《南京财经大学学报》2009 年第 6 期。

[155] 阳佳余、徐敏：《融资多样性与中国企业出口持续模式的选择》，载于《世界经济》2015 年第 4 期。

[156] 杨飞：《南北贸易与技能偏向性技术进步——兼论中国进出口对前沿技术的影响》，载于《国际经贸探索》2014 年第 1 期。

[157] 杨连星、刘晓光：《中国 OFDI 逆向技术溢出与出口技术复杂度提升》，载于《财贸经济》2016 年第 6 期。

[158] 杨汝岱：《中国制造业企业全要素生产率研究》，载于《经济研究》2015 年第 2 期。

[159] 杨勇、朱乾、达庆利：《中国省域企业家精神的空间溢出效应研究》，载于《中国管理科学》2014 年第 11 期。

[160] 杨振兵、邵帅、张诚：《生产比较优势、棘轮效应与中国工业技术进步的资本偏向》，载于《数量经济技术经济研究》2015 年第 9 期。

[161] 杨振兵：《中国制造业创新技术进步要素偏向及其影响因素研究》，载于《统计研究》2016 年第 1 期。

[162] 姚洋、张晔：《中国出口品国内技术含量升级的动态研究——来自全国及江苏省、广东省的证据》，载于《中国社会科学》2008 年第 2 期。

［163］姚毓春、袁礼、王林辉：《中国工业部门要素收入分配格局——基于技术进步偏向性视角的分析》，载于《中国工业经济》2014 年第 8 期。

［164］易信、刘凤良：《中国技术进步偏向资本的原因探析》，载于《上海经济研究》2013 年第 10 期。

［165］殷德生、唐海燕、黄腾飞：《国际贸易、企业异质性与产品质量升级》，载于《经济研究》2012 年第 S2 期。

［166］殷德生、唐海燕：《技能型技术进步、南北贸易与工资不平衡》，载于《经济研究》2006 年第 5 期。

［167］殷德生：《中国入世以来出口产品质量升级的决定因素与变动趋势》，载于《财贸经济》2011 年第 11 期。

［168］尹今格、雷钦礼：《研发效率、要素禀赋及国际贸易与技术偏向程度》，载于《统计研究》2016 年第 1 期。

［169］于洪霞、龚六堂、陈玉宇：《出口固定成本融资约束与企业出口行为》，载于《经济研究》2011 年第 4 期。

［170］余淼杰、李乐融：《贸易自由化与进口中间品质量升级——来自中国海关产品层面的证据》，载于《经济学》（季刊）2016 年第 3 期。

［171］余淼杰、张睿：《人民币升值对出口质量的提升效应：来自中国的微观证据》，载于《管理世界》2017 年第 5 期。

［172］余淼杰、张睿：《中国制造业出口质量的准确衡量：挑战与解决方法》，载于《经济学》（季刊）2017 年第 2 期。

［173］余淼杰：《加工贸易、企业生产率和关税减免——来自中国产品面的证据》，载于《经济学》（季刊）2011 年第 4 期。

［174］余淼杰：《中国的贸易自由化与制造业企业生产率》，载于《经济研究》2010 年第 12 期。

［175］袁申国、陈平、刘兰凤：《汇率制度、金融加速器和经济波动》，载于《经济研究》2011 年第 1 期。

［176］张杰、翟福昕、周晓艳：《政府补贴、市场竞争与出口产品质量》，载于《数量经济技术经济研究》2015 年第 4 期。

［177］张杰、郑文平、陈志远：《进口与企业生产率——中国的经验证据》，载于《经济学》（季刊）2015 年第 3 期。

［178］张莉、李捷瑜、徐现祥：《国际贸易、偏向型技术进步与要素收入分配》，载于《经济学》（季刊）2012 年第 2 期。

［179］张明志、林娟：《中国出口波动的影响因素及实证检验——来自省际面板数据的证据》，载于《厦门大学学报》（哲学社会科学版）2013 年第 1 期。

［180］张少军：《外包造成了经济波动吗？——来自中国省级面板的实证研究》，载于《经济学》（季刊）2013 年第 2 期。

［181］张巍钰：《产业结构合理化对区域碳生产率的影响——基于 DEA -

Malmquist 指数法的分析》，载于《湘潭大学学报（哲学社会科学版）》2014 年第 5 期。

［182］张卫华、江源、原磊、于建勋：《中国工业经济增长动力机制转变及转型升级研究》，载于《调研世界》2015 年第 6 期。

［183］张翊，陈雯，骆时雨：《中间品进口对中国制造业全要素生产率的影响》，载于《世界经济》2015 年第 9 期。

［184］章韬、卢晓菲、沈玉良：《全球价值链嵌入位置、出口目的国与出口产品复杂度》，载于《世界经济研究》2016 年第 9 期。

［185］赵春明、文磊：《出口持续、外贸竞争与中国企业生产率优势》，载于《改革》2016 年第 7 期。

［186］赵留彦：《供给、需求与中国宏观经济波动》，载于《财贸经济》2008 年第 3 期。

［187］赵瑞丽、沈玉良、金晓梅：《企业出口复杂度与贸易持续时间》，载于《产业经济研究》2017 年第 4 期。

［188］赵瑞丽、孙楚仁、陈勇兵：《最低工资与企业出口持续时间》，载于《世界经济》2016 年第 7 期。

［189］赵向阳、李海、孙川：《中国区域文化地图：“大一统”抑或“多元化”?》，载于《管理世界》2015 年第 2 期。

［190］赵志耘、吕冰洋、郭庆旺、贾俊雪：《资本积累与技术进步的动态融合：中国经济增长的一个典型事实》，载于《经济研究》2007 年第 11 期。

［191］赵子乐、林建浩：《经济发展差距的文化假说：从基因到语言》，载于《管理世界》2017 年第 1 期。

［192］郑猛、杨先明、李波：《有偏技术进步、要素替代与中国制造业成本——基于 30 个行业面板数据的研究》，载于《当代财经》2015 年第 2 期。

［193］郑明身、田兰章、王俊杰：《中国 IT 制造业国际竞争力的实证研究》，载于《管理世界》2005 年第 2 期。

［194］钟世川、雷钦礼：《技术进步偏向对要素收入份额的影响——基于中国工业行业数据的研究》，载于《产经评论》2013 年第 5 期。

［195］钟世川、刘岳平：《中国工业技术进步偏向研究》，载于《云南财经大学学报》2014 年第 2 期。

［196］钟世川：《要素替代弹性与我国工业行业经济增长》，载于《上海经济研究》2014 年第 2 期。

［197］周飞、孙小丹：《论我国出口多样化对经济增长的影响——基于赫芬达尔指数测量指标的量化研究》，载于《求索》2012 年第 2 期。

［198］周禄松、郑亚莉：《出口技术复杂度升级对工资差距的影响：基于我国省级动态面板数据的系统 GMM 分析》，载于《国际贸易问题》2014 年第 11 期。

［199］周敏慧、Jean – Louis ARCAND、陶然：《企业家精神代际传递与农村迁

移人口的城市创业》，载于《经济研究》2017 年第 11 期。

[200] 周申：《贸易自由化对中国工业劳动需求弹性影响的经验研究》，载于《世界经济》2006 年第 2 期。

[201] 祝树金、唐曼艳、郑嘉俐：《出口多样化、技术复杂度影响经济增长的实证研究——基于中国省际面板数据》，载于《湖南大学学报》（社会科学版）2015 年第 4 期。

[202] 庄子银：《企业家精神、持续技术创新和长期经济增长的微观机制》，载于《世界经济》2005 年第 12 期。

[203] 邹俊毅、周星：《我国出口产品质量及其分化趋势研究》，载于《山西财经大学学报》2011 年第 2 期。

[204] Abiodun, T. S., 2016: The impact of strategic learning orientation, entrepreneurial orientation and reconfiguring capabilities on export performance of SMEs in nigeria, International Journal of Management Science & Business Administration, Vol. 2, No. 3.

[205] Acemoglu, D., Aghion, P., Bursztyn, L. and Hemous, D., 2012: The Environment and Directed Technical Change, The American Economic Review, Vol. 102, No. 1.

[206] Acemoglu, D., Akcigit, U., Hanley, D. and Kerr, W., 2016: Transition to Clean Technology, Journal of Political Economy, Vol. 124, No. 1.

[207] Acemoglu, D., Gancia, G. and Zilibotti, F., 2015: Offshoring and Directed Technical Change, American Economic Journal, Vol. 7, No. 3.

[208] Acemoglu, D., 1998: Why Do New Technologies Complements Skills? Directed Technical Change and Wage Inequality, The Quarterly Journal of Economics, Vol. 113, No. 4.

[209] Acemoglu, D., 2002: Directed Technical Change, The Review of Economic Studies, Vol. 69, No. 4.

[210] Acemoglu, D., 2003: Labor – And Capital – Augmenting Technical Change, Journal of the European Economic Association, Vol. 1, No. 1.

[211] Acemoglu, D., 2003: Patterns of Skill Premium, Review of Economic Studies, Vol. 70, No. 2.

[212] Acemoglu, D., 2007: Equilibrium Bias of Technology, Econometrica, Vol. 75, No. 5.

[213] Acharya, V. V., Amihud, Y. and Litov, L. P., 2011: Creditor rights and corporate risk-taking, Journal of Financial Economics, Vol. 102, No. 1.

[214] Acs, Z. J., Carlsson, B. and Thurik, R., 1996: Small Business in the Modern Economy, Oxford: Blackwell Publishers.

[215] Acs, Z. J. and Virgill, N., 2010: Handbook of Entrepreneurship Re-

search, New York: Springer.

[216] Aditya, A. and Acharyya, R., 2011: Export diversification, composition and economic growth: evidence from cross country analysis, Journal of International Trade and Economic Development: An International and Comparative Review, Vol. 22, No. 7.

[217] Ahsan, R. N. and Mitra, D., 2014: Trade liberalization and labor's slice of the pie: Evidence from Indian firms, Journal of Development Economics, Vol. 108, No. 1.

[218] Altunbas, Y. and Chakravarty, S. P., 2001: Frontier cost functions and bank efficiency, Economics Letters, Vol. 72, No. 2.

[219] Amiti, M. and Khandelwal, A., 2013: Import competition and quality upgrading, The Review of Economics and Statistics, Vol. 92, No. 2.

[220] Amiti, M. and Freund, C., 2008: The Anatomy of Chinaps Export Growth, The World Bank, Policy Research Working Paper, No. 4628.

[221] Andersson, M. and Loof, H., 2011: Agglomeration and productivity: evidence from firm-level data, The Annals of regional science, Vol. 46, No. 3.

[222] Antonelli, C. and Scellato, G., 2015: Firms size and directed technological change, Small Business Economics, Vol. 44, No. 1.

[223] Antras, P. and Helpman, E., 2003: Global Sourcing, Social Science Electronic Publishing, Vol. 112, No. 3.

[224] Argüello, R., 2017: Trade diversification in Colombia, 1991 – 2011, Revista Cuadernos de Economía, Vol. 36, No. 71.

[225] Arrow, K. J., Chenery, H. B., Minhas, B. S. and Solow, R. M., 1961: Capital – Labor Substitution and Economic Efficiency, Review of Economics & Statistics, Vol. 43, No. 3.

[226] Assche, A. V. amd Gangnes, B., 2010: Electronics production upgrading: is China exceptional?, Applied Financial Economics Letters, Vol. 17, No. 5.

[227] Audretsch, D. B. and Keilbach, M., 2004: Entrepreneurship and regional growth: an evolutionary interpretation, Journal of Evolutionary Economics, Vol. 14, No. 5.

[228] Audretsch, D. B. and Lehmann, E. E., 2005: Does the knowledge spillover theory of entrepreneurship hold for regions?, Research Policy, Vol. 34, No. 8.

[229] Audretsch, D. B., Dohse, D. and Niebuhr, A., 2010: Cultural diversity and entrepreneurship: a regional analysis for Germany, annals of regional science, Vol. 45, No. 1.

[230] Balassa, B., 1965: Trade Liberalisation and "Revealed" Comparative Advantage, Manchester School, Vol. 33, No. 2.

[231] Balavac, M. and Pugh, G., 2016: The link between trade openness, export diversification, institutions and output volatility in transition countries, Economic systems, Vol. 40, No. 2.

[232] Baldwin, R. and Harrigan, J., 2011: Zeros, Quality, and Space: Trade Theory and Trade Evidence, American Economic Journal: Microeconomics, Vol. 3, No. 2.

[233] Barros, C. P., Managi, S. and Yoshida, Y., 2010: Productivity growth and biased technological change in Japanese airports, transport policy, Vol. 17, No. 4.

[234] Barros, C. P., Managi, S. and Yoshida, Y., 2010: Technical Efficiency, Regulation and Heterogeneity in Japanese Airports, Pacific Economic Review, Vol. 15, No. 5.

[235] Bas, M. and Strauss - Kahn, V., 2015: Input-trade liberalization, export prices and quality upgrading, Journal of International Economics, Vol. 95, No. 2.

[236] Bas, M. and Strausskahn, V., 2014: Does importing more inputs raise exports? Firm-level evidence from France, Review of World Economics, Vol. 150, No. 2.

[237] Bas, M., 2012: Input-trade liberalization and firm export decisions: Evidence from Argentina, Journal of Development Economics, Vol. 97, No. 2.

[238] Baumol, W. J., 1990: Entrepreneurship: productive, unproductive, and destructive, Journal of Political Economy, Vol. 98, No. 5.

[239] Beaulieu, E., 2000: The Canada - U. S. Free Trade Agreement and labour market adjustment in Canada, Canadian Journal of Economics, Vol. 33, No. 2.

[240] Ben, Y. A., Boubaker, S. and Omri, A., 2018: Entrepreneurship and sustainability: the need for innovative and institutional solutions, Technological Forecasting and Social Change, Vol. 129, No. 1.

[241] Bernard, A. B., Redding, S. J. and Schott, P. K., 2006: Multi - Product Firms and Trade Liberalization, NBER Working Papers, No. 12782.

[242] Besedeš, T. and Prusa, T. J., 2006: Ins, outs and the duration of trade, Canadian Journal of Economics Revue Canadienne d'Economique, Vol. 39, No. 1.

[243] Besedeš, T. and Prusa, T. J., 2006: Product differentiation and duration of US import trade, Journal of International Economics, Vol. 70, No. 2.

[244] Besedeš, T. and Prusa, T. J., 2007: The role of extensive and intensive margins and export growth, NBER Working Paper, No. 13628.

[245] Beugelsdijk, S. and Noorderhaven, N., 2004: Entrepreneurial Attitude and Economic Growth: A Cross-section of 54 Regions, The Annals of Regional Science, Vol. 38, No. 2.

[246] Bils, M. and Klenow, P. J., 2001: Quantifying quality growth, NBER

Working Paper, No. 7695.

[247] Bloom, N., Draca, M. and Van, R. J., 2016: Trade Induced Technical Change? The Impact of Chinese Imports on Innovation, IT and Productivity, The Review of Economic Studies, Vol. 83, No. 1.

[248] Boudreaux, C. J., Nikolaev, B. N. and Peter, K., 2019: Socio-cognitive traits and entrepreneurship: the moderating role of economic institutions, Journal of Business Venturing, Vol. 34, No. 1.

[249] Brandt, L., Biesebroeck, J. V. and Zhang, Y., 2012: Creative accounting or creative destruction? Firm-level productivity growth in Chinese manufacturing, Journal of Development Economics, Vol. 97, No. 2.

[250] Branstetter, L., Lima, F., Taylor, L. J. and Venâncio, A., 2014: Do Entry Regulations Deter Entrepreneurship and Job Creation? Evidence from Recent Reforms in Portugal, The Economic Journal, Vol. 124, No. 577.

[251] Branstetter, L. and Lardy, N., 2006: China's Embrace of Globalization, NBER Working Paper, No. 12373.

[252] Bruhn, M., 2011: License to Sell: The Effect of Business Registration Reform on Entrepreneurial Activity in Mexico, Review of Economics and Statistics, Vol. 93, No. 1.

[253] Buch, C. M., Doepke, J. and Strotmann, H., 2009: Does Export Openness Increase Firm-level Output Volatility?, The World Economy, Vol. 32, No. 4.

[254] Bustos, P., 2011: Trade Liberalization, Exports, and Technology Upgrading: Evidence on the Impact of MERCOSUR on Argentinian Firms, The American Economic Review, Vol. 101, No. 1.

[255] Cadot, O., Carrère, C. and Strauss - Kahn, V., 2011: Export diversification: what's behind the hump?, Review of Economics and Statistics, Vol. 93, No. 2.

[256] Cagé, J. and Rouzet, D., 2015: Improving "national brands": reputation for quality and export promotion strategies, Journal of International Economics, Vol. 95, No. 2.

[257] Calderón, C. and Schmidt - Hebbel, K., 2008: Openness and Growth Volatility, Central Bank of Chile Working Papers, No. 483.

[258] Caves, D. W., Christensen, L. R. and Diewert, W. E., 1982: Multilateral Comparisons of Output, Input, and Productivity Using Superlative Index Numbers, The Economic Journal, Vol. 92, No. 365.

[259] Chen, P. C. and Yu, M. M., 2014: Total Factor Productivity Growth and Directions of Technical Change Bias: Evidence From 99 OECD and Non - OECD Countries, Annals of Operations Research, Vol. 214, No. 1.

[260] Christensen, L. R., Jorgenson, D. W. and Lau, L. J., 1973: Transcen-

dental Logarithmic Production Frontiers, The review of Economics and Statistics, Vol. 55, No. 1.

[261] Chung, Y. H., Färe, R. and Grosskopf, S., 1997: Productivity and Undesirable Outputs: A Directional Distance Function Approach, Journal of Environmental Management, Vol. 51, No. 3.

[262] Cimoli, M., Fleitas, S. and Porcile, G., 2013: Technological intensity of the export structure and the real exchange rate, Economics of Innovation and New Technology, Vol. 22, No. 4.

[263] Clercq, D., Hessels, D. and Stel, A. J., 2008: Knowledge Spillovers and New Ventures Export Orientation, Small Business Economics, Vol. 31, No. 3.

[264] Coe, D. T. and Helpman, E., 1995: International R&D spillovers, European Economic Review, Vol. 39, No. 5.

[265] Coe, D., Helpman, E. and Hoffmaister, A., 1997: North – South R&D Spillovers, The Economic Journal, Vol. 107, No. 440.

[266] Cole, M. A., Elliott, R. J. R. and Kenichi Shimamoto., 2004: Why the grass is not always greener: the competing effects of environmental regulations and factor intensities on US specialization, Ecological Economics, Vol. 54, No. 1.

[267] Comin, D. and Mulani, S., 2009: A theory of growth and volatility at the aggregate and firm level, Journal of Monetary Economics, Vol. 56, No. 8.

[268] Crozet, M., Head, K. and Mayer, T., 2012: Quality Sorting and Trade: Firm-level Evidence for French Wine, Review of Economic Studies, Vol. 79, No. 2.

[269] Cumming, D., Johan, S. and Zhang, M., 2014: The economic impact of entrepreneurship: comparing international datasets, Corporate Governance An International Review, Vol. 22, No. 2.

[270] Dai, M., Maitra, M., Yu, M., 2016: Unexceptional exporter performance in china? the role of processing trade, Journal of Development Economics, Vol. 121, No. 1.

[271] David, P. and Klundert, T., 1965: Biased Efficiency Growth and Capital – Labor Substitution in the U. S. 1899 – 1960, The American Economic Review, Vol. 55, No. 3.

[272] Djankov, S., 2008: The Regulation of Entry: A Survey, Cepr Discussion Papers, Vol. 24, No. 2.

[273] Dornbusch, R. and Samuelson, S. F. A., 1977: Comparative Advantage, Trade, and Payments in a Ricardian Model with a Continuum of Goods, The American Economic Review, Vol. 67, No. 5.

[274] Eck, K. and Huber, S., 2016: Product sophistication and spillovers from foreign direct investment, Canadian Journal of Economics revue Canadienne Déconomique,

Vol. 49, No. 4.

[275] ékés, G. and Muraközy, B., 2012: Temporary trade and heterogeneous firms, Journal of International Economics, Vol. 87, No. 2.

[276] Ekholm, K., Moxnes, A. and Ulltveit - Moe, K. H., 2012: Manufacturing restructuring and the role of real exchange rate shocks, journal of international economics, Vol. 86, No. 1.

[277] Elhiraika, A. B. and Mbate, M. M., 2014: Assessing the determinants of export diversification in Africa, Applied Econometrics and International Development, Vol. 14, No. 1.

[278] Esteve - Pérez, S., Pallardo - Lopez and Requena - Silvente., 2013: The duration of firm-destination export relationships: evidence from Spain, 1997 - 2006, Economic Inquiry, Vol. 51, No. 1.

[279] Fabling, R. and Sanderson, L., 2010: Entrepreneurship and aggregate merchandise trade growth in new zealand, Journal of International Entrepreneurship, Vol. 8, No. 2.

[280] Fan, H., Gao, H., Li, Y. A. and Luong, T. A., 2018: Trade liberalization and markups: Micro evidence from China, Journal of Comparative Economics, Vol. 46, No. 1.

[281] Fan, H., Lai, L. C. and Li, Y. A., 2015: Credit constraints, quality, and export prices: theory and evidence from china, Jour1nal of Comparative Economics, Vol. 43, No. 2.

[282] Fan, H., Li, Y. A., Yeaple, S. R., 2015: Trade Liberalization, Quality, and Export Prices, Review of Economics and Statistics, Vol. 97, No. 5.

[283] Färe, R., Grosskopf, S. and Pasurka, C. A., 2007: Environmental production functions and environmental directional distance functions, Energy, Vol. 32, No. 7.

[284] Färe, R., Grosskopf, S. and Zhang, N. Z., 1994: Productivity Growth, Technical Progress, and Efficiency Change in Industrialized Countries, The American Economic Review, Vol. 84, No. 1.

[285] Färe, R., Grifell - Tatjé, E., Grosskopf, S. and Knox Lovell, C. A., 1997: Biased Technical Change and the Malmquist Productivity Index, Scandinavian Journal of Economics, Vol. 99, No. 1.

[286] Färe, R. and Grosskopf, S., 1992: Malmquist Productivity Indexes and Fisher Ideal Indexes, The Economic Journal, Vol. 102, No. 410.

[287] Farrell, M. J., 1957: The Measurement of Productive Efficiency, Journal of the Royal Statistical Society, Vol. 120, No. 3.

[288] Feenstra, R. C. and Romalis, J., 2014: International prices and endoge-

nous quality, Quarterly Journal of Economics, Vol. 129, No. 2.

[289] Fernandes, A. M., 2007: Trade policy, trade volumes and plant-level productivity in Colombian manufacturing industries, Journal of International Economics, Vol. 71, No. 1.

[290] Finger, J. M. and Kreinin, M. E., 1979: A Measure of 'Export Similarity' and Its Possible Uses, Economic Journal, Vol. 89, No. 356.

[291] Flam, H. and Helpman, E., 1987: Vertical Product Differentiation and North – South Trade, The American Economic Review, Vol. 77, No. 5.

[292] Foster, L. S., Krizan, C. J. and Haltiwanger, J., 2006: Market Selection, Reallocation, and Restructuring in the U. S. Retail Trade Sector in the 1990s, Review of Economics and Stats, Vol. 88, No. 4.

[293] Fountas, S., Karanasos, M. and Kim, J., 2006: Inflation Uncertainty, Output Growth Uncertainty and Macroeconomic Performance, Oxford Bulletin of Economics & Statistics, Vol. 68, No. 3.

[294] Fukuyama, H. and Weber, W. L., 2009: A directional slacks-based measure of technical inefficiency, Socioeconomic Planning Sciences, Vol. 43, No. 4.

[295] Funke, M. and Ruhwedel, R., 2001: Product variety and economic growth: Empirical evidence for the OECD countries, IMF Staff Papers, Vol. 48, No. 2.

[296] Garvin, D. A., 1984: Product quality: An important strategic weapon, Business Horizons, Vol. 27, No. 3.

[297] Gaston, N. and Trefler, D., 1997: The Labour Market Consequences of the Canada – U. S Free Trade Agreement, Canadian Journal of Economics, Vol. 30, No. 1.

[298] Gervais, A., 2015: Product quality and firm heterogeneity in international trade, Canadian Journal of Economics, Vol. 48, No. 3.

[299] Gilbert, B. A., Audretsch, D. B. and Mcdougall, P. P., 2004: The emergence of entrepreneurship policy, Small Business Economics, Vol. 22, No. 3 – 4.

[300] Giovanni, D., Levchenko, A. A. and Mejean, I., 2014: Firms, Destinations, and Aggregate Fluctuations, Econometrica, Vol. 82, No. 4.

[301] Giovanni, J. D. and Levchenko, A. A., 2009: Trade openness and volatility, Review of Economics & Statistics, Vol. 91, No. 3.

[302] Glaeser, E., 2007: Entrepreneurship and the City, NBER Working paper, No. 13551.

[303] Goldberg, P. K., Khandelwal, A. K., Pavcnik, N. and Topalova, P., 2009: Trade Liberalization and New Imported Inputs, The American Economic Review, Vol. 99, No. 2.

[304] Goldberg, P. K., Khandelwal, A. K., Pavcnik, N. and Topalova, P.,

2010: Imported Intermediate Inputs and Domestic Product Growth: Evidence from India, Quarterly Journal of Economics, Vol. 125, No. 4.

[305] González, P. J. L. and Peña, L. I., 2015: Export-oriented entrepreneurship and regional economic growth, Small Business Economics, Vol. 45, No. 3.

[306] Grossman, G. M. and Helpman, E., 1991: Innovation and growth in the global economy, Cambridge: The MIT Press.

[307] Gullstrand, J. and Persson, M., 2015: How to combine high sunk costs of exporting and low export survival, Review World Economic, Vol. 151, No. 1.

[308] Haddad, M, Lim, J. J., Pancaro, C. and Saborowski, C., 2013: Trade openness reduces growth volatility when countries are well diversified, Canadian Journal of Economics, Vol. 46, No. 2.

[309] Hallak, J. C. and Schott, P. K., 2011: Estimating Cross – Country Differences in Product Quality, Quarterly Journal of Economics, Vol. 126, No. 1.

[310] Hallak, J. C. and Sivadasan, J., 2013: Product and process productivity: implications for quality choice and conditional exporter premia, Journal of International Economics, Vol. 91, No. 1.

[311] Hallak, J. C., 2006: Product quality and the direction of trade, Journal of International Economics, Vol. 68, No. 1.

[312] Halpern, L., Koren, M. and Szeidl, A., 2015: Imported Inputs and Productivity, The American economic review, Vol. 105, No. 12.

[313] Hanlon, W. W., 2015: Necessity Is the Mother of Invention: Input Supplies and Directed Technical Change, Econometrica, Vol. 83, No. 1.

[314] Hausmann, R., Hwang, J. and Rodrik, D., 2007: What you export matters, Journal of Economic Growth, Vol. 12, No. 1.

[315] Hausmann, R. and Hidalgo, C. A., 2010: Country Diversification, Product Ubiquity, and Economic Divergence, Scholarly Articles, Vol. 69, No. 35.

[316] Hébert, R. F. and Link, A. N., 1989: In search of the meaning of entrepreneurship, Small Business Economics, Vol. 1, No. 1.

[317] Heckman, J. J., 1979: Sample Selection Bias as a Specification Error, Econometrica, Vol. 47, No. 1.

[318] Helpman, E. and Krugman, P. R., 1986: Market Structure and Foreign Trade: Increasing Returns, Imperfect Competition, and the International Economy, The Economic Journal, Vol. 96, No. 381.

[319] Hess, W. and Persson, M., 2010: The duration of trade revisited: continuous-time vs. discrete-time hazards Empirical Economics, Vol. 43, No. 3.

[320] Hicks, J. R., 1932: The Theory of Wage, London: Macmillan.

[321] Hidalgo, C. A. and Hausmann, R., 2009: The Building Blocks of Eco-

nomic Complexity, Proceedings of the National Academy of Sciences of the United States of America, Vol. 106, No. 26.

[322] Hirsch, S. and Lev, B., 1971: Sales stabilization through export diversification, The Review of Economics and Statistics, Vol. 53, No. 3.

[323] Hodrick, R. J. amd Prescott, E., 1981: Post – War U. S. Business Cycles: An Empirical Investigation, Journal of money credit and banking, Vol. 29, No. 1.

[324] Hummels, D. and Klenow, P. J., 2005: The variety and quality of a nation's exports, The American Economic Review, Vol. 95, No. 3.

[325] Ilmakunnas, P. and Nurmi, S., 2010: Dynamics of export market entry and exit, Scand. J. of Economics, Vol. 112, No. 1.

[326] Jarreau, J. and Poncet, S., 2012: Export sophistication and economic growth: Evidence from China, Journal of Development Economics, Vol. 97, No. 2.

[327] Kaldor., 1961: Capital Accumulation and Economic Growth, London: Macmillan.

[328] Karanfil, F. and Tamsamani, Y., 2010: Is Technological Change Biased toward Energy? A Multi – Sectoral Analysis for the French Economy, Energy Policy, Vol. 38, No. 4.

[329] Kasahara, H. and Rodrigue, J., 2008: Does the use of imported intermediates increase productivity? Plant-level evidence, Journal of Development Economics, Vol. 87, No. 1.

[330] Katz, L. F. and Murphy, K. M., 1992: Changes in Relative Wages, 1963 – 1987: Supply and Demand Factors, The Quarterly Journal of Economics, Vol. 107, No. 1.

[331] Kelly, B., Lustig, H. and Van, N. S., 2013: Firm volatility in granular networks, NBER Working Paper, No. 19466.

[332] Kennedy, C., 1964: Induced Bias in Innovation and the Theory of Distribution, Economic Journal, Vol. 74, No. 295.

[333] Kenneth, J. A., 1962: The Economic Implications of Learning by Doing, The Review of Economic Studies, Vol. 29, No. 3.

[334] Khalid, S. and Bhatti, K., 2015: Entrepreneurial competence in managing partnerships and partnership knowledge exchange: impact on performance differences in export expansion stages, Journal of World Business, Vol. 50, No. 3.

[335] Khandelwal, A. K., Schott, P. K. and Wei, S. J., 2013: Trade liberalization and embedded institutional reform: evidence from chinese exporters, The American Economic Review, Vol. 103, No. 6.

[336] Khandelwal, A. K., 2010: The Long and Short of Quality Ladders, Review of Economics Studies, Vol. 77, No. 4.

[337] Kirzner, I. M. , 1973: Competition and entrepreneurship, Chicago: University of Chicago Press.

[338] Klump, R. , Mcadam, P. and Willman, A. , 2008: Unwrapping Some Euro Area Growth Puzzles: Factor Substitution, Productivity and Unemployment, Journal of Macroeconomics, Vol. 30, No. 2.

[339] Knight, F. H. , 1921: Risk, uncertainty, and profit, New York: Hought on Mifflin.

[340] Kravis, I. B. , 1986: Trade, income levels, and dependence: Michael Michaely, Journal of Development Economics, Vol. 21, No. 2.

[341] Krishna, P. and Levchenko, A. A. , 2013: Comparative advantage, complexity, and volatility, Journal of Economic Behavior & Organization, Vol. 94, No. 1.

[342] Krugman, P. R. , 1979: Increasing returns, monopolistic competition, and international trade, journal of international economics, Vol. 9, No. 4.

[343] Krugman, P. , 1980: Scale economies, product differentiation, and the pattern of trade, The American Economic Review, Vol. 70, No. 5.

[344] Kugler, M. and Verhoogen, E. , 2012: Prices, plant size, and product quality, Review of Economic Studies, Vol. 79, No. 1.

[345] Lall, S. , Weiss, J. and Zhang, J. , 2006: The "sophistication" of exports: A new trade measure, World Development, Vol. 34, No. 2.

[346] Lall, S. , 2005: The "sophistication" of exports: A new trade measure, World Development, Vol. 34, No. 2.

[347] Lekosimic, M. and Horvat, J. , 2006: Risk taking propensity and export performance of croatian exporters, Managing Global Transitions, Vol. 4, No. 4.

[348] León - Ledesma, M. A. , McAdam, P. and Willman, A. , 2010: Identifying the Elasticity of Substitution with Biased Technical Change, The American Economic Review, Vol. 100, No. 4.

[349] Levinsohn, J. , 1993: Testing the imports-as-market-discipline hypothesis, Journal of International Economics, Vol. 35, No. 1 - 2.

[350] Linder, S. B. , 1961: An essay on trade and transformation, Stockholm: Almqvist&Wiksell.

[351] Liu, Q. and Qiu, L. D. , 2016: Intermediate input imports and innovations: Evidence from Chinese firms' patent filings, Journal of International Economics, Vol. 103.

[352] Liu, R. , 2010: Import competition and firm refocusing, Canadian Journal of Economics, Vol. 43, No. 2.

[353] Loeoef, H. and Andersson, M. , 2010: Imports, Productivity and Origin Markets: The Role of Knowledge-intensive Economies, The World Economy, Vol. 33,

No. 3.

[354] Lu, Y. and Yu, L., 2015: Trade Liberalization and Markup Dispersion: Evidence from China's WTO Accession?, American Economic Journal: Applied Economics, Vol. 7, No. 4.

[355] Ma, Y., Qu, B. and Zhang, Y., 2012: Complex Goods' Exports and Institutions: Empirics at the Firm Level, Review of international economics, Vol. 20, No. 4.

[356] Maggioni, D., Lo Turco, A. and Gallegati, M., 2016: Does product complexity matter for firms' output volatility?, Journal of Development Economics, Vol. 121, No. 1.

[357] Mainela, T., Puhakka, V. and Sipola, S., 2018: International entrepreneurship beyond individuals and firms: on the systemic nature of international opportunities, Journal of Business Venturing, Vol. 33, No. 4.

[358] Managi, S. and Karemera, D., 2004: Input and output biased technological change in US agriculture, Applied Economics Letters, Vol. 11, No. 5.

[359] Martin, J. and Mejean, I., 2014: Low-wage country competition and the quality content of high-wage country exports, Journal of International Economics, Vol. 93, No. 1.

[360] Melitz, M. J., 2003: The impact of trade on intra-industry reallocations and aggregate industry productivity, Econometric, Vol. 71, No. 6.

[361] Michael, M., 1984: Trade, Income Levels and Dependence, Amsterdam: North – Holland Press.

[362] Miller, M. M. H., 1958: The Cost of Capital, Corporation Finance and the Theory of Investment, The American Economic Review, Vol. 48, No. 3.

[363] Mises, L., 1951: Profit and loss, Illinois: Consumers – Producers Economic Service.

[364] Moore, M. P. and Ranjan, P., 2005: Globalizations vs Skill – Biased Technological Change: Implications for Unemployment and Wage Inequality, Economic Journal, Vol. 115, No. 503.

[365] Mubeen, N. and Ahmad, N., 2016: Towards measurement and determinants of export diversification: an empirical analysis of Pakistan, Pakistan Journal of Commerce and Social Sciences, Vol. 10, No. 3.

[366] Muñoz, B. F., Sánchez, B. M. J. and Vos, S. A., 2015: Nascent entrepreneurs' personality attributes and the international dimension of new ventures, International Entrepreneurship & Management Journal, Vol. 11, No. 3.

[367] Nina, P., 2002: Trade Liberalization, Exit, and Productivity Improvements: Evidence from Chilean Plants, The Review of Economic Studies, Vol. 69,

No. 1.

[368] Nocke, V. and Yeaple, S. R., 2006: Globalization and endogenous firm Scope, NBER Working Paper, No. 12322.

[369] Olley, S. and Pakes, A., 1996: The Dynamics of Productivity in the Telecommunications Equipment Industry, Econometrica, Vol. 64, No. 6.

[370] Ou - Yang, H. Y., Chaisingharn, N. and Nguyen, T. H., 2016: The impacts of entrepreneurship on export orientation and internationalisation: the moderating effects of family ownership and involvement, International Journal of Innovation and Learning, Vol. 19, No. 1.

[371] Pamukcu, T., 2003: Trade Liberalization and Innovation Decisions of Firms: Lessons From Post - 1980 Turkey, World Development, Vol. 31, No. 8.

[372] Parsons, C. R. and Nguyen, A. T., 2009: Import variety and productivity in Japan, Economics Bulletin, Vol. 29, No. 3.

[373] Parteka, A. and Tamberi, M., 2011: Export diversification and development-empirical assessment, Universita' Politecnica delle Marche Dipartimento di Scienze Economiche e Sociali Working Paper, No. 359.

[374] Pattnayak, S. S. and Thangavelu, S. M., 2014: Productivity and Learning-by - Exporting: A Firm - Level Analysis of Indian Manufacturing, World Economy, Vol. 37, No. 7.

[375] Poncet, S. and Waldemar, F., 2013: Export Upgrading and Growth: The Prerequisite of Domestic Embeddedness, World Development, Vol. 64, No. 6.

[376] Qian, J. and Strahan, P. E., 2007: How Law and Institutions Shape Financial Contracts: The Case of Bank Loans, The Journal of Finance, Vol. 62, No. 2.

[377] Roberts, M. J. and Tybout, J. R., 1997: The decision to export in Colombia: an empirical model of entry with sunk costs, The American Economic Review, Vol. 87, No. 4.

[378] Rodrik, D., 2006: What's So Special about China's Exports?, China & World Economy, No. 5.

[379] Romer, P. M., 1987: Growth Based on Increasing Returns Due to Specialization, The American Economic Review, Vol. 77, No. 2.

[380] Sanstad, A. H., Roy, T. and Sathaye, J. A., 2006: Estimating Energy-augmenting Technological Change in Developing Country Industries, Energy Economics, Vol. 28, No. 56.

[381] Saridakis, G., Bochra, I., Jared, M. H. and Leo, P. D., 2019: SMEs' internationalisation: when does innovation matter?, Journal of Business Research, Vol. 96.

[382] Sato, R. and Morita, T., 2009: Quantity or Quality: the Impact of Labour

Saving Innovation on US and Japanese Growth Rates, 1960 – 2004, Japanese Economic Review, Vol. 60, No. 4.

[383] Schott, P. K., 2004: Across – Product versus Within – Product Specialization in International Trade, The Quarterly Journal of Economics, Vol. 119, No. 2.

[384] Schott, P. K., 2008: The relative sophistication of Chinese exports, Economic Policy, Vol. 23, No. 53.

[385] Schultz, T. W., 2003: Investment in entrepreneurial ability, Scandinavian Journal of Economics, Vol. 82, No. 4.

[386] Schumpeter, J. A., 1934: The theory of economic development, Cambridge: Harvard University Press.

[387] Shao, S., Luan, R., Yang, Z. and Li, C., 2016: Does Directed Technological Change Get Greener: Empirical Evidence from Shanghai's Industrial Sectors, Ecological Indicators, Vol. 10, No. 69.

[388] Singer, H. W., 1950: The distribution of gains between investing and borrowing countries, The American Economic Review, Vol. 40, No. 2.

[389] Song, M. and Wang, S., 2016: Can Employment Structure Promote Environment-biased Technical Progress, Technological Forecasting & Social Change, Vol. 112.

[390] Stewart, K. G. and Li, J., 2014: Factor substitution, factor-augmenting technical progress, and trending factor shares: the Canadian evidence, University of Victoria Econometrics Working Papers, No. 1403.

[391] Tacchella, A., Cristelli, M., Caldarelli, G., Gabrielli, A. amd Pietronero, L., 2013: Economic complexity: Conceptual grounding of a new metrics for global competitiveness, Journal of Economic Dynamics and Control, Vol. 37, No. 8.

[392] Thesmar, D. and Thoenig, M., 2004: Financial Market Development and the Rise in Firm Level Uncertainty, CEPR Discussion Paper, No. 4761.

[393] Topalova, P. and Khandelwal, A., 2011: Trade Liberalization and Firm Productivity: The Case of India, Review of Economics & Statistics, Vol. 93, No. 3.

[394] Vannoorenberghe, G., Wang, Z. and Yu, Z., 2016: Volatility and diversification of exports: firm-level theory and evidence, European Economic Review, Vol. 89.

[395] Vannoorenberghe, G., 2012: Firm-level volatility and exports, journal of international economics, Vol. 86, No. 1.

[396] Verhoogen, E. A., 2008: Trade, Quality Upgrading, and Wage Inequality in the Mexican Manufacturing Sector, Quarterly Journal of Economics, Vol. 123, No. 2.

[397] Volpe, C. and Carballo, J., 2008: Survival of new exporters in developing countries: does it matter how they diversify?, Globalization, Competitiveness and Gov-

ernability, No. 2.

[398] Wagner, J., 2014: Is export diversification good for profitability? First evidence for manufacturing enterprises in Germany, Applied Economics, Vol. 46, No. 33.

[399] Wang, Z. and Wei, S., 2008: What Accounts for the Rising Sophistication of China's Exports?, NBER Working Paper, No. 13771.

[400] Weber, W. L. and Domazlicky, B. R., 1999: Total Factor Productivity Growth in Manufacturing: A Regional Approach Using Linear Programming, Regional ence and Urban Economics, Vol. 29, No. 1.

[401] Weldemicael, E., 2014: Technology, Trade Costs and Export Sophistication, World Economy, Vol. 37, No. 1.

[402] Whang, U., 2014: Who exports better quality products to smaller or more distant markets?, Review of International Economics, Vol. 22, No. 3.

[403] Wong, P. K., Ho, Y. P. and Autio, E., 2005: Entrepreneurship, Innovation and Economic Growth: Evidence from GEM data, Small Business Economics, Vol. 24, No. 3.

[404] Wood, A., 1995: How Trade Hurt Unskilled Workers, American Economic Association, Vol. 9, No. 3.

[405] Wood, A., 1995: North – South Trade, Employment and Inequality: Changing Fortunes in a Skill – Driven World, The Economic Journal, Vol. 105, No. 432.

[406] Xu, B. and Lu, J., 2009: Foreign direct investment, processing trade, and the sophistication of China's exports, China Economic Review, Vol. 20, No. 3.

[407] Xu, B., 2010: The sophistication of exports: Is China special?, China Economic Review, Vol. 21, No. 3.

[408] Yu, M., 2011: Processing trade, tarff reductions, and firm productivity: evidence from chinese firms, The Economic Journal, Vol. 125, No. 585.